W0233198

Olsson · Schlepp-Angeln

Jan Olsson

SCHLEPP-ANGELN

Ausrüstung · Methoden · Fischarten

Vorwort von Hans-Ruedi Hebeisen

Deutsch von Olivier Portrat

Müller Rüschlikon Verlags AG · CH-6330 Cham

Fotografien:
Morten Aarsten: Seite 193
Roger Bjerkan: Seiten 200-201
Richard F. Calogiovanni: Seiten 63, 75, 83, 105, 135, 178
Göran Cederberg: Seiten 27, 199
Jan van Gent: Seite 173
Peter Grahn: Seiten 21, 28-29, 50, 104, 166, 171
Jens Ploug Hansen/ADI: Seiten 14, 30-31, 43, 65, 134, 145, 182, 183, 185
Tom Huggler: Seiten 129, 157, 167, 172
Christer Johansson: Umschlag, Seiten 36-37, 38-39, 47, 54-55, 80-81, 118, 147, 168, 170
Johnny Johansson: Seiten 8-9, 11, 15
Olof Johansson: Seite 184
Gunnar Johnsson: Seite 27
Dag Kjelsaas: Seiten 188-189, 192, 202
Per Lindberg: Seiten 23, 24-25, 42-43, 71, 113, 121, 130-131, 138-139, 161
Flemming Madsen: Seite 203 (Copyright: Morten Aarsten)
Christer Mattson: Seiten 28, 53, 108, 137, 154-155, 162
Dick Mermon: Seiten 90-91, 133, 140-141
Mike Modrzynski: Seite 79
Steinar Myhr: Seiten 198-199
Jan Olsson: Umschlag, Seiten 14-15, 17, 34, 60, 82, 102-103, 107, 109, 110-111, 112, 113,
    124, 128, 132, 150, 152, 153, 155, 174, 175, 180, 181, 186
Ingvar Olsson: Seite 181
Tony Osvald: Seiten 56-57, 148
Elsbeth Pfenninger: Seite 187 (Copyright: Dr. Hans F. Pfenninger)
Erkki Salmela: Seite 142
Doug Stamm: Seiten 67, 95, 100-101, 120, 135, 146, 160, 169
Dick Swan: Seiten 18-19, 99, 165
Jon Arne Sæter: Seiten 190-191, 194-195, 196-197, 201
Henry F. Zerman: Seiten 50, 111, 158, 159

World copyright © 1994 NORDBOK, Box 7095, S-402 32 Gothenburg, Sweden.
Titel des schwedischen Originals: DEN STORA BOKEN OM TROLLING.
Die Übersetzung erfolgte durch Olivier Portrat.

ISBN 3-275-01106-5

1. Auflage 1994
Copyright © by Müller Rüschlikon Verlags AG, Gewerbestrasse 10, CH-6330 Cham.

Sämtliche Rechte der Speicherung, Vervielfältigung und Verbreitung sind vorbehalten.

Satz: Vaihinger Satz+Druck GmbH, 71665 Vaihingen an der Enz.
Printed in Italy.

Inhaltsverzeichnis

Vorwort

Mein Herz gehört dem Fliegenfischen. Aber immer war und bin ich Fischer genug, auch andere Methoden zu achten, solange diese fair sind und im Einklang mit der Natur stehen. Dies trifft insbesondere fürs Schleppangeln zu, bei dem man sich mit den Fischen und ihrem Lebensraum intensiv beschäftigt. Schleppangeln ermöglicht beglückende Begegnungen mit der Natur, vermittelt tiefe Befriedigung und garantiert reiche Beute.

Was gibt es Aufregenderes im Leben eines Schleppanglers, als den Moment, in welchem sich ein großer Hecht erstmals im Drill an der Wasseroberfläche zeigt und seine ganze Kraft einsetzt, um den Haken abzuschütteln. Bei diesem ersten Sichtkontakt zwischen Angler und Beute entsteht eine Spannung, die in krassem Gegensatz zu den geruhsamen Phasen steht, bei denen nur sanfte Ruderschläge die Stille durchbrechen.

Mir fallen auch die arktischen Saiblinge ein mit ihren unwirklich schönen Hochzeitsfarben. Ich denke an Fische voller Kraft, die während langer Phasen nur mit dem Schleppköder zu überlisten sind, sofern sich der Angler auf faire Methoden beschränkt. Da ist das Bild der Rute, die, vom harten Zug des Löffelsystems gespannt, plötzlich – wie von Geisterhand bewegt – mit energischem Zucken den Biß signalisiert. Aber nicht immer muß ein Fisch mit seinem Leben bezahlen, um das Glücksempfinden aufkommen zu lassen; auch der Blick in das bis zum Grund hinunter glasklare Wasser oder in den abendroten Himmel erfüllt den wahren Sportsmann. Darin sind sich Fliegenfischer und Schleppangler sehr nahe. Nebenbei: Als ich diesen Sommer auf dem Kluane Lake im Yukon für eine Test-Reihe das Schleppangeln mit Fliegenrute und Streamer ausprobierte, fingen wir gute Seeforellen und starke Hechte.

Die skandinavische Heimat des Autors, die auch ich fischenderweise kennen- und schätzengelernt habe, wird mir auch immer mit ihren langen Nächten in Erinnerung bleiben. Im Boot, mit der Schleppprute, Zeit zum Schauen, Zeit zum Nachdenken. Die Nordländer haben die Kunst des Schleppangelns auf höchstem Niveau perfektioniert. Anspruchslosere Angler mögen die Schleppfischerei wie ein Lotto-Spiel betreiben und angenehm überrascht sein, wenn dann und wann ein Fisch beißt. Wer Olssons unaufdringlicher Anleitung folgt, wird hingegen bald zielgerichtet einer spannenden Jagd nachgehen, weil er die unter Wasser geltenden Regeln kennengelernt hat. So wird aus der Kahnfahrt mit Blinker ein anspruchsvolles Abenteuer.

Bei der Lektüre dieses Buches habe ich viel Übereinstimmung zwischen Jan Olssons Art der Fischerei und meinen Gefühlen entdeckt: Scheinbar Nebensächliches besser verstehen, gleichgesinnte Menschen näher kennenlernen und Traditionen unserer Passion hochhalten. Olsson achtet Fisch und Mensch, verhehlt dabei aber nicht, daß ein Angelsport, der den Beutetrieb leugnet, verlogen wäre.

Ich fand vieles so geschildert, wie ich es selbst erfahren und erlebt habe. Und vieles dazu, das auch für mich neu war. Bei aller Liebe zu den übergeordneten Aspekten des Angelns informiert dieses Buch durch ganz konkrete Anleitungen. Vor allem die Schilderung, wie fremde Gewässer rasch und sicher zu »erfahren« sind, findet kaum ihresgleichen. Sie geht weit über bloße Tips für Fangstellen hinaus und zeigt deutlich die Zusammenhänge des Lebensraums Wasser. So führt Olsson Menschen, die eigentlich nur Fische fangen wollten, zu jenem Naturverständnis, das den Fischer vom Angler unterscheidet.

Dieses Buch über die anspruchsvollen Aspekte des Schleppangelns war überfällig.

H. R. Hebeisen

Oberembrach/Schweiz, im September 1994

Einleitung

Die Sportfischerei hat einen eigenen Geist, der sich nicht in Worten fassen läßt. Aus demselben Grund ist es mir unmöglich, all' jene anglerischen Freuden passend zu beschreiben, die ich bereits erleben durfte – von meinen allerersten Stunden als Angler mit einer Weidengerte als Rute, Bindfaden als Schnur und einer Sicherheitsnadel als Haken bis hin zu meinen letzten Angelausflügen mit auf Computern entworfenem Schleppgerät auf geradezu endlos erscheinenden Wassermassen. Aber gleich zu Beginn möchte ich feststellen, daß anglerische Freuden keineswegs anglerischen Erfolg bedeuten müssen. Die Belohnung liegt bei diesem Sport weniger im eigentlichen Fang. Viel mehr geht es darum, mit einer sorgfältig zusammengestellten Ausrüstung das Leben zu genießen und Lebenserfahrungen zu sammeln, sei es alleine oder in der Gesellschaft Gleichgesinnter.

Die Sportfischerei hat mir nicht nur den Weg in herrliche Landschaften gezeigt und zu weltweiten Abenteuern verholfen. Ich verdanke ihr auch das Entstehen und Weiterbestehen enger Beziehungen mit Menschen unterschiedlichster Art und Herkunft. Besonders deutlich wurde mir das, als ich mich auf dieses Buch vorbereitete und es schließlich schrieb. Kurzum, ich bin vielen sehr dankbar und denke ganz besonders an einige wenige Angler, die mich sehr stark geprägt haben.

Zunächst verbeuge ich mich ganz tief vor zwei unbekannten Pionieren der Sportfischerei, den Gebrüdern Nils und Bengt Bengtson, von der Halbinsel Listerland im südöstlichen Schweden. Jederzeit waren sie gewillt, den eifrigen Jungen mit hinaus zu nehmen, der bei ihnen seine Sommerferien verbrachte und vom Fischen nie genug kriegen konnte. Es waren ihre Erzählungen von den großen, frei umherschwimmenden Lachsen vor der Küste von Blekinge, die in mir mein Interesse für die Schleppfischerei weckten.

Zu meinem seit diesen Jahren unablässigen Enthusiasmus hat ebenfalls Olof Johansson viel beigetragen, der Chefredakteur der Zeitschrift »Sportfiske«. Gemeinsam mit Olof hat sich mein Sportfischerhorizont ständig erweitert – von unvergeßlichen Ausflügen in kleinen Holzbooten in den frühen sechziger Jahren bis zu Diskussionen darüber, wie sich dieser Sport weiterentwickeln wird und wie wir hierauf Einfluß nehmen können. Zusätzlich zur Tatsache, ein Angelkamerad zu sein, war Olof für mich stets eine Quelle der Inspiration um über dieses Thema zu schreiben.

Ein weiteres Individuum, dessen Liebe zur Sportfischerei mir viel bedeutet hat, ist der Presseberater Lars Georgsson. An seiner Seite badete ich meine Köder sowohl im Schatten der höchsten Wolkenkratzer als auch in der unwegsamsten Wildnis. Seine unzähligen Kontakte haben mir wertvolle Türen geöffnet und mir den Zugang zu viel Information über diesen Sport ermöglicht. Und diese Information wiederum erlaubte mir mein tiefes Engagement in internationalen Veröffentlichungen über die Sportfischerei und das Durchführen eigener Projekte zuhause.

Mein letzter Dank gebührt NORDBOK und insbesondere Göran Cederberg, für das so weitsichtige Engagement in ein Buch über die Schleppfischerei. Das Privileg es zu schreiben, gab mir Gelegenheit zum Sammeln wertvoller Erfahrungen und ich konnte gleichzeitig meinen alten Traum vom Schleppfischen auf Lachs verwirklichen. Anläßlich verschiedener Testfischen für das Buch fing ich Atlantiklachse von über 30 lbs. (13,6 kg), in Nord- und Ostsee ebenso, wie in den Seen Vänern und Vättern.

Der Schleppfischerei verdanke ich einige meiner schönsten Fischereierlebnisse. Oft konnte diese Freude auch noch an Bord geteilt werden, denn das Schleppfischen bedeutet viel eher als andere Techniken »teamwork«. Neue Techniken haben uns weit vom einfachen »Hinterherziehen« weggebracht und heute ist der Schleppfischer schnell in der Lage, sich an ihm fremden Gewässern heimisch zu fühlen. Des weiteren darf nicht vergessen werden, daß modernes Schleppgerät unvergleichlich sportliches Drillen ermöglicht – wann und wo immer die Fische sich in bester Verfassung befinden. Gerade diesen Punkt schätzt die immer größer werdende Anzahl von Sportfischern, die sich diesem Sport hingibt. Auf den folgenden Seiten verbinde ich mein Wissen mit den Hinweisen und Tips zahlreicher »Schleppkollegen« von zuhause und aus dem Ausland und versuche so Antworten darauf zu bekommen, wie, wo und wann heute geschleppt wird.

DIE ENTWICKLUNG DER SCHLEPPFISCHEREI

Der Begriff des »Schleppens« ist ein alter mit vielen Bedeutungen, und in der Fischerei fand er in der Mitte des siebzehnten Jahrhunderts seinen Platz. Ein bekanntes amerikanisches Nachschlagewerk definiert es als »eine Angeltechnik, bei der Haken und Schnur beispielsweise hinter einem Boot knapp unter der Oberfläche gezogen werden, wobei gewöhnlich löffelartige Köder zum Einsatz kommen.«

Das Schleppfischen ist eine ehrwürdige und vertraute Angeltechnik. Weltweit wurde sie gleichermaßen im Süß-, Brack- und Salzwasser praktiziert, von dem Moment an, an dem die ersten Jäger und Fischer in Boote stiegen.

Für Sportfischer bedeutete das Schleppfischen stets das Verwenden von einem für Sportfischer ausgerüsteten Boot – d.h. das Verwenden von Rute, Rolle, Schnur und Kunstköder oder natürlichem Köder. Dieses Schleppfischen unterscheidet sich von anderen Schleppmethoden, bei denen es nicht zu einem Drill mit Rute und Rolle kommt.

Sicherlich ist das Schleppfischen die am meisten verbreitete Technik des Sportfischens. Der Anfänger wie auch der erfahrene Angler kommen mit ihr zurecht und es lassen sich sowohl kleine Fische als auch wahre Giganten von mehreren hundert Kilogramm überlisten. Darüberhinaus erlaubt diese Technik dem modern ausgestatteten Angler große Wasserflächen abzusuchen und auf einer sehr sportlichen Basis hat er gute Fangaussichten, wobei es fast völlig egal ist, wo sich die Fische gerade im Fluß, See oder Meer aufhalten.

Immer mehr konzentriert sich die moderne Schleppfischerei auf jene großen, breiten und tiefen Gewässer, an welchen sich die Mehrzahl der Fische außerhalb der Reichweite traditioneller Methoden mit der Wurfrute aufhalten. In erster Linie bahnten seetaugliche Boote und moderne Navigationshilfen den Weg zu Gewässern, die zuvor der Netzfischerei und anderen Methoden der Berufsfischerei vorbehalten waren.

Fische in diesen gewaltigen Wassermengen zu haken ist eine aufregende Herausforderung, bei der nicht nur sportfischereiliches Geschick, sondern auch gute Kenntnisse über die Biologie der Fische und Navigation erforderlich sind. Darüberhinaus tragen Techniken wie die Schleppfischerei zu einer größeren Vielfalt anglerischer Interessen bei und letztlich ist damit allen Sportfischern gedient, da hierdurch der fischereiliche Druck gleichmäßiger auf die uns zur Verfügung stehenden Gewässer verteilt wird.

Der Schleppfischerei kann man als einzelner nachgehen oder als Gruppe. Sie kann zur idealen Familienbeschäftigung werden, bei der jeder an Bord mitwirkt – ganz unabhängig von Alter, Geschlecht oder Erfahrung. Des weiteren ist diese Technik auch für behinderte Personen zugänglich, da hier keine Wurfkünste verlangt werden und man sich nur selten mit eigener Kraft über größere Strecken fortbewegen muß. In eisfreien Gewässern läßt sich das Schleppfischen rund um die Uhr und das ganze Jahr über praktizieren, es sei denn, von den fischereilichen Vorschriften wird etwas anderes verlangt.

Ein altes Erbe

Bereits seit grauester Vorzeit haben die Menschen das Bedürfnis, ihre fischereilichen Erlebnisse ihren Zeitgenossen und der Nachwelt zu erzählen. Tausende von Höhlenmalereien, Münzprägungen und literarische Werke bezeugen diese Tatsache. Und heute, genau wie in der Vergangenheit, sorgen die starken und schnellen Fische für die guten Geschichten. Zwei der bei den modernen Schleppfischern beliebtesten Fischarten, der Thun und der Lachs, genossen bereits viel früher unter den Anglern der nördlichen Hemisphäre hohes Ansehen.

Die frühesten Spuren über Kontakt mit diesen Arten wurden in den Höhlen von Altamira im nördlichen Spanien gefun-

Schnur und Haken gehören zu dem ältesten Angelgerät des Menschen. Mehrere tausend Jahre alte Gemälde weisen darauf hin, daß bereits damals beköderte Haken – aus Holz oder Knochen gefertigt – mit einer Schnur vom Boot aus geschleppt wurden.

den. Hierunter befanden sich auf Hirschknochen geritzte Lachse und Wandgemälde von Thunfischen, die etwa 20000 Jahre alt sind. Lachse und die Bootsfischerei faszinierten ebenfalls die neolithischen Bewohner Skandinaviens, die dort während der letzten Eiszeit lebten und dies in Höhlenwände ritzten. Im Westen Kanadas beeinflußte das Schleppfischen auf Lachs die Kultur der Vancouver Indianer über Jahrtausende.

Im Mittelmeerraum wurden vor über 2000 Jahren Thunfischembleme auf Münzen von Karthago geprägt. Griechische und römische Autoren, wie Aristoteles und Plinius der Ältere, erwähnten diesen Fisch mit offensichtlicher Bewunderung. Der isländischen Edda und Norse-Mythologie zufolge kam es zwischen den Fischen und Göttern zu großen Kämpfen, wobei letztere die Gestalt von Anglern annahmen.

Den alten Quellen läßt es sich nicht entnehmen, ob die Fischer zwischen der Freude am Fischen selbst und reinem »Topffischen« einen Unterschied machten. Dennoch gibt es genug Hinweise darauf, daß das Fischen ein angenehmer Zeitvertreib war, schließlich wurden viele fischereilichen Ereignisse als für die Nachwelt erhaltenswert eingestuft. Darüber hinaus finden wir in der Kunst Hinweise darauf, daß bereits vor Tausenden von Jahren in Ägypten und China, ebenso wie im griechischen Mazedonien, mit Ruten von Booten aus geangelt wurde.

Die ersten Kolonisten von British Columbia entdeckten, daß die Indianer von ihren Kanus aus schleppten, wobei sie eine Hauptschnur aus Seegras verwendeten. Das eigentliche Vorfach wurde aus zahlreichen langen Frauenhaaren geflochten und war im Wasser fast völlig durchsichtig. Der Haken, der mit einem kleinen Fisch beködert wurde, war aus Knochen oder Holz. Beim Schleppen legten die Indianer die Schnur um ein Handgelenk oder um das Paddel, wodurch sie dem Köder zu einer attraktiven und unregelmäßigen Bewegung verhalfen. Sie waren erstaunliche Lachsangler und fingen mit ihrem primitiven Gerät weitaus mehr Fische als die Siedler mit ihren Schnüren und Metallhaken.

Klassische Schleppköder

Alte Löffelmuster erleben mit der Entwicklung moderner Schlepptechniken eine Renaissance. Einige der allerbesten sind die bereits vor über einem Jahrhundert entwickelten »Flutterspoons« (was übersetzt soviel wie »Flatterlöffel« bedeutet). Ursprünglich waren diese für die Schleppfischer des Lake Canandaigua im Bundestaat New York gedacht. Der Name des Sees bedeutet in einer Indianersprache »auserwählter Ort«. Zweifellos wurde dieser sowohl von den geschickten Fischern, als auch von den zahlreichen und ungewöhnlich großen Seesaiblingen ausgesucht.

Zwei der bekanntesten Angler waren Scott Sutton und Elmer Hinckley. Ihr Konkurrenzkampf führte zur Entwicklung äußerst dünnwandiger Löffel. Diese wurden an kurze Vorfächer gebunden und an einer beschwerten Schnur geschleppt. Sobald das Boot gerudert wurde und in Fahrt kam, begannen die Löffel sich flatternd nach oben und unten zu bewegen, wobei sie sich ähnlich wie ein verletztes Futterfischchen verhielten. Seine ersten dünnen und glänzenden Muster hämmerte Hinckley aus den Gabeln und Löffeln der Silberbestecksammlung seiner Frau. Heute werden Hinckley's und Sutton's Löffel aus silberbeschichtetem Messing gefertigt, wobei sie verschiedene Formen erhalten, um unterschiedliche Futterfischarten zu imitieren.

Ein weiterer Schleppfischer, dessen Entwicklungen das Schleppfischen nachhaltig beeinflußt haben, ist Lauri Rapala. Wie auch Sutton und Hinckley stellte er fest, daß von Raubfischen bevorzugt jene Futterfische angegriffen werden, die sich ungewöhnlich benehmen. Als armer finnischer Fischer konnte er sich kein Silber leisten, sondern er schnitzte seine ersten Fischimitate aus Rinde und bemalte sie schließlich, bis sie einem echten Fischlein möglichst ähnlich sahen.

Den Durchbruch – über und unter Wasser – erreichten seine Köder erst, als er die Rinde durch südamerikanisches Balsa-Holz ersetzte und die Holzfischlein mit dünner Silberfolie beklebte. Heute, 60 bis 70 Jahre nachdem er nach und nach seine Wobbler am Päijänne-See entwickelt hat, sind es die weltweit am meisten verkauften Wobbler und dienen gleichzeitig als Muster für Hunderte von Nachahmungen.

Vor über 150 Jahren war das Schleppfischen auf Lachs und Forelle mit Rute, Rolle und Kunstködern eine erfolgreiche Form der Freizeitfischerei in skandinavischen Gewässern. Damals wurde diese Fischerei oft als »Wirbelköderfischen« bezeichnet.

Schleppgerät des neunzehnten Jahrhunderts für natürliche Köder. Hier kamen »Propeller« zum Einsatz, wodurch die Vorteile der Kunstköder mit jenen der natürlichen Köder kombiniert werden sollten, indem man verschiedene Sinne der Fische zu stimulieren suchte.

Früher wurde von den Schleppexperten erzählt, sie ließen sich an ihren fehlenden oberen Schneidezähnen erkennen. Der Grund hierfür ist, daß sie die Schnur mit ihren Zähnen hielten, um beide Arme zum sicheren Manövrieren des Bootes entlang der Scharkanten und Wasserpflanzen zur Verfügung zu haben. Vergriff sich nun ein gewaltiger Hecht an ihren Blechlöffeln, dann flogen ihnen die Zähne heraus! Ob diese Geschichte nun stimmt oder nicht, moderne Schleppfischer haben viele Gründe, sich über eine Rute zwischen ihnen und dem Fisch zu freuen.

Das Schleppfischen auf dem Vänern-See

Vor hundertfünfzig Jahren wurde der größte See Schwedens – und Westeuropas – Ausgangspunkt für das, was meines Erachtens die älteste Beschreibung der Seeschleppfischerei mit einer Rute ist. Der Fischereiaufseher A. R. Geijer überliefert es folgendermaßen:

»Beim Fischen mit Wirbelködern auf dem Vänern ist es am ratsamsten, davon vier Stück in unterschiedlicher Tiefe zu fischen, um herauszufinden, in welcher Tiefe sich am jeweiligen Tag die Lachse aufhalten. Sobald die ersten Fische angeschlagen worden sind – oft beißen zwei oder drei Lachse gleichzeitig – sollte der Ruderer das Boot augenblicklich stoppen, die Ruder einholen und die nicht angegriffenen Wirbelköder einholen… Währenddessen können die gehakten Lachse ungehindert Schnur abziehen: gewöhnlich ziehen sie 25 – 50 Meter ab und halten dann inne. Nun ist es Zeit, sie ans Boot zu drillen und, sind sie erst einmal ermüdet, mit einem Kescher oder Gaffhaken ins Boot zu heben. In den 1850er Jahren war dies eine höchst interessante und rentable Art der Fischerei und oft konnte ich bei einer Ausfahrt auf dem Vänern 12 – 15 herrliche Lachse zwischen 7 und 25 pounds (3 bis 10,6 kg) fangen.«

Als »Wirbelköder« wurden entweder kleine Spinner oder größere Löffel bezeichnet. Es gibt ebenfalls Berichte darüber, daß diese Schleppfischerei auch mit natürlichen Ködern praktiziert wurde. Das Fischen mit den »Wirbelködern« wurde den Anrainern des Sees angeblich von Arthur Llewellyn Lloyd beigebracht, einem Bankierssohn aus London, der einer der ersten

Fischreiche Gewässer in majestätischer Umgebung lockten viele Sportfischer nach Skandinavien. Einer der ersten, der die Fischerei und ihre Methoden ausführlich beschrieb, war Llewellyn Lloyd, ein englischer Freund des Angelsports. Diese Abbildung stammt aus seinem Buch »Skandinavische Angelabenteuer« (1853) und sie stellt das »Harling« vor, eine effektive und beliebte Art der Schleppfischerei in den großen Forellen- und Lachsflüssen des Nordens.

britischen Sportfischer in Skandinavien war. Ab den 1820er Jahren widmete Lloyd den Großteil seines Lebens der Jagd und der Fischerei in Schweden. Unter anderem schleppte er mit Spinner und Rute auf große Vänern-Forellen in den Vargö-Stromschnellen des Göta-Flusses. Einige seiner Forellen sollen über 13 Kilogramm gewogen haben.

Auf den britischen Inseln hatte Lloyd das Fischen gelernt, wo bereits in fließenden und stehenden Gewässern geschleppt wurde, insbesondere mit Fliegen. Diese als »Harling« bezeichnete Schleppfischerei wurde ebenfalls an den herausragenden norwegischen Flüssen zu einer klassischen Methode der Lachsfischerei. Allerdings erst, nachdem die ersten Engländer im frühen neunzehnten Jahrhundert vermehrt zum Fischen nach Norwegen reisten.

Das Schleppfischen mit der Fliege hat auch in den nordöstlichen Vereinigten Staaten eine große Tradition, wenn es darum geht, recht früh in der Saison den Atlantiklachsen in Quellgewässern nachzustellen. Lange Zeit war das hierbei führende Muster die Grey Ghost. Als nach dem zweiten Weltkrieg Außenbordmotoren immer gängiger wurden, weiteten sich auch die Horizonte der Schleppfischer. In Schweden erreichten die modernen Schlepptechniken in den 1980er Jahren den Durchbruch. Geradezu explosionsartig geschah dies, als immer mehr Sportfischer in eigene Boote investierten, Downrigger-Techniken vorgestellt wurden und der »Laxfond Vänern« (Vänern Lachs-Fond) seine revolutionäre Tätigkeit an diesem gewaltigen See aufnahm.

Ein derart riesiges Gebiet wie das der Great Lakes im Norden der USA, hat natürlich viele Angler angelockt, die getrost als Pioniere der Sportfischerei bezeichnet werden können. Nach wie vor gilt George Raff durch seine fundamentalen Neuerungen in der Zwischenkriegszeit als ein Pionier in der

Geschichte der Schleppfischerei, da auf ihn die Grundlage der Sportfischerei an diesen großen Seen zurückzuführen ist. Seine Fänge aus dem tiefen, nordöstlichen Teil des Michigan-Sees ließen bereits in den 20er Jahren die kolossalen Saiblingspopulationen ahnen und er führte vor, wie sich diese mit Rute und Rolle fangen ließen.

Anfänglich verkaufte George Raff seine Fänge an Hotels und Restaurants in und um Traverse City. Nach und nach begriff er, daß sich auch auf andere Art und Weise Geld verdienen ließ und man dabei auch noch Spaß haben könnte: in Northport öffnete er »Raff's Trolling Camp«. Schnell strömten Angler aus anderen Gegenden herbei. Das Fischen kostete von Raff's Booten aus einen Dollar pro Stunde, ganz egal, wieviele Angler sich an Bord befanden. Die meisten fingen derart viel, daß der gesamte Ausflug zu einem lukrativen Unterfangen wurde. Das Angellager wuchs schnell und Raff ließ die ortsansässige Bevölkerung an dem Geschäft teilhaben.

Vom Angelgerät bis zu den Booten (16 – 36 Fuß / 4,9 – 11 Meter) wurde alles im Lager selbst hergestellt. Die Ruten und Rollen wurden aus Holz gefertigt. In den dreißiger Jahren wurden Bambusruten und Metallrollen erstaunlich gängig. Am zahlreichsten gab es die Qualman-Rollen, deren äußerer Durchmesser bei etwa 25 cm lag. Der Spulendurchmesser betrug ca. 20 cm und mit jeder Drehung ließen sich 50 cm Schnur einholen. Da an Stahlseide oft in über 300 Meter Entfernung gefischt wurde, waren etwa 600 Drehungen notwendig um den Löffel – oder vielleicht den Fisch – ans Boot zu holen.

Bevor es die Stahlseide gab, wurden geflochtene Schnüre mit Beschwerungen verwendet, um die Saiblinge in den großen Tiefen zu erreichen. Natürlich waren die Möglichkeiten der Fischerei durch die Länge der Schnur und die benötigten

Gewichte stark eingeschränkt. Aber auch die ersten Stahlschnüre, wie etwa Klaviersaiten, verursachten Probleme, da sie schnell rosteten und leicht brachen. Zwar versuchte man dieses Problem durch Fetten der Stahlschnüre halbwegs in den Griff zu bekommen, aber die Korrosion ließ sich hierdurch nur ein wenig hinauszögern. Stattdessen tauchte ein neues Problem auf: das Fett tropfte von den Rollen und beschmutzte dabei die weißen Anzüge der angelnden »Gentlemen«.

Die Ruten mußten sehr robust gebaut sein, um die Fische vom Grund wegzuheben. Da Schnurlauföllchen teuer waren, wurden zur Schnurführung oft alte Flaschenhälse verwendet. Recht erstaunlich ist, daß an Bord »Klassenunterschiede« gemacht wurden. Nur die Geschicktesten durften mit Rute und Rolle fischen, die übrigen durften mit einfachstem Pilkgeschirr, das an der Reling befestigt war, ihr Glück versuchen.

Zwei Arten von Kunstködern wurden verwendet. Die eine waren Löffel aus Perlmutt, die zwischen dem Haken und dem vorderen Sprengring mit Draht verstärkt wurden. Die andere waren spinnerähnliche Gebilde, bei denen ein dünnes, dreieckiges Stück Blech um eine Drahtachse drehte. Manchmal wurden zwei solche Spinnblätter auf eine Achse montiert und so gebogen, daß sie in unterschiedliche Richtungen rotierten.

Die Saiblinge vor Northport wogen gewöhnlich um fünf Kilogramm, auch wenn Fische von zehn Kilogramm keineswegs selten waren. Das schwerste Exemplar wurde 1940 gefangen und brachte 44 lbs. (20 kg) auf die Waage. Zu den weiteren Arten, die in der ersten Hälfte dieses Jahrhunderts in den Great Lakes gefangen wurden, gehören Regenbogenforellen, amerikanische Zander, Hechte und die kleinmäulige Unterart der Schwarzbarsche.

Der Schleppfischpionier George Raff verstarb 1968 – das Jahr, in dem die Sportfischerei am Lake Michigan neu geboren wurde. In Northport wurde 1984 zu Ehren von George und Nell Raff ein Denkmal errichtet.

In der Zwischenkriegszeit wurden die schwersten Seesaiblinge im kalten Lake Superior gefangen, wo Fische von über 15 Kilogramm keineswegs ungewöhnlich waren. Hier, am größten der Great Lakes, wird William »Uncle Billy« Brown als der Pionier des Schleppens mit Rute und Rolle betrachtet. In den frühen 20er Jahren zog er vom Bundesstaat Washington nach Munishing in Michigan. Schnell übertrug er seine Erfahrungen als Lachsangler auf die Saiblinge des Lake Superior. Mit großen Rollen, dicken Schnüren und stabilen, steifen Löffeln beförderte Billy – zusammen mit seinen Brüdern Levi und Tom – eine ganze Reihe von Rekordfängen ans Tageslicht. Anläßlich eines Ausfluges sollen sie einmal nach zwölf Stunden 975 kg Fisch an Bord gezogen haben. Saiblinge von nahezu dreißig Kilogramm sollen die Brüder gefangen haben.

Besatz mit Pazifiklachsen

In den 40er Jahren brachen die Fangergebnisse in allen Gewässern der Great Lakes drastisch zusammen. Ursächlich hierfür waren die zahlreichen Flußneunaugen, die diese Gewässer eroberten, der hohe Befischungsdruck durch die Berufsfischer und die stark zunehmende Umweltverschmutzung. Als schließlich die ersten Nylonnetze in den 50er Jahren zum Einsatz kamen, war es schließlich aus mit Sport- und Berufsfischerei am Lake Michigan.

Neben den Flußneunaugen eroberten ebenfalls Stinte und eine Alewife genannte Laubenart die Seen. In den 60er Jahren stellten diese letztgenannten Arten etwa 80% des gesamten Fischbestandes vom Lake Michigan dar. – Sie waren stellenweise so zahlreich vertreten, daß sie die Wasserzufuhr der Uferstädte verstopften.

1956 wurde die »Great Lakes Fishing Commission« nach entsprechenden Vereinbarungen zwischen Kanada und den USA ins Leben gerufen. Ihr Ziel war, die Fischbestände der Seen zu verbessern und die Flußneunaugenbestände unter Kontrolle zu bekommen. Nach einer Versuchsreihe von sieben Jahren, in welcher u.a. 6000 verschiedene Chemikalien zum Einsatz kamen, konnte ein weiteres Ausbreiten der Flußneunaugen verhindert werden.

Um die gewaltigen Bestände an Alewifes in den Griff zu bekommen und gleichzeitig die Sportfischerei zu fördern, schlugen zwei Biologen des »Michigan's Department of Natural Resources« (DNR) – Howard Tanner und Wayne Tody – vor, daß zusätzlich zu den Saiblingen auch Pazifiklachse in einige der Seen ausgesetzt werden sollten.

Diese Idee wurde mit gemischten Gefühlen aufgenommen, aber das Ergebnis war, daß 1966/67 in den Lake Michigan und in die Zuflüsse des Lake Superior Coho-Lachse ausgesetzt wurden. Die Fische wuchsen in Rekordgeschwindigkeit ab und bereits 1968 wurden Prachtexemplare von annähernd acht Kilogramm gefangen. Untersuchungen der Mageninhalte ergaben, daß sich diese Fische in erster Linie von Stinten und Alewifes ernährten.

Auch an den anderen Seen kam es nun zu neuen Besatzmaßnahmen. Zunächst erfolgten diese nur mit Seesaiblingen, Königs- und Coho-Lachsen, aber nach und nach wurden auch Atlantiklachse eingesetzt. 1973 schenkte die schwedische Regierung dem Bundesstaat Michigan 10000 schwedische Lachseier im Augenstadium. Einer dieser Fische, der 1981 gefangen wurde und dabei 14,3 kg wog, ist auch heute noch offizieller amerikanischer Atlantiklachsrekord. Des weiteren wurde viel mit Steelheadforellen besetzt und in den Lake Erie kamen in erster Linie Zander. Seitdem genießt die Sportfischerei bei der Bewirtschaftung Priorität.

Den Berufsfischern blieb lediglich der Fang von für die Sportfischerei uninteressanten Arten erlaubt. Der Grund hierfür ist, daß am Lake Michigan für jedermann eine erschwingliche aktive und sportliche Fischerei möglich werden sollte – und nicht nur für eine Minderheit, die, professionell ausgerüstet, die Entwicklung dieser Freizeitbranche hemmen und gleichzeitig die meisten Fische fangen würde. Es sollte viel eher weitsichtige Fischerei mit ökonomischen Vorteilen betrieben werden.

Schnelle Entwicklung

Die zweite Jugend der Great Lakes als Gewässer für Sportfischer ist nicht nur das Resultat umfassender Besatzmaßnahmen und verbesserter Umweltbedingungen. Sie ist ebenfalls den restriktiven Angel- und Entnahmebestimmungen zu verdanken. Insbesondere die strenge Regulierung der Angeltechniken ermöglichte die erstaunliche Entwicklung der Schleppfischerei seit den späten 60er Jahren – besonders in bezug auf Strategie, Technik und Ausrüstung. Die Schleppfischerei hat an

Ein Blauflossenthun wird gerade vor der kanadischen Küste Nova Scotias ausgedrillt. Sowohl diese Fischart, als auch diese Gegend, haben wesentlich zur schnellen Entwicklung der Big-Game-Fischerei in den letzten hundert Jahren beigetragen. Moderne Schlepptechniken haben die Perspektiven der Sportfischer immens erweitert und vielerorts erhielten sie sogar ökonomisch große Bedeutung. Insbesondere gilt das für die Fischerei im pazifischen Ozean.

diesen Seen kolossale Ausmaße erreicht, sowohl in bezug auf die Fische, als auch auf die Angler und die umgesetzten Geldmengen. Jedes Jahr werden 25 Millionen Salmoniden ausgesetzt. Und was die über 4 Millionen Angler jährlich an diese Seen lockt und sie dort durchschnittlich 12 Tage verweilen läßt, ist nicht die Gelegenheit zum Fang eines Riesenfisches, sondern es sind die guten Fangaussichten auf Fische mit hohem Durchschnittsgewicht. Durch die fischereiliche Entwicklung an den Great Lakes entstand ein Paradebeispiel für die Sportfischerei,

die, der Komission zufolge, 1985 für 4 Milliarden Dollar Umsatz sorgte. Diese Sportfischereiindustrie hat Michigan ebenfalls zu dem Staat der USA gemacht, in welchem es pro Einwohner gerechnet am meisten Boote gibt.

So entstand nach und nach eine Charterbootflotte, die für den Tourismus dieser Gegend von größter Bedeutung ist. Den Winter über wird ein Teil dieser Flotte in sonnigere Gegenden Amerikas abtransportiert, wo sie dann der Big-Game-Fischerei nachgeht.

Big-Game-Ausrüstung aus der ersten Hälfte unseres Jahrhunderts. Die gespließte Rute (Salt Water Palakona N°4) wie auch die »Fortuna«-Rolle wurden von der englischen Firma Hardy hergestellt. Die Schnur ist eine aus irischem Haar gesponnene Cuttyhunk-Schnur aus 54 Fibern. Mit Gerät dieser Art wurden in den 30er und 40er Jahren in der Nordsee und im Öresund viele große Blauflossenthune erfolgreich gedrillt.

Die Rolle der Big-Game-Fischerei

Große Sportfische werden sowohl vom treibenden Boot, als auch beim Schleppen gefangen. Als diese Sportart in ihren Kinderschuhen steckte, war das treibende Fischen die gängigste Technik - heute hat allerdings das Schleppen die Überhand gewonnen. Was nun ein Big-Game-Fisch ist oder nicht, darüber gibt es noch immer keine einhellige Meinung. Für einige sind mit diesem Begriff Fische von über 300 lbs (135 kg) gemeint, für andere sind solche Fische noch immer gewöhnliche Sportfische, erst ab 500 lbs (226 kg) kann von Big-Game die Rede sein. In jedem Fall kann sich die zweite Definition nur auf den Blauflossenthun, den blauen, schwarzen und gestreiften Marlin, den Schwertfisch und eine begrenzte Anzahl von Haien ausdehnen. Die einzigen akzeptablen Arten aus der letzteren Gruppe sind der weiße Hai, der Makrelen- und der Heringshai.

Die Jagd auf diese Riesen der Meere hatte für die Entwicklung der Sportfischerei weltweit gewaltige Bedeutung, insbesondere für die der Schleppfischerei. Nicht nur, weil menschliche Muskeln bei einem einen halben Tag während Drill auf das äußerste strapaziert werden. Die Angeltechniken wurden immer ausgereifter, ebenso wie die Ausrüstung der Boote und der Angler. Darüber hinaus erlangten durch das Big-Game-Fischen einige Ortschaften einen Weltruf, zu dem es ansonsten nie gekommen wäre. Um nur ein Beispiel auf jeder Seite des Äquators zu nennen gibt es u. a. Cairns in Australien – das Marlin Paradies – und Prince Edward Island, das Eldorado der Thunfischerei an Kanadas Westküste.

Schwere Thune

Die Ursprünge der Big-Game-Fischerei werden gewöhnlich auf Santa Catalina Island in Kalifornien vermutet. Hier fing 1896 Colonel C.P.Morehouse einen Blauflossenthun von 251 lbs (114 kg). Zwei Jahre später erwischte Charles F.Holder einen von 183 lbs (83 kg) und gründete hierauf den Tuna Club, den ersten Big-Game-Verein der Welt.

Diese Organisation und ihre Mitglieder haben im ersten Jahrzehnt unseres Jahrhunderts den Sport stark geprägt. 1904 fertigte Roy Shaver die erste Schlepprute für die Salzwasserfischerei aus laminiertem Holz. Acht Jahre später stellten andere Mitglieder – William Boschen, Julius von Hofe und Joe Coxe – die erste Rolle mit Freilauf und integrierter Bremse vor.

Den ersten Schwertfisch mit der Rute fing William Boschen 1913, ein 357 lbs (162 kg) wiegendes Exemplar. Er bezwang ihn stehend, mit einer Greenheart-Rute und einer Rolle ohne Bremse gerüstet. Später fing er noch einige Pazifikschwertfische, wobei er es aber stets für unsportlich erachtete, einen Kampfstuhl mit Rutenhalter zu verwenden. Fünfzehn Jahre später stellte Oliver C.Grinnell einen der führenden Schleppköder aller Zeiten vor: den japanischen Federjig. 1929 fing ebenfalls Grinnell den ersten Schwertfisch, der mit Rute und Rolle im Atlantik gefangen wurde.

1928 wurden erstmals Blauflossenthune – acht an der Zahl – mit der Rute vor Skandinavien gefangen, vielleicht sogar zum ersten Mal in Europa. Sie wurden vor der dänischen Insel Sjaelland von Kai Möller (der fünf Stück erwischte) und von zwei bekannten englischen Anglern, Ramsey und Mitchell-Henry, überlistet. 1930 bekam die Nordsee ihre Chance, als Mitchell-Henry dort einen fing. Er stellte 1933 den noch heute gültigen europäischen Rekord der Blauflossenthune – mit einem vor Whitby gefangenen Exemplar von 851 lbs (386 kg) – auf.

In den frühen 50er Jahren war der Öresund – die enge Passage zwischen Dänemark und Schweden – das mit Abstand beste Fanggebiet in Europa für Blauflossenthune. Viele Fische von über 650 lbs (300 kg) wurden hier gefangen und der hiesige Rekordfisch von 820 lbs (372 kg) wurde 1950 von einem Dänen, Knud Kyvsgaard, gefangen. Die führenden schwedischen Big-Game-Fischer waren Mogens Mogensen, damals der IGFA Vertreter des Landes, und Arvid Carlander. 1961 fing Mogensen einen Fisch von 672 lbs (305 kg). Der letzte mit der Rute gefangene Thun des Öresunds ging 1964 an den Haken. Die Bestände waren erschöpft, der Befischungsdruck hoch. Die meisten Thune wurden treibend und nicht schleppend von gewöhnlichen Fischkuttern aus gefangen. Von Arvid Carlander wurde allerdings ein für die sportliche Fischerei speziell entworfenes Boot gebaut, das zurecht als das erste Boot Schwedens für die Sportfischerei bezeichnet werden kann.

Tausendpfünder vor Tahiti

In den 60iger Jahren initiierten schwedische Sportfischer unter der Leitung von Olof Johansson, zusammen mit dem englischen IGFA Vertreter Chris Roncoroni, die Big-Game-Fischerei um die kanarischen Inseln. Seit dem Niedergang solcher Schlachtfelder wie dem Öresund, Sesimbra, der Straße von Messina und dem Bosporus, gehören zu Europas besten Big-Game-Gewässern die Kanaren, ebenso wie die Azoren,

IGFA

Die IGFA ist eine internationale Organisation für Sportfischer, die in 75 Ländern Vertretungen hat. Sie registriert die Weltrekorde der verschiedenen Sportfischarten nach Schnurklassen. Weltweit unterstützt sie die Entwicklung der Sportfischerei und der fischereilichen Bewirtschaftung.

Madeira und die Küste der Algarve. Besonders beeindruckend sind die Marlin- und Thunfänge. Zwei weitere große Namen der europäischen Big-Game-Fischerei sind der Franzose Pierre Clostermann und der Däne Jens Ploug Hansen.

Der weltberühmte Autor und Big-Game-Fischer Zane Grey fing 1930 vor Tahiti den ersten Tausendpfünder aus der Familie der Marline. Seine und Ernest Hemingways Beschreibungen verschiedener Big-Game-Gebiete unseres Planeten gaben diesem Sport starken Auftrieb. Hierauf wurde man sogar noch aufmerksamer, als Hemingway 1954 den Literaturnobelpreis für seine Novelle »The Old Man and the Sea« (Der alte Mann und das Meer) verliehen bekam. Zu vergleichbaren Novellen und Kurzgeschichten ließ er sich von den Marlingewässern des blauen Golfstromes vor Kuba inspirieren.

Der schwerste je mit einer Rute gefangene schwarze Marlin wurde im August 1953 vor Cabo Blanco in Peru von Alfred C. Glassell Jr. auf die Schuppen gelegt. Er wog erstaunliche 1560 lbs (707 kg). 1970 wurde dieser Fisch jedoch von einem gigantischen blauen Marlin überboten, der 1804 lbs (817 kg) auf die Waage brachte. Durch Schleppfischen vor Oahu, Hawaii, ließ sich dieser Fisch zum Biß verleiten, er konnte jedoch nicht als Rekord homologiert werden, da er von drei verschiedenen Anglern gedrillt wurde. Ein weiterer Alfred, mit dem Familiennamen Dean, fing 1959 den schwersten mit Rute

und Rolle gefangenen Fisch aller Zeiten – einen weißen Hai von 2664 lbs (1208 kg). Auch dieser Rekord wurde überboten, und zwar 1986 durch einen vor Montauk, New York, gefangenen weißen Hai von 3427 lbs (1552 kg). Aber auch dieser Rekord wurde nicht von der IGFA akzeptiert, da dieses Monster von zwei Anglern abwechselnd gedrillt wurde.

Die Pioniertätigkeit der IGFA

Es waren der Amerikaner Michael Lerner und der Australier Clive Firth die 1939 die International Game Fish Association gründeten. Bald wurde dieser Verein weltweit tätig und ab 1940 konnte er sich keines minderen als eines Vizepräsidenten namens Ernest Hemingway brüsten, was dieser bis zu seinem Tod 1962 auch blieb.

Die IGFA begann internationale Regeln für die Sportfischerei zu formulieren, zu drucken und Salzwasserrekorde, die diesen Regeln entsprechend aufgestellt wurden, zu registrieren. Von Anfang an zeigten viele naturwissenschaftliche Institutionen reges Interesse an den Aktivitäten der Organisation. Hier fanden sie Zugang zu wichtigen Informationen über die Welt der Ozeane. Bis etwa 1960 hatte die IGFA ihren Sitz im American Museum of Natural History in New York.

Heute ist die IGFA die führende Organisation für Sportfischer mit Vertretungen in 75 Ländern. Es werden mittlerweile sowohl Rekorde der Salz- als auch Süßwasserfischerei registriert. Seit 1939 wurde sie einige Male neu strukturiert. Heute ist ihr Hauptziel, den für Sportfischer interessanten Fischarten den größtmöglichen Schutz zukommen zu lassen und darauf zu achten, daß die Rechte der ersteren gewahrt bleiben. Ein zweites, sehr wichtiges Ziel ist die Unterstützung von Fischmarkierungen, ebenso wie die Sammlung aller weiteren verwertbaren Daten aus wissenschaftlichen Forschungen. Darüber hinaus werden wissenschaftliche und pädagogische Institutionen unterstützt, die wertvolle Information über Ichtyologie und sich mit diesem Thema befassende Studien verbreiten.

Die IGFA kooperiert ebenfalls mit so wichtigen Umweltorganisationen wie der Audubon Society und dem World Wildlife Found (WWF). Im Laufe der Jahre hat die IGFA dank ihrer weltweiten Kontakte immer wieder frühzeitige Warnungen ausgerufen, wenn eine bestimmte Fischart in eine prekäre Lage gekommen ist. Es wurden auch beispielsweise die transozeanischen Wanderungen der größten Sportfische mit Hilfe der durch IGFA-Mitglieder erfolgten Markierungen festgestellt. In allen Big-Game-Gegenden der Erde werden immer mehr Fische bis an das Boot gedrillt, dort markiert und dann wieder in ihre Freiheit entlassen.

Grenzenloses Potential zur Weiterentwicklung

Für einige bedeutet die Schleppfischerei lediglich das monotone Hinterherziehen eines Kunstköders von einem fahrenden Boot aus. Fragt man nun diese Personen über die beim Schleppfischen gesammelten Erfahrungen, dann stellt sich meist heraus, daß sie über so gut wie keine verfügen und darüber hinaus auch noch leicht seekrank werden – oder andere Probleme während einer erfolglosen Charterboottour hatten,

In den letzten Jahrzehnten hat der Downrigger das Schleppfischen revolutioniert. Mein erster aus Messing gefertigter Downrigger entstand Anfang der 70er Jahre in Heimarbeit als Nachbau eines in einer amerikanischen Fachzeitschrift gepriesenen Modells. Mit Schnurzähler und Bremse ausgestattet, eröffnete er mir eine ganz neue Welt der Fischerei.

an welcher sie passiv teilgenommen haben. Die Sportfischerei ist ein aktiver Sport, bei dem es immer zu Ereignissen kommen sollte. Im eigenen Boot hat der begeisterte Schleppfischer weitaus mehr Möglichkeiten als auf einem Charterboot, sich seine Angelstelle selbst auszusuchen, zu navigieren, sich mit dem Echolot zu beschäftigen, das Gerät zusammenzustellen, die Kunstköder auszuwählen und über die Schleppentfernung zu bestimmen.

Unglücklicherweise wird die Ausrüstung und deren Umfang meistens von äußeren Einflüssen – wie Wetter, Wind, Strömungen, Wasserstand und Bodenbeschaffenheit – bestimmt. Und gerade in diesem wesentlichen Punkt hat der Downrigger die moderne Sportfischerei revolutioniert. Mit Hilfe von Downriggern läßt es sich auch in großen Tiefen mit federleichten Kunstködern und den gesuchten Fischen optimal angepaßtem Gerät fischen.

Downrigger-Ausrüstung zur Forellen- und Lachsfischerei in weiten und tiefen Gewässern muß nicht mehr als das an den Flüssen verwendete Fliegengerät wiegen. Sogar noch besser, die Fische können in diesen offenen Gewässern auch ohne die hinderliche Wurfschnur zwischen ihnen und dem Angler gedrillt werden. Sie können an einer Hauptschnur bezwungen werden, deren Durchmesser mit dem der Vorfachspitze vom Fliegengerät übereinstimmt und das noch dazu mit einer Fliege, deren Größe, Form und Gewicht identisch mit jener ist, die man an einem Fluß mit der Fliegenrute fischen würde. Und wer wirklich unbedingt mit letztgenannter Rute schleppen möchte, der braucht die Schnur lediglich in den Schnurclip des Downriggers zu hängen, um anschließend den Fisch nach dem Anhieb mit der Fliegenrolle zu drillen. Im Freiwasser sind die Fische fast immer in bester Verfassung – und nutzen dabei jede

Gelegenheit, ihre Kraft, Geschwindigkeit und Ausdauer unter Beweis zu stellen.

Aber die Downrigger haben auch noch weitere Türen geöffnet. Es entstand die Möglichkeit, große Schleppköder, natürliche und künstliche, Big-Game-Fischen in Tiefen anzubieten, in denen sie bis dato unerreichbar waren. Natürlich muß man nicht unbedingt immer tief fischen, um die Vorteile eines Downriggers zu nutzen. Er bietet auch beim Schleppen unmittelbar unter der Oberfläche große Vorteile, da dies nun auch mit leichtestem Gerät möglich ist. Zweifellos hat der Downrigger weltweit und nachhaltig die Fischerei verändert.

Tiefschlepptechniken wurden in Europa vornehmlich von den Schweden vorwärtsgetrieben, nicht zuletzt aufgrund ihrer Erfahrungen am Vänern-See. Dennoch handelt es sich hierbei nur um einen Teich verglichen mit den gewaltigen Wassermengen, die in Skandinavien darüber hinaus noch zur Verfügung stehen. Es gibt hier zahlreiche große Binnenseen, die für die Weiterentwicklung der Sportfischerei im allgemeinen und der Schleppfischerei im besonderen sicherlich noch viel beitragen werden. Die Fänge lassen sich durchaus mit jenen, die an den Great Lakes gemacht werden, vergleichen – was durch die Fangergebnisse der letzten Jahre mit zahlreichen Hechten, Zandern, Forellen, Saiblingen und Lachsen verdeutlicht wurde.

Schließlich sollten wir stets eine international anerkannte Feststellung im Kopf behalten: 90% der Fische eines Gewässers besetzen lediglich 10% der gesamten Wassermassse. Dieses ökologische Prinzip bedeutet, daß es Berufsfischern mit ihren Massenfangmethoden ein leichtes ist, ganze Fischbestände zu bedrohen und ihre mit Ruten fischenden Kollegen leer nach Hause gehen zu lassen.

DER FISCH, DAS WASSER UND SEINE BEUTE

Begeisterte Schleppfischer können schier endlos über ihre Boote, ihre Ausrüstung und ihr Angelgerät sprechen. Aber ein Schleppfischer ist und bleibt nur ein halber Angler, bis er oder sie es gelernt hat, mit den zwei weiteren wichtigen Faktoren dieses Sportes umzugehen – dem Fisch und seinem Milieu.

Der Ursprung des Lebens läßt sich mindestens drei Milliarden Jahre zurückverfolgen. Damals wurde es von Algen verkörpert. Wahrscheinlich entstand der erste Fisch im Süß- oder Brackwasser von Seen oder Mündungsbereichen, die er schließlich verließ, um sich in den Meeren weiterzuentwickeln. 300 Millionen Jahre alte Fossilienfunde weisen nach, daß bereits damals in den Meeren Cyclostomen, Knorpel- und Knochenfische lebten – jene drei Großgruppen, in die die Familie der Fische heute aufgeteilt wird.

Wissenschaftlich werden Fische allgemein als »Pisces« bezeichnet und es sind die Vorfahren aller auf der Erde lebenden Wirbeltiere. Heute werden Fische als »mit Kiemenatmende, kaltblütige, mit Flossen versehene und im Wasser lebende Wirbeltiere« definiert. Nahezu jedes Gewässer enthält Fisch, von den Tropen bis in polare Landschaften. Fische gehen sowohl in den lichtlosen Tiefen der Ozeane ihren Raubzügen nach, wie in den weiten Ausdehnungen der mittleren Meeresschichten oder unmittelbar unter deren Oberfläche. Sie tummeln sich in der farbenreichen Szenerie von Korallenriffen, in kraftvollen Gezeitenströmungen, entlang von brandungsgeplagten Küsten und über dem weichen Grund brackiger Mündungsbereiche. In klaren, tiefen Seen und in seichten, kalkigen Fließgewässern fühlen sie sich ebenso wohl. In reißenden Flüssen sind sie genauso zuhause wie in großen, ruhigen Flüssen mit tiefen Pools.

Weltweit sind etwa 20000 Fischarten bekannt. Ungefähr 19000 hierunter sind Knochenfische, deren Entwicklung sich auf die letzten 120 – 150 Millionen Jahre erstreckt. Fische stellen mit großem Abstand die größte Gruppe unter den Wirbeltieren dar, wobei sie über eine gewaltige Vielzahl von Formen, Erscheinungen, Größen und Gewohnheiten verfügen.

Die Wachstumsrate unterscheidet sich zwischen den einzelnen Arten, ja, manchmal sogar innerhalb derselben Spezies. Gewöhnlich setzt sich das Wachstum der Fische ihr ganzes Leben über fort – aber in erster Linie wachsen sie in jungen Jahren, unmittelbar vor der Geschlechtsreife, und zur Sommerzeit. Ihr Abwachsen hängt von genetischen Charakteristika, dem Nahrungsangebot und der Wassertemperatur ab.

Wie Fische gebaut sind

Im Laufe der Jahrtausende hat das Wasser die Körperform der Fische, ihre Art sich fortzubewegen und weitere Eigenarten in ihrem Verhalten geprägt. Die meisten Fische schieben sich mit einer wellenartigen Körperbewegung durchs Wasser, wodurch die Flossen eine wichtige Rolle erlangen. Durch die Flossen sind sie zu Beschleunigungen, Bremsmanövern und zum Gleiten in der Lage. Schnellschwimmer richten ihren Schwanzschlag seitlich aus und klappen die zur Beschleunigung nicht benötigten Flossen unter Hautfalten, was ihrem Körper zu einer perfekten Stromlinienform verhilft. Von großen Flossen wird manchmal vermutet, sie sollten zur Abschreckung anderer, größerer Fische dienen.

Die Kiemen, die Atmungsorgane der Fische, werden bei nahezu allen Arten von Deckeln geschützt. Cyclostomen, Haie und Rochen verfügen allerdings lediglich über Kiemenschlitze, die in unterschiedlicher Anzahl auftreten. Ein Fisch atmet, indem er über das Maul Wasser einsaugt und es dann durch die Kiemenöffnungen drückt, wobei die Blutgefäße den Sauerstoff

herausfiltern. An den Kiemenbögen hängen die Kiemenreusen. Bei Planktonfressern wie dem Hering sind diese zu regelrechten Filtern geworden, an denen die Nahrungspartikel hängenbleiben. Durch das Abzählen dieser Kiemenreusen lassen sich manchmal Unterschiede zwischen Fischarten machen, die ansonsten identisch aussehen. Die meisten Fische sind mit einem Schuppenkleid versehen, das ihren Körper ganz oder nur stellenweise überzieht. Die Schuppen unterliegen demselben Wachstum wie der Fisch, eine Tatsache, durch die sein Alter bestimmt werden kann. Die Außenseite der Schuppen wird von einer dünnen, durchsichtigen Haut überzogen, die Schleim sekretiert. Hierdurch wird im Wasser der Reibungswiderstand reduziert und gleichzeitig wirkt diese Schleimhaut für den Fisch als Schutzschild gegen Bakterien. Um sie nicht zu verletzen, sollte man das unnötige Manipulieren und Anfassen eines Fisches vermeiden – und sei es nur, ihn über die Reling zu ziehen –, sofern er zurückgesetzt werden soll.

Eine Gruppe von Fischen, die nicht mit gewöhnlichen Schuppen überzogen sind, stellen die Haie dar. Stattdessen haben sie »Zahnschuppen«. Diese Schuppen sind die Ursache für den desolaten Zustand der Schnur oder des Vorfaches, sofern sich ein Hai darin verwickelt.

Die Zähne der verschiedenen Fischarten unterscheiden sich ebenfalls voneinander. Entweder neigen sie dazu, nadelspitz zu sein oder aber sie sind auf das Zermalmen der Beute ausgelegt. Einige Fische haben sowohl Zähne zum Halten als auch zum Zerquetschen.

Um dem Wasserdruck gewachsen zu sein, verfügen die meisten Fischarten über eine Schwimmblase. Dieses Ballastorgan erlaubt es ihnen, kleine Schwankungen im Wasserdruck auszugleichen. Ziehen Sie einen Fisch aus großer Tiefe schnell nach oben, dann kann es sein, daß sein Magen durch die schnelle Ausdehnung der Schwimmblase in das Maul gedrückt wird.

Die Schwimmblase kann auch als Resonanzkörper fungieren und dem Fisch beim Hören helfen. Einige Arten, wie der Hai und die Makrele, haben keine oder nur eine sehr kleine Schwimmblase. Hierdurch können sie sich vertikal problemlos mit großer Geschwindigkeit fortbewegen – einer der Gründe, warum diese Arten als Sportfische geschätzt werden. Um nicht zu sinken, sind sie jedoch auf stetes Schwimmen angewiesen.

Etwa 4000 Fischarten, ein Fünftel von allen, sind Schwarmfische. Schwärme sind eher in klaren Seen als in trübem Wasser anzutreffen. Schwarmfische sind gewöhnlich Freiwasserjäger. Teilweise dient die Schwarmbildung dem Selbstschutz, insbesondere in klarem Wasser. Viele Augen sehen mehr als ein Augenpaar allein, sowohl in bezug auf Gefahr als auch auf Nahrung. In Schwärmen leben meist Individuen desselben Alters und derselben Größe. Die Anzahl der Schwarmfische kann schwanken, was durch Faktoren wie Lichteinfluß und Fortpflanzung gesteuert wird.

Durch ihr Seitenlinienorgan sind die Fische innerhalb eines Schwarmes zu erstaunlicher Koordination fähig. Angesichts einer Gefahr kann sich durchaus ein Schwarm so zusammenziehen, daß das Raubtier kein Individuum isolieren kann. Zwar kann ein Schwarm aus mehreren Fischarten bestehen, das Geschehen wird aber immer von einer dominiert. So können Pferdemakrelen in einem Makrelenschwarm auftauchen und Sprottenschwärme enthalten oft auch junge Heringe.

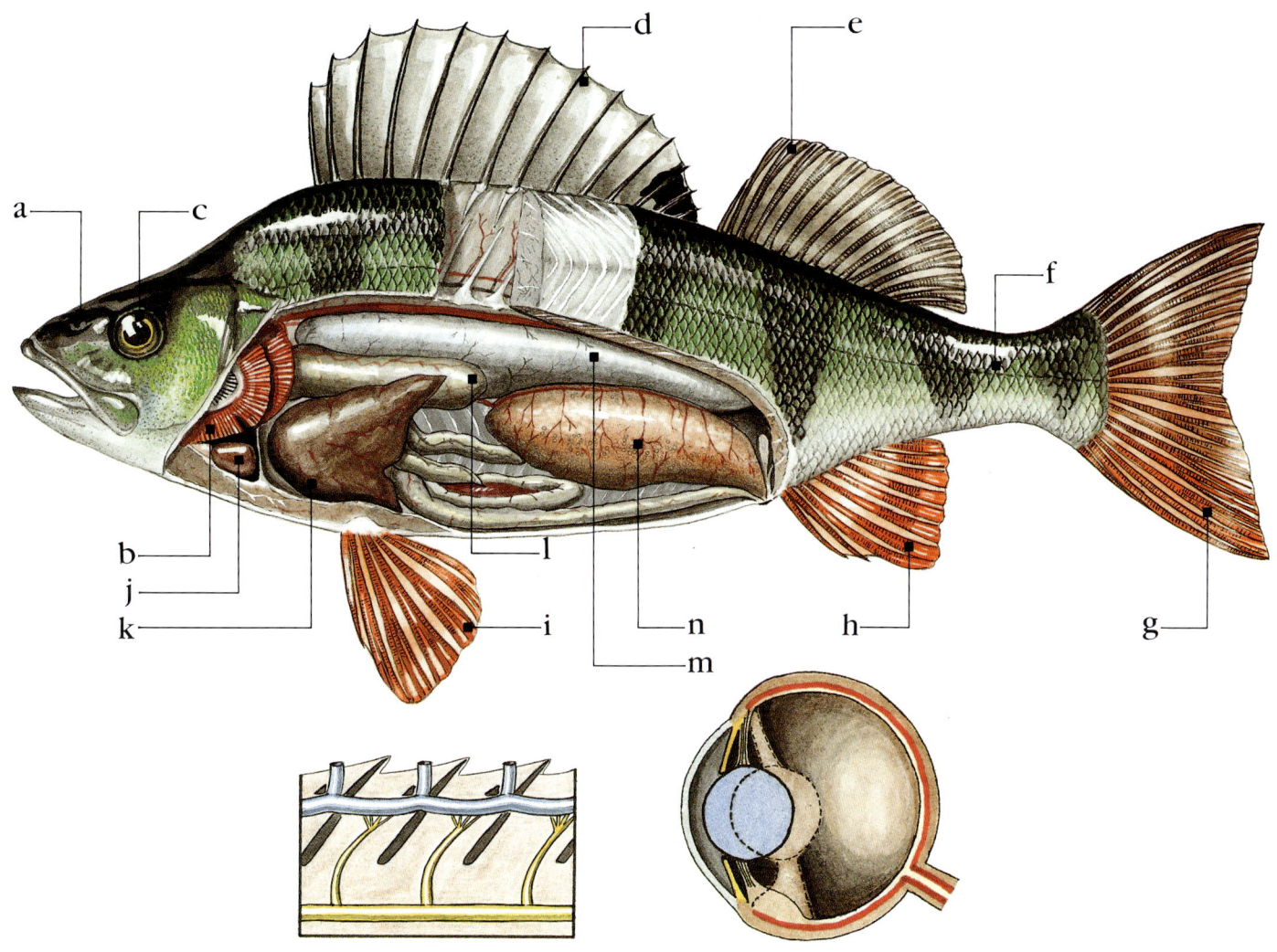

Fische werden als kiemenatmende, kaltblütige, mit Flossen versehene und im Wasser lebende Wirbeltiere definiert.
Fische werden in drei Großgruppen aufgeteilt: die Cyclostomen, die Knorpel- und die Knochenfische. Letztere überwiegen deutlich und ihre Beschaffenheit wird hier an einem der gängigsten nordeuropäischen

Fische verdeutlicht, am Flußbarsch (Perca fluvialis).
a) Geruchsorgan b) Kiemen c) Auge d) stachelige Rückenflosse
e) weiche Rückenflosse f) Seitenlinienorgan g) Schwanzflosse
h) Afterflosse i) Bauchflosse j) Herz k) Leber l) Magen
m) Schwimmblase n) Eierstöcke

Die kaltblütige Natur der Fische hat zur Folge, daß die Körperfunktionen sich der Wassertemperatur anpassen. Wird es kälter, fressen sie weniger, auch wenn Nahrung in Hülle und Fülle vorhanden ist. Infolgedessen verbrennen sie so wenige Kalorien wie nur möglich. Jede Fischart ist am aktivsten und wächst am schnellsten innerhalb einer bestimmten Temperaturspanne ab. Fische vermeiden auch Temperaturen jenseits von einem gewissen Maximum und Minimum, auch wenn sie durchaus überleben würden. Einige Arten kommen erstaunlich gut mit plötzlichen Temperaturstürzen zurecht.

Eine ganze Reihe von Fischen bewegt sich regelmäßig zwischen Salz- und Süßwasser hin und her. Hierzu muß im Körper der Salzhaushalt im Gleichgewicht gehalten werden. Ein Süßwasserfisch ist beispielsweise ständig darauf angewiesen, Salz aus dem Wasser zu filtern, wogegen ein Salzwasserfisch ständig Salz sekretieren muß.

Die lange Evolutionsgeschichte der Fische hat sie ihrem natürlichen Element gut angepaßt. Leicht läßt sich das an Körperform und Färbung erkennen. Einige Arten können sich auf dem Grund bestens verstecken oder anderen auflauern, wogegen andere ihre stromlinienförmige Körper optimal zum Angriff oder zur Flucht nutzen können.

Fische, die in großer Tiefe leben, haben oft eine schwarze Haut und große Augen. Fische aus pflanzenreichen Biotopen sind gewöhnlich grün oder braun. Bei Oberflächenjägern ist oft der Rücken dunkel und die Flanken und Bäuche sind silbrig oder weiß – wodurch sie von oben und unten nur schwer auszumachen sind.

Die Sinne der Fische

Grundfische orten ihre Nahrung mit Hilfe sensibler Barteln an ihrem Maul. Die Einzelbartel der Dorschartigen ist ein gutes Beispiel. In den oberen Wasserschichten jagen die Fische gewöhnlich auf Sicht. Allen Arten hilft hierbei zusätzlich ihr Seitenlinienorgan. Es verläuft vom Kopf bis zum Schwanz und ist ein radarartig arbeitendes Sinnesorgan, das dem Fisch bei der Wahrnehmung von Wasserdruck und Druckwellen hilfreich ist, wodurch er, unabhängig von der vorhandenen Lichtmenge, Objekte im Wasser orten kann.

Neben sehen, fühlen und hören können Fische auch Geschmack und Geruch feststellen. Darüberhinaus verfügen sie noch über eine Art »sechsten Sinn«, durch den die Grenze des tolerierbaren Wasserdrucks und der ertragbaren Temperaturen eingehalten wird. Die von den Sinnen gesammelten Informationen werden hauptsächlich im Mittelhirn verarbeitet. Gewöhnlich reagieren Fische auf festgelegte Art und Weise auf ihre Wahrnehmungen – und dieses Reaktionsschema muß der Schleppfischer herausfinden und auszunutzen versuchen, sodaß die Fische den angebotenen Köder auch angreifen.

Genauso, wie sich das Sehvermögen der Fischarten voneinander unterscheidet, verhält es sich mit der Wahrnehmung von Farben. Die Knochenfische scheinen in diesem Punkt recht geschickt zu sein. Fische können sich auch sehr auffällig verfärben – oder tarnen. Ersteres tritt am ehesten zur Laichzeit ein; ein gutes Beispiel unter unseren gängigen Sportfischen ist der Saibling. Versuche mit blinden und sehenden Fischen ergaben, daß die Verfärbungen im Falle der Tarnung über die Sicht gesteuert werden.

Fische verfügen über einen weiten Sichtwinkel. Auch wenn die Augen in unterschiedliche Richtung weisen, können sie mit beiden gleichzeitig sehen. Bis auf einen kleinen toten Winkel hinter ihnen können sie nahezu im Kreis sehen. Vor dem Kopf überschneiden sich die Sichtwinkel beider Augen, sodaß ihnen räumliches Sehen möglich ist und sie Entfernungen exakt einschätzen können. Fischaugen sind in erster Linie auf kurze Sichtentfernungen ausgelegt. Auch in kristallklarem Wasser ist die Sichtweite viel kürzer als in der Luft – und sie nimmt mit zunehmender Tiefe rasch ab, da immer mehr Licht fehlt.

Oft sprechen wir vom »Sichtfenster«, wenn wir das meinen, was der Fisch über der Wasseroberfläche sieht. Hiermit ist ein umgekehrter Lichtkegel gemeint, der in den Augen des Fisches zusammenläuft. Ansonsten sieht er von der Oberfläche nur Reflektierungen dessen, was unter ihr liegt, sodaß ihm außerhalb seines Sichtfensters die Oberfläche wie ein Spiegel vorkommt. Mit anderen Worten, Fische, die sich an der Oberfläche ernähren, müssen bei ihrer Nahrungsaufnahme die Lichtbrechung berücksichtigen. Unter Wasser jedoch bewegt sich das Licht wie an der Luft in geraden Wellen – sodaß es einem Fisch sicherlich nicht schwer fällt, einen Schleppköder zu sehen und entsprechend anzugreifen.

Fische können auf unterschiedliche Art und Weise hören, etwa über das Seitenlinienorgan oder über die Schwimmblase. Ihre Gehörlabyrinthe entsprechen dem menschlichen Innenohr und helfen ihnen beim Hören und Gleichgewichthalten.

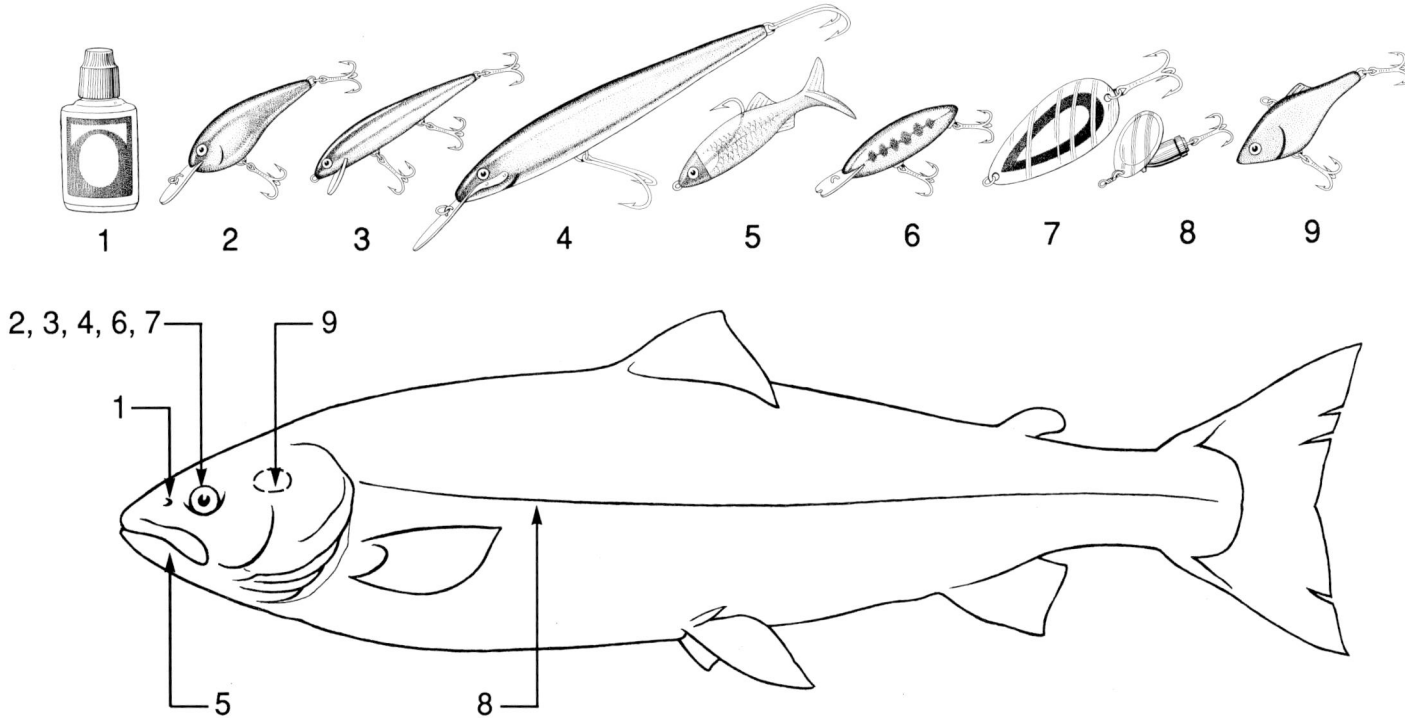

Je mehr Sinne der Fische der Schleppfischer stimulieren kann, desto wahrscheinlicher ist es, daß seine Köder unter verschiedenen Bedingungen genommen werden. Kunstköder können, je nach Ködertyp, unterschiedliche Sinne ansprechen. Faktoren, welche die Sinne ansprechen können, sind Geruch (1), Form (2,3), Größe (4), Beschaffenheit (5), Aktion (6), Farbe (7), Schwingungen (8) und Schall (9). Diese Abbildung verdeutlicht die Signale, die von Kunstködern ausgehen können.

Um unter den verschiedenen Bedingungen echte Beutefische in richtiger Tiefe und mit passender Geschwindigkeit zu imitieren und die Sinne der Raubfische zu stimulieren, braucht der Schleppfischer gewöhnlich ein breites Kunstködersortiment.

Darüber hinaus nehmen Fische viel niedrigere Tonfrequenzen als wir Menschen wahr. Einige Arten kommunizieren sogar über Laute untereinander, besonders während der Laichzeit, auch wenn wir nur wenig hierüber wissen. Für den Sportfischer ist es offensichtlich von großem Interesse, zu wissen, ob Fische dazu in der Lage sind, sich gegenseitig über Nahrung, Gefahr u. s. w. zu informieren – und ob ihre Gedächtnisse ausreichend ausgebildet sind, um sich an die von uns verwendeten Kunstköder zu erinnern. Von Karpfen wird behauptet, sie würden sich gegenseitig warnen, bei Lachsen und Kleinthunen sieht es aber nicht so aus als wären sie darauf aus, ihre Kameraden zu warnen. Viel wahrscheinlicher ist, daß ein gehakter Fisch die Aufmerksamkeit der anderen auf sich lenkt und sich diese dann leichter an den Haken bringen lassen.

Es ist fast sicher, daß Fische eine andere Art der Schmerzempfindung kennen, als das beim Menschen oder anderen Säugetieren der Fall ist. Entweder, sie sind Schmerz gegenüber unempfindlich, oder sie verfügen nur über ein recht schwaches Gedächtnis, da oft ein weiterer Köder angefallen wird, nachdem sie sich gerade von einem Haken gelöst haben. Bei Haien ist auch schon wiederholt nachgewiesen worden, daß sie, von den eigenen Artgenossen völlig zerfleischt, durchaus noch Beute angreifen. Die Tastorgane der Fische befinden sich auf deren Haut. Hierdurch sind sie zur Wahrnehmung von Strömung und Temperaturunterschieden in der Lage, die Menschen kaum feststellen würden, die für die Fische aber angesichts der Laichzeit und Nahrungsaufnahme von größter Bedeutung sind.

Die meisten Fischarten haben einen gut ausgeprägten Geruchssinn, wodurch sie Nahrung auf größere Entfernung orten können. Dieser Sinn erlaubt es ihnen auch, schnell zwischen Freund und Feind zu unterscheiden. Der Geruch eines

Dieser Löffel ist ein alter Kunstködertyp. Nach jahrhundertelangem Abändern seines Gewichtes, seiner Form, Größe, Farbe und Oberflächenbeschaffenheit, lassen sich mit ihm nun die Erscheinung und das Verhalten vieler Futterfischarten imitieren. Moderne Materialien, wie etwa reflektierende und selbstklebende Folien, haben seine Anziehungskraft noch verstärkt.

sich stromauf befindlichen Bären kann alle Lachse stromab flüchten lassen. Ihren Geruchssinn nutzen Lachse auch zum Navigieren, um von den entfernten Nahrungsgründen auf hoher See in ihren Geburtsfluß und oft an ihre eigene Geburtsstelle zurückzufinden. Bei den Knorpelfischen befindet sich das Geruchsorgan unter der Nase, nahe am Maul, wogegen Knochenfische vor ihren Augen Nasenlöcher haben. Der Geschmackssinn der Fische befindet sich im und um das Maul, ebenso wie in ihrem Rachen; Geschmackspapillen können sich auch auf Barteln und der Körperunterseite befinden.

Wasser als Biotop

Unser Planet, der eigentlich »Wasser« und nicht »Erde« heißen müßte, ist fast zu 75% mit Wasser bedeckt. Von dieser Fläche bestehen 2% aus Eis, 4% aus Süßwasser, die restlichen 94% aus Meerwasser.

Das Weltmeer setzt sich aus drei Ozeanen zusammen – dem Pazifik, dem Atlantik und dem indischen Ozean – und hinzu kommen kleinere »Meere« wie die Nordsee und die japanische See sowie interkontinentale Meere wie die Karibik und die Ostsee. Größter Binnensee ist das Kaspische Meer, auf das die Great Lakes folgen.

Alles Wasser der Erde stammt aus dem Meer. Etwa ein Meter Wasser verdunstet durchschnittlich im Jahr auf seiner Oberfläche und zu weiterem Verdunsten kommt es an Land, insbesondere durch Pflanzen. Der Wasserdampf steigt empor und bildet Wolken, die von Winden erfaßt werden. Kühlen die Wolken nun ab, verwandeln sie sich wieder in Wasser, Hagel oder Schnee, die wieder auf Land und Meer herabfallen. Diese Niederschläge und das von den Flüssen dem Meer zugeführte Wasser bringen dieses wieder an seinen ursprünglichen Ausgangspunkt zurück und vervollständigen so den hydrologischen Kreislauf.

Nahrungsketten

Wenn Fische in Wasser überleben sollen, dann muß dieses Sauerstoff enthalten. Dieser stammt in erster Linie aus der Luft und wird ihm über Regen, Wind, Wellen und Strömungen zugeführt. Aber Sauerstoff kann über den Weg der Photosynthese auch im Wasser gebildet werden – ein Prozeß, den die Sonne über ihre Einwirkung auf Phytoplankton wie Algen und auf andere Pflanzen in Gang setzt und bei welchem diese Mineralien und Kohlendioxyd aufnehmen.

Neben Sauerstoff werden Kohlehydrate wie Zucker und Stärke gebildet. Hiervon ernährt sich dasselbe Plankton, wodurch es sich vermehrt und wiederum zur Nahrung des Zooplankton wird. Zu letzterem gehören winzige Krustentiere, die von kleinen Fischen gefressen werden, bevor diese dann größeren Fischen als Nahrung dienen. Es ist somit eine Nahrungskette entstanden, deren Länge und Struktur allerdings vom jeweiligen Gewässer abhängt.

Die Wassertemperatur und der pH-Wert sind weitere wichtige Faktoren. Hierdurch wird bestimmt, ob eine Nahrungskette unterbrochen ist oder nicht und somit auch darüber, ob der Angler in dem jeweiligen Gewässer Aussichten auf Erfolg hat oder nicht. Der pH-Wert wird nach einer Skala mit 14 Einheiten gemessen. Neutrales Wasser hat einen pH-Wert von 7, wogegen niedrigere Werte saures Wasser und höhere basisches Wasser bedeuten. Allgemein sind Fische nur in einem Wasser mit pH-Werten zwischen 3,5 und 11 überlebensfähig. Diese Werte unterscheiden sich allerdings zwischen den einzelnen Fischarten und viele überleben nur innerhalb einer viel engeren Spanne. Salmoniden brauchen beispielsweise einen pH-Wert von etwa 6 bis 8. Niedrigere pH-Werte können sie auch noch vertragen, sofern sich die Werte langsam ändern. Ansonsten leiden sie unter »Übersäuerung« und gehen vorzeitig ein.

In der nördlichen Erdhemisphäre leiden zahlreiche Gewässer unter zu niedrigem pH-Wert. Die Übersäuerung ist eine

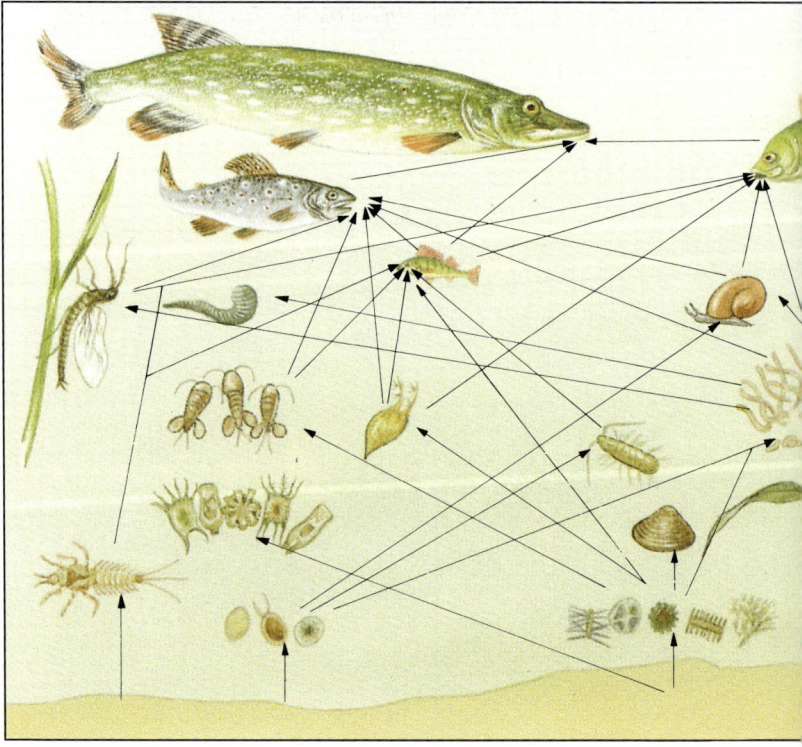

direkte Folge des sauren Regens, der die Verbrennungsrückstände von Mineralölerzeugnissen und Kohle mit sich führt, ebenso wie Stickstoffe aus Auto- und Industrieabgasen. Ganze Fischbestände in Gegenden, die arm an neutralisierenden Substanzen wie Kalzium sind, wurden bereits dezimiert. Saurer Regen löst auch die Metalle aus den Böden um Binnengewässer, was beispielsweise zu hohem Quecksilbergehalt im Fischgewebe führt. Einige Länder versuchen die Qualität ihrer Seen beizubehalten, indem sie ihnen kontinuierlich Kalzium zuführen. Hierbei handelt es sich nur um eine Art »erste Hilfe«, durch die das eigentliche Problem nur vorübergehend gelöst wird.

Fischrogen und -brut sind niedrigen pH–Werten gegenüber sehr empfindlich. Aber auch erwachsene Fische sind hiervon betroffen, da ihre Fähigkeit Sauerstoff zu assimilieren beeinträchtigt wird. Auch die Sinne der Fische werden in Mitleidenschaft gezogen. Darüber hinaus führt Übersäuerung auch zu einer Abnahme der Planktonmenge und somit zu einer Verringerung des Nahrungsangebotes. Insgesamt wird das Wasser der betroffenen Seen klarer, was gewöhnlich recht willkommen ist – aber wenn dieser Vorgang auf sauren Regen zurückzuführen ist, bedeutet das, daß der See im Sterben liegt.

Die Aufenthaltsbereiche der Fische

In bezug auf ihre bevorzugten Aufenthaltsräume unterscheiden sich die Arten voneinander. Faktoren, durch die ihre Wahl beeinflußt wird, sind Bodenbeschaffenheit, Tiefe, Strömungen und Temperatur. Im Meer spielt auch der Salzgehalt eine Rolle.

Für den Sportfischer ist es immer interessant, unterseeische Bänke, Strömungen, Untiefen, kühle Einläufe und versunkenes Holz lokalisieren zu können. Das gilt für jede Art der Fischerei. Man darf auch nicht vergessen, daß Fische von einer Stelle zur anderen ziehen und sich dabei gewöhnlich zwischen seichtem und tiefem Wasser hin- und herbewegen. Zu diesen Wanderungen kommt es sowohl innerhalb eines Tages als auch innerhalb eines Jahres in regelmäßigen Abständen. Zu letzteren gehören saisonbedingte Wanderungen, wodurch verständlich wird, warum ein fischreiches Gebiet plötzlich fischleer sein kann. Saisonbedingte Wanderungen können eine Vielzahl von Gründen haben, etwa das Näherkommen der Laichzeit, besonders hohe oder niedrige Wassertemperaturen oder das Abwandern von Futterfischen.

Im allgemeinen gibt es bezüglich des Jagdverhaltens der einzelnen Fischarten wesentliche Unterschiede, je nach dem, ob sie in fließenden oder stillstehenden Gewässern leben. Die Raubfische der offenen Gewässer verfolgen Futterfischschwärme wie Stichlinge, Lauben, Heringe, Anchovis und Makrelen; die der Flüsse gehen eher auf die Pirsch.

Die Temperaturschichten

Im Sommer und Winter hat das Wasser in den meisten Seen eine recht stabile Struktur, die aus horizontalen Schichten gleicher Temperaturen besteht. Im Spätwinter ist es gewöhnlich am Grund am wärmsten und an der Oberfläche am kältesten. Auch im Sommer haben die tiefsten Schichten eine recht sta-

(Oben) Die Beute der Schleppfischer sind meist Fische, die sich am oberen Ende der Nahrungskette befinden. Um die Fische auch in ihren bevorzugten Aufenthaltsbereichen erreichen zu können, muß der Schleppfischer nicht nur über naturwissenschaftliche Kenntnis ihres Verhaltens verfügen, sondern er braucht auch die richtige Ausrüstung, um sie in den verschiedenen Wassertiefen befischen zu können.

(Unten) Die Nahrungskette in Binnengewässern besteht aus einer Serie von Organismentypen, wovon der eine Nahrung für den nächsten ist. Der unterste Typ, der Erstkonsument, ist oft das Phytoplankton, das von dem Zooplankton, dem tierischen Plankton, verzehrt wird. Letzteres ist wiederum Nahrung der Fischbrut, die wiederum von den Räubern des oberen Endes der Kette gefressen wird, beispielsweise von Barsch, Hecht oder Forelle.

bile Temperatur, wogegen das Oberflächenwasser am wärmsten ist.

Im Frühling erwärmt sich landnahes Wasser sehr schnell, im Gegensatz zu weiter abgelegenem Wasser. Es bilden sich demzufolge Hitzemauern und Verwirbelungen, wovon oft an der Oberfläche Spuren erkennbar sind, da sich hierin Schaum, Pflanzenreste und Müll sammeln. Es lohnt sich immer, nach solchen Anzeichen Ausschau zu halten, da sie für die Fische Nahrung bedeuten – auch wenn die Wassertemperaturen den Fischen nicht ganz recht sind. Hat sich im Sommer erst einmal die gesamte Oberfläche erwärmt, dann spaltet sich das Wasser horizontal in die Oberflächenschicht (Epilimnion) und die Grundschicht (Hypolimnion) auf. Erstere, die über 19°C warm ist, reicht bis zu einer Tiefe, die von den Eigenarten des Sees und der klimatologischen Länge des Sommers bestimmt wird. In den Oberflächenschichten halten sich nun Zander, Barsch und Hecht auf – Arten, die den Winter lieber in Grundnähe verbringen.

Zwischen der Oberflächen- und der Grundschicht befindet sich eine Übergangsschicht, die sogenannte Sprungschicht (Thermocline). Hier kommt es innerhalb weniger Meter zu einem Temperatursturz. Diese Schicht verhindert einen Austausch der warmen Oberflächenschicht mit der kalten Grundschicht. Im Sommer halten sich am oberen Rand dieser Sprungschicht gerne Lachse, Bach- und Regenbogenforellen auf. Am unteren Rand – und in der Grundschicht, sofern die Sauerstoffversorgung ausreichend ist – trifft man beispielsweise auf Saiblinge und Seeforellen.

In so nördlichen Gegenden wie Skandinavien ist die Sprungschicht im Monat August am ausgeprägtesten. Danach sinken die Temperaturen mit dem näherkommenden Herbst schnell. Im Frühwinter ist das Wasser recht vermischt, wozu u.a. der Wind beiträgt.

Die Wassertemperatur eines Gewässers wird durch seine Tiefe, Farbe, Winde und natürlich von seiner geographischen Lage bestimmt. Wasserfarbe und -sichtigkeit werden in erster Linie von der Umgebung bestimmt, aus der das Wasser stammt. Vorübergehend kann das auch durch Wind geschehen, indem dieser Sedimente aufwirbelt oder durch Wellen die Ufererosion fortgesetzt wird.

Der Wind kann auch den Sauerstoffgehalt eines Gewässers verbessern. Nehmen wir beispielsweise einen langen, schmalen See. Bläst der Wind seiner Länge nach längere Zeit in dieselbe Richtung, werden gewaltige Wassermassen an ein Ende des Sees geschoben. Läßt der Wind nach, schwappt es zurück und es bilden sich starke Unterströmungen, die in die andere Richtung verlaufen und so den tiefen Schichten sauerstoffreiches Wasser zuführen.

Die Temperatur der einzelnen Wasserschichten verändert sich gewöhnlich im Takt der Jahreszeiten. Süßwasser ist bei 4°C am schwersten. Kälteres oder wärmeres Wasser dehnt sich demnach aus und steigt zur Oberfläche empor. In einem See nach der Frühjahrsschmelze können sich die hier abgebildeten Schichten bilden. Der See erstreckt sich in nord-südliche Richtung; seine Zuläufe und die Sonne erwärmen das ufernahe Wasser, das über den dichteren kalten Wasserschichten schwimmt. Wasserschichten, die im Norden und Süden 4,5°C und 5°C erreichen, treffen im See auf einen großen Wasserkörper von 4°C. Diese Hitzemauern zwischen den Schichten locken Fische an.

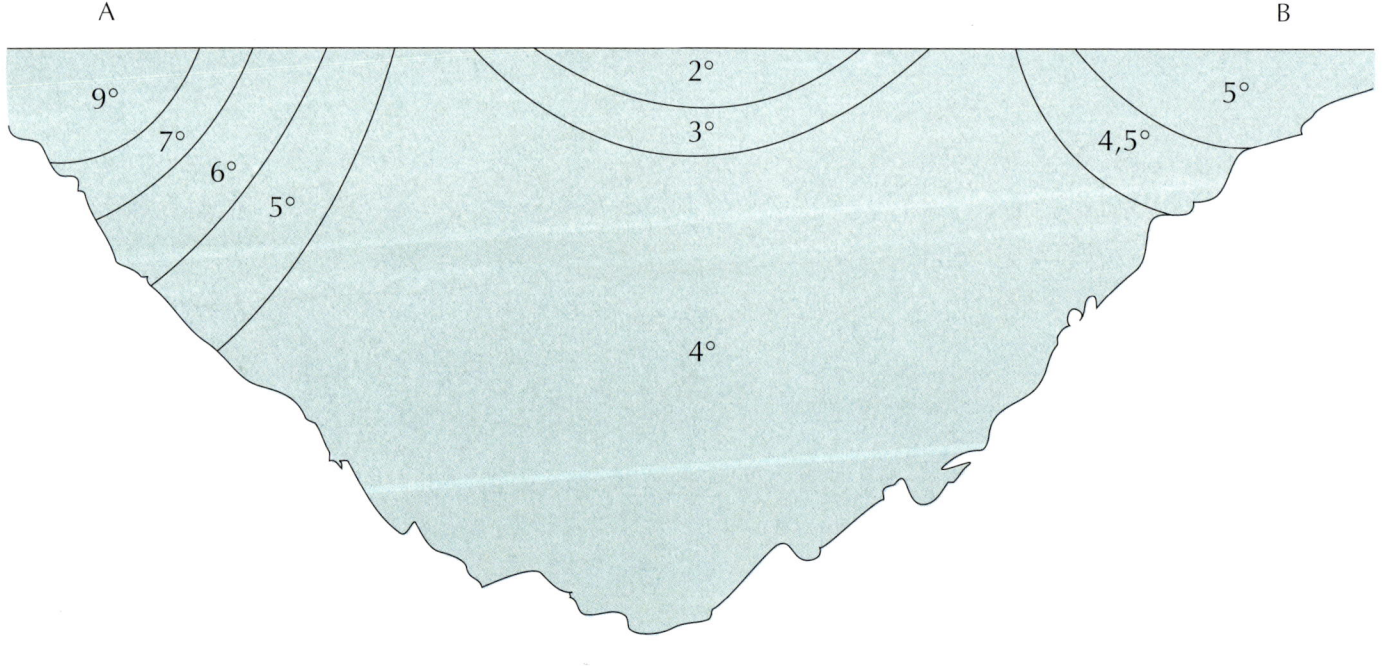

A   B

9° 7° 6° 5° 2° 3° 4° 4,5° 5°

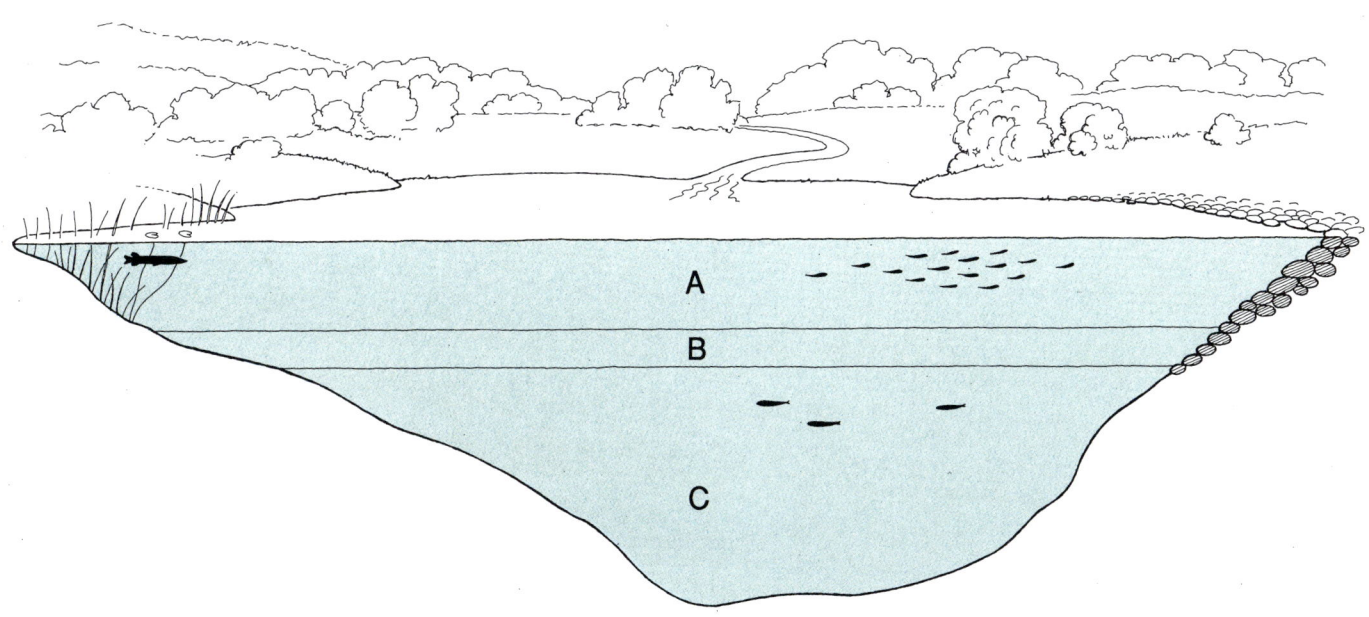

Im Sommer, wenn die gesamte Wasseroberfläche durchgewärmt ist, teilt sich das Wasser in eine horizontale Oberflächen-, Sprung- und Tiefenschicht. Innerhalb der Sprungschicht fällt die Wassertemperatur innerhalb weniger Meter stark ab. Hierdurch entsteht eine thermische Grenze, das kalte Grundwasser mischt sich nicht mehr mit dem warmen Oberflächenwasser. Die Sprungschicht ist im Sommer bei den Fischen eine beliebte Aufenthaltstiefe und daher für den Schleppfischer oft die interessanteste Angeltiefe.

Die wärmenden Sonnenstrahlen sind Ausgangspunkt verschiedener Lebensformen im Wasser. Zu große Sonneneinstrahlung kann Fische allerdings auch vergrämen. Bei zuviel Licht versammeln sich die Fische dann oft in schattigen Bereichen, wo sie stellenweise recht leicht zugänglich sind.

Binnengewässer

Von reißenden, klaren, kalten, saucrstoffreichen Bergbächen bis zu kraftvollen, trägen, nährstoffreichen Flüssen, die Palette an unterschiedlichen Binnengewässern ist groß. Hierzu gehören auch ruhige, seichte Seen, Talsperren und klare Seen, die tiefe Spalten der Erde ausfüllen. All diese Gewässertypen bieten unterschiedliche Lebensräume.

Fließgewässer

Die Umgebung eines Wasserlaufes wurde von dessen Strömungsgeschwindigkeit und -tiefe geformt, wobei diese Faktoren jedoch von Saison zu Saison unterschiedlich sein können. Strömung ist an der Wasseroberfläche am schnellsten und am Grund am langsamsten – unebene Bodenbeschaffenheit kann sie stark bremsen. Den Fischbestand von reißenden Bächen und hochgelegenen Bergflüssen bilden in erster Linie die Salmoniden.

Münden viele Bergbäche in einen klaren, sauerstoffreichen Waldfluß, dann enthält dieser noch immer Salmoniden, aber im Schnitt größere als die der Zuläufe. Ist der Fluß erst einmal zu einem langsamen und breiten Gewässer geworden, dann haben das Nahrungsangebot und der Fischreichtum ihren Höhepunkt erreicht.

Die Fische aus Fließgewässern stellen an ihre Lebensräume andere Ansprüche. Dennoch folgen sie demselben Grundprinzip. Sie müssen strömungsgeschützte Stellen finden, an denen sie lauern und mit einem Minimum an Anstrengung Beute schlagen können. Raubfische lauern daher in der Nähe von Pflanzen, Felsen und Vertiefungen. Auch unter überhängenden Uferpartien, in ausgeschwemmten Uferabschnitten und hinter großen Felsblöcken können sie auf der Lauer liegen. Oft liegen diese Unterstände nur unweit von ihren Ruhestellen in tieferem Wasser entfernt. Gewöhnlich warten Fische die Dunkelheit ab, um nach neuen Unterständen Ausschau zu halten.

Die Mündungsbereiche der Flüsse sind oft reich an Lebensformen. Fließen diese allerdings ins Meer, dann kann diese Vielfalt recht begrenzt sein, da die hier lebenden Fische sowohl das Süß-, als auch das Salzwasser vertragen müssen. Ein Beweis dafür, wie gut sich bestimmte Arten anpassen können ist die Tatsache, daß die Flunder oder auch Dorsche in Europa oft erstaunlich weit flußaufwärts angetroffen werden.

Das Leben eines Sees

In ihrer Existenz durchlaufen viele Seen drei Stadien. Zunächst sind sie oligotroph, enthalten wenig Nahrung und haben klares Wasser und karge Ufer. Eine solche Umgebung gefällt Binnenlachsen, Bach-, Regenbogen- und Seeforellen, Saiblingen, Äschen und Weißfischen ebenso, wie den typischen Futterfischen Laube und Stint.

Je reicher der See an Schwebeteilchen wird, desto nahrungsreicher wird er und es leben in ihm eine Vielzahl verschiedener Organismen. Nun wird er als eutroph bezeichnet. Je nachdem, wie reich er ist, können noch immer Lachse, Bach- und Regenbogenforellen angetroffen werden. Gewöhnlich enthält er aber eine Reihe anderer, für den Schleppfischer eben-

Mit Hilfe eines Downriggers kann der Schleppfischer, mit gewöhnlicher Ausrüstung versehen, Fische in nahezu allen Tiefen zum Biß verleiten und drillen.

falls interessante Arten: Zander, Hecht, Barsch, Schwarzbarsch u.s.w., die neben Futterfischen wie Stint, Stichling, Brassen und Rotaugen leben.

In seinem letzten Stadium hat der See noch mehr Nährstoffe angesammelt, er ist verkrautet und sauerstoffarm geworden. Dieser Prozeß nimmt gewöhnlich über zehntausend Jahre in Anspruch, aber heutzutage kann sich dieser Prozeß in nur wenigen Jahrzehnten abspielen, da er durch Industrie- und Abwassereinleitungen extrem beschleunigt wird.

Brackwasser

Typische Brackwasserzonen sind die Mündungsbereiche von Flüssen. Hier schwankt der Salzgehalt mit den Jahreszeiten. Am niedrigsten ist er, wenn der Fluß anläßlich der Frühjahrshochwasser viel Wasser führt. Wanderfische begeben sich in diese Zonen und verlassen sie aus einer Vielzahl von Gründen.

Wanderfische aus dem Meer – wie Lachs, Meerforelle, Maifisch und Stint – suchen ihren Weg zu den Laichgründen bei hohem Wasserstand und bevorzugt in vollkommener Dunkelheit oder unter bewölktem Himmel. Bis alle Bedingungen

Kreisende und sich ins Wasser stürzende Vögel sind gängige Hinweise auf die Anwesenheit eines Schwarmes Futterfische an der Oberfläche, wohin er sehr wahrscheinlich von Raubfischen getrieben wurde. Solchen Vögeln bzw. Schwärmen sollte man sich nur mit größter Achtsamkeit nähern, da die Vögel zur Verunsicherung der Futterfische beitragen. Halten Sie sich zum Schleppen nur am Rand der Jagd auf. Bieten Sie dann Ihre Köder in Zugrichtung des Schwarmes an: ansonsten vergrämen Sie die Futterfische und ihre Räuber.

für einen günstigen Aufstieg in die oberen Flußläufe vereint sind, warten sie in Unterständen und Vertiefungen des Mündungsbereiches insbesondere dort, wo das Wasser nach dem Flußwasser schmeckt. Für uns Angler ist es wichtig, möglichst schnell zu erfahren, wie dieses Süßwasser im Mündungsbereich fließt, da es sehr sinnvoll sein kann, in ihm unsere Schleppköder anzubieten.

Um sich an Stinten, Wittlingen und den Fluß verlassenden Junglachsen zu laben, lauern riesige Barsche und Hechte in den Mündungsbereichen. Diese Art von brackigen Gewässern sind oft ein echtes Schlepparadies. Mancherorts, wie etwa in der Löddemündung in Südschweden, werden fast jedes Frühjahr Hechte von 20 kg gefangen.

Die Ostsee

Südlich und östlich der skandinavischen Halbinsel befindet sich die größte Brackwasserausdehnung der Erde. Für die Ostsee charakteristisch sind der niedrige Salz- und Sauerstoffgehalt sowie das niedrige Temperaturmittel. Es ist ein vom Atlantik fast abgetrenntes Meer, das wie ein riesiges Mündungsgebiet mit mehreren Einläufen aussieht: den Belts, der eigentlichen Ostsee, der Rigaer Bucht und den finnischen und bottnischen Meerbusen. Ihre Oberfläche beträgt das doppelte der Great Lakes – diesem Eldorado der Schleppfischer an der Grenze Kanadas und der Vereinigten Staaten.

Der Grund für den niedrigen Salzgehalt der Ostsee liegt in der Tatsache, daß diesem Meer über Flüsse mehr Süßwasser zugeführt wird, als es an Meerwasser über den Kattegat erhält. Manchmal überwiegt jedoch der Zustrom an Meerwasser, was sich auf die Fischfauna auswirkt – in erster Linie im Kattegat und den Belts, aber auch in der eigentlichen Ostsee.

Salzwasser aus dem Atlantik ist schwerer als Süßwasser und es kriecht über den Grund in diesen riesigen Brackwassersee. Insgesamt bewegt sich das Wasser der Ostsee langsam gegen die Uhrzeigerrichtung, was durch die Koriolkräfte bedingt wird, die durch die Erdrotation entstehen. Demzufolge zieht das eingedrungene Salzwasser hauptsächlich in nördliche Richtung entlang der Ostküste. Das brackige Oberflächenwasser fließt entlang Schwedens Ost- und Südküste, worauf es dann über den Öresund Schwedens Westküste erreicht. In der Nähe der Insel Gotland sind die Oberflächenströmungen allerdings nicht sehr stabil und bewegen sich oft in Uhrzeigerrichtung. Diese unruhigen Bereiche sind ganzjähriges Zuhause heranwachsender Lachse.

Die Gezeiten haben auf den Wasserstand der Ostsee nur geringen Einfluß. Selbstverständlich darf der Schleppfischer ihren Einfluß in der Nähe von Riffen und in schmalen Archipelkanälen nicht vergessen – besonders, wenn er es auf Meerforellen abgesehen hat. Gerade bei langfristig ganz ruhiger Wetterlage können durch die Gezeiten die Kleinlebewesen in den Tangwäldern zu ein wenig Aktivität veranlaßt werden, was sich dann auch auf die Raubfische auswirkt.

Der Luftdruck hat gewöhnlich einen viel größeren Einfluß auf die Fische als es die Gezeiten haben. So kommt es beispielsweise in der südlichen Ostsee zu den sogenannten »Seebären«, starke Stürme, bei denen das Wasser zwanzig Minuten bis zu einer Stunde lang um ein bis zwei Meter hin- und herschwappt.

In weiten Teilen des Kernstückes der Ostsee bildet sich im Sommer eine »Thermocline«, eine Sprungschicht. Im August befindet sie sich gewöhnlich in etwa 12 Metern Tiefe. In ihr kann die Wassertemperatur bei einer Distanz von nur 5 Metern um 6°C schwanken. An ihrem unteren Rand lassen sich u.a. auch dicke Hornhechte und Lachse fangen. Am oberen Rand halten sich gerne Meerforellen und Steelheads auf.

Die harten Bodenbereiche der Ostsee überziehen bis etwa zehn Meter Tiefe große Tangwälder. Diese können als die Basis des Ökosystems der Ostsee bezeichnet werden. Hier ist das Tier- und Pflanzenleben am intensivsten. Hechte, Zander, Barsche, Weißfische, Bachforellen und viele andere Arten durchsuchen diese Wälder nach Nahrung. Kleinfische, wie Stichlinge, Koppen und Heringe ziehen zur Eiablage in dieselben Zonen.

Heringe sind große Planktonkonsumenten und halten sich daher in den Freiwasserbereichen auf. Selbst werden sie wiederum von im Freiwasser lebenden Dorschen, riesigen Hechten und von kolossalen Meerforellen und Lachsen gejagt. In den Sprottenschwärmen der Ostsee rauben auch immer mehr abgewanderte und herrlich abgewachsene Regenbogenforellen (Steelheads).

Das Meer

Auch wenn sie uns endlos und monoton erscheinen, so sind die weiten Ausdehnungen der Ozeane doch reich an Abwechslung. Ihr Salzgehalt, ihre Temperaturen, Gezeiten, Strömungen, Licht und atmosphärischer Druck bilden ein nie nachlassendes Konzert der Natur. All diese Faktoren tragen zum Entstehen zahlloser Lebensräume bei, und zwar in den unterschiedlichsten Bereichen dieser riesigen Wassermassen.

Das Meer hat einen durchschnittlichen Salzgehalt von 3,5%. Die Nahrungskette verläuft parallel zu jener in Binnengewässern, auch wenn Pflanzen in den großen Tiefen der Meere aufgrund des fehlenden Sonnenlichtes, auf das sie zur Photosynthese angewiesen sind, nicht lebensfähig sind. So kommt es, daß die in über 200 Meter Tiefe lebenden Tiere auf den regelmäßigen »Schneefall« von Organismen aus den oberen Wasserschichten angewiesen sind. Das Ergebnis ist, daß die Keller der Ozeane trotz ihrer ewigen Dunkelheit und gewaltiger Druckbelastung recht ansehliche Bestände aufweisen.

Die Wassermassen der Weltmeere werden grob in drei Schichten eingeteilt – das Oberflächenwasser, die mittlere Schicht und die Tiefsee. Je nach Gebiet unterscheiden sich jedoch die Grenzen zwischen den einzelnen Schichten. Die Topographie der Meeresböden ist äußerst vielseitig. Gewöhnlich fällt er von der Küste auf etwa 200 Meter ab. Sobald er jedoch das Kontinentalplateau verläßt, werden schnell 3000–4000 Meter Tiefe erreicht. Hier beginnen große Ebenen, die vielerorts von gewaltigen Spalten und Tälern durchzogen werden, aber auch bergähnliche Erhebungen aufweisen, die gewöhnlich auf vulkanische Aktivitäten zurückzuführen sind.

Auch wenn das Sonnenlicht nicht tiefer als bis in 200 Meter Tiefe vordringen kann, so ist das Wasser der tropischen Meere trotzdem bis in etwa 300–400 Meter Tiefe warm. Dennoch suchen die Fische in erster Linie in den oberen Etagen nach Nahrung. Typische Fische hierfür sind u.a. Heringe, Anchovis, Makrelen, Nadelfische und fliegende Fische.

Die mittlere Schicht reicht etwa bis 4000 Meter Tiefe, womit die Durchschnittiefe der Ozeane erreicht wäre. Hier ist das Wasser relativ sauerstoffarm und es fließt langsam von den Tropen in polare Gegenden. In ihren mittleren Lagen beträgt die Wassertemperatur 8–10°C, in Grundnähe etwa 4°. Viele wichtige Fischarten können hier angetroffen werden – Fische, die sich zwischen tiefem und seichtem Wasser je nach Lichteinfluß hin- und herbewegen und so die Nahrungsgrundlage für Raubfische bilden.

Die Tiefsee ist noch tiefer und kälter, manchmal sogar unter 0°C. Aufgrund seines Salzgehaltes friert Meerwasser erst bei -2°C. Das Wasser ist hier sauerstoffreich und fließt von polaren Gegenden in Richtung Äquator. Die Fischfauna ist einzigartig, da sie sich dem gewaltigen Wasserdruck angepaßt hat. Wie dem auch sei, keine dieser Arten ist für den Schleppfischer von Bedeutung.

Die Strömungen der Ozeane

Mobile Wassermassen bilden die Oberfläche der Weltmeere. Zwischen diesen Massen kommt es immer wieder zu Temperaturschwankungen. So entstehen warme und kalte Meeresströmungen. Alle Oberflächenströmungen der Weltmeere sind

Zweige weitreichender, kreisförmiger Strömungen. Diese wiederum werden durch Sonneneinwirkung, Winde und Tektonik verursacht und drehen sich auf der südlichen Erdhemisphäre in Uhrzeigerrichtung und auf der nördlichen in entgegengesetzte Richtung. Unter den Oberflächenströmungen gibt es weitläufige Tiefenströmungen, über die wir verhältnismäßig wenig wissen.

Der Golfstrom besteht beispielsweise aus einem System sechs verschiedener, warmer Strömungen. Mit der Nordäquatorialströmung soll er beginnen und mit einer Teilung mitten im Nordatlantik enden. Einer der beiden Strömungsarme wendet sich südlich ab und trifft wieder auf die ursprüngliche Strömung. Der andere Arm setzt seinen Weg nach Nordosten in Richtung Skandinavien und der Arktis fort. Die beständigste Strömung des Skagerraks – entlang der schwedischen Westküste – wird außerhalb vom Langesund angetroffen, in über 200 Meter Tiefe und sie zieht die Wassermassen mit 0,5–3 Knoten Geschwindigkeit fast immer in südwestliche Richtung. Erstaunlicherweise verläuft hier gelegentlich in 150 Meter Tiefe eine sehr starke Unterströmung von 5–10 Knoten.

Im klaren Oberflächenwasser der Ozeane findet der Drill zwischen dem Schleppfischer und dem Fisch in frühem Stadium schon auf Sicht statt. Das Boot und der Angler können den Fisch leicht erschrecken, wodurch der Drill auf kurze Distanz noch an Härte gewinnt, bis der Fisch schließlich an Bord gehoben oder freigelassen wird.

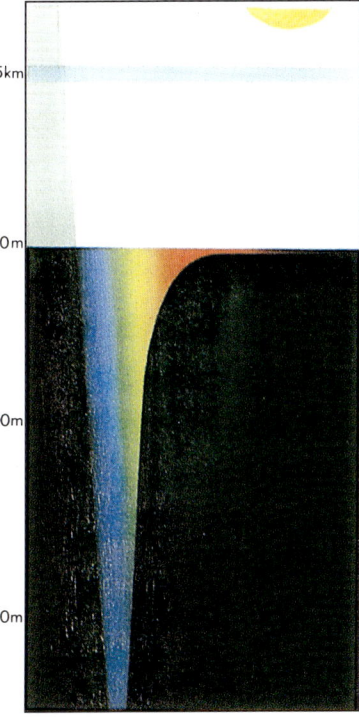

Das Wasser absorbiert auf unterschiedliche Art die verschiedenen Wellenlängen des Lichts. Sonnenlicht dringt höchstens bis 200 Meter Tiefe vor. Rot, Violett und Orange sind die ersten Farben die bei zunehmender Tiefe verblassen, wobei Rot in manchen Gewässern bereits in 3–4 Meter Tiefe verschwunden ist – sogar an einem sonnigen Tag. Blau, Grün und fluoreszierendes Chartreusegrün gelangen am tiefsten: bis zu zehnmal tiefer als Rot, sofern das Wasser klar ist und das Wetter sonnig. Darüber hinaus kommt es bei Sonnenauf- und -untergang zu mehr reflektierendem Licht und Streulicht als zur Mittagszeit.

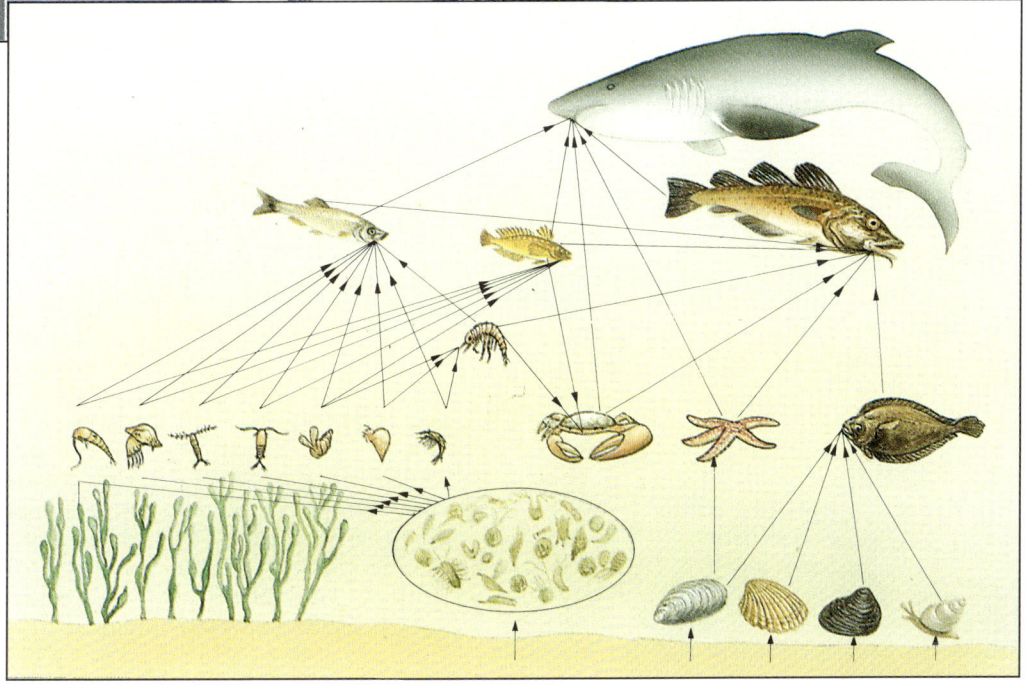

Die Nahrungsketten des Meeres ähneln jenen der Binnenseen. Sie hängen aber direkter von der Photosynthese der Pflanzen ab. Das Zooplankton ist als Nahrung der Meerestiere von fundamentaler Bedeutung.

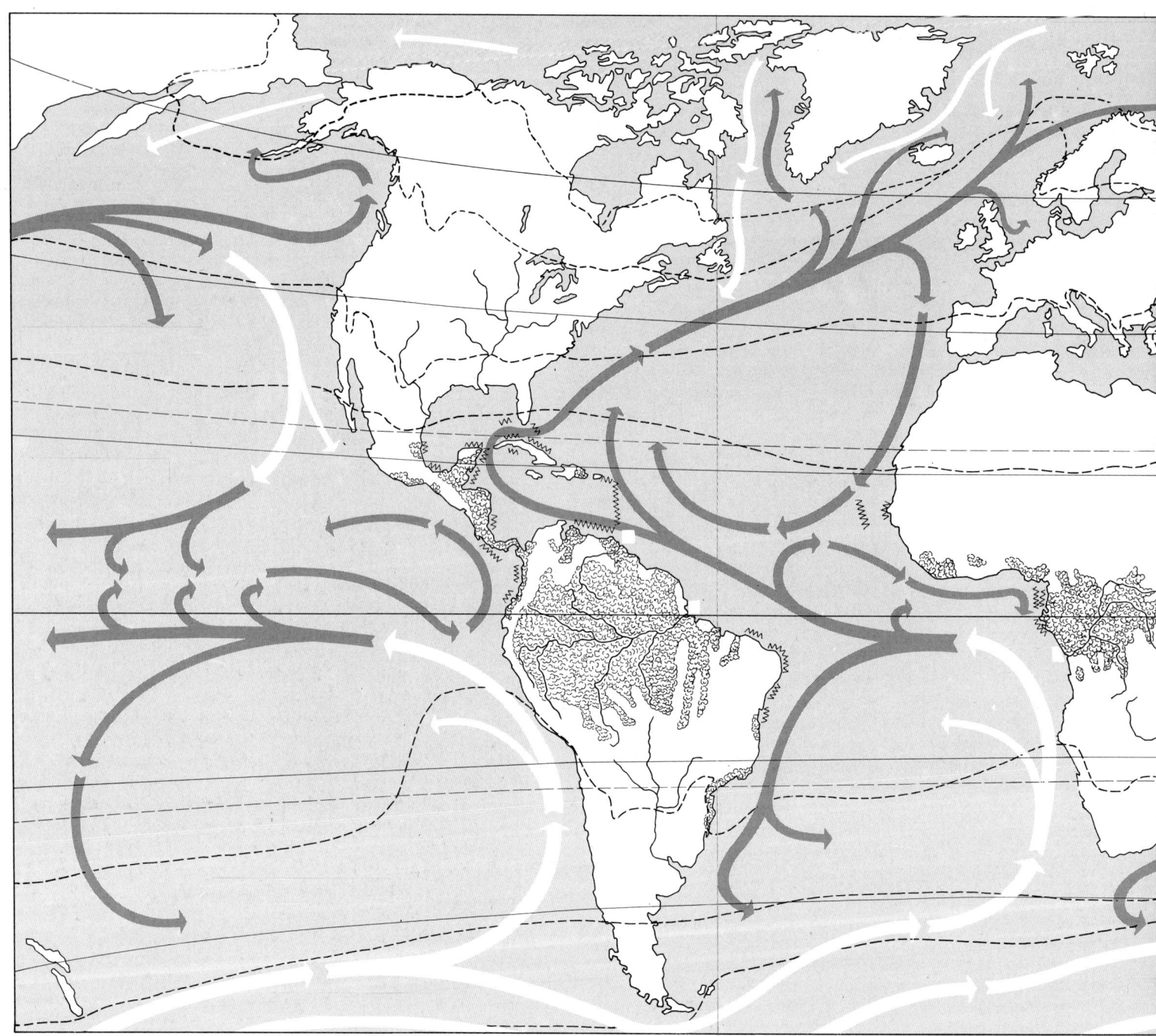

Weltweit liegen die Big-Game-Fanggebiete gewöhnlich dort, wo nahrungsreiches Tiefenwasser entlang der Kontinentalsockel emporgedrückt wird oder wo starke Strömungen in unmittelbarer Küstennähe vorbeigedrückt werden. Bekannte Gegenden mit aufeinandertreffenden Strömungen sind die Grand Banks vor Neufundland – wo der Labradorstrom auf den Golfstrom trifft – und die Gewässer vor Ecuador und Peru, wo der kalte Humboldtstrom auf den warmen Äquatorialstrom trifft. Erstere Gegend ist der klassische Lebensraum der Blauflossenthune, letztere der der schwarzen und blauen Marline.

Beim Schleppfischen auf Lachse vor der Westküste der Vereinigten Staaten stößt man auf ein ähnliches Phänomen. Hier

wird an dem Kontinentalsockel so viel Wasser emporgedrückt, daß es nicht zur Bildung einzelner Schichten kommen kann. Demzufolge können die Pazifiklachse fast in jeder Tiefe auf ihnen angenehme Temperaturen und ein großes Nahrungsangebot stoßen.

In diesem Fall kommt es zum Empordrücken der tieferen Wasserschichten nur deshalb, weil entlang der Küsten ein steter Nordwestwind bläst. Läßt dieser nach, oder weht er überhaupt nicht, dann erwärmt sich das Wasser schnell und die Fangergebnisse der Lachsfischer lassen schnell nach.

Es scheint immer einige »Wolken« kaltes Wasser zu geben, in denen sich Lachse aufhalten – aber gewinnt der Südwind die

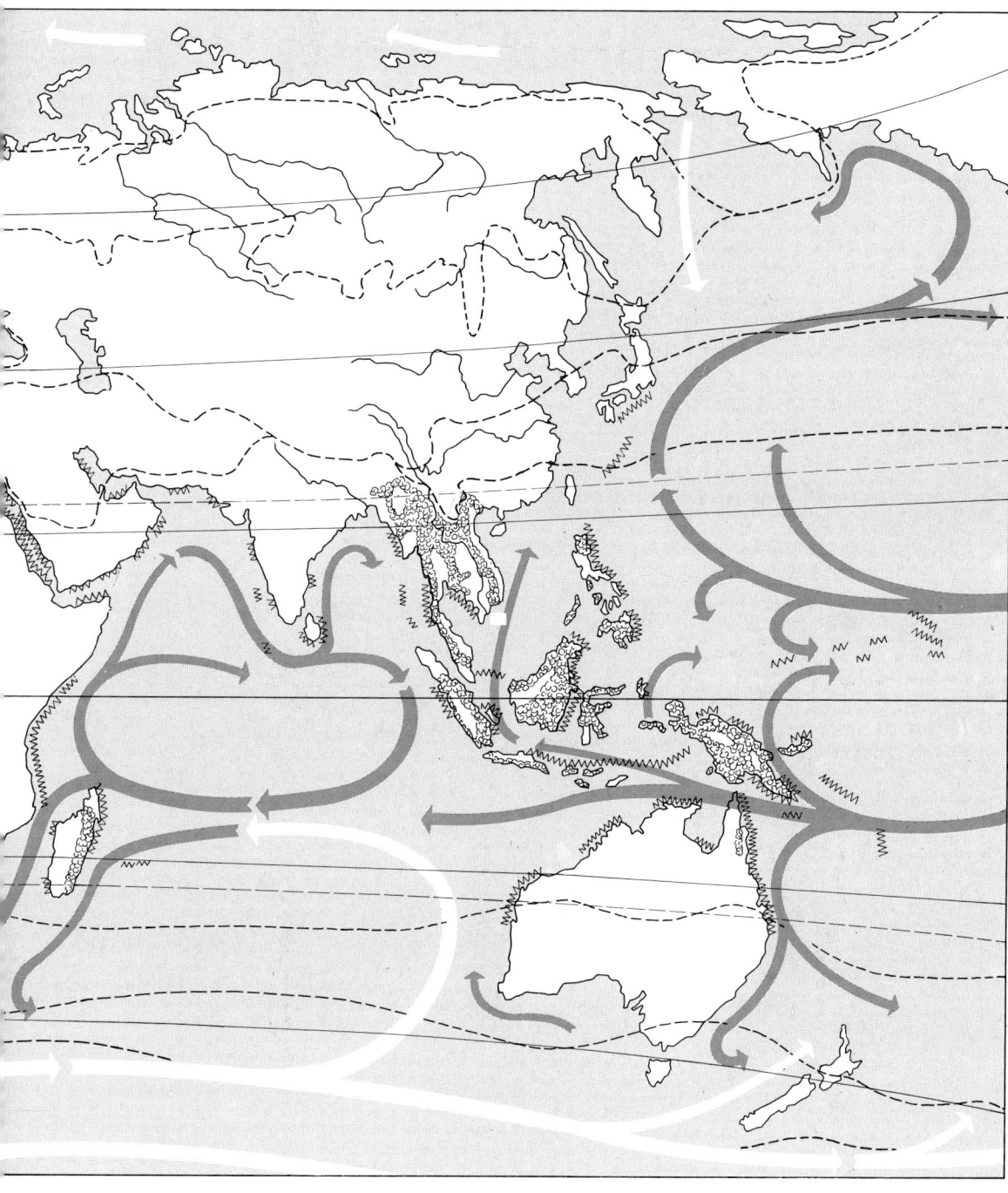

Die großen Ozeanströmungen, sowohl an der Oberfläche als auch in der Tiefe, drehen sich endlos und beeinflussen weltweit die Lebensbedingungen. Diese globalen Wasserbewegungen werden in erster Linie durch Winde und Temperaturunterschiede hervorgerufen, daneben auch noch durch den unterschiedlichen Salzgehalt der Meere in den einzelnen Wasserschichten. Die Oberflächenströmungen bewegen sich auf der nördlichen Erdhemisphäre gegen die Uhrzeigerrichtung und mit der Uhrzeigerrichtung auf der südlichen Hemisphäre. Kalte Strömungen haben meist an den Polen ihren Ursprung. Monsunströmungen machen sich am Äquator bemerkbar und an den Küsten dominieren Gezeitenströmungen. Warmes Süßwasser ist leichter als kaltes Salzwasser. So kommt es, daß eine warme Strömung wie der Golfstrom eine Oberflächenströmung ist, die wie ein Fluß ihren Weg durch kalte Wassermassen bahnt. Das leichte, brackige Wasser, beispielsweise entlang der skandinavischen Küste, bewegt sich ebenfalls – insbesondere im Winter – über das salzigere, aus dem Atlantik stammende Wasser. Diese gewaltigen Wasserbewegungen in den Meeren spielen bei der Fortpflanzung eine entscheidende Rolle. Einige der besten Angelstellen der Erde liegen dort, wo kaltes, nahrungsreiches Wasser emporgedrückt wird und sich mit dem wärmeren Oberflächenwasser vermengt.

Überhand, bringt er nur warmes Wasser, es fehlt die Nahrung aus der Tiefe und die Nahrungskette beginnt abzusterben. Erfahrene Schleppfischer finden emporgedrücktes Wasser indem sie den Wind im Auge behalten, auf die Oberflächenströmungen achten und nach einer möglichen Wasserverfärbung Ausschau halten, die von Mikroorganismen hervorgerufen wird und zwangsläufig Fische anlockt. Hierbei sollte man nach jenen Stellen suchen, an welchen das Wasser von kobaltblau zu dunkelgrün wird. Dem Schleppfischer hilft ebenfalls ein Thermometer und die Ausschau nach raubenden Möwen.

Richtige »Hot Spots« gibt es an vielen Stellen der Ozeane. Einige Beispiele sind Mauritius, die Kanaren und die Azoren, Venezuela, Nova Scotia, New York, Hawaii und Ostaustralien. Die Ausdehnung des Golfstromes und seine Oberflächentemperaturen werden täglich auf Satellitenaufnahmen festgehalten. Indem sie diese mit ihren eigenen Fangergebnissen und Positionen verglichen, bestätigten amerikanische Charterbootskipper über mehrere Jahre hinweg die außergewöhnliche Bedeutung des Golfstromes und seiner Temperaturen für die Fischerei.

Darüber hinaus kommt es in den Strömungmäandern zu konterwasserartigen Strömungen, die inselartige Gebiete bilden, in denen sich die Temperatur vom umliegenden Wasser unterscheidet. Solche Konterwasser können entweder warm

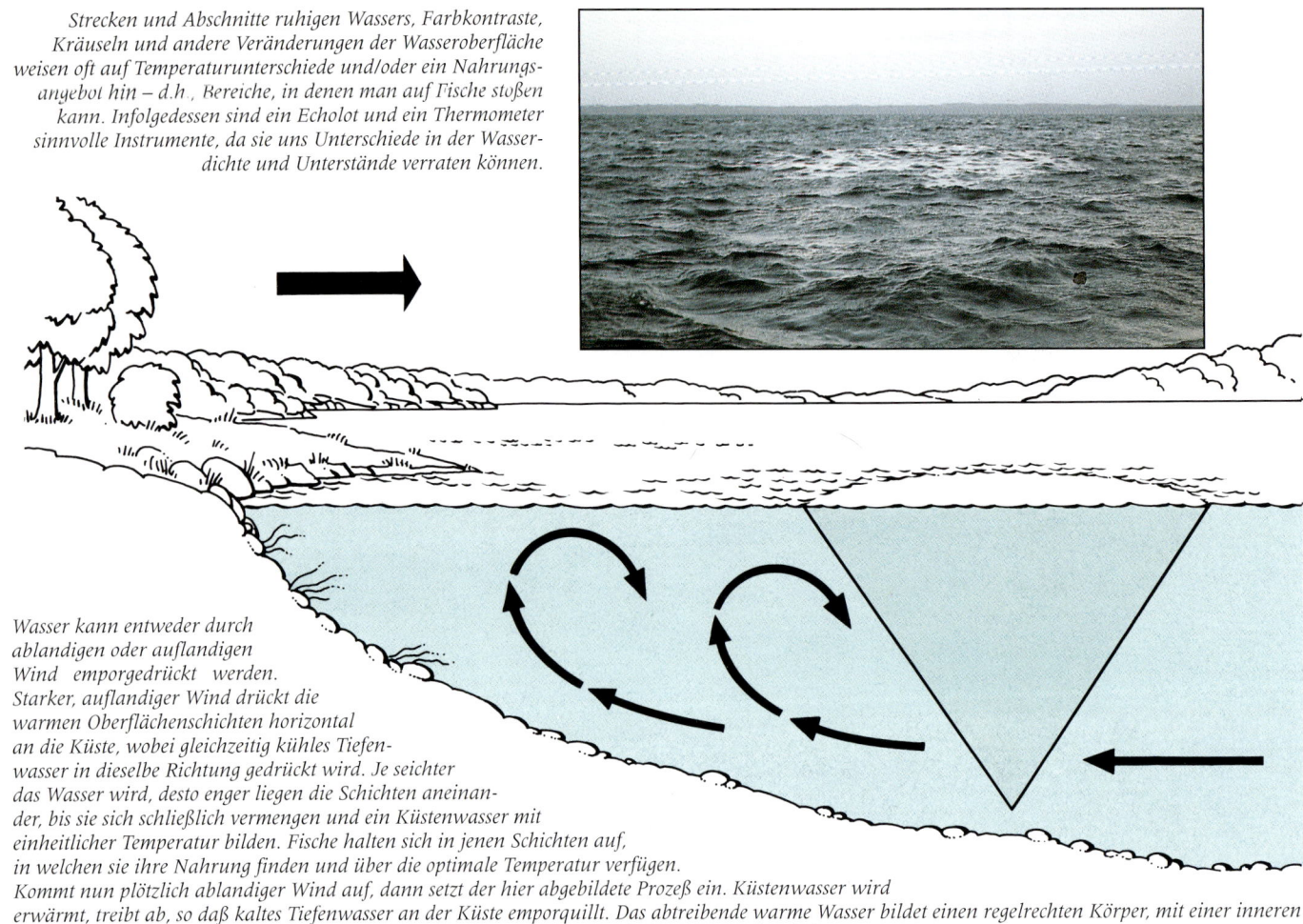

*Strecken und Abschnitte ruhigen Wassers, Farbkontraste,
Kräuseln und andere Veränderungen der Wasseroberfläche
weisen oft auf Temperaturunterschiede und/oder ein Nahrungsangebot hin – d.h., Bereiche, in denen man auf Fische stoßen
kann. Infolgedessen sind ein Echolot und ein Thermometer
sinnvolle Instrumente, da sie uns Unterschiede in der Wasser-
dichte und Unterstände verraten können.*

*Wasser kann entweder durch
ablandigen oder auflandigen
Wind emporgedrückt werden.
Starker, auflandiger Wind drückt die
warmen Oberflächenschichten horizontal
an die Küste, wobei gleichzeitig kühles Tiefenwasser in dieselbe Richtung gedrückt wird. Je seichter
das Wasser wird, desto enger liegen die Schichten aneinander, bis sie sich schließlich vermengen und ein Küstenwasser mit
einheitlicher Temperatur bilden. Fische halten sich in jenen Schichten auf,
in welchen sie ihre Nahrung finden und über die optimale Temperatur verfügen.
Kommt nun plötzlich ablandiger Wind auf, dann setzt der hier abgebildete Prozeß ein. Küstenwasser wird
erwärmt, treibt ab, so daß kaltes Tiefenwasser an der Küste emporquillt. Das abtreibende warme Wasser bildet einen regelrechten Körper, mit einer inneren
und äußeren, vertikalen Temperaturwand – die oft von Futter- und Raubfischen aufgesucht wird.*

oder kalt sein, und ein kaltes Konterwasserfeld kann bis zu zwei Jahre bestehen bleiben. Es ist somit immer ein guter Gedanke, in der Nähe von Turbulenzen und deutlichen Temperaturunterschieden zu fischen, da diese Fische in ihre Nähe locken.

Gezeitenwasser

Die Gezeiten mischen nicht nur unterschiedliche Wassermassen, sondern sie mäßigen gleichzeitig die Kontraste zwischen Temperatur und Salzgehalt. Aufkommendes Meer wird als Flut bezeichnet, ablaufendes als Ebbe. Der Zeitraum zwischen Höchst- und Tiefststand beträgt an Stellen mit doppeltem Gezeitenwechsel am Tag etwa 6 Stunden und 12 Minuten und er ist doppelt so lang, wo es nur einmal am Tag zum Gezeitenwechsel kommt.

Die Gezeitenwechsel verursachen Strömungen, die in Küstennähe und an Inseln die Fischerei wesentlich beeinflussen. Die Fische bewegen sich laufend im Rhythmus der Gezeiten und richten ihre Nahrungsaufnahme nach ihnen.

Ein ausgezeichnetes Beispiel für den Einfluß der Gezeiten auf die Strömung und die Fänge ist Saltstraumen in Norwegen.

Diese Strömung kann 28 Knoten erreichen, ist gewöhnlich jedoch gefällig und ruhig. Jedes Jahr taucht diese Stelle in den Fangstatistiken, besonders der Dorschfischer, unter den zehn besten Fangplätzen auf. Zusammen mit der berühmten Storstraumen bei Hitra ist es auch ein Paradies für den Fang großer Köhler. Durch letztere Strömung kämpfen sich auch viele Lachse ihren Weg zu den zahlreichen Lachsflüssen des Trondheimfjords. Auch in den anderen Fjorden Skandinaviens ziehen Lachse in großen Mengen ein und aus.

Gezeiten unterschiedlicher Stärke gibt es entlang der meisten Meeresküsten. Doppelten Gezeitenwechsel trifft man vor Europa und Afrika an, an den Atlantikküsten Nord- und Südamerikas, vor Feuerland und bei Neuseeland. Zu nur einem Gezeitenwechsel am Tag kommt es beispielsweise in der Karibik. Einen gemischten Gezeitenwechsel gibt es entlang der amerikanischen Westküste, der Ostküste Asiens, fast in ganz Australien und im indischen Ozean, wie etwa in Sri Lanka. Den höchsten Tidenhub gibt es in der Bay of Fundy (Neufundland), wo 16 Meter erreicht werden. Entlang der europäischen Westküste beträgt er gewöhnlich über 2 Meter; in Frankreich übersteigt er sogar 13 Meter.

Die Anziehungskraft von Sonne und Mond auf das Wasser

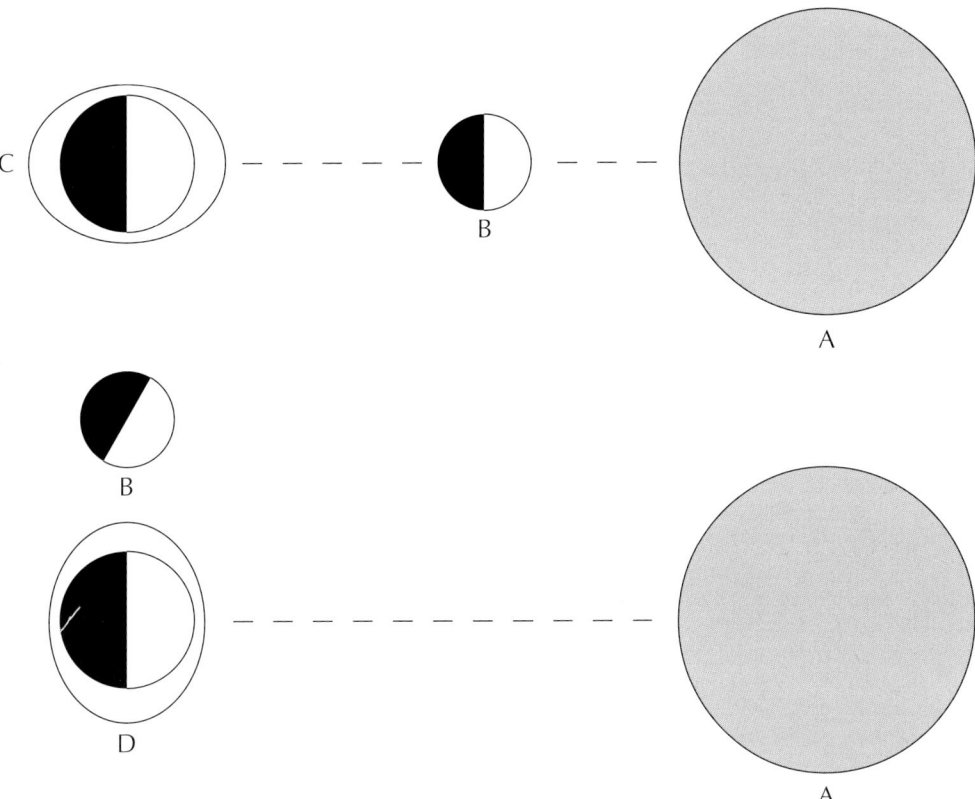

Gezeitenströmungen führen viel Nahrung mit sich und üben auf die küstennahe Fischerei einen großen Einfluß aus. Die regelmäßigen Unterschiede im Wasserstand werden durch die von Sonne und Mond ausgeübte Anziehungskraft auf die Wassermassen der Ozeane hervorgerufen. Zu Springfluten, dem stärksten Gezeitentyp, kommt es bei Voll- und Neumond. Die Nippgezeiten sind die schwächsten und sie entstehen bei Halbmond, wenn Mond und Sonne von der Erde aus gesehen sich in einem rechten Winkel befinden.

sind die Hauptursache für das Entstehen der Gezeiten. Da die Anziehungskraft des Mondes am stärksten ist, bestimmt er in erster Linie den Rhythmus. Ein durchschnittlicher Mondtag ist 24 Stunden und 50 Minuten lang, was zur Folge hat, daß die Zeiten von Ebbe und Flut tagtäglich, Jahr für Jahr, um 50 Minuten hinausgezögert werden.

Diese Anziehungskräfte sind von unterschiedlicher Stärke – ihre stärkste Auswirkung haben sie, wenn Mond, Sonne und Erde im All in einer Linie zueinander stehen. Hierzu kommt es bei Voll- und Neumond, wodurch die sogenannten Springfluten verursacht werden. Das Ansteigen und Fallen der Wasser-

oberfläche, ebenso wie das daraus folgende Hin- und Herschwappen der Wassermassen, erreicht dann ihr Maximum. Das entgegengesetzte Phänomen sind die Nippgezeiten, zu denen es bei Halbmond kommt.

Fische haben die Tendenz, sich zu bestimmten Gezeitenphasen zu ernähren, was aber je nach Art und Küste unterschiedlich ist. Viele Sportfischer meinen, daß sie 2–3 Stunden nach den Gezeitenwechseln am besten fangen. Andere wiederum, besonders jene, die über Schiffwracks schleppen, ziehen die ruhigeren Phasen vor.

TECHNIK
UND STRATEGIE

Ein Schleppfischer ist wie ein Zehnkämpfer. Je mehr Bereiche er beherrscht und kombiniert, desto größer sind, ganz unabhängig von den äußeren Bedingungen, seine Aussichten auf Erfolg. Beim Schleppfischen macht sich, wie beim Zehnkampf auch, vielseitige Begabung bezahlt. Das Schleppfischen in seiner modernen Form ist eine der sportlichsten Angeltechniken, der von einem winzigen Bötchen, aber auch von einer luxuriösen Motorjacht aus nachgegangen werden kann.

Moderne Ausrüstung zur Schleppfischerei hat nicht nur die traditionellen Konzepte dieser Fischerei vom Tisch gefegt. Es hat diesen Sport auch auf eine Art revolutioniert, die der Bootsfischerei ganz neue Dimensionen gegeben hat. Früher wurde vom »Gewicht« der Ausrüstung die Schlepptiefe bestimmt. Heute kann, dank der Downrigger, auch der kleinste Kunstköder in hundert Meter Tiefe gefischt werden, und zwar mit einem Gerät, das nicht mehr wiegt, als die gewöhnliche Ausrüstung eines Fliegenfischers. Früher mußten die Hauptschnüre auch dann mit Gewichten versehen werden, wenn man in zehn Meter Tiefe schleppen wollte. Heute sind viele Wobbler derart konzipiert, daß sie auch ohne Zusatzgewichte diese Tiefe erreichen.

Das Boot und seine Ausrüstung bestimmt, zusammen mit den biologischen Fakten – wo sich die Fische aufhalten und wie sie sich verhalten –, weitgehend die Technik und Strategie des Schleppfischens in einem gegebenen Gewässer.

Zur Technik kann die Wahl zwischen tiefem und seichtem Schleppen gehören oder eine Kombination von beidem sein. Zur Strategie kann die Art gehören, mit welcher verschiedene Gebiete abgesucht werden. Ihre Entscheidungen bestimmen, wie die Ausrüstung an Bord plaziert wird, wie schnell geschleppt wird , u.s.w..

Für den erfahrenen Sportfischer ist das Schleppfischen weit mehr, als nur einen Kunstköder ziellos hinter dem Boot herzuziehen. Es ist eine Angeltechnik, bei welcher große Flächen in unterschiedlichen Tiefen systematisch durchkämmt werden. Wer aufmerksam ist, dem helfen Ausschau nach Ver-

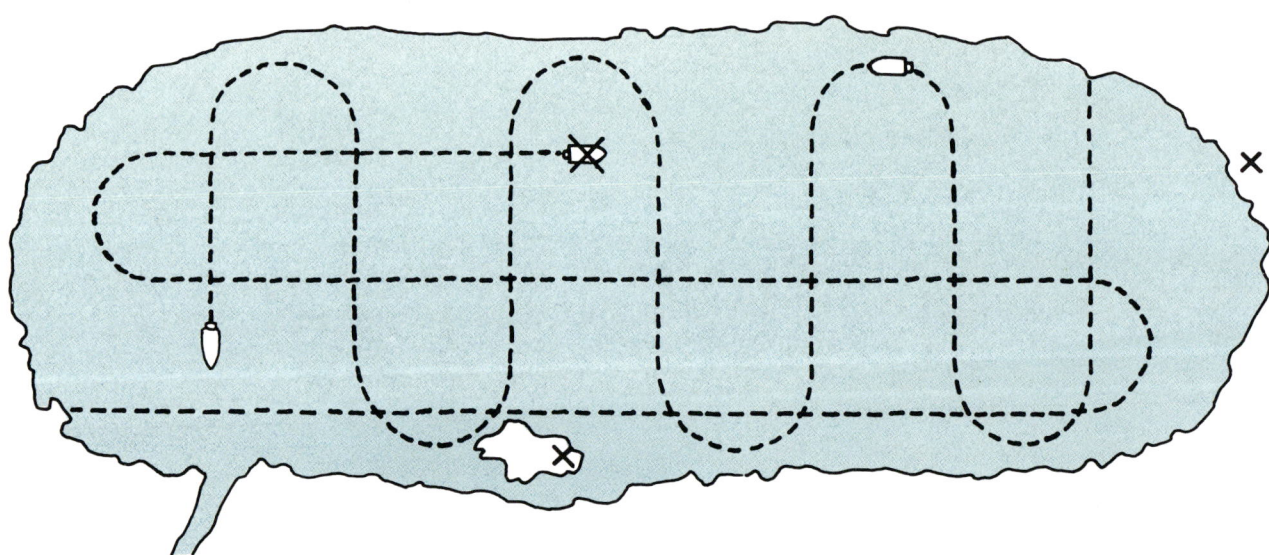

Das Schleppfischen ermöglicht es uns, weite Flächen in unterschiedlichen Tiefen abzusuchen, wodurch man oft sogar in unbekannten Gewässern erfolgreich ist. Grundsätzlich gilt aber, daß die Aufenthaltszonen der Fische sich ändern können – je nach Strömung, Tiefe, Temperatur, Salzgehalt und Bodenbeschaffenheit. Darüber hinaus konzentrieren sich Raub- und Futterfische um Felsspitzen, Bänke, Untiefen, Einmündungen oder Ausläufe und unterseeische Quellen. Um ihre wirkliche Position ausfindig zu machen, müssen Sie das Wasser systematisch durch Schlep-

pen in parallelen Linien durchkämmen: beispielsweise erst in Nord-Süd- und dann in Ost-West Richtung. Fehlt Ihnen modernes Navigationsgerät, dann können Ihnen Richtpunkte an Land und ihre eigenen Markierungsbojen dabei helfen, das Wasser effektiv abzusuchen. 1. Schlagen Sie, wenn Sie über einem Abbruch oder einer Untiefe schleppen, einen Zickzackkurs ein. Wenn Sie den Richtungswechsel durchführen, wird der auf der inneren Seite laufende Kunstköder abgebremst, ein sinkender Köder gewinnt dabei noch an Tiefe und ein schwimmender steigt kurzfristig an.

»Systematisch« ist auch das Schlüsselwort für den richtigen Umgang mit der Ausrüstung. Plazieren Sie Ihr Gerät so, daß es leicht sicht- und erreichbar ist – und so, daß es in verschiedenen Tiefen und Entfernungen vom Boot fischt, ohne sich zu verheddern.

wirbelungen, nach raubenden Vögeln und nach Temperaturunterschieden. Erfahrung hilft einem auch beim richtigen Deuten der Sprache der Wasseroberfläche unter wechselnden Bedingungen und man kann durch sie auch schnell Fragen über den Kunstköder, seine Tiefe und die Länge der Angelschnur analysieren.

Ganz egal, ob er an der Oberfläche oder tief schleppt, ob er mit vielen Ruten fischt oder nicht, der Angler muß genau wissen, was das Steuern seines Bootes für Auswirkungen auf seine geschleppten Kunstköder hat. Gewöhnlich steuert ein Schleppfischer im Zickzackkurs durchs Wasser. Hierdurch kommt es beim Kunstköder zu Geschwindigkeitsänderungen und er läuft in unterschiedlichen Tiefen, ohne daß der Angler schalten oder die Fahrtgeschwindigkeit ändern muß. Durch Gieren verliert der innen laufende Kunstköder an Geschwindigkeit, ist es ein sinkender, gewinnt er an Tiefe, ist es ein schwimmender, steigt er.

Genauso wichtig wie das richtige Navigieren des Bootes, ist Kenntnis darüber, welche Art von Ausrüstung gut zusammenpaßt und wie Kunstköder abwechslungsreich und attraktiv geführt werden. Das Verwenden unpassender Ausrüstung führt nicht nur zu Problemen wie Schnurverhedderungen, sie kann auch zu ineffizienter Fischerei führen.

Das Oberflächenschleppen

Das Schleppen im Oberflächenbereich findet gewöhnlich mit unbeschwerter Schnur statt – d.h., am Ende der Schnur befindet sich lediglich der Kunstköder. Hierzu kann mit einer Rute direkt vom Boot gefischt werden, was von den Amerikanern als »Flatline Fishing« bezeichnet wird, oder aber es kann der Kunstköder weg vom Boot geleitet werden, indem etwa ein Ausleger (»Outrigger«) oder ein »Planer Board« verwendet wird. Mit letzterem lassen sich weit neben dem Boot Fische suchen, die ansonsten vielleicht durch die Motorenturbulenzen vergrämt worden wären.

»Flatline Fishing«

Unter »Flatline Fishing« ist jene Form der Schleppfischerei gemeint, wie sie sich Laien vorstellen, wobei es ganz egal ist, ob es nun im Fließgewässer, See oder auf dem offenen Ozean stattfindet. Es ist die älteste und gängigste Art der Schleppfischerei. Der Erfolg hängt hierbei wesentlich von der Schleppentfernung und dem Manövrieren des Bootes ab.

Aus verschiedenen Gründen versammeln sich gerne eine ganze Reihe bei Anglern beliebte Fischarten in regelmäßigen Abständen in seichtem Wasser. Befischen nun mehrere Boote gleichzeitig diese Stellen, dann können die Fische leicht vergrämt sein und die einzige Lösung ist in solch einem Fall eine übermäßig große Schleppentfernung.

Mit großer Schleppentfernung sind Distanzen von über 75 Metern vom Boot gemeint. Hierbei sind ein guter Anhieb, leise Schnur und besonders scharfe Haken notwendig. Um den Windeinfluß zu mäßigen und um die Fische besser zu haken, kann man die Schnur direkt von der Rutenspitze in einen am Boot befestigten Schnurclip klemmen.

Jedes Jahr hört man von Schleppfischern aus Süß-, Brack-

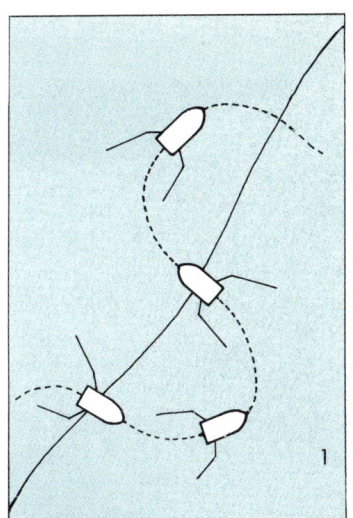

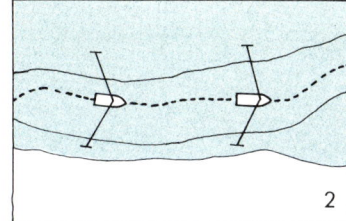

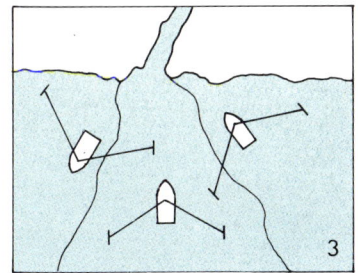

2. Ein Uferabschnitt mit variierender Tiefe und Temperaturunterschieden kann effektiv mit Hilfe eines »Planer Boards« und Auslegerruten abgesucht werden, da hierdurch die Kunstköder vom Boot aus seitlich ausgebracht werden. 3. Wo sich Wassermassen vermischen, kommt es zu Temperaturschwankungen, das Nahrungsangebot ist oft groß, sodaß sich hier gerne Fische versammeln. Farbkontraste an der Oberfläche verraten oft, in welche Richtung das Wasser eines Zulaufes läuft. Decken Sie das Angelgebiet ab, indem Sie es in verschiedenen Richtungen durchkreuzen.

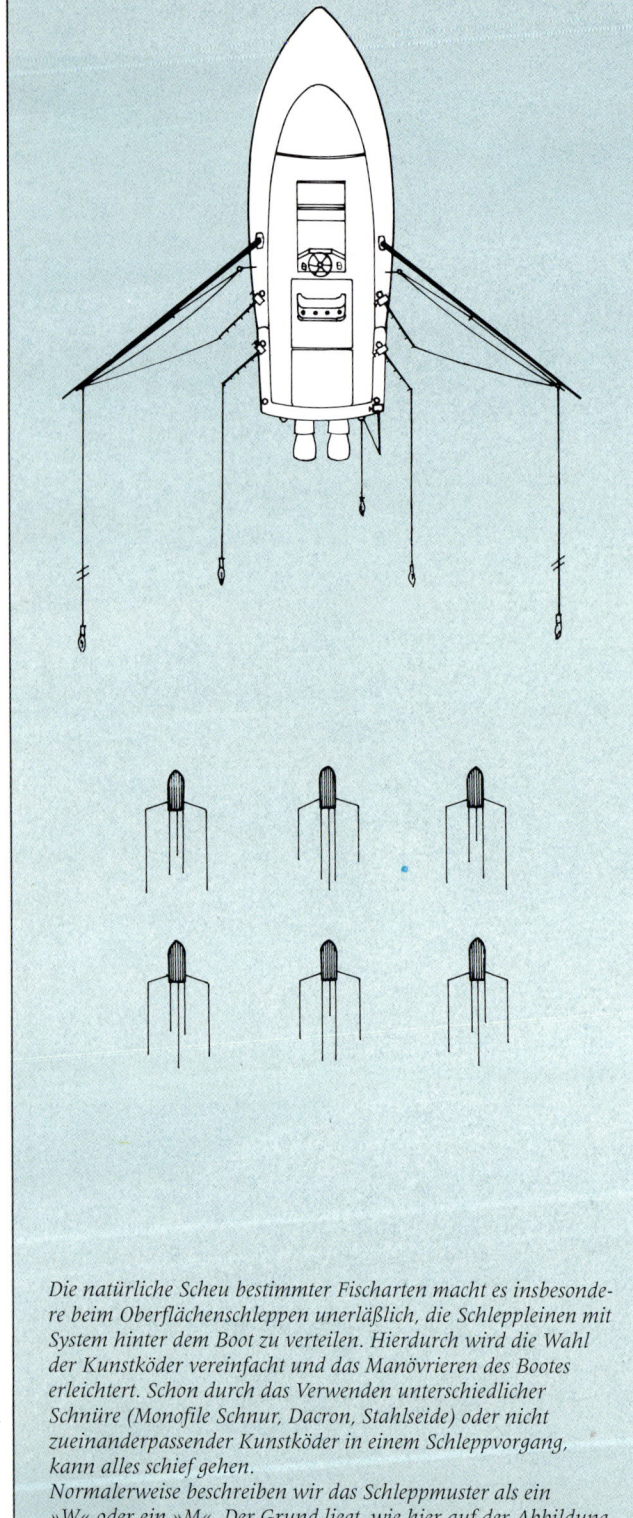

Die natürliche Scheu bestimmter Fischarten macht es insbesondere beim Oberflächenschleppen unerläßlich, die Schleppleinen mit System hinter dem Boot zu verteilen. Hierdurch wird die Wahl der Kunstköder vereinfacht und das Manövrieren des Bootes erleichtert. Schon durch das Verwenden unterschiedlicher Schnüre (Monofile Schnur, Dacron, Stahlseide) oder nicht zueinanderpassender Kunstköder in einem Schleppvorgang, kann alles schief gehen.
Normalerweise beschreiben wir das Schleppmuster als ein »W« oder ein »M«. Der Grund liegt, wie hier auf der Abbildung ersichtlich, im Verhältnis der Schnurenden zueinander. Um Verhedderungen zu vermeiden sollte die mittlere Schnur entweder die längste oder die kürzeste sein. Dieser Grundsatz entstand über Jahrzehnte an allen Schleppgewässern der Erde.

(Oben rechts) In großen, tiefen Lachsflüssen ist das »Harling« gängig, wodurch die Wasserfläche effektiv abgedeckt wird. Ein geübter Ruderer kann dem Kunstköder eine weitaus attraktivere Aktion verleihen, als das vom Ufer aus möglich wäre. Der Ruderer/Angler kreuzt gegen die Strömung, wobei die Köder (Fliegen, Löffel, Wobbler oder natürliche Köder) stromab über den Unterständen der Fische arbeiten. Durch ständiges Hin- und Herkreuzen fischt er sich langsam stromab. Besonders wichtig ist, daß Schnur und Köder bei jedem Wenden gestreckt sind, bevor der Fluß erneut gekreuzt wird. Der Rudertakt und die Schleppentfernungen hängen vom Charakter des Flusses und seiner Fließgeschwindigkeit ab.

(Mitte rechts) Das Schleppen von einem Ruderboot aus ist eine sehr traditionsreiche Angeltechnik, mit der sich interessante Sportfische sowohl in fließenden, als auch in stillstehenden Gewässern fangen lassen. Das ganze Geheimnis ist die richtige Präsentation des Köders am Unterstand des Fisches – ganz unabhängig davon, ob das in einer hellen Sommernacht nahe an der Oberfläche oder anläßlich eines starken Frühjahrshochwassers unmittelbar über dem Grund ist.

und Salzwasser die Behauptung, daß sie viele Fische, wie Lachse und Forellen, unmittelbar hinter der drehenden Schiffsschraube fangen. Ihnen zufolge werden die Fische durch die Motorengeräusche nicht nur nicht erschreckt, sondern wahrscheinlich sogar angelockt.

Ich weiß, daß derartiges passiert und glaube ihnen. Meine eigene Erfahrung lehrt mich jedoch, daß dies in erster Linie über tiefem Wasser stattfindet. Im Süßwasser kommt es nur recht kurzfristig zu solchen Momenten, scheinbar wenn sich Nahrung rar macht. Des weiteren konnte ich feststellen, daß Fische, die unmittelbar am Boot angreifen, beherzt zupacken und sich gut haken. Wahrscheinlich liegt das daran, daß sie den Köder im schäumenden Wasser schlecht ausmachen können und ihn ohne zu zögern für einen kranken Futterfisch halten und augenblicklich zustoßen. In der Welt der Big-Game-Fischerei ist es schon mehr oder weniger zur Routine geworden, einen der Schleppköder in der zweiten Welle hinter dem Boot anzubieten. In solchen Fällen werden meist eine Reihe von Teasern unmittelbar hinter dem Heck hergezogen.

Einfach eine lange Schnur auf geradem Kurs hinter dem Boot herzuziehen ist weder für den Angler, noch für den Fisch besonders spannend. Abwechslung über und unter der Oberfläche stimuliert die Sinne der Fische. In diesem Punkt wird das Manövrieren des Bootes wichtig. Manchmal genügt einfaches Zickzack-Fahren, damit der Köder sich wie ein verletzter Fisch bewegt.

Gewöhnlich muß dieser Zickzackkurs jedoch durch ein Beschleunigen und Abbremsen des Bootes oder plötzliches Gieren ergänzt werden. Durch Gieren wird aus dem Zickzackkurs schnell ein S-förmiger. Ein weiterer Grund für abwechslungsreiche Bootsmanöver ist die Tatsache, daß Fische, die vor dem Boot flüchten, schnell an jene Stellen zurückkehren, an denen sie sich unmittelbar zuvor aufgehalten haben und so die Bahn der geschleppten Köder kreuzen und zubeißen können.

Traditionsgemäß wird das »Flatline Fishing« mit dem Oberflächenschleppen gleichgesetzt. Heute scheint diese Annahme nicht mehr ganz gerechtfertigt zu sein, da wir mittlerweile über sehr tief tauchende Wobbler verfügen. Einige dieser Wobbler erreichen Tiefen, die man unter anderen Umständen nur mit zusätzlichen Hilfsmitteln erreicht hätte.

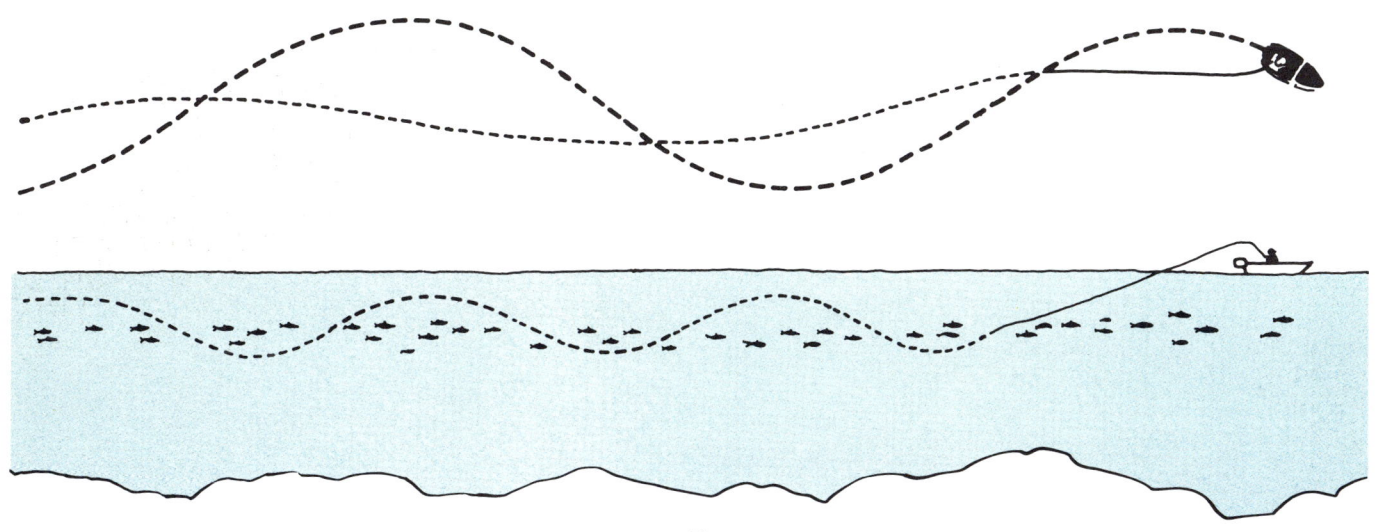

(Unten) Aus der Vogelperspektive wird deutlich, welche Bahn der Kunstköder im Verhältnis zum Zickzackkurs des Bootes einschlägt. Die Seitenansicht verdeutlicht, in welcher Tiefe derselbe Köder verläuft, ohne daß die Geschwindigkeit des Bootes verändert wird.

Die »Outrigger«

Der »Outrigger« (Ausleger) hat in der Meeresfischerei seinen Ursprung. Entworfen wurden die Outrigger, um beim Schleppfischen mehrere Köder außerhalb des Kielwassers plazieren zu können. Hierzu stehen sie im 45°-Winkel seitlich vom Boot ab. Unter Big-Game-Anglern, die auf Schwertfisch aus sind, ist es gängig, vom Ausleger aus Lebendköder anzubieten. Entweder wird der Köderfisch auf der Oberfläche springend oder unmittelbar darunter schwimmend angeboten. Auch wenn die Schleppentfernung variieren kann, sie übersteigt, vom Heck aus betrachtet, nur selten 50 Meter. Da immer mehr Angler das Schleppfischen auf großen Seen, in geschützten Fjorden, im Mittelmeer, in der Ostsee und sonstwo betreiben, stößt man immer selbstverständlicher auf Outrigger als Bestandteil der Ausrüstung von Charter- und Trailerbooten.

Süß- und Brackwasserfischer – die gewöhnlich auf Lachs, Bachforelle und Zander aus sind – bevorzugen Kunstköder wie große Löffel und Wobbler mit ausgeprägter Tauchschaufel. Mit ihnen wird gewöhnlich an kürzerer Schnur gefischt als mit Lebendködern und sie erreichen größere Tiefen.

Die Anzahl der geschleppten Kunstköder hängt von der Größe des Bootes, den äußeren Umständen – wie Wellengang, Wind, Strömungen und Gewässertiefe – und der gesuchten Fischart ab. Natürlich spielt die Anzahl der an Bord befindlichen Angler und deren Fähigkeiten auch eine Rolle.

Die Größe des Bootes beeinflußt die Wahl des Outriggers. Hierdurch wird wiederum die Größe des Kunstköders definiert, was sich auf Bootsgeschwindigkeit und Schleppentfernung auswirkt. Ein überlasteter Outrigger arbeitet nicht attraktiv, da er den Köder nicht hüpfen und spielen lassen wird – was sich besonders unter widrigen Witterungsbedingungen bemerkbar machen wird.

Gewöhnlich verwendet ein Angler zwei Outrigger, einen backbord, den anderen steuerbord. Je nach Größe werden sie mitschiffs auf dem Seitendeck oder an der Kabine montiert. Oft sind sie aus Fiberglas, Aluminium oder Edelstahl. Die Länge der Outrigger liegt zwischen 4,5 und 9 Metern und es gibt auch Teleskopversionen. Einige sind sogar abnehmbar und lassen sich von nur einer Person bedienen.

Über besonders lange Outrigger zu verfügen ist nicht so wichtig, wie der richtige Umgang mit ihnen. Das Boot muß entsprechend manövriert werden, das Angelgerät und die Kunstköder müssen zu ihnen passen. Für Sie als Angler ist es ebenfalls äußerst wichtig, problemlos und schnell ein Auge auf den Schnurclip werfen zu können.

Am Outrigger sind Schnurführungen angebracht und an seiner Spitze befindet sich gewöhnlich ein Rollenring, durch den, wie an einem Fahnenmast, eine Schnur geführt wird. An dieser Schnur ist der Schnurclip oder die Schnurklammer befestigt. Ist die zum Erreichen der gewünschten Schleppentfernung notwendige Schnur von der Rolle, wird diese in den Schnurclip geklemmt.

Dieser Vorgang sollte bevorzugterweise bei langsamer Fahrt des Bootes stattfinden. Die festgeklemmte Angelschnur wird nun, einer Fahne gleich, an das Ende des Outriggers gezogen. Die »Fahnenschnur« selbst wird, um ein Durchrutschen zu vermeiden, an der Reling befestigt. An entsprechend dimensionierten Auslegern kann man mit mehreren Schnurclips und somit mit mehreren Kunstködern fischen.

(Oben) Outrigger gibt es in verschiedenen Ausführungen. Ihre Größe sollte zum Boot und zum befischten Gewässer passen. Mit Hilfe eines Drachens oder Ballons kann weiter draußen gefischt werden.

Das Schleppfischen mit Auslegern hat in vielen Ländern lange Tradition. Hierdurch werden die Kunstköder verteilt und aus dem Kielwasser geholt. Unter Sportfischern sind solche Ausleger in der Big-Game-Fischerei am gängigsten anzutreffen, aber sie werden beispielsweise auch bei Lachsanglern, die an weiten Gewässern schleppen, immer beliebter.

Einige Angler straffen ihre Angelschnur, bevor sie die Rute in dem Rutenhalter plazieren, damit diese nicht vom Wind erfaßt wird. Andere lassen einen kleinen Schnurbauch, um dem Fisch beim Biß nicht zuviel Widerstand entgegenzusetzen.

Auch bezüglich der Bremseinstellung gibt es unterschiedliche Auffassungen. Einige stellen sie besonders hart ein, um den Anhieb sofort dann zu setzen, wenn sich die Schnur aus der Schnurklammer gelöst und gestrafft hat. Andere wiederum stellen sie sehr weich ein und lassen den Fisch seine erste Flucht beenden, bevor sie den Anhieb setzen. Sollte der Fisch jedoch springen, dann muß er augenblicklich erfolgen.

An Auslegern passiert es oft, daß Fische den Kunstköder wieder ausspucken und nicht richtig gehakt werden. Das liegt in erster Linie an dem Schnurbauch, der unmittelbar nach dem Biß kurzzeitig entsteht, wenn der Fisch die Schnur aus der Klammer gerissen hat. In der Fachsprache wird dieses Zurückschnellen der Schnur als »knockdown« bezeichnet. Eine Möglichkeit, die Hak- und Fangstatistik zu verbessern, ist das Verwenden einer sogenannten Tag-Line, die am Schnurclip befestigt wird. Die Tag-Line kann aus dickem Monofil (2 mm) oder Dacron (400 lbs) sein und sie ist gewöhnlich etwa einen halben Meter länger als der Ausleger selbst. An das Köderende der Tag-Line kommt ein robuster, 200–300 lbs tragender Wirbel.

Die Angelschnur wird dann mit einem dicken Gummiband, das straff um die Schnur gewickelt wird, befestigt. Die Angelschnur verläuft nun weiter hinter dem Heck und näher zur Oberfläche als zuvor. Greift ein Fisch an, wird die Schnur vom Gummiband freigeruckt. Nun kommt es nur mehr zu einem minimalen Schnurbauch und die Fische werden besser gehakt. Selbst habe ich eine Tag-Line beim Fischen auf die größten Binnenlachse der Welt in Schwedens Vänern-See verwendet. Meines Erachtens ließen sich die scheuen Oberflächenfische mit dieser Technik sicherer haken.

Verwenden Sie zum Big-Game-Fischen ein 64er Gummiband, zum Fang kleinerer Fische ein 32er Gummiband oder sogar ein schwächeres. Vergessen Sie nicht, daß das Gummiband auf der Angelschnur bleiben wird und daß es durch die Rutenringe passen muß, wenn ihnen die Zeit fehlt, es von der Hauptschnur zu entfernen.

Outrigger eröffnen nicht jene Horizonte, wie die Planer Boards. Aber ihre Anwendung ist deutlich einfacher in Kombination mit Downriggern, wenn eine große Oberfläche abgedeckt und gleichzeitig tief gefischt werden soll. Achten Sie darauf, daß beim Fischen mit Auslegern in Verbindung mit anderem Gerät die Ausleger der erste Teil der Ausrüstung sind, der montiert und der letzte, der abgebaut wird.

Natürlich gibt es keine Regeln ohne Ausnahmen. Letztere Regel wird vor Hawaii gebrochen. Hier verwenden viele Boote ihre Ausleger fast in vertikaler Position. Hier wird weder auf flächendeckendes Abfischen Wert gelegt, noch muß der Kunstköder auf der Oberfläche springen. Stattdessen wird versucht, die »Kona-Heads« genannten Hochgeschwindigkeitskunstköder in einer 10 bis 40 Meter langen Reihe hinter dem Boot herzuziehen, wobei sie nur gelegentlich die Oberfläche durchbrechen. So entsteht eine Blasenspur, die die Fische anziehen soll. Diese Technik macht sich bezahlt, da ihr jedes Jahr bemerkenswerte Fänge von Gelbflossenthunen und blauen Marlinen zu verdanken sind.

Planer Boards

Ein Planer Board erfüllt dieselbe Funktion wie ein Ausleger. Durch ihn fischen die Kunstköder außerhalb vom Kielwasser und erreichen so Fische, die vom vorbeifahrenden Boot nicht vergrämt wurden. Auf Planer Boards trifft man viel öfter an Seen und Küstengewässern als auf hoher See. Mit ihnen wird in erster Linie im Frühling und Herbst gefischt, wenn sich die Fische oberflächennah oder in seichtem Wasser aufhalten. Mit den Planer Boards lassen sich Kunstköder auch dort »servieren«, wo das Wasser für sichere Schiffahrt zu seicht ist.

Planer Boards werden im Handel in einer Vielzahl von Modellen und Größen angeboten, um für die verschiedensten Bedingungen gerüstet zu sein. Das gängige schwedische Otterboard ist nur eine Version. Ein anderes Board sieht auf den ersten Blick wie ein kleiner Schlitten aus. Planer Boards werden aus Holz, Fiberglas oder rostfreiem Stahl gefertigt. Das größte, das über 1,5 Meter lang ist, braucht ein robustes Tau und ist auch für unwirtliche See geeignet. Die kleinsten werden mit einem Clip direkt auf der Angelschnur befestigt. Im Falle eines Bisses werden sie gelöst, um die Schnur entlangzugleiten. Ihre Handhabung ist einfach, jedoch lassen sie sich durch Wellen leicht aus der Fahrt bringen.

Wird ein gewöhnliches Planer Board verwendet, so wird dieses zunächst an einem robusten und gut sichtbaren Seil (200 lbs Dacron) befestigt. Das Ende dieser Schnur wird auf eine Rolle gewickelt, die entweder direkt am Boot, oder an einem kleinen Mast (0,5 bis 2 Meter lang) befestigt wird. Rolle oder Mast müssen gut erreichbar und soweit nur möglich im vorderen Bootsabschnitt befestigt werden. Nur so kann das sich parallel zum Boot bewegende Planer Board fast auf der Höhe des Bootes geschleppt werden.

Wie weit die Planer Boards ausgebracht werden, hängt von der Anzahl der Köder ab, mit denen gefischt werden soll, von der Tiefe, über der das Schleppboot fahren kann und von der Oberfläche, die man zum Fischen zur Verfügung hat. Einige Planer Boards erlauben es, bis zu 75 Meter vom Boot zu fischen, andere erreichen lediglich 15 Meter.

Nachdem das Planer Board ausgebracht wurde, wird die gewünschte Länge an Angelschnur von der Rolle gezogen und in den Schnurclip eingehängt. Dieser ist so konzipiert, daß er entlang der Dacronschnur bis in die gewünschte Position gleiten kann. Die Rute wird danach so weit wie nur möglich am Heck in eine Halterung gesteckt. Greift nun ein Fisch den Köder an, dann ruckt die Schnur aus dem Clip und der Fisch wird nur mehr mit Rute und Rolle gedrillt. Der Clip gleitet an der Dacronschnur weiter bis an das Planer Board, wo er hängenbleibt und somit nicht verloren-gehen kann.

Mit Planer Boards lassen sich seicht- und tieflaufende Wobbler fischen. Bei letzteren muß der Widerstand vom Schnurclip ein wenig größer sein, damit sie nicht laufend umsonst aus dem Clip springen. Mischen Sie nicht zu viele Kunstköder untereinander und vergessen Sie nie, nur gut zusammenarbeitende Kunstköder zu verwenden – d.h., Kunstköder, die bei gleicher Geschwindigkeit zu arbeiten beginnen. Die Schleppentfernung liegt gewöhnlich zwischen 5 und 50 Meter. Die längsten Schnüre sollten am nächsten zu den Planer Boards fischen.

Je nach Wetterlage, Anzahl der Angler und deren Erfahrung, können bis zu einem halben Dutzend Ruten auf jeder

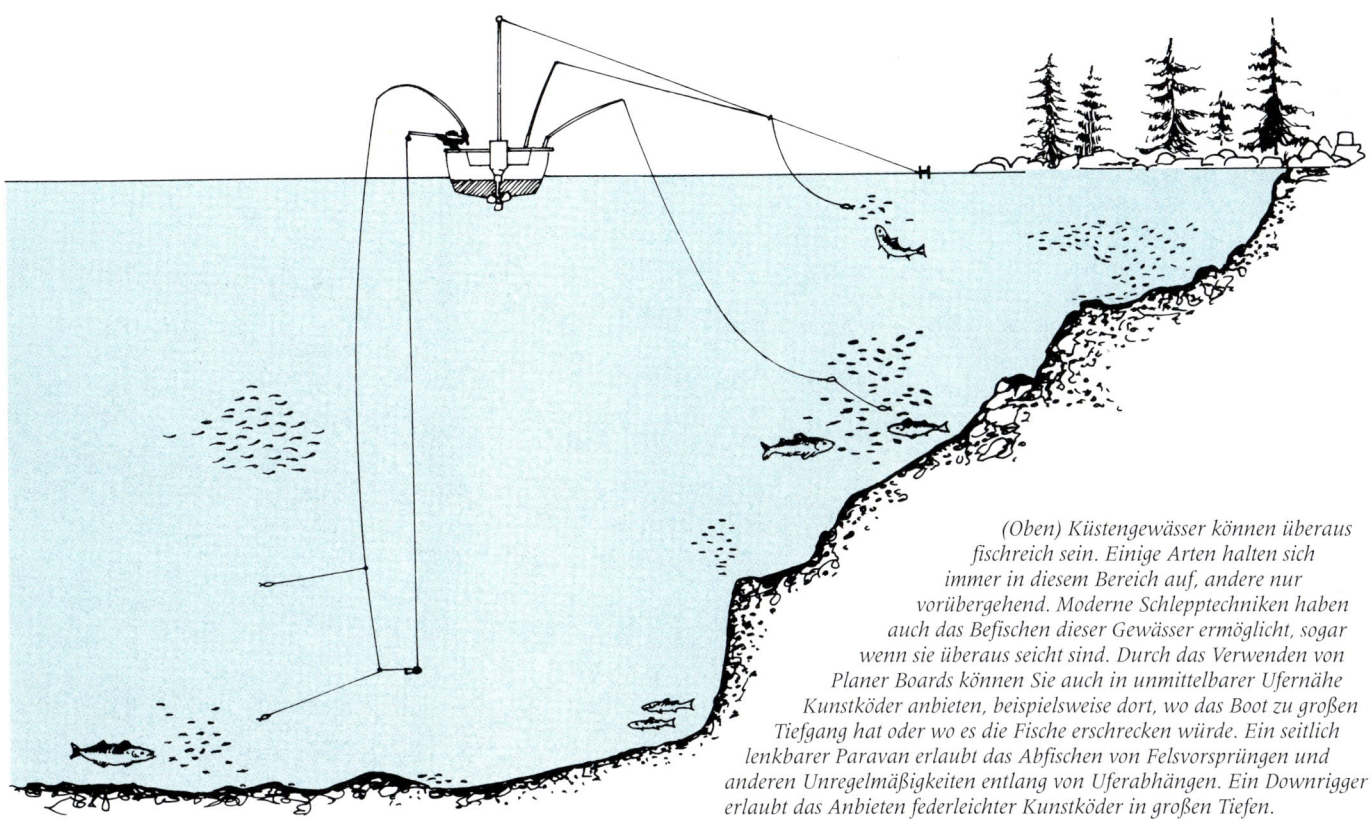

(Oben) Küstengewässer können überaus fischreich sein. Einige Arten halten sich immer in diesem Bereich auf, andere nur vorübergehend. Moderne Schlepptechniken haben auch das Befischen dieser Gewässer ermöglicht, sogar wenn sie überaus seicht sind. Durch das Verwenden von Planer Boards können Sie auch in unmittelbarer Ufernähe Kunstköder anbieten, beispielsweise dort, wo das Boot zu großen Tiefgang hat oder wo es die Fische erschrecken würde. Ein seitlich lenkbarer Paravan erlaubt das Abfischen von Felsvorsprüngen und anderen Unregelmäßigkeiten entlang von Uferabhängen. Ein Downrigger erlaubt das Anbieten federleichter Kunstköder in großen Tiefen.

(Unten) Die meisten Fischarten wandern zwischen tiefem und seichtem Wasser hin und her. Diese Wanderungen können mehrmals täglich stattfinden oder saisonbedingt sein. Ein Felsvorsprung, der von starker Strömung gestreift wird und vor dem sich ein tiefes Loch befindet, liegt oft auf solch einer Wanderroute. Die Abbildung zeigt, wie man einen Ufer-bereich und seine Abhänge am besten abfischt und schließlich im Zickzackkurs die Ränder der Vertiefung absucht.

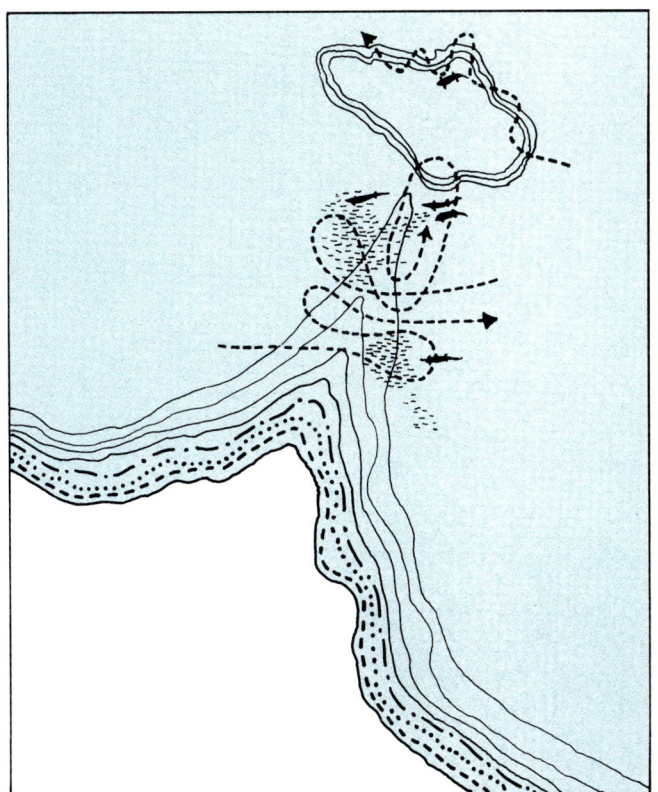

Bootsseite gefischt werden. Meines Erachtens reduziert eine so große Rutenanzahl die sportliche Komponente der Fischerei. Ein Boot mit so vielen Kunstködern läßt sich nicht leicht stoppen. Die Fische müssen daher von einem in Fahrt befindlichen Boot aus gedrillt werden, wobei sie einen Großteil ihres Kampfgeistes verlieren.

Der von einem Planer Board ausgehende Zug ist vor allem auf kleinen Booten wahrzunehmen – insbesondere, wenn nur ein Planer Board verwendet wird, wird das Boot in seine Richtung gezogen. Prinzipiell muß zum Fischen mit Planer Boards Platz vorhanden sein, da alle Bootsmanöver äußerst weitschweifig ausgelegt sein müssen. Achten Sie immer darauf, daß alle Planer Boards vorwärts ziehen; ansonsten fischen Sie uneffektiv und riskieren Hänger und Verhedderungen.

Am deutlichsten werden die Nachteile der Planer Boards bei schlechtem Wetter. Sie bewegen sich nur mehr ruckartig fort und ständig löst sich die Schnur umsonst aus dem Clip. Beim Drill eines großen Fisches unter widrigen Witterungsbedingungen kommt es zu zusätzlichen Schwierigkeiten, da, wie zuvor erwähnt, das Boot wegen der Verhedderungsgefahr nicht gestoppt werden kann. Sind Sie zu so einem Zeitpunkt noch dazu allein an Bord, dann besteht sogar die Gefahr, daß aus der Freude am Fischen der Tod eines Anglers wird. Sich selbst und anderen tun Sie einen großen Gefallen, indem Sie die Planer Boards in auffälligen Farben bemalen und beim Fischen mit einem Fähnchen markieren.

Tiefes Schleppen

Ein Sprichwort, das ich bereits in vielen Gegenden der Erde gehört habe, besagt, daß auf einen an der Oberfläche gesichteten Fisch zehn in der Tiefe kommen. Stimmt das, dann sollten Sie hauptsächlich dort Ihre Köder anbieten. Aber wie tief ist tief, werden Sie sich vielleicht fragen? Hierauf gibt es keine exakte Antwort. Im Laufe der Jahre habe ich die Erfahrung

gemacht, daß das, was in einer Gegend als tiefes Schleppen bezeichnet wird, in einer anderen noch durchaus Oberflächenschleppen genannt werden kann. Wie dem auch sei, irreführende Terminologie ist kein entscheidender Bestandteil der Schleppfischerei. Was eher von Bedeutung ist, ist daß Kunstköder auf sportliche Art und Weise dort angeboten werden können, wo sich auch Fische aufhalten, ganz egal, ob es sich um einen seichten Flachlandsee oder um eine tiefe Ozeanspalte handelt. Und das ist heute – auf verschiedene Art und Weise – viel besser als früher möglich.

Von entscheidender Bedeutung: die Schnur

Welche Tiefe ein Kunstköder ohne zusätzliche Beschwerung erreichen kann, hängt vom Durchmesser und der Länge der

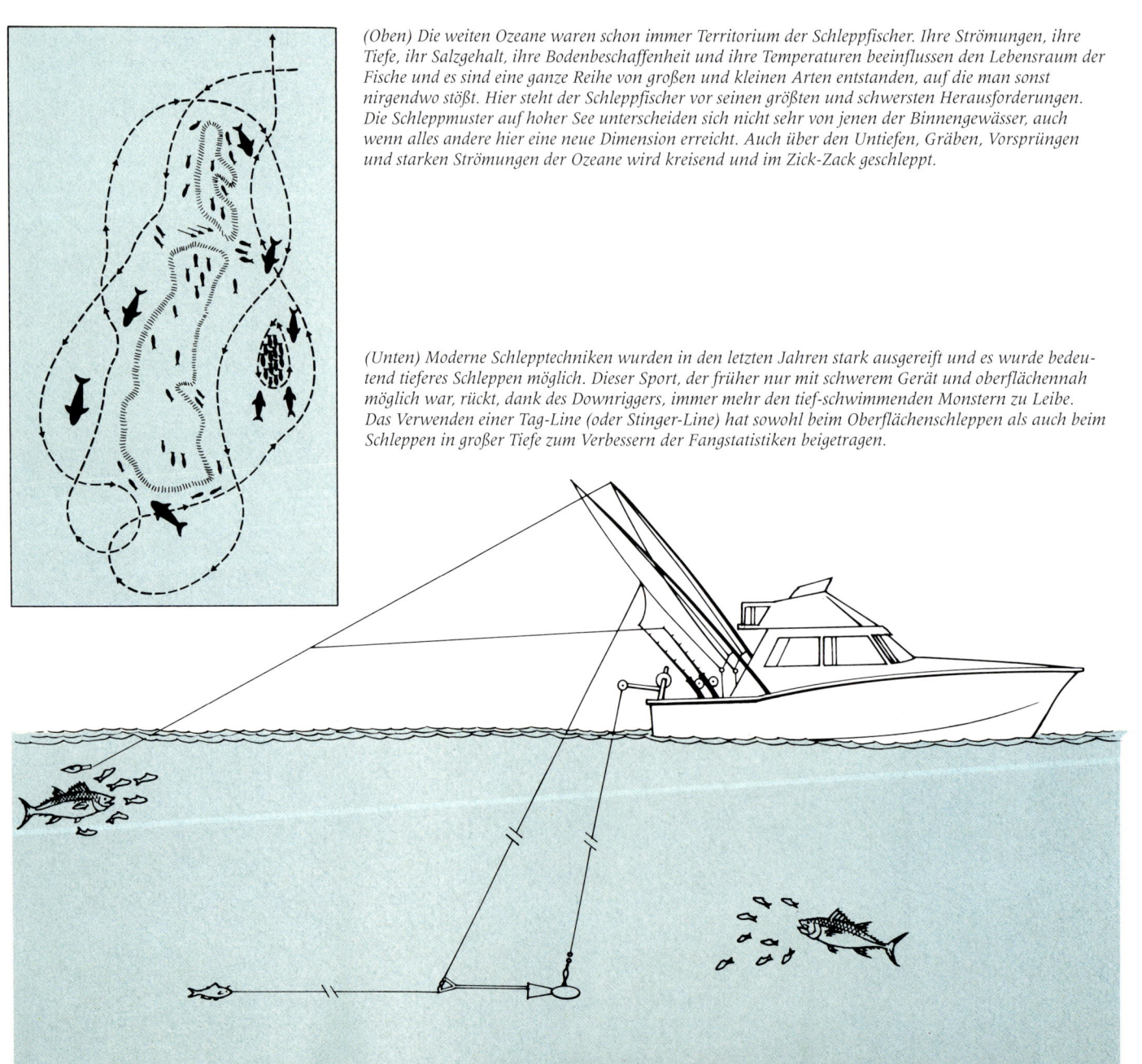

(Oben) Die weiten Ozeane waren schon immer Territorium der Schleppfischer. Ihre Strömungen, ihre Tiefe, ihr Salzgehalt, ihre Bodenbeschaffenheit und ihre Temperaturen beeinflussen den Lebensraum der Fische und es sind eine ganze Reihe von großen und kleinen Arten entstanden, auf die man sonst nirgendwo stößt. Hier steht der Schleppfischer vor seinen größten und schwersten Herausforderungen. Die Schleppmuster auf hoher See unterscheiden sich nicht sehr von jenen der Binnengewässer, auch wenn alles andere hier eine neue Dimension erreicht. Auch über den Untiefen, Gräben, Vorsprüngen und starken Strömungen der Ozeane wird kreisend und im Zick-Zack geschleppt.

(Unten) Moderne Schlepptechniken wurden in den letzten Jahren stark ausgereift und es wurde bedeutend tieferes Schleppen möglich. Dieser Sport, der früher nur mit schwerem Gerät und oberflächennah möglich war, rückt, dank des Downriggers, immer mehr den tief-schwimmenden Monstern zu Leibe. Das Verwenden einer Tag-Line (oder Stinger-Line) hat sowohl beim Oberflächenschleppen als auch beim Schleppen in großer Tiefe zum Verbessern der Fangstatistiken beigetragen.

Angelschnur, von der Form des Kunstköders und von der Geschwindigkeit des Bootes ab. Zusammenfassend kann man sagen, je dünner die Schnur ist, je größer die Schleppentfernung ist, je mehr der Kunstköder auf tiefes Abtauchen ausgelegt ist, je langsamer geschleppt wird, desto größer ist die vom Kunstköder erreichte Tiefe.

Aber Theorie und Angelpraxis sind zwei Paar Schuhe. Es reicht nicht aus, den Kunstköder lediglich auf die Tiefe der Fische zu bringen: sie müssen auch gehakt werden. Je größer die Schleppentfernung, desto schwieriger ist das Haken der Fische. Aus diesem Grund wird ein Schleppfischer stets darauf achten, seine Schleppentfernungen so gering wie nur möglich zu halten.

In diesem Punkt sind schnellschwimmende und tief abtauchende Wobbler hilfreich. Versuche haben nachgewiesen, daß es Wobbler gibt, die bei nur 25 Metern Schleppentfernung an einer 12 lbs-Schnur eine Tiefe von 10 Metern erreichen. Wurde die Schleppentfernung bei einer Geschwindigkeit von 1,5 Knoten auf 50 Meter vergrößert, dann wurden von den Wobblern 50 Meter Tiefe erreicht.

Eine alte Methode, Sprungschichten und Grundnähe abzufischen, bestand in der Verwendung zusätzlicher Beschwerungen an der Schnur. Über Jahrtausende haben zahlreiche primitive Völker in allen möglichen Gewässertypen das Schleppfischen mit Steinen als Gewichte vor ihren eigentlichen Ködern betrieben. Moderne Schleppfischer ziehen speziell entworfene Gewichte vor, die dem Wasser wenig Widerstand bieten und nur selten Hänger verursachen. Es gibt auch eine ganze Reihe von Systemen, bei denen das Gewicht nach dem Anhieb ausgeklinkt wird. So läßt sich der Fisch drillen, ohne daß er hierbei ein schweres Gewicht mit sich ziehen muß, was das Ereignis für den Schleppfischer nur noch erinnerungswürdiger macht.

Stahlseide

Primitive Völker schleppten gerne mit Schnüren aus geflochtenem Frauenhaar. Heute verwenden Schleppfischer im allgemeinen monofiles Nylon, geflochtene Schnur oder Dacron – sofern sie nicht die tiefsten Schichten mit schweren Schnüren aus Stahlseide oder Lead Core (Bleischnur) absuchen möchten. Derartige Fischerei hat in vielen Teilen der Erde lange Tradition, da sie sowohl Salzwasser-, als auch Süßwasseranglern zu manchem Giganten aus der Tiefe verhalf. Seitdem die Downrigger in der Welt der Schleppfischerei aufgetaucht sind, hat die Stahlseide jedoch immer mehr an Bedeutung verloren.

Die Vorteile der Stahlseide liegen darin, federleichte Kunstköder an kürzester Schnur in großen Tiefen anbieten zu können, ganz unabhängig von der Strömungsstärke, und davon, daß es ganz leicht ist, einen Biß zu erkennen. Ohne spezielles Zubehör oder besondere Wobbler lassen sich bei einer Geschwindigkeit von 2-3 Knoten und einer Schleppentfernung von nur 30 Metern die Kunstköder in 10 Meter Tiefe anbieten.

Die Nachteile bestehen darin, daß derartige Schnüre oft spezielle Rollen und Ruten erfordern und daß die eigentliche Fischerei mit besonderer Sorgfalt durchgeführt werden muß. Des weiteren sollten diese Schnüre nicht mit gewöhnlichem Angelgerät gefischt werden. Unerfahrenen kommt diese Fischerei plump und schwerfällig vor. Darüber hinaus besteht ständig die Gefahr von Knicken und Schnurbrüchen.

Der Tauchparavan

Paravane haben in der Welt der Sportfischerei zahlreiche Verdienste. Dank einiger Verbesserungen im Laufe der 80er Jahre erleben sie eine wohlverdiente Renaissance und nur wenige

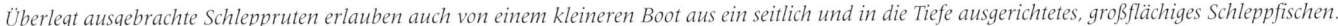

Überlegt ausgebrachte Schleppruten erlauben auch von einem kleineren Boot aus ein seitlich und in die Tiefe ausgerichtetes, großflächiges Schleppfischen.

Schleppfischer würden sie in ihren Gerätekästen missen wollen.

Ihre Funktion ist einfach. Sie brauchen lediglich das Vorfach mit dem Kunstköder an ein Ende zu knoten und die Hauptschnur an einen speziellen Kippmechanismus an dem anderen Ende. Ist der Tauchparavan im Wasser, dann veranlaßt ihn der Aufpralldruck des Wassers zum Abtauchen. Wie tief er abtaucht, hängt von seiner Form, der des Kunstköders, dem Schnurdurchmesser und der Schleppgeschwindigkeit ab. Hat ein Fisch gebissen, wird über den Zug an der Schnur der Kippmechanismus ausgelöst und der Fisch kann ohne den starken Wasserwiderstand vom Tauchparavan gedrillt werden.

Einige Tauchparavane können derart eingestellt werden, daß sie vom Boot seitlich wegschwimmen. Diese erreichen mit 0,45 mm Schnur (20 lbs) und einer Schleppentfernung von 25 Metern eine Tiefe von 9 Metern. Dieser Schnurdurchmesser ist beim Paravanfischen normal. Sogar das 90 bis 150 Zentimeter lange Vorfach sollte mindestens ebenso dick sein. Jede Art von Kunstköder kann erfolgreich hinter einem Paravan gefischt werden, ebenso mit Fliegen oder Tintenfischlein versehene Dodger oder Flasher. Oft scheint der Paravan selbst sich wie ein Kunstköder zu verhalten. Er ist den Bootsbewegungen gegenüber recht empfindlich und leitet diese zum Kunstköder, dem so zu einem besonders unregelmäßigen Schwimmverhalten verholfen wird.

Der Tauchparavan ergänzt das Downrigger-Fischen, indem er das parallele Schleppmuster beim tiefen Schleppfischen »auseinanderzieht«. So lassen sich ansonsten schwer erreichbare Stellen absuchen. Hängt man den Paravan an eine separate Schnur und versieht man ihn mit einem Schnurclip, dann kann er auch als einfacher Downrigger verwendet werden.

Ein Nachteil, mit dem Sie rechnen müssen, ist die Tatsache, daß Sie eine recht steife Rute brauchen (es gibt spezielle Ruten zum Fischen mit Paravanen), um den Paravan durch das Wasser zu ziehen. Der Zug an der Rute hat auch zur Folge, daß der Rutenhalter robust und von guter Qualität sein muß. Darüber hinaus – wie auch bei anderen Tiefschlepptechniken außer der Downriggerfischerei – ist es schwer, die Schlepptiefe genau zu definieren. Dem aufmerksamen Schleppfischer dürften allerdings die beim Oberflächenschleppen gemachten Bootsmanöver auch mit Tauchparavanan nicht allzu schwer fallen.

Besonders große Tiefen werden erreicht, wenn man vor einen Tauchparavan Stahlseide als Hauptschnur schaltet und an dem Paravan einen besonders tief tauchenden Kunstköder befestigt. Eine solche Zusammenstellung kann Ihnen jedoch mehr Kopfzerbrechen als Vorteile bringen. Und im Zeitalter der Downrigger sollten solche Gedanken schon längst der Vergangenheit angehören.

Der Downrigger

Immer mehr der 100 Millionen Angler der westlichen Welt sind sich darüber einig, daß in der Welt der Sportfischerei seit der Erfindung der Außenbordmotoren keine Erfindung für die Fischerei so viel bedeutet hat, wie die des Downriggers. Durch den Downrigger wurden nicht nur das Fischen »vertieft«, sondern auch die Horizonte »erweitert«.

Von seiner Entstehungsgeschichte gibt es verschiedene Versionen. Die Ausgangsidee ist jedoch so simpel, daß er in

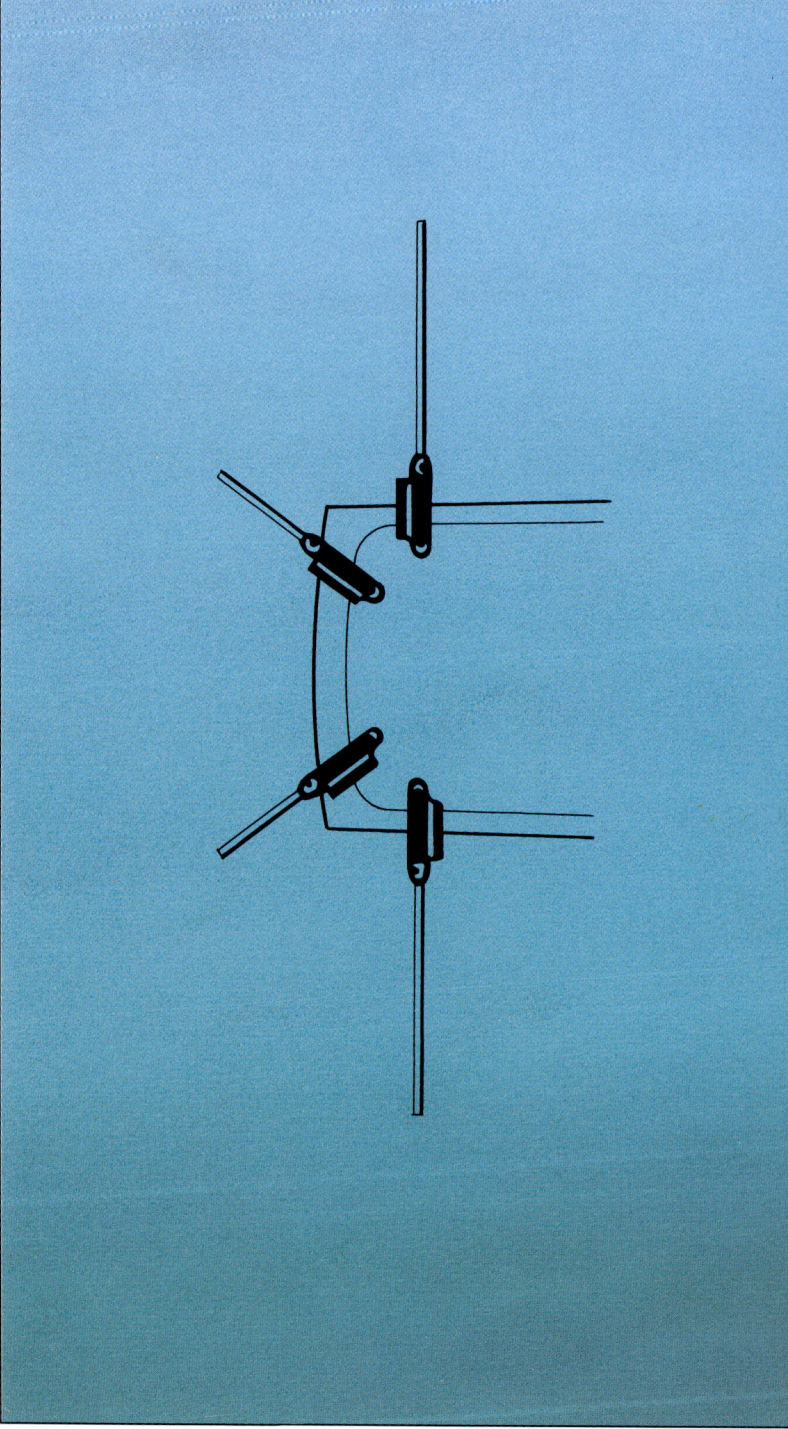

Hier hängt die Angelschnur in einer Schnurklammer, die mit dem Gewicht des Downriggers verbunden ist. Die Schnurklammer kann auch auf dem Kabel des Downriggers befestigt sein. Die Schnurlänge zwischen Schnurklammer und Kunstköder hängt von der zu befischenden Tiefe und der Sichtigkeit des Wassers ab.

Die Skizze verdeutlicht, wie Sie die Anzahl und die Verteilung der Downrigger der Größe Ihres Bootes anpassen. Es ist wichtig, diese so anzubringen, daß keine Gefahr für die Sicherheit an Bord besteht, indem

etwa demselben Zeitraum an mehreren Stellen erfunden werden konnte. Eines ist gewiss: die Entwicklung der Downrigger-Fischerei in ihrer jetzigen Form fand in erster Linie an den Great Lakes der Vereinigten Staaten statt. Ursächlich hierfür waren die gewaltigen Lachsfänge, zu denen es dort seit den 60iger Jahren gekommen ist.

Heute werden Downrigger weltweit nicht nur zum Schleppen auf Lachse verwendet, sondern in zunehmendem Maße auch zum Fang anderer attraktiver Sportfische – von kleinen Arten wie Barschen und Makrelen bis hin zu dicken Brummern wie Marlin und Blauflossenthun. Ganz allgemein kann die Behauptung aufgestellt werden, daß Downrigger in jeder Art der Bootsfischerei eine Rolle spielen, ganz unabhängig vom Gewässer.

Der Downrigger erlaubt es dem Angler, viel genauer bestimmen zu können, wie seicht oder tief seine Kunstköder fischen sollen. Des weiteren verfügt er über den großen »sportlichen« Vorteil, daß er sein Angelgerät auf die Größe der erwarteten Fische auslegen kann und sich dieses nicht mehr nach äußeren Faktoren wie Wind, Strömung und Tiefe richtet. Mit ein wenig Übertreibung kann die Behauptung aufgestellt werden, daß nun die größten und schwersten Fische sich auch mit leichtestem und schwächstem Gerät fangen lassen.

Ein Downrigger ist ein eigener Bestandteil der Ausrüstung, der aus einer Spule mit Stahlschnur und einem Arm mit Führungsring an seinem Ende besteht, durch welchen die Stahlschnur verläuft. An ihr Ende kommt das Schleppgewicht (Sinker). Die Schnurklammer wird an der Stahlschnur oder am Gewicht befestigt. Die meisten Downrigger werden gleich mit Schnurzähler, Bremse und Rutenhalter geliefert. Die Stahlschnur hat gewöhnlich eine Tragkraft von 130 lbs (60 kg) und eine Länge, die sich nach der Größe des Downriggers richtet und bis zu 100 Meter betragen kann. Durch die Bremse wird verhindert, daß im Falle eines Festlaufens des Gewichtes dieses und der Rest der Ausrüstung zu Schaden kommen. An manuellen Downriggern erlaubt die Bremse auch ein Beeinflussen der Absinkgeschwindigkeit. Es gibt lang- und kurzarmige Downrigger, deren Wahl von der Bootsbeschaffenheit abhängt. Des weiteren ist es wichtig zu wissen, daß nicht alle salzwasserbeständig sind.

Der Downrigger sollte sicher montiert werden, gut sichtbar und leicht zu erreichen sein. Gewöhnlich bedeutet das, daß er im hintersten Bootsdrittel angebracht wird. Hier kann er in seitliche Richtung oder nach hinten ausgerichtet werden, wobei letzteres am gängigsten ist. Einen Downrigger auf schwenkbarem Fuß zu montieren hat den Vorteil, daß sich sein Ausrichtungswinkel beim Angeln und Transport verstellen läßt. Es gibt auch kleine, tragbare Modelle, die wenig wiegen und sich so vom eigenen auf ein gemietetes Boot mitnehmen lassen.

Weitere wichtige, diese Technik betreffende Details sind das Sinkergewicht und die Schnurklammer. Auch wenn wir im Kapitel über Ausrüstung mehr darüber erfahren werden, sollen die wesentlichen Punkte hier kurz abgehandelt werden. Unabhängig von der zu befischenden Tiefe sollte man stets versuchen, den Sinker so senkrecht wie nur möglich unter dem Boot zu behalten. Dies wird über Form und Gewicht des Sinkers erreicht. Wenn Sie den Sinker auf Ihrem Echolot sehen, dann ist er in der richtigen Stellung.

Die Schnurklammer ist für den ersten, vom Fisch verspürten Widerstand verantwortlich. Sie kann aus einer Büroklam-

beispielsweise der Zugang zum Motor verbaut wird. Versuchen Sie auch, diese so weit wie nur möglich am Heck anzubringen. Vergessen Sie nie, daß die Ruten und andere Gegenstände immer in Sicht und problemlos erreichbar sein müssen.

Langarmige Downrigger werden am besten steuer- und backbord montiert, standard- oder mittellange am Hinterdeck, da so eine optimale Verteilung gewährleistet wird. Montiert werden die Downrigger auf verschiedene Arten.

Unterschiedlich lange Seitenarme verteilen ihre Köder unter Wasser. Es gibt unterschiedliche Schnurklammern oder -clips; in jedem Fall muß die Schnur in ihnen derart befestigt werden, daß sie nicht rutschen kann.

Zum Downriggerfischen gehören leichte Ausrüstung und dünnste Kunstköder, die in großer Tiefe angeboten werden. Die Grundtechnik wurde auf dieser Abbildung kurz verdeutlicht.

1. Stellen Sie zunächst jene Entfernung ein, in der hinter dem Sinker der Kunstköder laufen soll. Klemmen Sie nun die Schnur in die Schnurklammer, die entweder am Sinker oder an der Stahlschnur befestigt werden kann.

2. Schalten Sie Ihre Rolle auf Freilauf und lassen Sie das Gewicht und den Kunstköder in die gewünschte Tiefe ab, was Sie durch das Zählwerk am Downrigger leicht feststellen können.

3. Hat ein Fisch angegriffen, so ruckt die Schnur aus der Schnurklammer. Gewöhnlich reicht der Widerstand der Schnurklammer schon aus, um den Haken ausreichend greifen zu lassen.

4. Nehmen Sie die Rute aus dem Rutenhalter und setzen Sie eventuell einen zweiten Anhieb. Nun drillen Sie den Fisch direkt an Ihrer Rute. Holen Sie die Stahlschnur und das Gewicht des Downriggers so schnell wie nur möglich wieder ein.

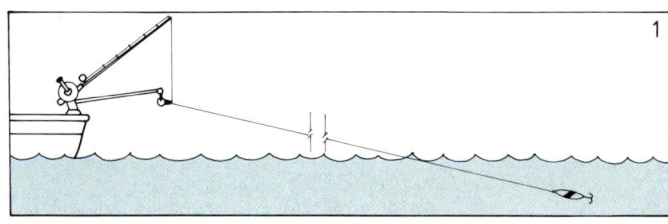
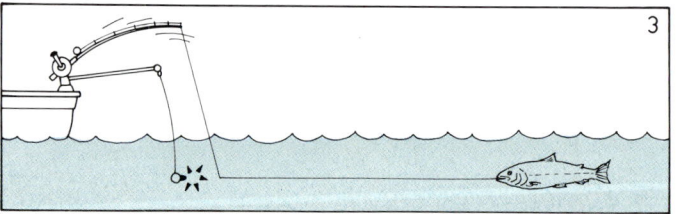
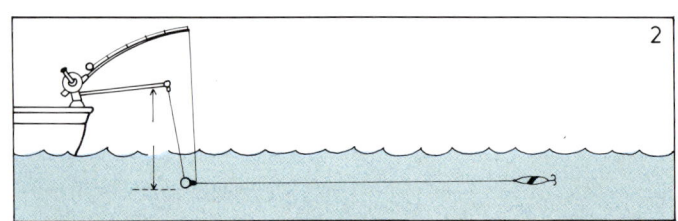
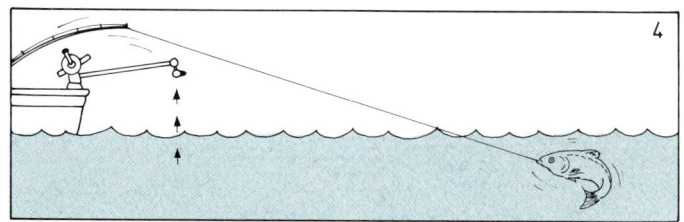

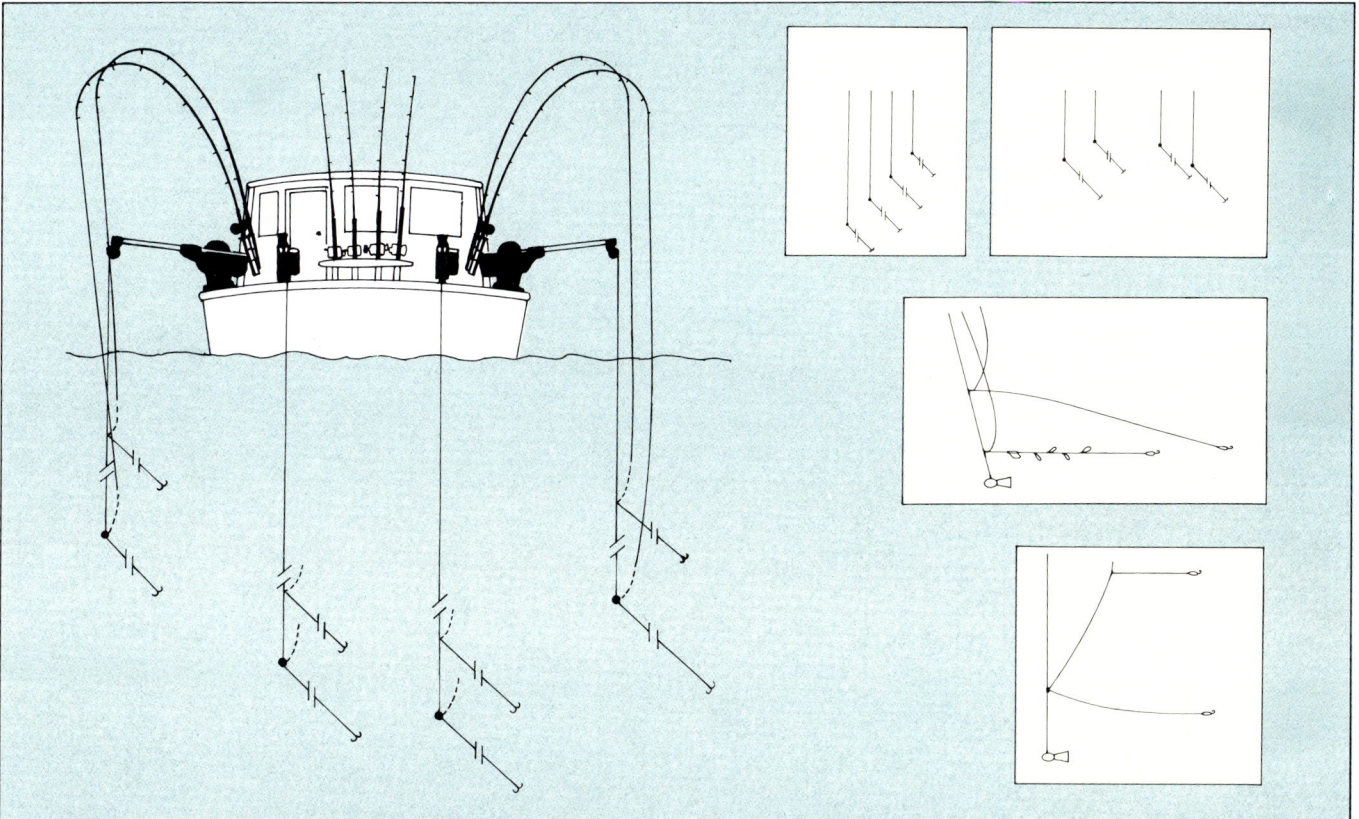

Die meisten Downrigger sind mit einem oder mehreren Rutenhaltern versehen. Wie hier abgebildet, können Sie beispielsweise mit zwei Ruten pro Downrigger fischen. Eine Hauptschnur ist in die Schnurklammer am Sinker geklemmt, die andere ist in eine an der Stahlschnur geklemmt. Es ist unerläßlich, die Ruten im Boot systematisch anzuordnen, da nur so das Risiko von Schnurverhedderungen unter Wasser auf ein Minimum reduziert werden kann.

Die Entfernungen der Schlepptiefen an dem jeweiligen Downrigger zueinander sollte variabel sein, um eine größtmögliche Anzahl von Wasserschichten abzufischen. Darüber hinaus sollten die Entfernungen zwischen Schnurklammer und Kunstköder variieren. Gewöhn-

lich läuft der Köder 2–10 Meter hinter der Schnurklammer, manchmal aber auch 30–50 Meter. Diese Entfernung wird u.a. durch die Sichtigkeit des Wassers, den Kunstködertyp und von den vorhandenen Strömungen bestimmt. Gewöhnlich nimmt sie mit zunehmender Tiefe ab.

Sie können auch mehrere Kunstköder nahe aneinander plazieren, sodaß diese wie ein Schwarm von Futterfischen aussehen. Denselben Effekt erzielt man mit verschiedenen Reizködern. Indem Sie einen Springer vor dem Köder anbringen, können Sie den Eindruck erwecken, ein Fisch würde einen anderen jagen. Über die Anordnung Ihrer Kunstköder können Sie die Aggressivität der Fische stimulieren.

mer und Gummiband gefertigt sein, aber ebenso sind spezielle Klammern mit Federn erhältlich, die überall entlang der Schnur plaziert werden können. Wie stark der Freigabewiderstand der Schnurklammer eingestellt werden soll, hängt von der gesuchten Fischart, der Schleppgeschwindigkeit und der Ködergröße ab. Wichtig ist, daß die Angelschnur nicht in der Schnurklammer rutscht. Durch das Verwenden mehrerer Schnurklammern können an einem Downrigger zwei bis drei Kunstköder gefischt werden. Hierdurch tauchen die Kunstköder gleich als kleiner »Schwarm« auf.

Einige behaupten, der Downrigger würde wie ein Outrigger arbeiten, jedoch in vertikaler Richtung. Unter einigen Umständen lassen sich beide kombinieren. Schalten Sie zunächst Ihre Rolle auf Freilauf. Hängen Sie nun das Vorfachende in die Schnurklammer und lassen Sie den Sinker auf die gewünschte Tiefe herab. Diese kann, je nach gesuchter Fischart, zwischen einem und 75 Metern liegen. Generell sollte die Entfernung zwischen Kunstköder und Schnurklammer mit zunehmender Tiefe abnehmen. Ein kürzeres Vorfach erlaubt

besseres Haken und besseres Manövrieren des Bootes, wodurch Unregelmäßigkeiten in der Bodenbeschaffenheit leichter gefolgt werden kann.

Hat die Angelrolle kein Zählwerk, dann kann die Schleppentfernung mit dem Auge geschätzt werden oder man zieht einfach die Schnur in Armlängen von der Rolle und zählt diese. Anschließend wird die Rute im Rutenhalter plaziert und die Schnur in den Schnurclip geklemmt. Beim Herunterlassen des Sinkers sollte man darauf achten, daß sich die Schnur nirgendwo verfängt bzw. sich nicht um den Spitzenring der Rute legt.

Vergessen Sie nicht, daß ein Zählwerk nur eine Entfernung ab jenem Punkt angeben kann – Seitenarmspitze oder Wasseroberfläche – an welchem es auf Null gestellt wurde. Demzufolge wird die genaue Schlepptiefe nur selten mit großer Genauigkeit angegeben. Gewöhnlich läßt sich die genaue Tiefe nur mit Hilfe eines Echolotes feststellen.

Der nächste Schritt ist das Straffen der losen oder lockeren Schnur, sodaß sich die speziellen Schleppruten J-förmig durchbiegen. Die Schnur sollte so gerade wie nur möglich zum Sinker oder zur Schnurklammer weisen. Mit Big-Game-Ruten ist ein solches J-förmiges Durchbiegen natürlich unmöglich.

Die Schleppgeschwindigkeit

Die Schleppgeschwindigkeit schwankt zwischen einem oder zwanzig Knoten. Durch die Vielfalt der Schlepptechniken wird die Terminologie der Geschwindigkeit nur schwer definierbar. Am offensichtlichsten ist das, wenn ein Schleppexperte der Marlinfischerei hierüber mit einem erfahrenen Schleppfischer, der aber nur Lachsen nachstellt, redet. Was für den ersten langsames Fahren oder »kein Fahren mehr ist«, ist für den zweiten noch Höchstgeschwindigkeit.

Je mehr man schleppt, desto überzeugter wird man von dem großen Einfluß der Schleppgeschwindigkeit auf die Aktion der Kunstköder. Ich bin der Überzeugung, daß, langfristig betrachtet, eine stets dynamische Aktion des Kunstköders wichtiger ist, als dessen Größe, Form und Farbe. Gewöhnlich werden aber die letzten drei Faktoren erwähnt, besonders dann, wenn ein einzelner Angler mehr gefangen hat, als alle anderen.

Wenn es darum geht, die fängigsten Bewegungen der Kunstköder zu beschreiben, muß man eine ganze Reihe von Faktoren berücksichtigen. Neben dem Einfluß von Boot und Motor muß auch der von Strömung, Wind und Wellengang berücksichtigt werden. Recht gut läßt sich die Fängigkeit der verschiedenen Kunstköder dann beurteilen, wenn man stets Buch über die mit ihnen unter den verschiedensten Umständen gemachten Erfahrungen führt. Vergessen Sie jedoch nicht, daß wenn Sie einen Kunstköder als »bei 2,5 Knoten am fängigsten« notieren, dies nur für den an Bord Ihres Bootes befindlichen Geschwindigkeitsmesser gilt. Der Geschwindig-

Die Bootsgeschwindigkeit und die der Kunstköder ist ein für den Erfolg entscheidender Faktor. Oft sind die Bedingungen an der Oberfläche ganz andere, als nur wenige Meter darunter. So können beispielsweise Strömungen in Gegenrichtung zur Oberflächenströmung vorhanden sein. Ihr Kunstköder hat dann ein ganz anderes Schwimmverhalten, als neben dem Boot, wo Sie ihn ausprobiert haben.

Nach einem Sturm strömt das unter einer ruhigen Oberfläche befindliche Wasser zügig in eine bestimmte Richtung. Ein aufmerksamer Schleppfischer stellt derartiges am Verhalten seiner Bugwellen, an den Winkeln und Geräuschen, die von seinen Downriggerkabeln ausgehen fest und vielleicht auch an der Tatsache, daß er nur in einer ganz bestimmten Fahrtrichtung Bisse hat. Navigationsinstrumente wie Navigator und Speedometer zeigen die Geschwindigkeit an. Schleppen Sie in einer Strömung von sagen wir drei Knoten, dann wird Ihnen Ihr Speedometer etwa dieselbe Geschwindigkeit angeben.

Der Navigator allerdings, der die über dem Grund zurückgelegte Geschwindigkeit ermittelt, kann durchaus die wirklich zurückgelegten 0,5 Knoten feststellen.

Auf dieser Skizze schleppt das linke Boot gegen eine starke Strömung. Downriggerkabel und Kunstköder werden emporgedrückt und fischen nicht in der gewünschten Tiefe. Die gestrichelten Linien zeigen ihren idealen Verlauf an. Das Gewicht ist auf »korrekter« Tiefe und die Ködergeschwindigkeit entspricht der des Bootes. Das rechte Boot fährt mit etwa drei Knoten, die der Speedometer anzeigt, in Strömungsrichtung. Sinker und Kunstköder arbeiten nicht besonders attraktiv, da sie von der Strömung mit nahezu derselben Geschwindigkeit geschoben werden. In beiden Fällen ist es eine gute Lösung, quer und in verschiedenen Winkeln zur Strömung zu schleppen – ebenso kann das Ausprobieren von äußerst kurzen oder sehr langen Vorfächern und unterschiedlichen Kunstködern erfolgbringend sein.

Das Schleppfischen ist eine faszinierende Art der Fischerei. Der aufmerksame Sportfischer hat hierbei Gelegenheit zum Sammeln vieler wertvoller Erfahrungen.

keitsmesser eines zu Ihrem Boot parallel fahrenden kann durchaus einen anderen Wert für »dieselbe Geschwindigkeit« anzeigen. Mit anderen Worten, Erfahrungen mit Geschwindigkeiten lassen sich nur schlecht von einem Boot auf ein anderes übertragen.

Für jeden Kunstköder gibt es eine bestimmte Geschwindigkeit, bei der er am besten arbeitet. Aufgrund der Tatsache, daß ein Schleppfischer meist mehrere Kunstköder gleichzeitig verwendet, ist es besonders wichtig, nur solche zu verwenden, die bei derselben Geschwindigkeit bestmöglich arbeiten. Einige Kunstköder sind, was die richtige Schleppgeschwindigkeit betrifft, recht tolerant. Am einfachsten läßt sich die Aktion eines Kunstköders feststellen, indem man ihn neben dem Boot beobachtet. Wie bereits erwähnt, kann ein Geschwindigkeitsmesser von großem Nutzen sein. Aber bereits in 30 oder 40 Metern Tiefe können völlig andere Temperaturen und Strömungen vorherrschen. Das Ergebnis ist, daß die Geschwindigkeit, die Sie auf Ihrem Geschwindigkeitsmesser ablesen, nicht unbedingt mit jener der Kunstköder in der Tiefe vergleichbar ist. Schlimmstenfalls werden die Kunstköder aufgrund des Strömungsunterschiedes dort unten völlig leblos. Wie läßt sich dieses Phänomen feststellen? Die sicherste Methode ist das Verwenden eines elektronischen Geschwindigkeits- und Temperaturmessers, der uns über den Weg der Telemetrie durch einen

unmittelbar über dem Sinker angebrachten Sensor Informationen über Temperaturen und Strömungsgeschwindigkeit zukommen läßt. Diese Angaben, die sich von dem kleinen Bildschirm des Gerätes ablesen lassen, können nun mit den simultan an der Oberfläche ermittelten Werten verglichen werden.

Haben Sie sich erst einmal alle Lektionen über die richtige Schleppgeschwindigkeit verinnerlicht, dann brauchen Sie nur mehr Ihr Boot zu beschleunigen und abzubremsen. Temperatur- und Geschwindigkeitsmesser sind jedoch recht teure Spielereien. Es ist einfacher und billiger, aufmerksam zu sein und regelmäßig die Spannung und den Winkel der Downriggerkabel zu überprüfen. Die Temperatur kann auch auf die passende Geschwindigkeit des Bootes und die konkrete Köderwahl einen großen Einfluß haben. Das liegt daran, daß die Reaktionsgeschwindigkeit der meisten Fischarten von der Temperatur des sie umgebenden Wassers gesteuert wird. In kaltem Wasser vergreifen sich die Fische eher an einem langsamen Kunstköder, der äußerst stark »vibriert«, als an einem, der schnell vorbeizieht und nur fischähnlich aussieht. In warmem Wasser kann das genaue Gegenteil eintreten. Die reichste Beute wird in der faszinierenden Welt der Schleppfischerei nach wie vor von den aufmerksamen und informierten Anglern gemacht.

DIE SCHLEPP-AUSRÜSTUNG

Geschleppt werden kann entweder mit einer einfachen Handleine und einem beköderten Haken, mit traditionellen Wurfruten oder aber mit speziell entworfener Schleppausrüstung. Keiner anderen Gruppe von Sportfischern steht diesbezüglich eine so große Auswahl zur Verfügung, wie dem Schleppfischer – sofern er, oder sie, für alles gerüstet sein möchte – für den farbenfrohen Barsch aus einem Waldsee bis hin zu den kraftvollen Giganten der Ozeane.

Beim Schleppfischen braucht man eine ganze Palette an Ausrüstung – sowohl leichte, als auch schwere. Im großen und ganzen ändert sich diese Ausrüstung nur wenig, auch wenn permanent neues Gerät entwickelt und verbessert wird. Der moderne Schleppfischer ist, dank modernem Design und neuen, leichteren und robusteren Materialien, dazu in der Lage, seine Ausrüstung auf viel sportlichere Art und Weise einer einzigen Fischart anzupassen.

Bei der Auswahl der Ausrüstung sollte darauf geachtet werden, daß diese auch zusammenpaßt. Rolle, Rute, Schnur und Kunstköder sollen zueinander passen. Sinnvoll zusammengestelltes und gut gewartetes Gerät verursacht ein Minimum an Problemen und widersteht einem Maximum an Ausfahrten.

Ausrüstung aller Schnurklassen kann zum Downriggerfischen verwendet werden. Das Gewicht des Sinkers sollte zur Größe und Stabilität des Downriggers ebenso passen, wie zum Gewässertyp und seiner Tiefe.

Die Klasseneinteilungen

Die verschiedenen Bestandteile der Ausrüstung werden gewöhnlich von ihren Herstellern so klassifiziert, daß wir uns anhand dieser Angaben selbst zurechtfinden können. Die gängigste Methode der Klassifizierung ist das allgemein anerkannte Schnurklassensystem, das von der International Game Fish Association (IGFA) entwickelt wurde. Nur ausnahmsweise verwenden Angelgerätehersteller eine eigene Klassifizierung.

Ursprünglich wurde dieses System zur Registrierung der Weltrekorde in verschiedenen Schnurklassen entwickelt. Diese betragen 1 Kilogramm (2 Pfund), 2 kg (4 lbs), 4 kg (8 lbs), 6 kg (12 lbs), 8 kg (16 lbs), 10 kg (20 lbs), 15 kg (30 lbs), 24 kg (50 lbs), 37 kg (80 lbs) und 60 kg (130 lbs). Jede Zahl gibt die höchste zulässige Tragkraft einer nassen Schnur an, die nicht überschritten werden darf, wenn man innerhalb dieser Schnurklasse einen Rekord registrieren möchte. Auch wenn die IGFA-Normen auf der Schnurstärke basieren, so enthalten sie dennoch auch Angaben über die Beschaffenheit der Rolle und über die Rutengröße.

Eine weitere gängige Art der Klassifizierung ist die Einteilung des Gerätes in eine Skala, die von sehr leichtem zu sehr schwerem Gerät reicht, wobei der Maßstab die Tragkraft der verwendeten Schnur ist. Eine Ausrüstung, die sich demnach als sehr leicht für den Fang großer Thunfische herausstellt, ist immer noch schwerstes Gerät, wenn damit gewöhnliche Segelfische (Sailfish) gefangen werden sollen. Demzufolge hängt hier die Einordnung des Gerätes in schwer und leicht weitgehend in der Größe der gesuchten Fischart. Wie dem auch sei, diese Gewichtsklassen werden wie folgt eingeteilt: ultraleicht (1–2 kg), leicht (4–6), mittelleicht (8–10 kg), mittel (15–24 kg), mittelschwer (37 kg) und schwer (60 kg). Ausrüstung, die als besonders schwer oder »klassenlos« bezeichnet wird, enthält Schnur, deren Tragkraft bei über 60 Kilogramm liegt.

Natürlich liegen zwischen einer IGFA-Ausrüstung von 8 kg und einer von 60 kg in bezug auf Tragkraft, Gewicht und Gesamterscheinung Welten. Letztere Klasse wird gebaut, um den echten Monstern der Weltmeere standzuhalten, die mindestens 500 kg auf die Waage bringen und zu denen der blaue Marlin, der Blauflossenthun und die allergrößten Haie gehören. Erstere Klasse kann sowohl zum Bezwingen eines springenden Lachses im hohen Norden, als auch zum Fang der pfeilschnellen Kleinthune südlicher Meere verwendet werden.

Gewöhnlich wird die Ausrüstung bei einer Ausfahrt recht stark in Mitleidenschaft genommen. Schläge und rauhe See gehören an Bord zum täglichen Leben. Sie sollten daher bei Ihrer Ausrüstung von Anfang an auf hohen Qualitätsstandard Wert legen, besonders dann, wenn Sie in Brack- oder Salzwasser fischen wollen. Natürlich müssen Sie hierzu Ihren Teil beitragen, indem Sie das Gerät schonend behandeln und es regelmäßig warten.

Hierdurch wird Ihr Aufenthalt an Bord nur sicherer und letztlich angenehmer. Wenn schließlich ein Traumfisch zugepackt hat, hoch in die Luft springt und dann in einer starken Flucht die Schnur von der Rolle reißt, dann beginnt an Bord die entscheidende Phase der Koordination. Hierbei werden Ihre Fehler und Schwächen besonders deutlich. Diese können in Ihrer Beziehung zur Ausrüstung oder zu den restlichen Mitgliedern der Besatzung liegen.

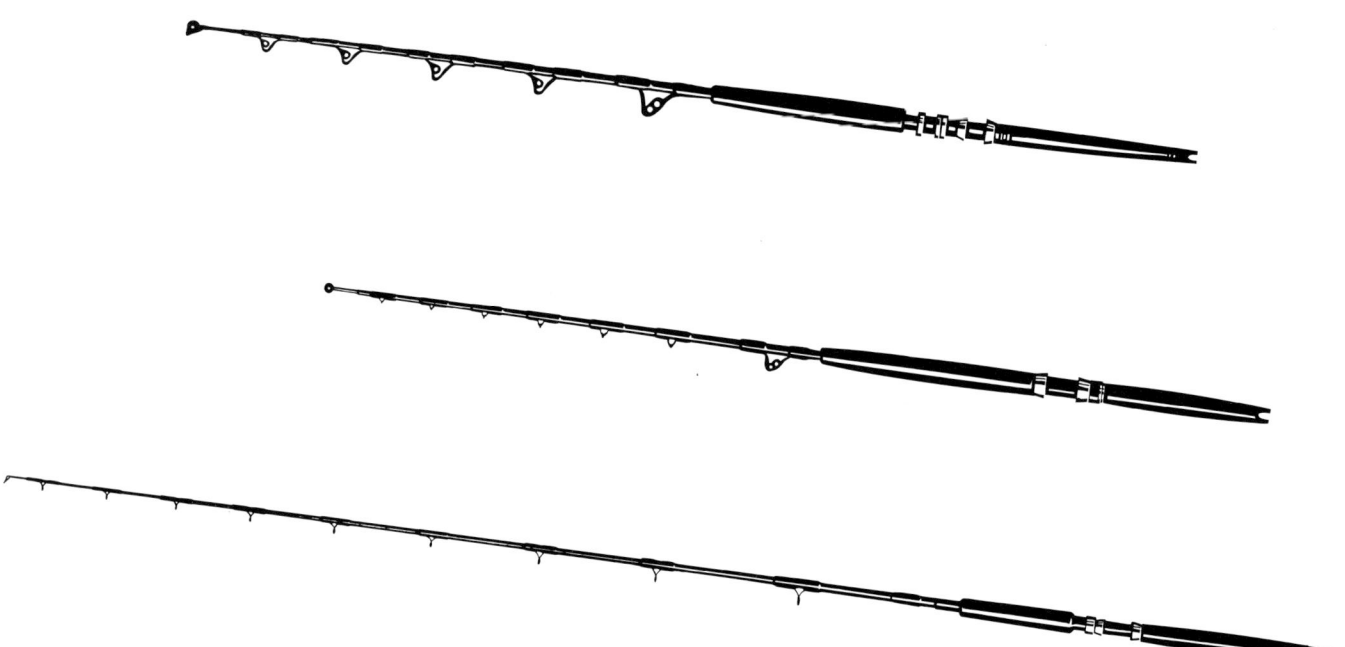

Schleppruten sind auf das Ziehen von Schleppködern und nicht zum Werfen ausgelegt. Sie sollten in jedem Fall der konstanten Spannung, der sie an den Downriggern durch den Zug der Stahlkabel permanent ausgesetzt sind, standhalten. Für kraftvolle Anhiebe mit großen Haken brauchen sie ebenso Rückgrat, wie für das Heraufpumpen schwerer Fische aus großen Tiefen. Oben ist eine traditionelle Schlepprute zu sehen, in der Mitte eine Stand-Up-Rute und unten eine Downrigger-Rute.

Die Rute

Schleppruten unterscheiden sich, je nach Verwendungsgebiet, in punkto Material und Form voneinander. Eine zum tiefen Schleppen auf die großen Lachse und Forellen der Ostsee entwickelte Rute hat wenig Gemeinsamkeiten mit einer vor Hawaii für den Fang von Gelbflossenthunen verwendeten Schlepprute. Gewöhnlich dürfen nur Big-Game-Ruten der letzteren Art und die IGFA-Klassen von über 8 kg die Bezeichnung »Schlepprute« tragen. Nichtsdestotrotz sind beide Rutentypen vollwertige Schleppruten, die für die Schlepp-, und nicht für die Spinnfischerei entworfen wurden.

Die Hauptmerkmale einer Schlepprute sind ihre Länge, Aktion und Testkurve sowie die Beschaffenheit und Größe des Griffes, der Rollenbefestigung und der Ringe. Die Aktion der Rute gibt an, wo sie sich biegt, d. h. ob sie über eine Spitzenaktion, eine mittlere Aktion oder eine Parabolikaktion verfügt. In letzterem Fall biegt sich die Rute der ganzen Länge nach durch und dämpft dabei die Schläge des Fisches gleichmäßig ab, wogegen unter Spitzenaktion ein schnellbiegendes Spitzenteil zu verstehen ist.

Die Testkurve gibt die Zugbelastung der Rute an. Hier wird gewöhnlich zwischen weich, mittel und hart unterschieden. Mit einer harten Rute läßt sich nur schwer beurteilen, wieviel Druck man dem Fisch gibt. Am wichtigsten ist dieser Faktor, wenn Fische mit weichen Maulpartien gedrillt werden.

Downrigger-Ruten

Parallel zur Entwicklung der einzigartigen Sportfischerei auf Lachse in den amerikanischen Great Lakes, entstanden die Downrigger-Ruten. Die Tatsache, daß diesen Ruten in den letzten Jahren nur unwesentliche Änderungen widerfuhren, ist der beste Beweis, daß diese nun ausgereift sind.

Eine Downrigger-Rute ist durch ihre Konstruktion beim Fischen mit Downriggern herkömmlichen Ruten weit überlegen. Mit zunehmender Tiefe wird diese Tatsache noch deutlicher. Ich selbst verlasse mich so oft wie nur möglich auf eine Kombination von Downrigger und Downrigger-Rute, auch wenn ich nahe der Oberfläche schleppe.

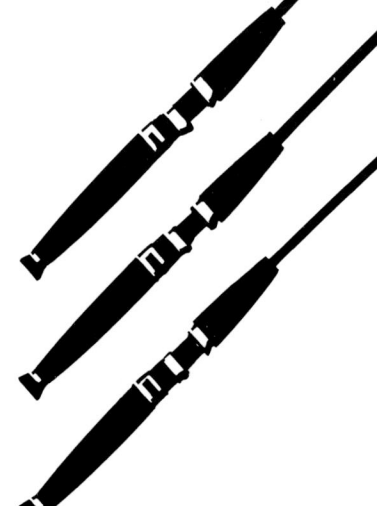

Hauptmerkmal einer Downrigger-Rute ist ihre charakteristische, J-förmige Aktionskurve, die die Rute immer dann erhält, wenn sie aufrecht und unter Spannung im Rutenhalter steht. Die überaus schnelle Spitzenaktion trägt dazu bei, die Fische sicherer zu haken, wobei gleichzeitig die Gefahr eines Rutschens der Schnur in der Schnurklammer auf ein Minimum reduziert wird. Natürlich nur unter der Voraussetzung, daß die Rute auch lang genug ist und der Downrigger an einer geeigneten Stelle an Bord montiert wurde.

Downrigger-Ruten werden in Längen zwischen 7 und 10 Fuß (2,1–3 Meter) angeboten. Die meisten sind 8–9 Fuß (2,4–2,7 Meter) lang und zweiteilig. Es gibt Ruten für Multi- und für Stationärrollen. Die Ruten werden auch mit unterschiedlichen Testkurven angeboten: in leicht, mittel und hart. Für die Fischerei in Skandinavien sind Ruten der beiden letzteren Typen allgemein geeignet.

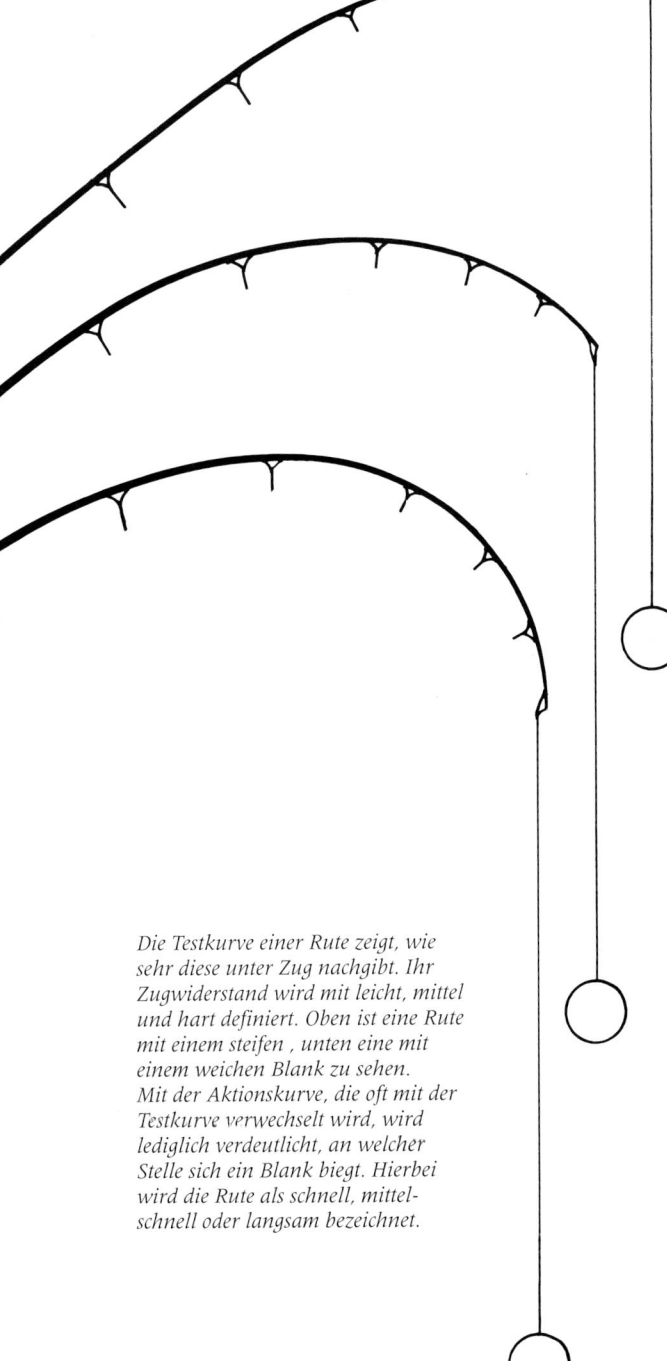

Die Testkurve einer Rute zeigt, wie sehr diese unter Zug nachgibt. Ihr Zugwiderstand wird mit leicht, mittel und hart definiert. Oben ist eine Rute mit einem steifen , unten eine mit einem weichen Blank zu sehen. Mit der Aktionskurve, die oft mit der Testkurve verwechselt wird, wird lediglich verdeutlicht, an welcher Stelle sich ein Blank biegt. Hierbei wird die Rute als schnell, mittelschnell oder langsam bezeichnet.

Ein weiteres, auffälliges Merkmal der Downrigger-Ruten ist ihre erstaunlich hohe Anzahl an Rutenringen, gewöhnlich neun bis zwölf Stück an einer 8,5 Fuß-Rute (2,6 Meter). Gegen die Rutenspitze stehen die Ringe am engsten zueinander, da sie die Schnur so führen müssen, daß diese beim Fischen nicht an der Rute reibt. Auch die beste Schnur ist dann schnell durchgescheuert, wodurch Kunstköder und Fische verloren gehen.

Das Griffteil sollte so lang sein, daß die Rute auch in rauhester See noch stabil im Rutenhalter stehenbleibt. 30 bis 35 cm sind für das hintere Griffstück ausreichend, Rolle und Rollenfuß ragen klar aus dem Rutenhalter hervor. Der Vordergriff sollte mindestens 12 cm lang sein. Sowohl aus Kork als auch aus Kunststoffen lassen sich gute Griffe fertigen, jedoch altern die Korkgriffe in den Rutenhaltern viel schneller. Der Rollenhalter ist eine weitere Schwachstelle. In jedem Fall sollte er von guter Qualität sein und die Rolle gut fixieren.

Die Bootsgeschwindigkeit, der Widerstand der Schnurklammer, wenn der Fisch gerade zugepackt hat, und die schnelle Antwort der hochschnellenden Rutenspitze – all diese Faktoren tragen dazu bei, daß der Fisch gleich zu Beginn ausreichend gehakt wird. Beim Fischen auf Lachs genügt danach ein leichtes Hochrucken der Rute beim Herausheben aus dem Rutenhalter. Fische mit harten Kiefern, wie Hecht und Zander, erfordern einen stärkeren Anhieb, um sicher am Haken zu hängen.

In den letzten Jahren kam es auch zur Entwicklung spezieller Ruten für das Fischen mit Paravanen. Sie sind gewöhnlich 9 bis 11 Fuß lang (2,7–3,3 m), verfügen über eine steife Aktion, um einen Paravan in 10–15 Metern Entfernung hinter dem Boot durch das Wasser zu ziehen. Auch auf diesen Ruten sitzen zahlreiche Rutenringe in kurzen Abständen.

Für die echte Big-Game-Fischerei ist noch keine spezielle Downrigger-Rute aufgetaucht. Wenn wir auf die Giganten der Tiefen aus sind, fischen wir daher mit konventionellen Schleppruten der schwereren Schnurklassen. Gewöhnlich sieht die Montage zwischen Downrigger-Kabel, Schnurklammer und Angelschnur anders aus, wodurch besseres Haken und fängigere Köderführung möglich werden.

Stand-up-Ruten

Konventionelle Schleppruten sind normalerweise um die 7 Fuß (2,1 m) lang, mit 5–7 Ringen einschließlich dem Röllchenring an der Spitze versehen, haben einen abnehmbaren Griff mit Kreuzschlitz an ihrem Ende. Die Testkurve einer klassischen Schlepprute wird recht unabhängig von ihrer Klasse durch weich, mittel oder hart bestimmt. Eine weiche Rute gibt bei Zug auf recht angenehme Weise nach, da dieser auf die ganze Rutenlänge gleichmäßig verteilt wird. Dennoch bläst in Schleppfischerkreisen frischer Wind und die »Stand-up-Ruten« werden immer beliebter.

Im Gegensatz zu einer traditionellen Schlepprute wurden die Stand-up-Ruten so konzipiert, daß mit ihnen die Fische in erster Linie freistehend gedrillt werden können. In der europäischen Meeresfischerei ist das die gängigste Drillposition an Bord. Durch ihre Aktion und kurze Länge sind Stand-up-Ruten zum Schleppen in einem Rutenhalter nicht so ideal geeignet, wie die traditionellen Big-Game-Ruten, aber um im Drill entlang der Reling laufen zu können, sind sie ihnen weit überlegen.

Downriggerruten unter Spannung. Hauptmerkmale einer Schlepprute sind ihre zahlreichen Ringe und ihre typische J-Form, wenn sie unter Spannung im Rutenhalter steckt. Die vielen Ringe verhindern, daß die Schnur am Rutenblank scheuert und beschädigt wird.

Gewöhnlich sind Stand-up-Ruten 5–6 Fuß lang (1,5–1,8 m). Sie sind nicht teilbar und ihr Griffstück oft fast ebenso lang, wie das Blank selbst. Die Rolle sitzt tief und ist hierdurch im Drill nicht weit vom Körper entfernt. Das lange Vorderteil des Griffes ermöglicht es dem Angler, die Rute bei starkem Zug des Fisches fast am Gleichgewichtspunkt zu fassen. Wenn Sie den Fisch mit kurzen, schnellen Pumpbewegungen drillen, dann entfaltet dieser Rutentyp erst all seine Vorteile. Um diese maximal auszunutzen, verwendet man gewöhnlich einen sehr tief hängenden Kampfgurt mit beweglicher Rutenaufnahme, wodurch man im Drill zusätzlich zur Kraft der Arme auch die der Hüften und Beine einsetzen kann. In schwereren Schnurklassen kann ein Nierengurt diese Ausrüstung sinnvoll ergänzen.

Stand-up-Ruten decken oft mehrere Schnurklassen ab. So gibt es beispielsweise Ruten, die für 6–10 kg (13–22 lbs), 15–37 kg (33–81 lbs) und 24–60 kg (53–132 lbs) geeignet sind.

Diese kurzen Ruten flößen, verglichen mit klassischem Big-Game-Gerät, nicht unbedingt viel Vertrauen ein. Dieser Eindruck ist jedoch falsch. Diese Ruten verfügen über ein derartiges Rückgrat, daß mit ihnen nahezu alles an die Oberfläche gehoben werden kann, sofern man den richtigen Umgang mit ihnen beherrscht. Dem Aufkommen der Stand-up-Ruten ist es zu verdanken, daß weltweit von Sportfischern viel mehr Fische mit dreistelligen Gewichten von kleinen Schleppbooten aus gefangen werden, als das zuvor möglich war.

Die Rutenbestandteile

Eine Schlepprute besteht aus einem langen Blank, einem Rollenhalter, einem Griff und Vordergriff, einer Steckverbindung und den Rutenringen. Es werden immer modernere Materialien verwendet und fast überall sind Kohlefaser und Mischgewebe im Vormarsch. Namen wie Fuji, Aftco und Mildrum waren lange Zeit Zeichen für Qualität und Kreativität in der Welt des Rutenzubehörs. Von diesen Marken wurden keine Blanks gefertigt.

Die Blanks der meisten modernen Schleppruten werden aus Kompositmaterialien wie Kohlefaser und Fiberglas hergestellt, oder aber aus reiner Kohlefaser oder hohlem Fiberglas. Letzteres Material ist unter den Schleppfischern immer beliebt gewesen und erlebt nun eine Renaissance mit einer neuen Fiberglasgeneration (S-Glas). Gewöhnlich sind Kohlefaserruten in den leichteren Schnurklassen begehrter, insbesondere für die Süßwasserfischerei. Kohlefaserruten fühlen sich zwar steifer als Fiberglasruten an, sind aber sensibler. Einen guten

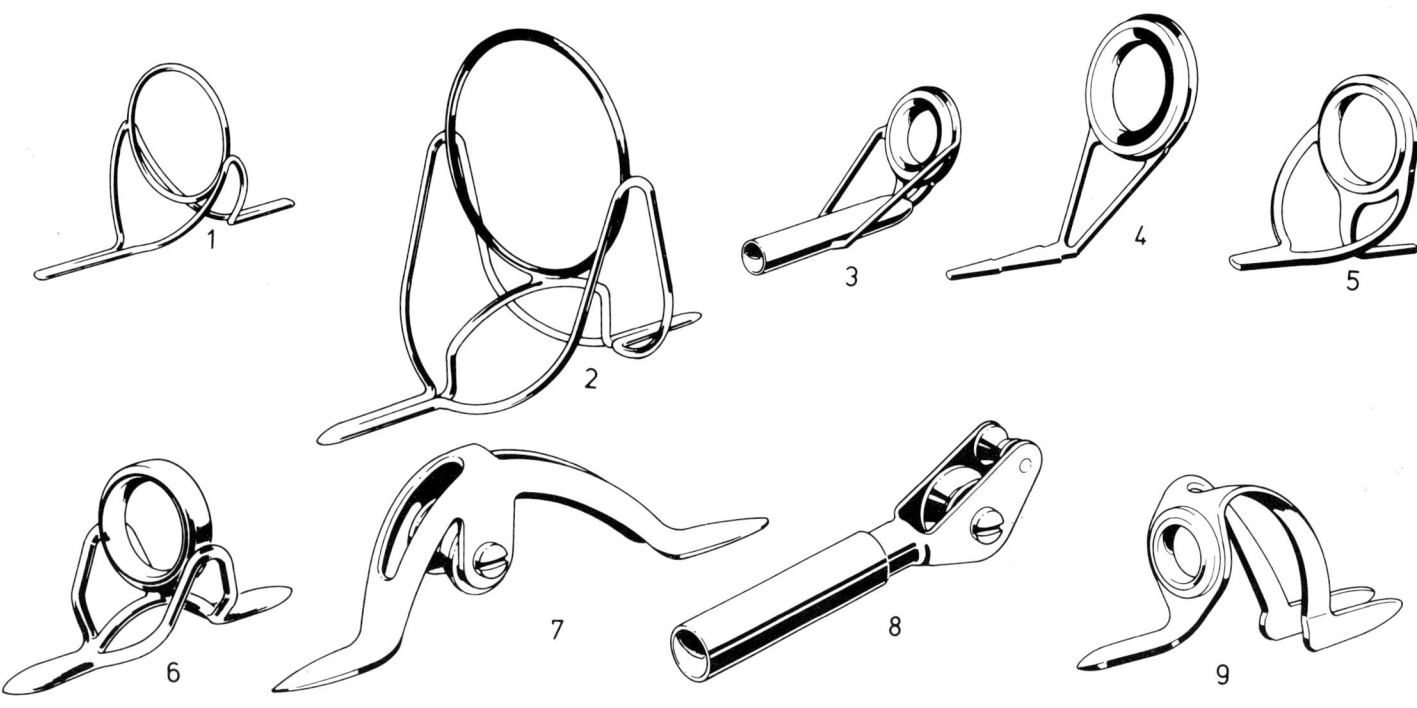

Die Rutenringe haben zur Aufgabe, den Druck auf die ganze Länge des Blanks zu verteilen, ohne dabei die Schnur zu beschädigen. Unter den Rutenringen gibt es zahlreiche Modelle und Qualitätsunterschiede. Die obere Reihe stellt jene Ringe dar, die an gewöhnlichen Ruten und an leichten Schleppruten am gängigsten sind: (1–2) hart-verchromte Ringe, (3–5) mit Innenringen aus Keramik. Unten sind einige traditionellere und stabilere Modelle: (6) hart-verchromter Ring, (7) Rollerring, (8) Rollerendring, (9) dreibeiniger Ring mit Innenring aus Keramik.

Kompromiß stellen die Kompositruten dar, die die Vorteile des haltbaren Fiberglases mit dem leichten Gewicht und der Sensibilität der Kohlefaserruten weitgehend verbinden.

Das Griffstück

Konventionelle Big-Game-Ruten sind gewöhnlich am Rollenhalter teilbar, dessen Aufgabe der sichere Halt der Rolle ist. An Big-Game-Ruten befinden sich normalerweise zwei Schraubringe zum Befestigen der Rolle. Einige Angler schrauben ihre Rollen auch mit Schellen fest, aber meine Erfahrung hat mich gelehrt, daß das nicht unerläßlich ist. Rollenhalter werden aus Kohlefaser, Aluminium, verchromtem Messing oder rostfreiem Stahl gefertigt.

Der Griff kann aus Metall, Holz, Fiberglas, Kohlefaser oder PVC sein. Ein hölzerner Griff kann schön aussehen, aber er verlangt deutlich mehr Pflege als das bei Metall und modernen Materialien notwendig ist. An exklusiven Ruten wird Aluminium verwendet, das am leichtesten ist, aber immer noch robust und langlebig bleibt.

Manche Ruten der schwereren Klassen verfügen über einen gekrümmten Griff, der den Drill von einem Kampfstuhl aus erleichtert. Die Rute befindet sich so in einer horizontale-ren Position und verfügt dadurch über mehr Hebelkraft. Immer öfter befindet sich an den Rutenenden ein Kreuzschlitz. Prüfen Sie jedoch in jedem Fall nach, ob dieser auch tief genug ist oder eher der Dekoration dient. Der Schlitz verhilft der Rute im Halter zu sicherem Stand und verhindert, daß sie während des Drills, im Kampfstuhl oder im Kampfgurt, herumgedreht wird. Das Kreuzschlitzende sollte auch aus besonders dauerhaftem Material – Metall oder Kohlefaser – hergestellt sein, da es permanent Reibung und Stößen ausgesetzt ist. Wird die Rute ohne Kampfgurt verwendet, dann sollte das Kreuzschlitzende mit einem Gummischuh überzogen werden, wodurch Schaden an Körper und Kleidern vermieden wird.

Stets achtgeben muß man, beim Kauf und Gebrauch, auf die Steckverbindung, sofern eine vorhanden ist. Die Rutenteile dürfen sich beim Fischen nicht zueinander verdrehen können. Auch das geringste Spiel in einer Steckverbindung läßt sich feststellen, indem man die Rute an der Steckverbindung hält und dabei leicht wippt.

Die Rutenringe

In den Augen eines guten Sportfischers macht sich eine edle Rute durch ihre Ringe bemerkbar. Es ist ratsam, bei ihrer Auswahl keine Kompromisse einzugehen. Minderwertige Ringe verletzen schon bald jede noch so neue Schnur, was ernstzunehmende Folgen haben kann.

Die Aufgabe der Rutenringe ist es, die Schnur von der Rute entfernt zu halten und den Druck auf die ganze Rute zu verteilen, ohne dabei der Schnur Schaden zuzufügen – wie es beispielsweise geschehen kann, wenn ein schneller Fisch rasant Schnur von der Rolle zieht. Durch die Reibung zwischen den Rutenringen und der Schnur wird Hitze erzeugt, sodaß es beim Big-Game-Fischen am sinnvollsten ist, nur Rollerringe zu verwenden, bei denen die Schnur über Röllchen läuft. Hierbei ist es unerläßlich, diese ständig auf Salzrückstände und ähnliches zu kontrollieren, damit sie sich auch wirklich drehen. Ein Rollerendring ist an den meisten Schleppruten von deutlichem Vorteil.

Rollerringe sind aber nicht für Temperaturen unter dem Gefrierpunkt geeignet, da sie sich mit Eis zusetzen und mehr Nach- als Vorteile haben. Knoten können Rollerringe beschädigen. Überprüfen Sie daher stets, ob größere Knoten wie der Bimini-Twist auch problemlos durch den Rollerendring und die anderen Ringe passen.

Weitere qualitativ hochwertige Ringe werden aus Siliziumkarbid, hart-verchromtem Stahl und oxydiertem Aluminium gefertigt. Auf einigen Salzwasserruten trifft man noch auf Ringe aus rostfreiem Stahl. Wie in verchromte Ringe, so kann sich mit Hilfe des Salzes die Schnur auch in diese Ringe fressen. Ringe aus Tungstenkarbid, die unter der Bezeichnung »Carboloy« erhältlich sind, sind für jene Angler die Lösung, die mit Stahlschnüren fischen. Diese Ringe können allerdings herkömmliche Angelschnüre beschädigen, sodaß diese Ruten der Fischerei mit Stahlschnüren vorbehalten sein sollten. Da Stahlschnüre keine Dehnung haben, sollten diese Ruten über eine weiche Parabolikaktion verfügen.

Hin und wieder kommt es vor, daß sich der Schleppfischer eine 10–15 Fuß (3–4,5 m) lange Rute wünscht, beispielsweise um mit sehr dünnen Schnüren zu fischen. Eine sogenannte »Nudelrute« mit Rollerringen wird im Drill entsprechend nachgeben und so die dünne Schnur kompensieren. Ebenso wünschen sich viele beim »Harling« von einem kleineren Boot aus lange Ruten, um die Köder entsprechend weit vom Boot halten zu können – auch wenn in diesem Fall keine leichten Ruten oder dünne Schnüre verwendet werden. Auch beim langsamen Schleppen oder Treiben auf Lachse, wenn sich diese im Freiwasser aufhalten und kurz vor dem Aufsteigen sind, können lange Ruten sinnvoll sein.

Die Rollen

Grundvoraussetzungen bei der Wahl einer Rolle zum Schleppfischen sind eine ausreichende Schnurkapazität und eine weiche Bremse, die Schnur ohne zuviel Hitzebildung freigibt. Sofern sie im Meer verwendet werden soll, sollte sie auch salzwasserbeständig sein. Ein weiterer Vorteil, den ich sehr schätze, ist ein Schnurzähler, der angibt, wieviele Meter Schnur sich draußen befinden. Hierdurch wird das richtige Plazieren der Kunstköder vereinfacht. In diesem Bereich war Daiwa mit seinem Modell 47 LC ein wahrer Vorreiter.

Von Schleppfischern werden Stationär- und Multirollen verwendet, auch wenn letztere deutlich überwiegen. Eine dritte Variante, die wie eine gigantische Fliegenrolle aussieht und unter der Rute befestigt wird, ist die Silex von Hardy, ein Modell, das annähernd hundert Jahre alt ist. Dieser Rollentyp wird eher vernachlässigt, auch wenn man ihn noch hin und wieder antrifft.

Die Stationärrolle

Diese Rollen kommen in erster Linie beim Schleppen auf Hecht, Zander und Barsch zum Einsatz. Die Ausrüstung an Bord ist dann gewöhnlich spärlich und leichter zu überwachen und zu erreichen als beim Schleppen mit Downriggern.

Unter den Stationärrollen sind die Baitrunner-Modelle die für das Schleppfischen mit Abstand besten. Es kann über eine Freilaufschaltung Schnur freigegeben und nachgefüttert werden, ohne daß dabei die eigentliche Rollenbremse angerührt wird. Darüber hinaus braucht zur Schnurfreigabe nicht mehr der Schnurfangbügel betätigt werden. Die Bremse läßt sich vor dem Fischen in aller Ruhe einstellen und wird im Drill lediglich ein wenig nachjustiert. Verglichen mit ihrer Größe haben diese Rollen ein großes Schnurfassungsvermögen.

Die Multirolle

In neun von zehn Fällen ist eine Multirolle die ideale Schlepprolle. Es gibt eine ganze Reihe spezieller, für das Schleppfischen konzipierter Multirollen. Ihre Form, Größe und Beschaffenheit richtet sich nach den jeweiligen Erfordernissen. Gewöhnlich sind sie von robuster Bauweise und salzwasserbeständig, verfügen über eine fein regulierbare Bremse und über ausreichend Schnurfassungsvermögen. Harnisch-Ösen und eine Sicherung in Form einer Klammer um den Rutengriff gehören oft zur Standardausstattung. Die verschiedenen Rollengrößen sind von 1/0 bis 16/0 durchnummeriert oder aber mit den IGFA-Klassen von 12 bis 130 lbs versehen.

Der Buchstabe »W« nach der Geräteklassenangabe bedeutet, daß die betreffende Rolle über eine Spule mit ungewöhnlich hohem Schnurfassungsvermögen verfügt. Zwei offensichtlich gleich große Rollen können somit unterschiedlich viel Schnur aufnehmen. Vergewissern Sie sich stets, daß die Spule ihrer Rolle auch die Schnur verträgt, mit der Sie sie füllen wollen, da eine straff aufgewickelte Nylonschnur die Spule platzen lassen kann. Einmal aufgewickelt, versucht sie, ihre ursprüngliche Länge wieder zu erlangen, wobei enormer Druck freiwerden kann. Ganz sinnvoll ist es demzufolge, um den Spulenkern erst einmal einige Wicklungen mit Wollfaden zu legen, worüber dann die eigentliche Angelschnur aufgespult wird. Spulen, die aus einem Stück gefertigt wurden, sind am stabilsten. Anodisiertes Aluminium und rostfreier Stahl sind wohlerprobte Spulenmaterialien, lediglich vor Kunstfasern muß man sich in acht nehmen – auch wenn hierdurch die Rollen leichter werden. Zwischen der Spule und der Rollengabel darf es keinen Zwischenraum geben, in dem sich die Schnur leicht verfangen könnte.

Das Schnurfassungsvermögen

Wer das Schnurfassungsvermögen seiner Rolle nicht optimal ausnutzt, der zieht von vornherein benachteiligt in den Kampf.

Beim Biß haben Sie bereits einige Schnur draußen, vielleicht sogar sehr viel, wenn Sie mit einem Downrigger fischen. Bleibt nur mehr wenig Schnur auf Ihrer Rolle, dann nimmt der Wasserdruck auf die Schnur zu und der Fisch läßt sich schwerer herbeidrillen.

Zwischen den einzelnen Modellen gibt es bei den Rollen riesige Unterschiede im Schnurfassungsvermögen. Für den Fang großer Lachse ist beispielsweise eine Ambassadeur 9000, die über ein Schnurfassungsvermögen von 350 Metern 0,40 mm-Schnur verfügt, eine geeignete Rolle. Wer im Pazifik auf schwarze Marline aus ist, dem kann eine Everol 14/0 von Nutzen sein. Diese beliebte italienische Rolle faßt 1100 Meter 130 lbs-Dacron oder ca. 1000 Meter 1,1 mm Nylonschnur. Penn, eine Marke, die für fast alle Techniken Ruten und Rollen herstellt, hat eine Tafel mit dem Schnurfassungsvermögen ihrer »International«-Rollenserie erstellt, aus der gut ersichtlich wird, was die Schlepprollen der verschiedenen IGFA-Klassen an Schnur fassen:

International 12T	850 yds/780 Meter	12 lbs/ 0,30 mm	mono
International 20	750 yds/680 Meter	20 lbs/ 0,40 mm	mono
International 30	800 yds/730 Meter	30 lbs/ 0,45 mm	mono
International 30 TW	850 yds/780 Meter	30 lbs/ 0,45 mm	mono
International 50 T	550 yds/500 Meter	50 lbs/ 0,60 mm	mono
International 50 TW	800 yds/730 Meter	50 lbs/ 0,60 mm	mono
International 80 T	750 yds/680 Meter	80 lbs/ 0,75 mm	mono
International 80 W	950 yds/870 Meter	80 lbs/ 0,75 mm	mono
International 130	950 yds/870 Meter	130 lbs/ 1,05 mm	mono
International 130 H	950 yds/870 Meter	130 lbs/ 1,05 mm	mono

Kleine Multirollen sind manchmal mit einer Schnurführung versehen. Für schwerere Rollen wurde bislang aber noch keine bessere Schnurführung als unser Daumen entwickelt. Um die Schnur mit dem Daumen gleichmäßig auf der Spule zu verteilen, ist nur wenig Übung erforderlich. Der Kurbelgriff einer Schlepprolle sollte breit und auch in nassem Zustand griffig bleiben. Seine Form ist eher Frage des persönlichen Geschmacks.

Die Rollenübersetzung – jene Anzahl der Umdrehungen, welche die Spule bei nur einer Kurbelumdrehung zurücklegt – ist ein weiteres, entscheidendes Detail. Wieviel Schnur bei einer Kurbelumdrehung auf die Spule gewickelt wird, hängt von dem Verhältnis der Rollenübersetzung zum Spulendurchmesser ab. Je mehr Schnur sich auf der Spule befindet, desto schneller läßt sie sich einholen. In zunehmendem Maße werden große Schlepprollen mit zwei Gängen versehen: der niedrigere Gang holt kraftvoller ein, legt hierbei aber pro Umdrehung weniger Schnur um die Spule als der höhere Gang. Eine automatische Schaltung, die sich der Belastung entsprechend selbst einstellt, erlaubte es u.a. den schwedischen Ambassadeur-Rollen sich in den leichteren Schnurklassen zu vielseitigen und weltweit beliebten Schlepprollen zu mausern.

Knarre und Bremse

Eine Rolle mit leiser Knarre oder überhaupt keiner kann keine echte Schlepprolle sein. Wie eine Alarmsirene sagt uns dieses Geräusch, daß es endlich so weit ist – etwas zieht Schnur von der Rolle. Die Knarre sollte daher laut genug sein, um den Wellengang und die Motorengeräusche zu übertönen. Sie hindert

Schlepprollen unterscheiden sich in Größe, Erscheinung und Konstruktion voneinander. Diese Faktoren werden in erster Linie von den Kampfeigenschaften der erwarteten Fische und von den konkreten Angelbedingungen bestimmt. Die hier abgebildete Rolle ist für die Big-Game-Fischerei gedacht. Unter anderem wurde diese Rolle mit einem Bremshebel ausgestattet, dessen Bedienung einfacher und sicherer ist, als die einer Sternschraube.

die Spule auch daran, im Freilauf ständig zu überdrehen und dabei Perücken zu bilden.

Die Rolle sollte leicht zerlegbar sein – auch an Bord, da man hier immer wieder einmal die Spule wechseln oder etwas an der Rolle reinigen muß, oft auf einem schwankenden Deck. Regelmäßige Wartung durch völliges Zerlegen und Reinigen der Rolle und der Ersatz verschlissener Teile gehören zum Alltag der Big-Game-Fischerei. Natürlich erfolgt das an Land oder im Hafen auf die sicherste Art und Weise. Vergessen Sie nach dem Fischen nie, die Bremse zu lockern, ganz egal, ob diese über einen Hebel oder über eine Sternschraube geregelt wird. Ansonsten können Substanzen wie Salz die Bremsscheiben angreifen, was eine schlecht und unzuverlässig funktionierende Bremse zur Folge hat.

Bremsen, die über Sternschrauben eingestellt werden, haben schon tausende Weltrekorde in allen Schnurklassen gedrillt. Nichtsdestotrotz werden diese immer mehr von Rollen mit Bremshebeln verdrängt. Ihre Handhabung ist einfacher, ihre Bremsen sind besser und langlebiger. An ihnen sind Spule und Bremse über einen Hebel miteinander verbunden und meistens sitzt dieser über dem Kurbelansatz.

Eine Sternbremse wird bei Drehung der Sternschraube in Uhrzeigerrichtung straff, bei entgegengesetzter Drehung weich. Die Sternschraube ist am Drehpunkt des Kurbelarms leicht erreichbar. Verstärkt man den Bremsdruck, wirken mehrere Brems-Scheiben auf das Übersetzungs-Getriebe und hemmen die Spulendrehung. Rast nun ein Fisch nach dem Anhieb davon, gibt die Spule gleichmäßig Schnur frei, ohne daß sich die Kurbel rückwärts mitdreht. Über einen zusätzlichen Hebel wird die Spule auf Freilauf gestellt oder das Getriebe und damit die Bremse zugeschaltet.

Raffinessen, wie »Kampfbremse« oder »Synchron-Bremse«, erlauben es Ihnen, die Bremse auf die Tragkraft der Schnur einzustellen und anschließend, in kritischen Drillphasen, die Bremskraft drastisch zu reduzieren. Synchronbremsen können beim Fischen mit Downriggern recht praktisch sein, da mit ihnen der Kunstköder, ohne die Spule auf Freilauf zu schalten, in die Tiefe herabgelassen werden kann.

Die Einstellung der Bremskraft

Stellen Sie Ihre Bremse immer schon dann ein, wenn Sie die Schnur gerade durch die Ringe ziehen. Nach Möglichkeit noch an Land und nicht in einem schaukelnden Boot. Vergessen Sie dabei nicht, daß eine zu weich eingestellte Bremse besser als eine zu straff eingestellte ist. Es ist auch im Drill einfacher und sicherer, die Spule zusätzlich mit dem Daumen zu bremsen, als die Bremse nachträglich straffer einzustellen. Was Schlepprollen betrifft, so gibt es einige goldene Regeln: in den leichteren Schnurklassen sollte die Bremskraft bis auf 15% der Tragkraft der Schnur und in schwereren Schnurklassen bis auf 25% der Tragkraft der Schnur eingestellt werden.

Jahrelange Erfahrung verhilft einigen Schleppfischern zu einem fast schon intuitiven Gefühl für die Einstellung der Bremskraft. Indem sie mit einer Hand auf die Hauptschnur Zug ausüben und die Spule dabei mit dem Daumen bremsen, schaffen sie es meistens, die richtige Bremseinstellung herauszufinden. Aber auch der erfahrenste Sportfischer wird für eine ganz genaue Einstellung auf eine Federwaage zurückgreifen. Am

besten läßt man hierbei jemand anderen die Waage halten, während man selbst die Schnur direkt an den Waagenhaken knotet. Setzen Sie nun den Bremshebel auf Anhiebsposition und weisen Sie mit der Rutenspitze auf die Waage. Stellen Sie nun die Bremse nach, bis die Waage den gewünschten Zug aufweist. An den TBM-Rollen von Shimano läßt sich die maximale Bremskraft schon im voraus auf verschiedene Schnurstärken einstellen.

Genaue Hinweise über die »perfekte« Bremseinstellung lassen sich nur schwer geben, da diese auch von Dingen wie dem Wasserwiderstand des Kunstköders, der Bootsgeschwindigkeit, der Hakengröße und natürlich auch vom Beißverhalten der Fische abhängt. Hier ist aber dennoch eine allgemein anerkannte Liste von Bremseinstellungen:

IGFA-KLASSE	BREMSKRAFT	
12 lbs (6 kg)	1,5 – 4 lbs	(0,7 – 1,8 kg)
16 lbs (8 kg)	2 – 5 lbs	(0,9 – 2,3 kg)
20 lbs (10 kg)	4 – 7 lbs	(1,8 – 3,2 kg)
30 lbs (15 kg)	6 – 9 lbs	(2,7 – 4,1 kg)
50 lbs (24 kg)	7 – 15 lbs	(3,2 – 6,8 kg)
80 lbs (37 kg)	15 – 25 lbs	(6,8 – 11,3 kg)
130 lbs (60 kg)	20 – 50 lbs	(9,1 – 22,7 kg)

Die Angelschnüre

Über Jahrzehnte standen den Schleppfischern nur monofile Nylonschnur, Dacron oder Stahlseide als Angelschnur zur Verfügung. Ganz grob läßt sich sagen, daß ein Vierteljahrhundert hindurch die tief schleppenden Angler Stahlseide bevorzugten, die Big-Game-Schleppfischer Dacron und die anderen Angler, die in Fluß und See schleppten, dem monofilen Nylon ihren Vorzug gaben. Diese Aufteilung besitzt allerdings keine Gültigkeit mehr, da es durch die Downrigger möglich wurde, auch mit monofilem Nylon und leichter Ausrüstung in Tiefen zu schleppen, die zuvor mit Stahlseide kaum erreichbar waren. Und auf hoher See sind heute moderne Nylonschnüre gängiger als Dacron.

Der Großteil der modernen Angelschnüre stammt aus den USA, Japan, Deutschland und Frankreich. In Europa werden Schnüre gewöhnlich nach ihren Durchmessern (in mm) und nach ihrer Tragkraft (in kg) eingeteilt, wogegen der Angler in den USA lediglich Schnur einer bestimmten, in Pfund angegebenen Tragkraft kauft. Auf den Packungen wird entweder die Tragkraft oder die IGFA-Klasse angeführt. Die Angabe der Tragkraft bedeutet, daß die Schnur bis zum angegebenen Punkt (in Pfund oder Kilogramm) nicht reißen dürfte. Die angegebene IGFA-Zahl bedeutet andererseits, daß die Schnur in nassem Zustand dann reißt, bevor der Wert der gegebenen Schnurklasse erreicht wird.

Der Konkurrenzkampf zwischen den einzelnen Schnurherstellern ist groß. Verlassen Sie sich daher nicht zu sehr auf die auf der Schnurspule angegebenen Meßwerte. Darüber hinaus unterscheidet sich die Tragkraft der einzelnen Schnüre stark voneinander. Vergessen Sie auch nicht, daß die Nylonschnur während des Angelns Wasser aufnimmt, wodurch sie

Beim Big-Game-Fischen kommt echte Spannung auf. Nicht nur der Angler, sondern auch seine Ausrüstung müssen in bester Verfassung sein. Das Gerät muß in sich ausgeglichen sein, Rute, Rolle und Schnur zueinander passen. Dieses Problem veranlaßte die IGFA dazu, ein international anerkanntes Schnurklassensystem zu entwickeln, wodurch die richtige Gerätezusammenstellung stark vereinfacht wurde. Die Klasseneinteilungen betragen 2, 4, 8, 12, 16, 20, 30, 50, 80 und 130 lbs (1, 2, 4, 6, 8, 10, 15, 24, 37 und 60 kg). Kaufen Sie nun eine Rute der 20 lbs-Klasse, dann sollten Sie sie auch mit Rolle und Schnur derselben Klasse fischen. Gut ausgeglichenes Gerät steigert die Freude beim Fischen und verursacht am wenigsten Probleme.

zwar flexibler wird, aber nach nur wenigen Stunden Fischerei bis zu 20% ihrer Tragkraft verloren hat.

Insgesamt betrachtet braucht der Schleppfischer steife, stabile und dünne Schnüre. Steife Schnüre haken besser als weiche. Stöße – zu denen es beim Schleppfischen oft kommt – vertragen diese steifen Schnüre jedoch nicht so gut wie die weichen und genau deshalb müssen sie stabil sein. Steife Schnur kann das Schwimmverhalten der Kunstköder negativ beeinflussen, was sich allerdings durch ein geschmeidiges Vorfach und Öhrknoten kompensieren läßt.

Der Schnurdurchmesser beeinflußt die Sinkgeschwindigkeit, das zum Erreichen einer bestimmten Schlepptiefe nötige Sinkergewicht, das Fassungsvermögen der Spule, die Sichtig-

keit der Schnur und das Erstellen der Knoten. Die Tragkraft der Schnur entscheidet über das verwendete Gerät – etwa die Ruten –, über die Bremseinstellung und darüber, wie stark das Gerät im Drill belastet werden kann. Dünnere Schnur erlaubt ein tieferes Führen der Kunstköder als dicke Schnur, da ihr Wasserwiderstand geringer ist. So kommt es, daß ein in 75 Meter Entfernung geschleppter Köder viel tiefer läuft als einer, der sich nur 25 Meter hinter dem Boot befindet. Mit zunehmender Entfernung verliert der Anhieb aufgrund der Schnurdehnung allerdings an Wirksamkeit.

Fluoreszierende Schnüre erlauben eine bessere Kontrolle über die Verteilung der Schleppschnüre. Darüber hinaus sind sie im Drill leichter zu sehen – ein Vorteil, wenn Sie schnell sehen möchten, in welche Richtung der Fisch flüchtet. Solche Schnüre können allerdings auch weniger Bisse verursachen als das bei klaren Schnüren der Fall wäre. Eine Möglichkeit, den Vorteil der besseren Schnurkontrolle nicht zu verlieren, ist, diese Schnur mit einem neutral gefärbten Vorfach zu versehen.

Beim Schleppen im Kielwasser kann es zu Schnurdrall kommen – ebenso, wenn einer Ihrer Wirbel schlecht dreht oder gar völlig fehlt. Schnurdrall kann Ihre Schnur schnell unbrauchbar machen; wurde dieser jedoch rechtzeitig entdeckt, dann kann sich der Schleppfischer meistens schnell und einfach selbst helfen. Er braucht lediglich alles abzumontieren und dann die Schnur vom fahrenden Boot aus ins Wasser gleiten zu lassen. Nach kurzer Fahrt hat sich die Schnur von selbst »entdrallt«. Erinnerungswert ist auch folgende Tatsache: Sie können auf Ihre Spule mehr Dacron der 80 – 130 lbs-Klasse spulen als monofiles Nylon, wogegen das Gegenteil für die 12 – 50 lbs-Klassen zutrifft. Des weiteren hat Stahlseide bei gleichem Durchmesser etwa dieselbe Tragkraft wie monofiles Nylon.

Durch unsachgemäße Lagerung kann sogar völlig neue Schnur wertlos werden. Bewahren Sie Ihre Schnurreserven in einem kühlen, dunklen Raum auf, wo sie nicht mit Chemikalien wie Ölen oder Insektensprays in Kontakt kommen. Prüfen Sie vor dem Fischen immer den Zustand Ihrer Schnur nach, und zwar nicht nur am äußersten Ende. Und vergessen Sie nie, daß Rollenbestandteile wie der Bremshebel die Schnur stark beschädigen können.

Drillen Sie niemals Fische an fehlerhafter Schnur, nur weil es komfortabler ist. Solches Vorgehen wurde bereits teuer bezahlt. Beim geringsten Zweifel an ihrer Tragkraft sollten Sie die Schnur immer wechseln, wenden oder spleißen.

Monofiles Nylon

Was wir gängigerweise als monofile Angelschnur bezeichnen, wird von den Herstellern – je nach Herstellungsmethode – Homopolymer, Copolymer, Tripolymer und Cofilament genannt. »Homo« steht hierbei für eins, »co« für zwei, »tri« für drei und »Polymer« für Nylon. Homopolymer ist somit eine einheitliche Nylonsorte, Copolymer ist eine Verbindung aus zwei Nylonsorten und Tripolymer eine aus drei Sorten. Durch diese Mixturen versucht man, der Schnur so viele Qualitäten wie nur möglich mitzugeben.

Copolymer ist in Schleppkreisen die beliebteste Nylonsorte. Sie ist mit Tragkraftwerten von 1 bis 400 lbs (180 kg) und in verschiedenen Farben erhältlich. Wie der Name schon sagt, handelt es sich um eine Verbindung zweier Schnüre. Der Kern ist aus Polyester und die Hülle aus Nylon. Hierdurch wird minimale Dehnung erreicht, was ein optimales Anschlagen ermöglicht. Gehandelt wird diese Schnur jedoch als gewöhnliche monofile Angelschnur.

Monofile Angelschnüre haben in den 80er Jahren einen gewaltigen Fortschritt gemacht. Dennoch wird von einigen Herstellern behauptet, daß das lediglich der Anfang war. Dieser Fortschritt hat natürlich den Schleppfischern genutzt, da ihnen heute dünnere, solidere, weniger elastische und haltbarere Nylonschnüre zur Verfügung stehen. Mit anderen Worten, sie sind besser geworden, als es sich der Schleppfischer hätte wünschen können.

Dacronschnüre

Eine Dacronschnur wird auf der Basis von Dacronfibern gesponnen. Dacronschnüre sind hohl, weswegen sie sich zum Spleißen eignen. Mit ein wenig Mühe lassen sich robuste und geschmeidige Spleißverbindungen erstellen, die leicht über die Röllchen der Rollerringe und durch herkömmliche Rutenringe gleiten. Natürlich kann man Dacronschnüre auch miteinander verknoten. Gewöhnlich ist die Knotentragkraft geringer als bei monofilen Nylonschnüren, und es gibt nur wenige Dacronschnüre die wirklich zuverlässig sind und bei denen die Knotenfestigkeit nur minimal verlorengeht.

Auf die Anhänger der Dacronschnüre stößt man in erster Linie bei jenen Anglern, deren Ausrüstung bei 80 lbs-Gerät (37 kg) beginnt. Die Wahl fällt deshalb bevorzugt auf diese Schnur, da sie weniger Dehnung als Nylonschnur aufweist und demzufolge bessere Anhiebe möglich sind – ein Punkt, der dann besonders wichtig wird, wenn viel Schnur draußen ist. Ein weiteres Argument zugunsten der Dacronschnur ist, daß man den Fisch im Drill besser spürt, wodurch sich dieser besser unter Kontrolle halten läßt. Darüber hinaus faßt eine große Rolle mehr dicke Dacronschnur als Nylonschnur und ist weiterhin gegenüber dem Sonnenlicht weniger empfindlich.

Wie dem auch sei, Dacron bleibt leichter verletzbar als monofile Nylonschnur. Bei Reibung an harten Gegenständen brechen Dacronfibern, wodurch die Schnur geschwächt wird und bei plötzlicher Belastung vorzeitig reißen kann – beispielsweise, wenn ein Fisch in der Endphase des Drills an kurzer Schnur eine neue Flucht startet. In solchen Situationen ist eine Schnur mit mehr Dehnung von Vorteil.

Metallschnüre

Lead-Core (Bleischnur) und Ganzmetallschnüre erreichen, dank ihrer hohen spezifischen Dichte, auch mit leichtesten Ködern große Tiefen. Sie stellen somit für jene Schleppfischer eine gute Alternative dar, die ohne Downrigger, Paravan, schwere Sinker und tieftauchende Wobbler fischen.

Metallschnüre sind steif und übertragen hierdurch den Anhieb gut. Leider ist der Umgang mit ihnen nicht so einfach wie mit anderen Schnüren. Aber weiche Ruten mit durchgehender Aktion und Schockvorfächern aus monofilem Nylon erleichtern das Fischen mit ihnen. Vergessen Sie nie, daß Dehnungen und Quetschungen die Metallschnüre schwächen.

Unter den Metallschnüren sind rostfreie Stahlschnüre und Monelschnüre am gängigsten. Generell kann man davon ausgehen, daß eine solide 30 lbs (14 kg) Stahlschnur bei einer Schleppgeschwindigkeit von 3 Knoten etwa 30 cm pro Meter Schleppentfernung sinkt. Monelschnur ist weicher und deutlich leichter in der Handhabung als die robustere und dünnere rostfreie Stahlseide, die recht leicht knickt und dann plötzlich bricht.

Geben Sie mit Metallschnüren stets acht. Verwenden Sie Handschuhe oder einen Fingerschutz. Ziehen Sie die Schnur mit eingeschalteter Knarre von der Rolle und vergewissern Sie sich, daß sich zwischen Hauptschnur und Vorfach ausreichend gelagerte Wirbel befinden. Füllen Sie Ihre Rollen nicht nur mit einer Metallschnur; umwickeln Sie zuerst die Spulenachse mit einigen Wicklungen Dacron. Vermeiden Sie es, Spulen aus Plastik zu verwenden – ebenso Aluminiumspulen, da diese in Verbindung mit Metallschnüren im Salzwasser sehr leicht rosten. Die Monelschnur ist jene Metallschnur, die Salzwasser am besten verträgt.

Lead-Core-Schnüre sind in der Handhabung am einfachsten. Im Salzwasser rosten sie allerdings. Wie der Name schon sagt, handelt es sich um eine Bleischnur, um deren Bleikern Dacron oder Nylon gesponnen wird. Durch diesen Mantel erlangt sie Schutz und Tragkraft, wogegen der Bleikern die Sinkeigenschaften fördert. Demzufolge nimmt bei diesen Schnüren in den schwereren Schnurklassen nicht der Durchmesser des Bleikernes zu, sondern der des Mantels. Aufgrund des höheren Wasserwiderstandes sinken diese dicken Bleischnüre langsamer als die dünnen. Alle drei Fuß (90 cm) oder neun Yards (9 m) wechseln die meisten dieser Schnüre ihre Farbe, wodurch es Ihnen ein leichtes ist, festzustellen, wieviel Schnur draußen ist.

Knoten und Verbindungen

Auch die teuerste und beste Schnur nutzt Ihnen beim Fischen wenig, wenn Ihre Knoten und Schnurverbindungen nicht mit größtmöglicher Sorgfalt hergestellt wurden. Angeblich soll es um die 3000 verschiedene Knoten geben, aber den meisten Anglern reichen fünfzehn hiervon. Für den Schleppfischer ist es von großer Bedeutung, zuverlässige Verbindungen zwischen dicken und dünnen Schnüren und zwischen Schnüren aus unterschiedlichen Materialien herzustellen.

Ebenso wichtig ist es, eine Schnur richtig zu doppeln und sauber an einen Wirbel zu binden. Gleichermaßen wichtig ist die richtige Verbindung zwischen Vorfach und Köder, da der Knoten zum Schwimmverhalten des jeweilig verwendeten Kunstköders passen muß. Ebenso muß man mit den »Sleeves« (kleine Metallröhrchen) umgehen können – dies gilt sowohl für Metallschnüre, als auch für monofile Nylonschnur – und Metallschnüre per Hand miteinander verbinden und an ihnen Haken und Kunstköder befestigen können.

Einige Knoten sollten Teil von Ihnen selbst werden. Diese muß man mit steifen Fingern, in der Dunkelheit oder auf einem schwankenden Schiffsdeck binden können. Es ist fast immer sinnvoller, das Gerät an Land zu montieren, bevor das Boot den Hafen verläßt. Üben Sie die Knoten zuhause, lassen Sie sich hierbei Zeit und studieren Sie sie bis ins letzte Detail. Straffen Sie Knoten immer langsam und nie ruckartig.

Die Knoten der meisten monofilen Nylonschnüre – außer denjenigen, die eine besonders weiche Oberflächenversiegelung besitzen – werden belastbarer, wenn sie vor dem Straffen angefeuchtet wurden. Ein guter Knoten auf monofiler Schnur darf nicht rutschen. Dacronschnüre werden am besten über Spleißverbindungen miteinander verknüpft, oder aber, wie zuvor bereits erwähnt, mit einigen speziellen Knoten.

Die Knotentragkraft hängt oft von der Anzahl der Schnurwicklungen im Knoten ab. Geben Sie besonders acht darauf, immer die richtige Anzahl an Wicklungen vorzunehmen und überprüfen Sie vor dem Zusammenziehen, ob diese auch richtig und eng beieinander liegen. Einige wenige Knoten erreichen dieselbe Tragkraft wie die Schnur ohne Knoten, d.h. eine Tragkraft von 100%, und diese sollten, sofern es die Situation erlaubt, auch verwendet werden.

Die hier vorgestellten Knoten sind alt und erprobt. Sie wurden unter verschiedensten Bedingungen weltweit getestet und sie halten – sofern sie korrekt gebunden wurden – 90% bis 100%. Ich gebe immer den Rat, alles über den Universalknoten zu lernen, da dieser besonders in der Big-Game-Fischerei seine Qualitäten bewiesen hat.

Erst in der letzten Drillphase wird Ihr Gerät wirklich belastet. Soll der Fisch wie hier sicher gelandet werden, dann sollten nur zuverlässigste Schnur, Knoten und Schnurverbindungen verwendet werden.

Das UNI-Knotensystem

Dieses System hat den Vorteil, daß es Ihnen, von einem Grundknoten ausgehend, so viele Variationsmöglichkeiten zur Verfügung stellt, daß nahezu alle Knotenprobleme des Schleppfischers eine Lösung finden. Den Grundknoten gibt es bereits seit langem in vielen Ländern. Zwar wurde er mit vielen Namen versehen, gewöhnlich trägt er jedoch den englischen – Grinner-Knoten.

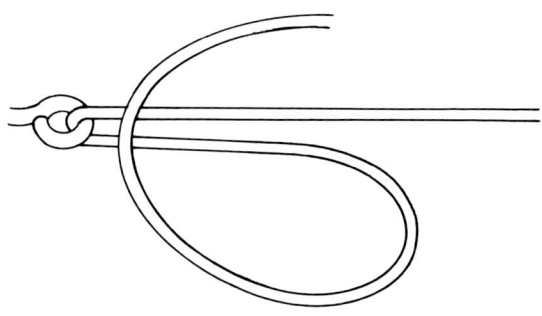

Die UNI-Schlaufe 1. *Die UNI-Schlaufe ist der Ausgangspunkt des ganzen UNI-Knotensystems. Die Abbildung 1 sollten Sie sich einprägen, da immer so begonnen wird.*

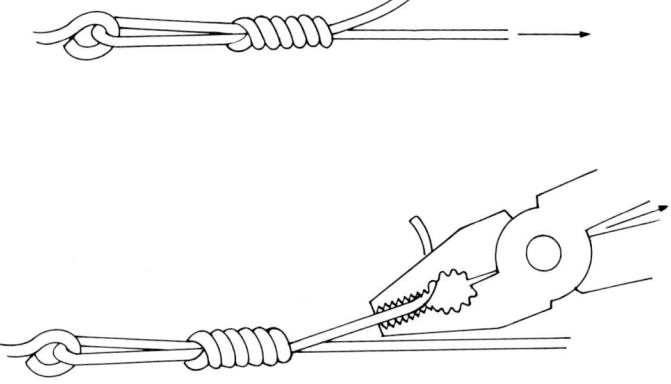

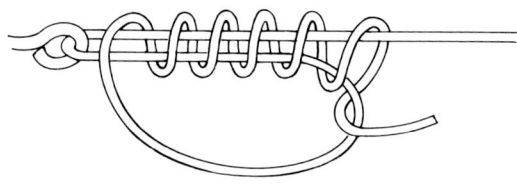

Der UNI-Schlaufenknoten 3. *Da die Schlaufe sich erst nach dem Anhieb zuzieht, erlaubt dieser Knoten den Kunstködern größere Bewegungsfreiheit und oft ein attraktiveres Schwimmverhalten. Beginnen Sie den Schlaufenknoten wie in (2a-b). a) Ziehen sie am freien Ende (siehe Pfeil), um eine recht große Schlaufe zu bilden. b) Bringen Sie ihn in Position, indem Sie das Ende mit einer Zange ziehen, mit den Fingern klappt das nicht so gut. Ziehen Sie ihn nicht ganz zu, sondern nur bis etwa 3 mm über den Haken.*

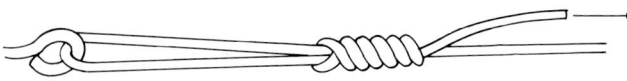

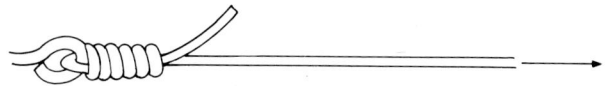

Der UNI-Kunstköderknoten 2. *Dieser Knoten wird in erster Linie dazu verwendet, die Schnur oder das Vorfach mit dem Haken, Kunstköder, der Fliege, einem Wirbel oder einem Sinker zu verbinden. a) Ziehen Sie 20 cm vom Schnurende durch die Hakenöse und bilden Sie eine UNI-Schlaufe. Dann wickeln Sie das Schnurende sechsmal, beispielsweise von der Hakenöse ausgehend, durch die doppelte Schnur. b) Halten Sie die Schnurschlaufe an der Hakenöse gut fest und ziehen Sie vorsichtig am Schnurende, sodaß sich die sechs Wicklungen gleichmäßig um die Schnur straffen. Vergessen Sie nicht, ihn zuvor zu befeuchten. c) Halten Sie nun die freie Schnur und ziehen Sie den Knoten jetzt mit gleichmäßigem, konstantem Zug zu, bis er sich an der Hakenöse zusammengezogen hat. Ziehen Sie das Schnurende zum Knoten herunter.*

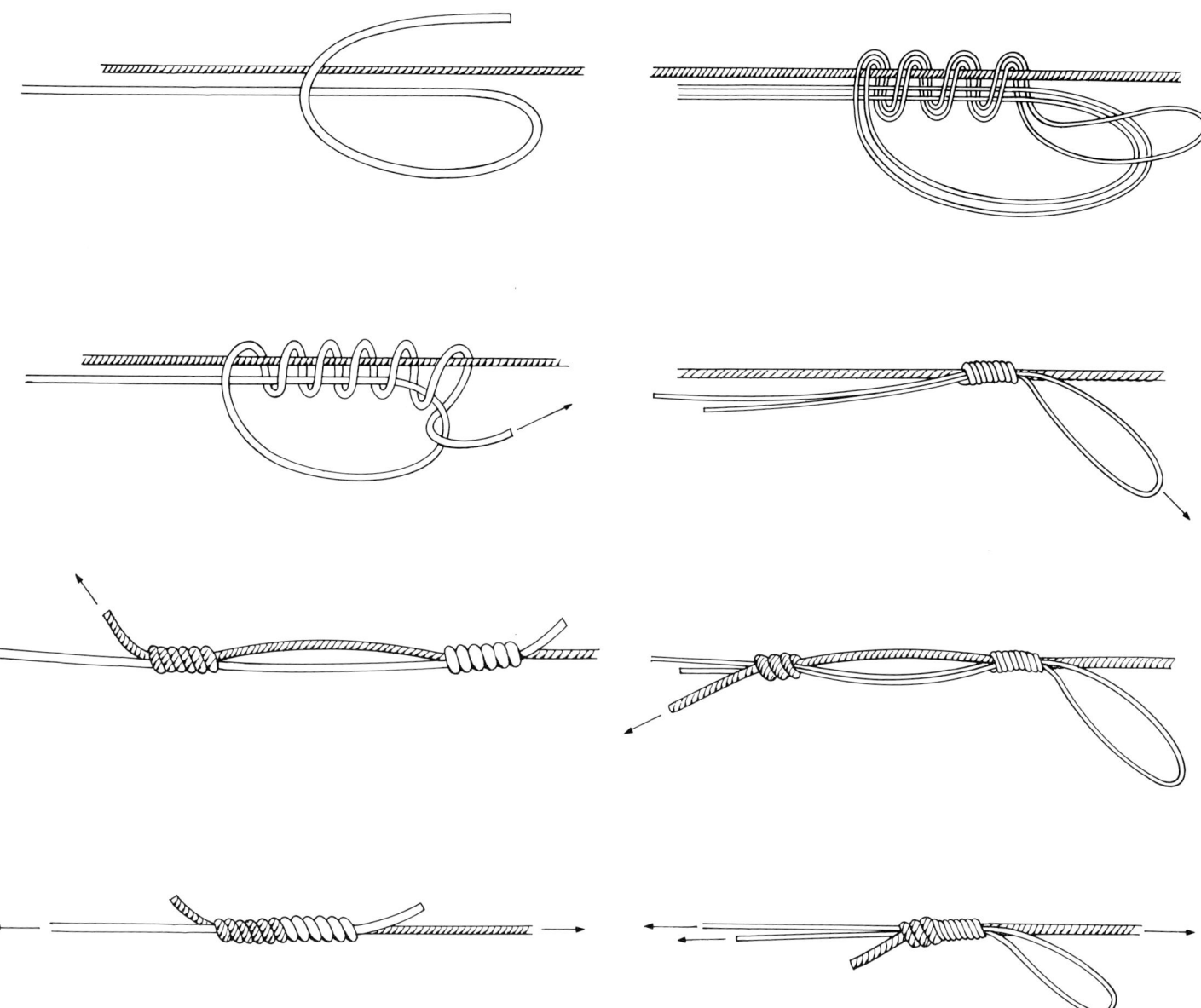

Der UNI-Spleißknoten 4. *Dieser Knoten wird verwendet, um zwei Schnüre mit etwa demselben Durchmesser miteinander zu verbinden. Am strapazierfähigsten ist er, wenn beide Schnurenden vor dem Binden doppelt genommen werden. Zugunsten einer deutlicheren Darstellung wurden die Knoten auf den Abbildungen nur mit einfacher Schnur gebunden.a) Legen Sie 20 – 25 cm der beiden Schnurenden parallel aneinander. Bilden Sie etwa in der Mitte mit einem Schnurende eine UNI-Schlaufe. b) Legen Sie nun, wie auf der Abbildung zu sehen, sechs Wicklungen. Ziehen Sie die Wicklungen sorgfältig straff.c) Wiederholen Sie mit dem anderen Ende a) und b). Nun sollte der Knoten wie in c) abgebildet aussehen. Vergessen Sie nicht, ihn zu befeuchten. d) Ziehen Sie nun an den beiden Enden, sodaß die beiden Knoten aneinanderrücken. Ziehen Sie stark und gleichmäßig und stutzen Sie dann die abstehenden Enden auf etwa einen Millimeter zurück.*

Der UNI-Vorfachknoten 5. *Dieser Knoten verbindet Schnüre mit unterschiedlichen Durchmessern, auch wenn ihr Verhältnis zueinander höchstens 1 zu 4 betragen darf. Fischen Sie also mit 0,30 mm-Schnur (deren Tragkraft bei etwa 4,5 kg liegt), dann sollte diese nicht an Schnur gebunden werden, die dicker als 0,65 mm ist (ihre Tragkraft liegt bei etwa 18 kg). a) Doppeln Sie 25 cm Schnur (nicht das Vorfach) und binden Sie, wie abgebildet, 15 cm vom Vorfach einen Grinner-Knoten mit vier Wicklungen. b) Straffen Sie die Wicklungen zusammen, indem Sie an der Doppelschlaufe ziehen. c) Bilden Sie nun eine UNI-Schlaufe auf dem Vorfach und binden Sie dann um das Vorfach und die Hauptschnur einen Grinner-Knoten mit drei Wicklungen. d) Befeuchten Sie die Schnüre und ziehen Sie sie an den Enden so zu, daß die beiden Knoten aneinanderrutschen. Stutzen Sie die überstehenden Schnurenden.*

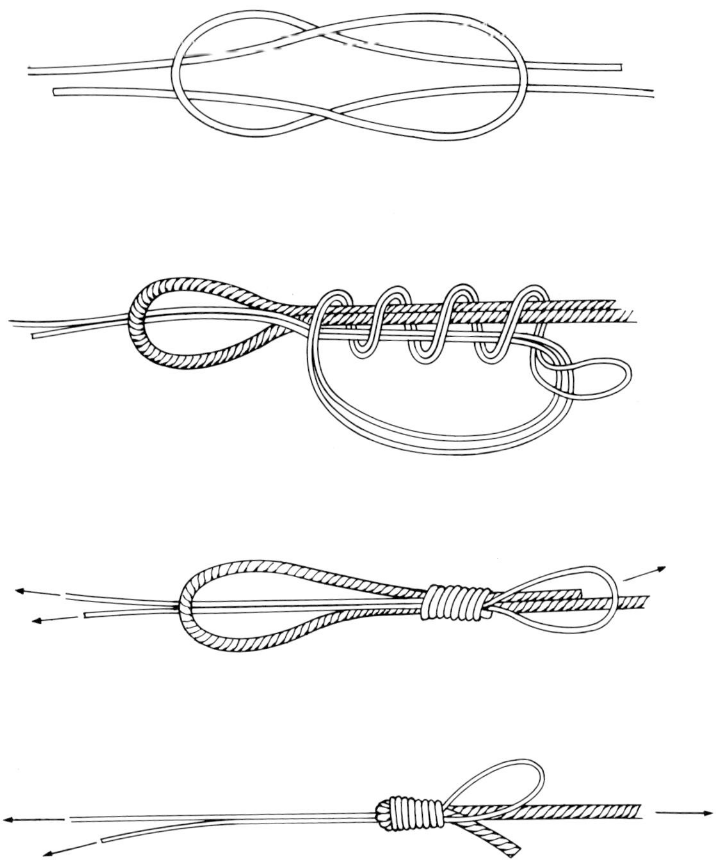

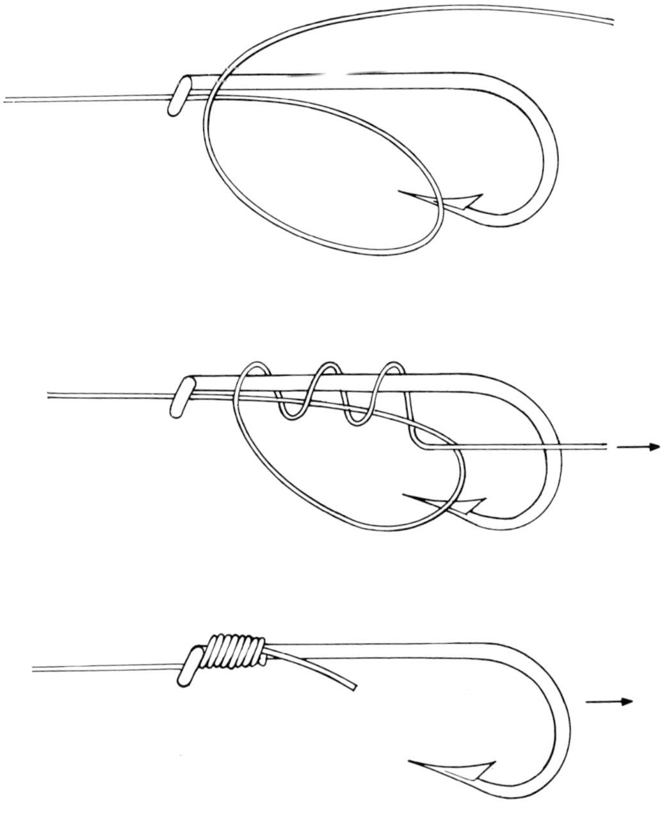

Der UNI-Öhrhakenknoten 7. *Mit diesem Knoten werden Öhrhaken an Hauptschnur oder Vorfach gebunden. a) Schieben Sie 20 cm Schnur durch das abwärts gekehrte Hakenöhr. Halten Sie die Schnur gegen den Hakenschenkel und bilden Sie eine UNI-Schlaufe. b) Binden Sie einen Grinner-Knoten um den Hakenschenkel. Er sollte aus mindestens drei Wicklungen bestehen. c) Straffen Sie den Knoten, indem Sie die Schnur und Hakenkrümmung in verschiedene Richtungen ziehen. Stutzen.*

Der UNI-Schockvorfachknoten 6. *Dieser Knoten wird dann verwendet, wenn man ein besonders dickes Vorfach mit einer dünneren Hauptschnur verbinden möchte. a) Doppeln Sie beide Schnurenden auf etwa 20 – 25 cm Länge. Schieben Sie die Schlaufe der Hauptschnur durch die des Vorfaches, und zwar weit genug, um einen Grinner-Knoten zu binden. b) Bilden Sie eine UNI-Schlaufe und legen Sie mit der doppelten Hauptschnur, wie abgebildet, vier Wicklungen. c) Ziehen Sie die Wicklungen durch Zug auf die beiden Enden der Hauptschnur zusammen, wobei Sie mit einem Zeigefinger gleichzeitig an der Schlaufe ziehen. d) Straffen Sie nun den Knoten, indem Sie mit einer Hand am Vorfach ziehen und mit der anderen an den beiden Enden der Hauptschnur. Immer langsam und gleichmäßig, nie ruckartig. Wenn der Knoten mit dem Rutschen aufhört und sich die Schnurwicklungen sauber an der Schlaufe um das Vorfach legen, dann beenden Sie den Knoten, indem Sie beide Enden zurückziehen. Stutzen Sie nun die Enden.*

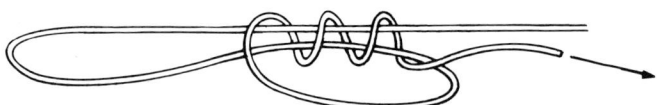

Der UNI-Spulenknoten 8. *Dieser Knoten wird verwendet, um die Schnur an die Spulenachse zu binden. An Fliegen- und Multirollen wird das Schnurende vor dem Knotenbinden um die Spulenachse gelegt. An Stationärrollen kann die fertige Knotenschlaufe um die Spulenachse gelegt und zugezogen werden.*

Die Ausrüstung und die Techniken der modernen Schleppfischerei ermöglichen es immer mehr Anglern, zum richtigen Zeitpunkt, an der richtigen Stelle, mit der richtigen Technik, gezielt eine Fischart zu befischen.

Andere Knoten

Weitere praktische Knoten sind der Bimini Twist, der Spider Hitch, der Albright- und der Chirurgenknoten sowie der Wirbelknoten für gedoppelte Schnüre. Sie sollten auch das Spleißen verschiedener Schnüre beherrschen, mit Metallschnur und Sleeves umgehen können sowie in der Lage sein, Verbindungen zwischen Metallschnüren und monofilem Nylon zu erstellen.

Der Bimini Twist

Dieser sehr praktische und stabile Knoten erreicht eine Knotenfestigkeit von bis zu 100%. Er wird in erster Linie dazu verwendet, Vorfächer zu befestigen bzw., um das Ende einer Hauptschnur zu doppeln. Er läßt sich recht einfach alleine binden, sofern die doppelte Schnur nicht über 150 cm lang ist, ansonsten erledigen zwei Personen diese Aufgabe besser und sicherer.

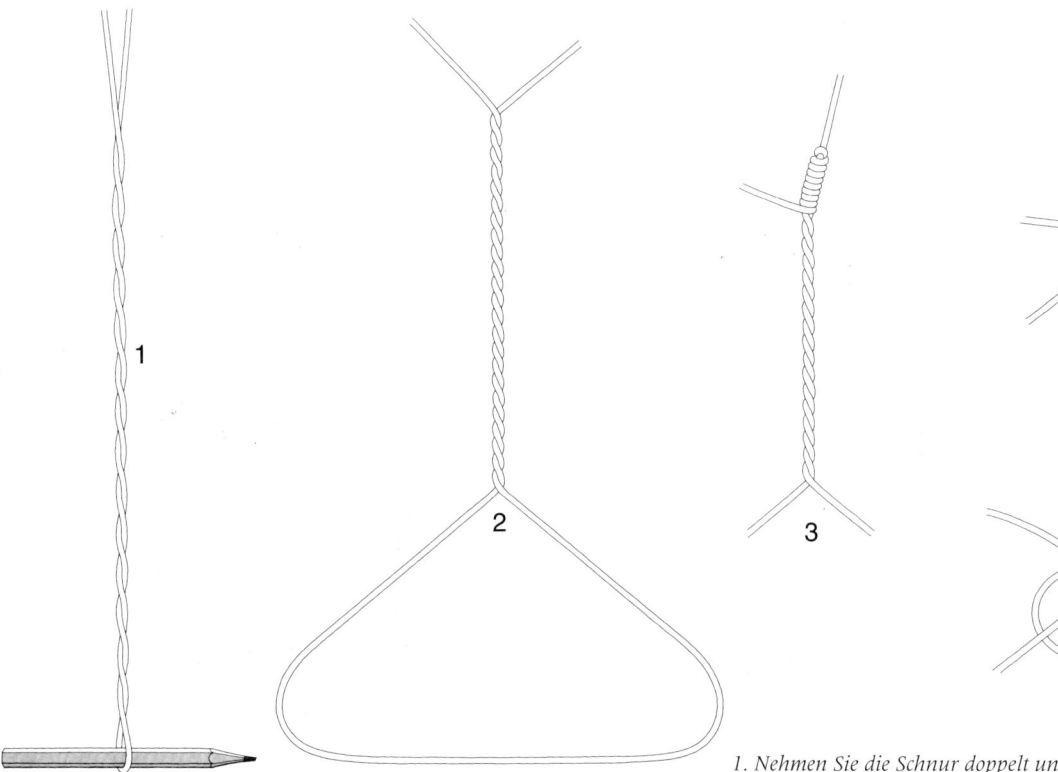

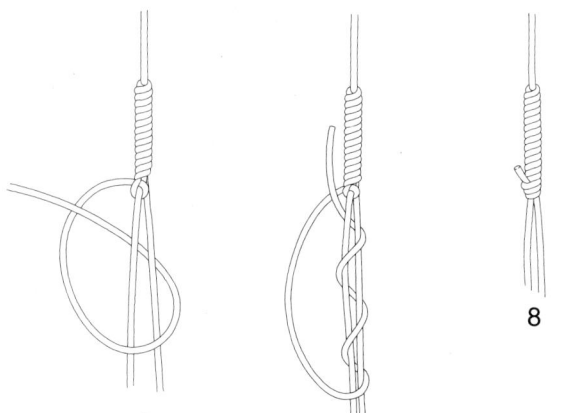

1. Nehmen Sie die Schnur doppelt und legen Sie, wie abgebildet, die 20 Wicklungen.

2. Ziehen Sie die Wicklungen aneinander, indem Sie die Schlaufe auseinanderziehen. Achten Sie darauf, daß alle Wicklungen in einer Reihe bleiben. Zum Aneinanderschieben der Wicklungen ist ein Winkel von 45° am besten geeignet.

3. Halten Sie die Schnur ein wenig unter Druck, um die Spannung zu wahren. Bewegen Sie nun das Schnurende im rechten Winkel von den Wicklungen weg, sodaß es sich, wie abgebildet, über die ersten Wicklungen legt.

4. Ziehen Sie nach der ersten Drehung die Schnurbeine in der Schlaufe leicht auseinander. Nun rollt die Schnur in sauberen, parallelen Wicklungen über die anderen.

5. Halten Sie beide Enden unter Spannung, während Sie über die linke Schlaufenseite einen Überhandknoten legen.

6. Ziehen Sie das hintere Ende in ihre Richtung und straffen Sie den Überhandknoten. Hat der Knoten, wie hier abgebildet, die richtige Länge, dann dürfte er sich nicht mehr lösen.

7. Legen Sie das hintere Ende wie abgebildet um die Schlaufe und ziehen Sie es hindurch. Nicht ganz straff ziehen.

8. Legen Sie mit dem hinteren Ende um die freien Abschnitte der Schlaufe zwei weitere Wicklungen. Straffen Sie nun den Knoten durch sorgfältigen Zug am Schnurende. Ziehen Sie ihn erst dann definitiv fest, wenn die drei Wicklungen zum gleichmäßig gewickelten Knotenabschnitt emporgerutscht sind.

9. Stutzen Sie den Knoten bis auf 5–6 mm des überstehenden Schnurendes herab.

Der Spider Hitch – Knoten

Dieser Knoten verfügt über eine hohe Knotenfestigkeit und kann
in den leichteren Schnurklassen den Bimini Twist oft ersetzen.

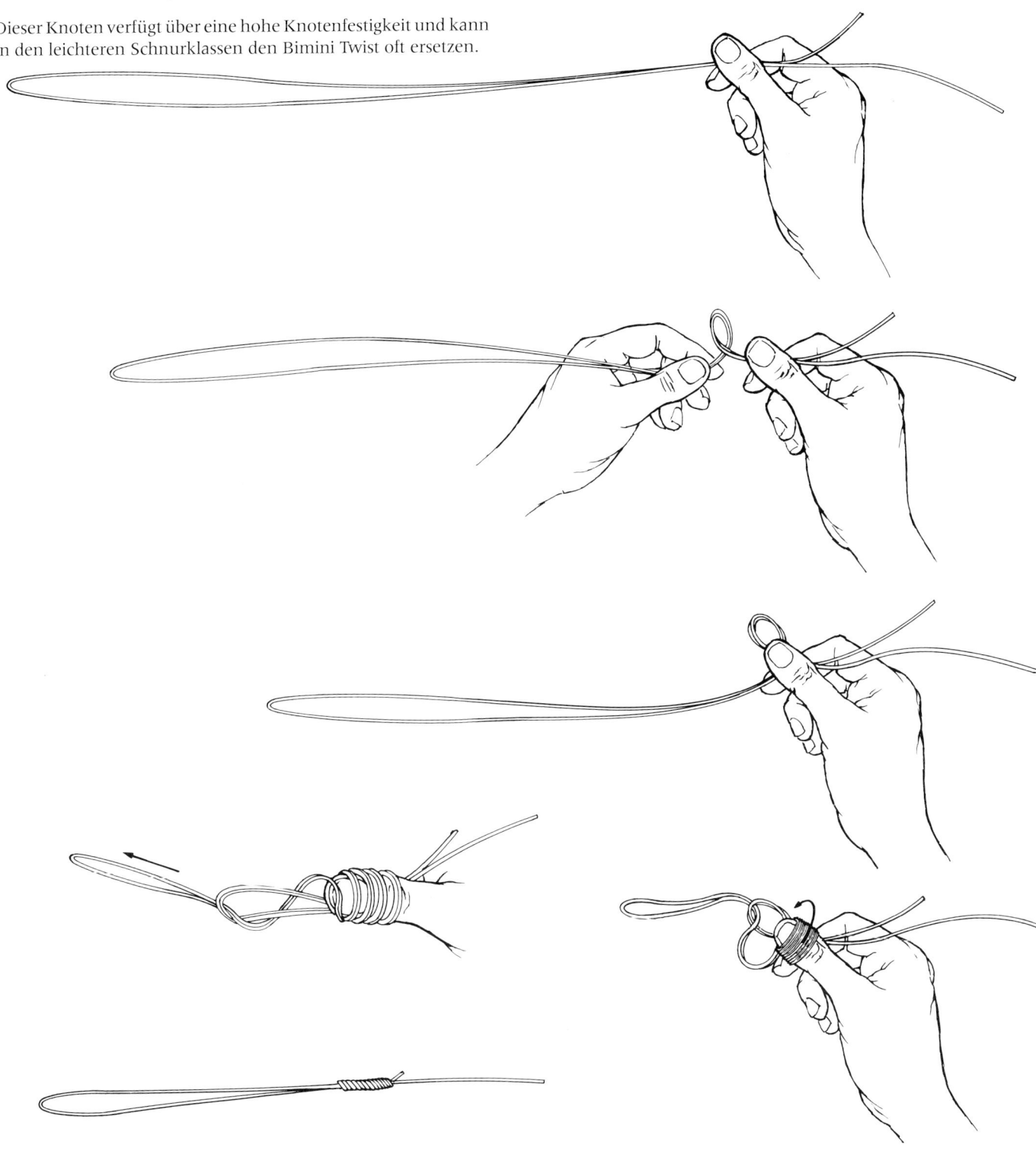

1. Doppeln Sie die Schnur auf der gewünschten Länge. Halten Sie sie mit Ihrem rechten Daumen und Zeigefinger. 2. Bilden Sie nahe des Daumens eine kleine Schlaufe. 3. Halten Sie diese mit Ihrem Daumen und Zeigefinger. 4. Wickeln Sie die gedoppelte Schnur achtmal um den Daumen und die Schlaufe. Führen Sie sie nun durch die Schlaufe. 5. Ziehen Sie nun die gedoppelte Schnur wie abgebildet durch die Schlaufe. 6. Befeuchten Sie den Knoten und ziehen Sie ihn gut fest.

Der Albright-Knoten

Diesen Knoten verwendet man, um dicke Draht- oder Nylonschnur mit beispielsweise dünnerer Nylonschnur zu verbinden. Wird monofiles Nylon mit echtem Draht verbunden, so nehmen Sie auf letzterem zunächst einen Haywire Twist vor. Dieser Knoten kann auch dann verwendet werden, wenn ohne Wirbel zwischen Hauptschnur und Vorfach gefischt wird.

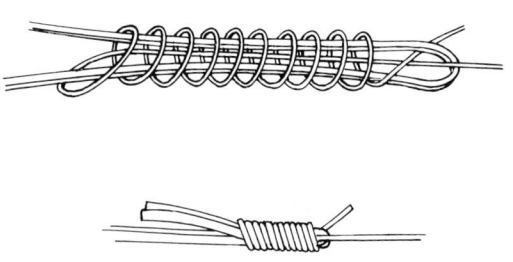

1. Doppeln Sie die dickere Metallschnur. Schieben Sie die dünnere Schnur durch die Schlaufe und wickeln Sie sie mindestens zwölfmal über die doppelte Metallschnur. 2. Stutzen Sie den Knoten stark zurück, damit er gut durch die Rutenringe und den Rollerendring gleitet.

Der Chirurgenknoten

Dieser Knoten ist stabil, er läßt sich leicht und schnell binden und er wird dazu verwendet, zwei vergleichbar dicke Schnüre aneinanderzubinden. Besonders oft wird er zum Anknoten eines Vorfaches verwendet.

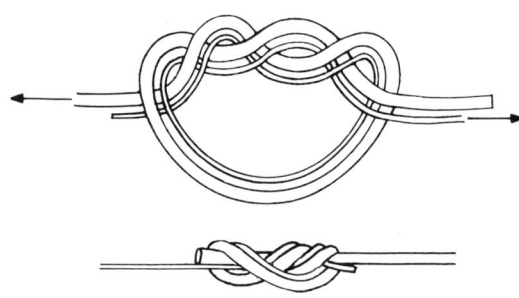

1. Legen Sie beide Schnurenden parallel zueinander und nehmen Sie zwei Überhandknoten vor. 2. Befeuchten Sie den Knoten und ziehen Sie dann gleichmäßig an den vier Schnüren. Stutzen Sie die Schnurenden stark zurück.

Der Wirbelknoten

Dieser Knoten wird dazu verwendet, eine gedoppelte Hauptschnur mit einem Wirbel zu verbinden.

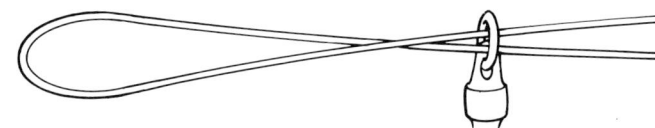

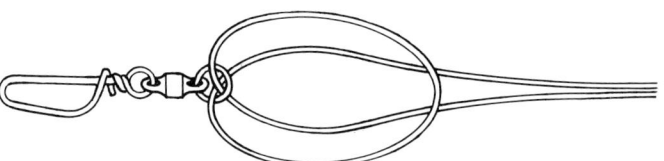

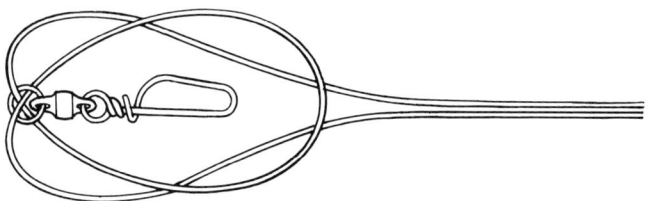

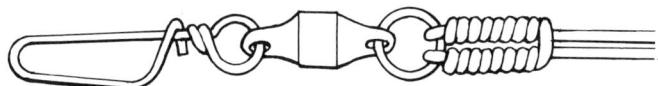

1, 2. Führen Sie die Schlaufe der gedoppelten Schnur durch die Wirbelöse. Legen Sie die Schnur wie abgebildet herum. 3. Halten Sie das gedoppelte Schnurende und die Schlaufe in einer Hand. Führen Sie den Wirbel mindestens sechsmal durch beide Schlaufen. 4,5. Ziehen Sie ihn nun langsam und sorgfältig zu.

*Ein großer Teil der Schleppfische-
rei besteht aus Teamarbeit.
Besonders deutlich ist das in der
Big-Game-Fischerei, wo Angler
und Besatzung Hand in Hand
arbeiten müssen, damit der Fisch
sicher gelandet werden kann.*

Der Haywire Twist

So heißt weltweit die Standardverbindung zwischen echtem Draht und einem Haken, Kunstköder oder Wirbel. Er wird auch zum Erstellen einer einfachen Schlaufe auf Drahtschnur verwendet.

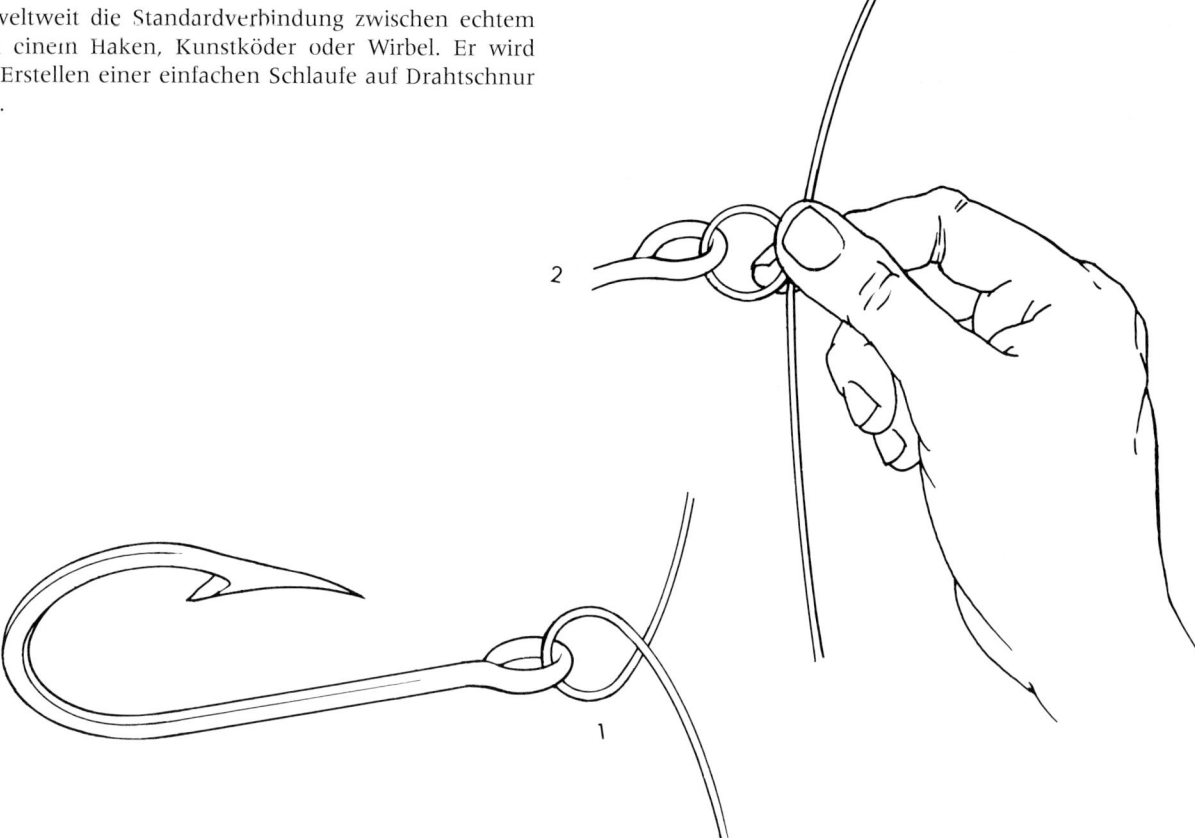

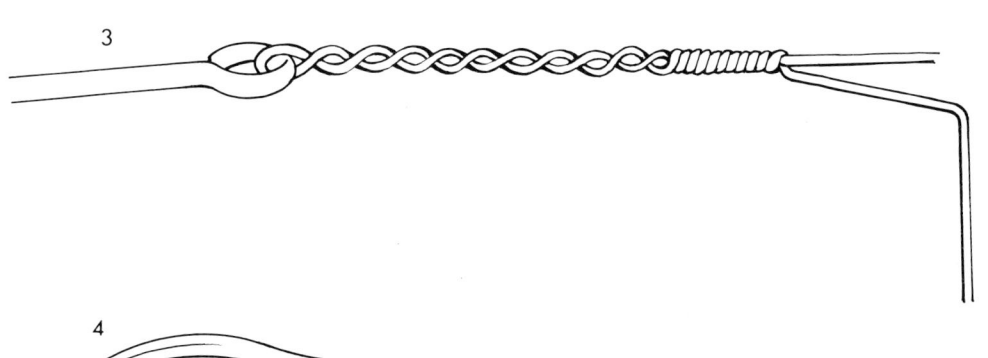

Sleeves

Die gängigste und unkomplizierteste Art, mehrfibrige Metall-schnur oder dicke Nylonschnur mit einem Haken, Kunstköder oder Wirbel zu verbinden, erfolgt mit Hilfe eines oder mehrerer Sleeves über den Schnurenden, die mit einer Kabelzange leicht festgedrückt werden.

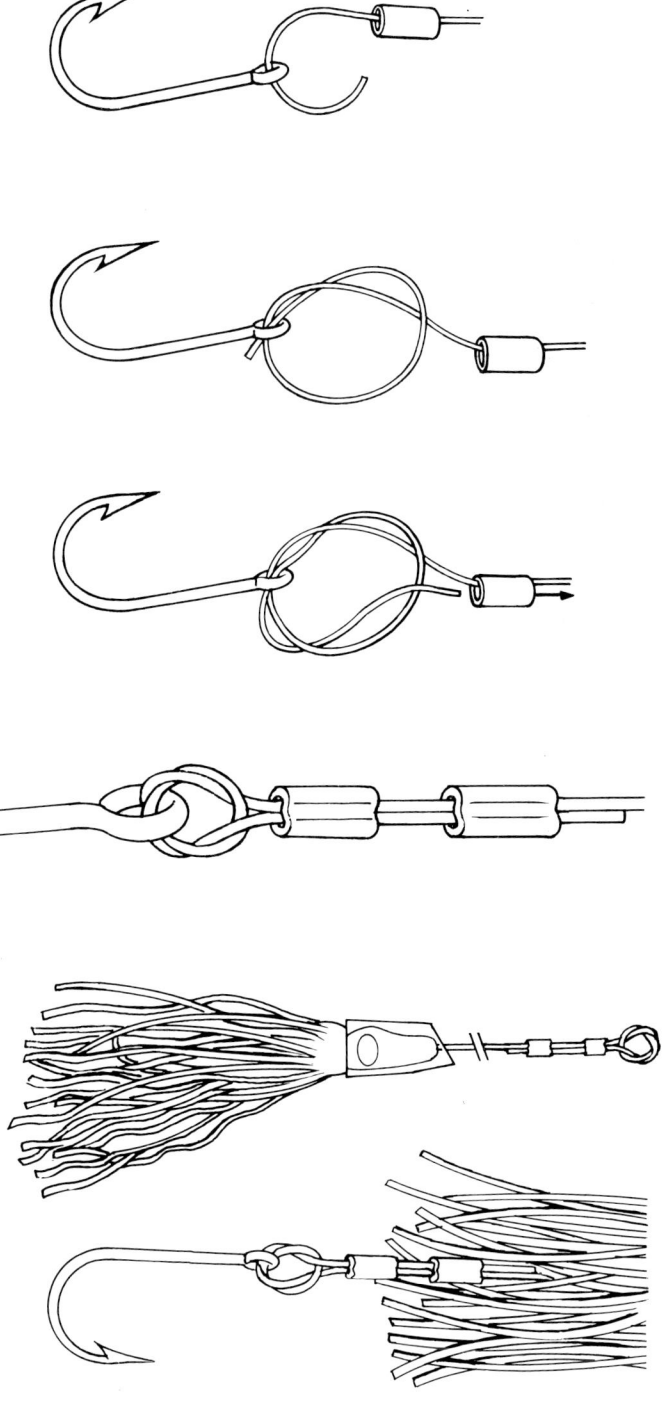

Das Spleißen

Dacron kann mit Dacron oder mit monofilem Nylon verspleißt werden. Eine Spleißverbindung ist immer eine Schwachstelle, aber die Schwächung hängt in erster Linie davon ab, wieviele Dacronfibern beim Spleißvorgang gebrochen sind und wie lang die Spleißverbindung ist. Eine Spleißverbindung sollte mindestens 10 cm lang sein, in der Big-Game-Fischerei sind sogar 20–30 cm angebracht. Ihr Vorteil besteht gegenüber Knoten darin, daß sie geschmeidiger ist und sich weniger verfängt als ein Knoten.

Monofiles Nylon mit Dacron

Diese einfache Spleißverbindung ermöglicht das Erstellen eines langen, geschmeidigen, monofilen Vorfaches, das auf Dauer Reibung und Quetschungen besser vertragen wird, als die reine Dacronschnur. Sehr unterschiedliche Schnurdurchmesser lassen sich spleißen.

1. Nehmen Sie ein Stück dünnen Stahldraht (N° 2–4), etwa 2 Meter lang, und biegen Sie es stark »V«-förmig. Dieses praktische Instrument können wir nun »Spleißnadel« taufen.

2. Schieben Sie die »V«-Krümmung etwa 2 Meter vor dem Schnurende in die hohle Dacronschnur. Schieben Sie nun die Spleißnadel hindurch, bis sie aus dem Dacronende ragt, aber ohne sie dabei herausfallen zu lassen.

3. Schärfen Sie das Ende der monofilen Nylonschnur mit einer Rasierklinge auf einer Länge von etwa 10 cm.

4. Hängen Sie nun das monofile Nylon in die Spleißnadel. Monofiles Nylon mit einer Tragkraft von über 45 kg oder einem Durchmesser von über 1 mm läßt sich kaum mehr doppelt durch die Dacronschnur ziehen. Sollte dem so sein, dann kleben Sie die angeschärfte Nylonschnur in das Ende einer anderen, dünneren 30 lbs-Dacronschnur.

5. Ziehen Sie nun die Spleißnadel und die Nylonschnur (notfalls mit der 30 lbs-Dacronschnur) durch die dickere Dacron-Hauptschnur, bis die Nylonschnur aus der Einstichstelle der Spleißnadel ragt. Schneiden Sie das angeschärfte Nylonende ab. Rauhen Sie nun das neue Ende mit feinem Schmirgelpapier auf, lassen Sie einen Tropfen Klebstoff darauf fallen und stecken Sie es in die Hauptschnur. Reiben Sie die Verbindung ein wenig.

6. Umwickeln Sie die Ein- und Ausgänge der Nylonschnur beispielsweise mit Zahnseide und überziehen Sie diese Wicklungen mit starkem Klebstoff.

---

1. Stutzen Sie das Vorfach auf die gewünschte Länge zurück. Führen Sie sein Ende durch ein oder zwei Sleeves und dann durch das Haken- oder Wirbelöhr.

2. Binden Sie einen Überhandknoten.

3. Führen Sie das Vorfach wieder durch das Öhr und machen Sie anschließend ein oder zwei Überhandknoten.

4. Führen Sie das Vorfachende erneut durch die Sleeves und straffen Sie alles, bis nur mehr eine kleine, recht harte Schlaufe übrig bleibt. Schieben Sie nun den ersten Sleeve bis an die Schlaufe über die beiden Schnüre. Im Sleeve sollten sie nicht über Kreuz liegen. Drücken Sie den Sleeve nun mit einer Zange sorgfältig fest. Wiederholen Sie denselben Vorgang mit dem anderen Sleeve etwa 10 cm über dem ersten. Paßt das Schnurende in den Sleeve hinein, dann klemmen Sie ihn darin fest; ansonsten stutzen Sie es stark zurück, damit Sie unnötige Verletzungen vermeiden, wenn Sie schnell nach dem Vorfach greifen müssen.

Dacron mit Dacron

Recht gut lassen sich zwei Schnüre über Schlaufen miteinander verbinden. Wichtig ist allerdings, daß die beiden Schnüre derart miteinander verbunden werden, daß sie sich nicht gegenseitig einschneiden (siehe Zeichnung). Auf Dacronschnüren sind die Schlaufen gewöhnlich gespleißt. Folgende Methode kann auch zum direkten Verbinden zweier Dacronschnüre ohne Schlaufe verwendet werden.

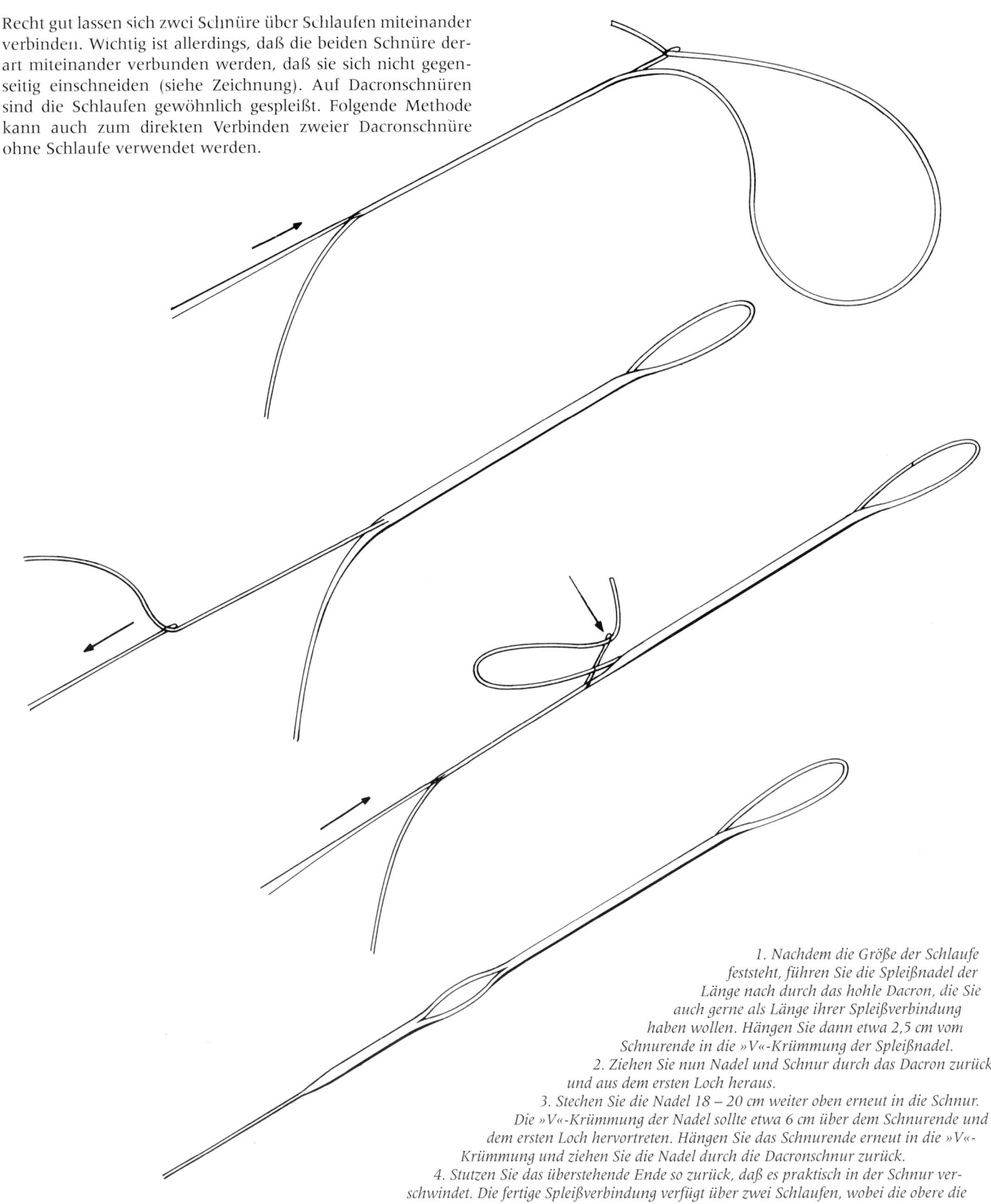

1. Nachdem die Größe der Schlaufe feststeht, führen Sie die Spleißnadel der Länge nach durch das hohle Dacron, die Sie auch gerne als Länge ihrer Spleißverbindung haben wollen. Hängen Sie dann etwa 2,5 cm vom Schnurende in die »V«-Krümmung der Spleißnadel.
2. Ziehen Sie nun Nadel und Schnur durch das Dacron zurück und aus dem ersten Loch heraus.
3. Stechen Sie die Nadel 18 – 20 cm weiter oben erneut in die Schnur. Die »V«-Krümmung der Nadel sollte etwa 6 cm über dem Schnurende und dem ersten Loch hervortreten. Hängen Sie das Schnurende erneut in die »V«-Krümmung und ziehen Sie die Nadel durch die Dacronschnur zurück.
4. Stutzen Sie das überstehende Ende so zurück, daß es praktisch in der Schnur verschwindet. Die fertige Spleißverbindung verfügt über zwei Schlaufen, wobei die obere die untere sichert.

Kunstköder

Der ganze Schatz eines Schleppfischers ist sein Gerätekasten, der voller glänzender Gegenstände ist, die Fische verführen sollen und oft dem Angler selbst schmeicheln. Einige dieser ausgetüftelten Köder sind nicht zum Fischen mit dabei, sondern nur, weil sie einmal fängig waren und guter Vorwand für allerlei Märchen sind. Andere wiederum sind so schön gearbeitet, daß man ihren Verlust beim Fischen erst gar nicht riskieren möchte.

Der Angriff eines Raubfisches muß keineswegs durch irgendeine Ähnlichkeit zwischen Kunstköder und natürlicher Beute ausgelöst werden. Er muß auch nicht unbedingt durch Hunger erfolgen: er kann auch auf anderen Faktoren wie Standplatzverteidigung, Angst oder Neugier beruhen. Trotz dieser Tatsache imitieren die meisten unserer Kunstköder in irgendeiner Form Fischnahrung – zweifellos traditionsbedingt und aus Gewohnheit.

Ein Schleppfischer kann gewöhnlich dieselben Kunstköder wie ein Spinnfischer verwenden. Dennoch tendiert er dazu, speziell zum Schleppen entwickelte Kunstköder zu verwenden, in denen eher Form und Farbe als das Gewicht dominieren. Sein Ausgangspunkt ist allerdings derselbe: sie müssen zur vorhandenen Ausrüstung passen, zur gesuchten Fischart und zum Gewässer. So kann es sein, daß er seinen Gerätekasten öffnet und einen Wobbler, Löffel, Spinner, Weichplastikköder oder eine Fliege hervorholt. Innerhalb jeder Kunstködergruppe variieren die einzelnen Kunstköder nach Form, Größe, Farbe, Gewicht und Bewegung.

Bei der Wahl eines Kunstköders darf es keine Rolle spielen, ob Ihnen dessen Form und Farbe gefällt. Überprüfen Sie sorgfältig, ob seine Oberflächenbeschaffenheit, Haken, Sprengringe und Wirbel von guter Qualität sind und ob er den in der Praxis auftretenden Belastungen standhalten wird. Schärfen Sie immer ihre Haken, bevor Sie sie über Bord schicken. Oft müssen sogar die Haken neuer Kunstköder – besonders bei großen – zusätzlich nachgeschärft werden. Wechseln Sie an Ihren Kunstködern auch nie willkürlich die Hakenart oder -größe, etwa einen Einfachhaken gegen einen Drilling oder einen kleineren gegen einen größeren, ohne daran zu denken, daß sich solche Maßnahmen negativ auf das Schwimmverhalten des Kunstköders auswirken können. Dieses Schwimmverhalten kann auch durch einen ungeeigneten Wirbel oder einen steifen Knoten gestört werden. Oft lohnt es sich, einem Kunstköder durch einen Öhrknoten größeren Spielraum zu lassen.

Für einen Schleppfischer ist es sehr wichtig, das Schwimmverhalten seiner Kunstköder bei unterschiedlichen Geschwindigkeiten zu kennen, sodaß er zueinander passende Kunstköder zusammenstellen kann. Einen Hochgeschwindigkeitskunstköder gleichzeitig neben einem gewöhnlichen, langsam arbeitenden Löffel zu schleppen, bedeutet bestenfalls, daß nur einer der beiden richtig arbeitet. Prüfen Sie daher immer zunächst am Bootsrand, ob Ihr Kunstköder auch das erwartete Schwimmverhalten aufweist, bevor Sie ihm schließlich Schnur geben und ihn an Entfernung gewinnen lassen. Verschiedene Schnurdurchmesser haben auch bei zwei identischen

Die Ausrüstung an Bord sollte zugänglich bleiben, ohne dabei ungeschützt zu sein oder den Weg zu versperren. Hier hängen die Kunstköder gut sichtbar in Plastiktaschen, eine Art der Geräteordnung, die unter Bootsfischern immer beliebter wird.

Kunstködern unterschiedliches Schwimmverhalten zur Folge.

Ein erfahrener Schleppfischer kann an den Bewegungen seiner Rutenspitzen ablesen, ob seine Kunstköder richtig arbeiten oder nicht. Einige Kunstköder – wie zigarrenförmige Wobbler, Jigs und Fliegen – arbeiten deutlich besser, wenn mit der Hand Abwechslung in ihre Schwimmbewegungen gebracht wird. Vergessen Sie auch nicht, daß bestimmte Kunstköder sowohl langsam, als auch schnell geschleppt werden können. Was von einem Schleppfischer, der auf Marlin aus ist, als »langsames Schleppen« bezeichnet wird, kann für einen Lachsfischer Höchstgeschwindigkeit oder gar mehr bedeuten.

Darüber hinaus beeinflussen der Lichteinfallswinkel und die Wassertiefe die Sichtbarkeit der Farben unter Wasser. Wie tief das Licht ins Wasser gelangt, hängt von Jahres- und Tageszeit und von dem Wetter ab. Nicht umsonst gibt es Begriffe wie »Sonnenwobbler« und »Grauwasserköder«. Mikroorganismen, die den Kunstköder umgeben, können seine Farben reflektieren, wodurch er stellenweise sichtbarer wird.

Die Farbe Blau ist noch am tiefsten sichtbar, bis in 60 Meter Tiefe – sofern das Wasser ausreichend klar ist und optimale Wetterbedingungen vorherrschen. Noch tiefer werden sogar die buntesten Kunstköder grau und schwarz. Nach Blau dringt Grün am tiefsten vor, bis etwa 35 Meter. Danach kommen Gelb und Ultraviolett, die beide 15 Meter erreichen. Rot ist schon ab 5 Metern Tiefe verschwunden. Fluoreszierende Farben sind am sichtbarsten, insbesondere fluoreszierendes Karteusergrün.

Warum ein Kunstköder an einem Tag fängig ist und nicht mehr am nächsten, ist eine zeit- und grenzenlose Frage. Durch eine sorgfältig geführte Fangstatistik läßt sie sich jedoch teilweise beantworten. Halten Sie fest, wann, wo und wie die Fische gebissen haben; fügen Sie noch hydrologische und meteorologische Details hinzu. Daraufhin haben sich Ihre Chancen, zum richtigen Zeitpunkt an der richtigen Stelle zu sein, deutlich verbessert.

Wobbler

Wobbler sollen gewöhnlich Beutefische imitieren und sie werden nach ihren Tauchtiefen eingeordnet: es gibt Oberflächenwobbler, tauchende und tieftauchende Wobbler. All diese Wobbler sind dennoch fast immer in schwimmenden und sinkenden Versionen erhältlich.

Schleppwobbler sind, verglichen mit ihrer Größe (2–35 cm), verhältnismäßig leicht. Durch näheres Hinsehen können Sie sich selbst ein Bild von den Eigenschaften eines Wobblers machen. Diese werden durch die Tauchschaufel, die Schnurbefestigungsöse und die Körperform bestimmt. Je waagrechter die Tauchschaufel steht, desto tiefer taucht der Köder unter Zug. Weist die Schaufel weiter nach unten, läuft er flacher. Zigarrenartige Wobbler verfügen nicht über ein besonders ausgeprägtes Eigenleben, es muß ihnen erst durch Rutenbewegungen oder variierende Schleppgeschwindigkeiten eingehaucht werden. Zu den zum Stimulieren der Fische verwendeten Tricks gehören auch zweiteilige Wobbler, rasselnde Kugeln in ihrem Körper oder kleine Propeller an jedem Ende.

Die Stabwobbler sind ein Beispiel für zigarrenförmige, mit Propellern versehene Oberflächenwobbler. Es sind äußerst fängige Schleppköder. Der »Rattl'n Rap« ist ein stark vibrierender Wobbler, der rasselnde Kugeln enthält, wodurch seine außergewöhnliche Erscheinung mit Geräuschen verbunden wird, die

die Fische der tieferen Schichten zum Biß zu verleiten sollen.

Wobbler mit einer kleinen, geknickten Tauchschaufel bleiben gewöhnlich etwa einen Meter unter der Oberfläche. Tauchende Wobbler haben eine etwas größere Tauchschaufel und sie erreichen ca. drei Meter Tiefe. Die tieftauchenden Wobbler sind mit einer fast waagrechten, nur leicht nach unten weisenden und besonders großen Tauchschaufel versehen. Die Schwimmbewegungen eines Wobblers hängen auch davon ab, ob die Tauchschaufel schmal oder breit und ob der Körper dick oder dünn ist.

Gewöhnlich sprechen wir von schnell und langsam arbeitenden Wobblern, je nach dem, wie sie sich ihren Weg durchs

Beim Zusammenstellen eines Kunstködersortimentes sollten Form, Farbe und Gewicht variieren. Räumen Sie jedoch nicht zuviele Kunstköder in die einzelnen Fächer, sie verhaken sich ansonsten miteinander und Ihnen vergeht beim Köderwechseln die gute Laune. Darüber hinaus kann es hierbei auch zu Rostbildung kommen.

ren befestigt, taucht er tiefer und umgekehrt. Auch auf das Schwimmverhalten wirkt sich die Position der Ösen aus.

Das Schwimmverhalten läßt sich auch durch Verbiegen der Schnurbefestigungsöse beeinflussen. Wird sie nach oben gebogen, taucht der Wobbler tiefer; wird sie nach unten gebogen, läuft er seichter. Biegt man die Öse seitlich, dann zieht der Wobbler in die entgegengesetzte Richtung. Vergessen Sie jedoch nie, daß bereits kleinste Veränderungen das Schwimmverhalten beeinflussen.

Die Art der »Bewaffnung« ist bei den Wobblern recht unterschiedlich. Je nach seiner Größe kann er lediglich mit einem Einfachhaken oder aber mit drei Drillingen versehen sein. Der 26 cm lange Magnum-Wobbler von Rapala verfügt beispielsweise über zwei äußerst stabile Zwillingshaken. Gewöhnlich sitzen die Haken in Sprengringen, die wiederum durch Ösen am Wobblerkörper gezogen wurden. An anderen Modellen, wie etwa dem J-Plug, hängt der Haken frei an einer durch den Wobblerkörper laufenden Schnur.

Löffel

Die Löffel oder Blinker sind ein uralter Kunstködertyp. Um die ganze Welt verteilte Stämme stellten sie über Jahrtausende hinweg aus Knochen und Muscheln her. Moderne Löffel werden gewöhnlich aus Metall gefertigt, aber auch auf diesem Gebiet befindet sich Plastik auf dem Vormarsch.

Löffel gibt es von 1 bis 30 cm Länge. Die wirklich großen, die oft in Heimarbeit entstanden und mit großen 7/0–9/0 Einfachhaken »bewaffnet« sind, haben bereits alles gedrillt, vom monströsen skandinavischen Hecht bis zum Schwertfisch der südlicheren Gefilde.

Die blitzenden Reflektoren auf großen Löffeln können für Raubfische wie ein Schwarm flüchtender Futterfische aussehen. Gewöhnlich imitiert das schlingernde Schwimmverhalten eines Löffels jedoch nur einen Beutefisch. Die Löffeloberfläche kann mit einem Hammer getrieben oder in eine spezielle Form gebogen worden sein, damit sie möglichst stark reflektiert. Recht einfach lassen sich goldene, silberne oder bronzene Löffel färben, indem man sie mit bunten Streifen beklebt. Wie dem auch sei, auch diese Ködergruppe wartet mit einer breiten Farbpalette auf.

Andere Möglichkeiten einen Löffel zu individualisieren, sind beispielsweise das Befestigen kleiner, flatternder Flossen oder »Ohrringe« an seinem hinteren Ende oder ihn mit Löchern zu durchbohren, wodurch es beim Zug durch das Wasser zu Blasenbildung kommt. An einigen Löffeln befinden sich ein oder mehrere Drähte über dem Haken, was sie zwar nicht attraktiver macht, allerdings vor Kraut und Hängern schützt.

Lange, dünne Löffel sind in ihren Bewegungen aktiver als breite, die, sofern sie langsam geschleppt werden, eher weit ausholende Bewegungen machen. Gewöhnlich gibt es drei Stärken von Metallöffeln:dickwandige, mittlere und dünnwandige. Die dickwandigen Modelle ab 1 mm werden oft zum Spinnfischen verwendet. Viele Löffel dieses Typs eignen sich hervorragend zum Oberflächenschleppen, da ihr Eigengewicht sie auf die gewünschte Tiefe bringt. Der große Nachteil der großen Löffel besteht jedoch darin, daß viele Fische aufgrund deren Gewicht und dem abrupten Bruch zwischen Löffel und Haken wieder freikommen. Eine Lösung dieses Problems

...ssel bahnen. Die ersteren bewegen sich mit kurzen, seitlichen Schlägen fort, was eine schnelle Vibrationsfolge bedeutet. Bei den anderen kommt es zu weniger seitlichen Schlägen, die zwar immer noch kraftvoll sind, deren Rhythmus aber deutlich langsamer ist.

Das Schwimmverhalten von Wobblern mit metallenen Tauchschaufeln läßt sich ganz einfach durch Verbiegen und Verstellen der Tauchschaufel ändern. Die »HiLo«-Wobbler von ABU verfügen über eine Tauchschaufel, die sich ganz einfach in sechs Positionen verstellen läßt. Die Tauchtiefe eines Wobblers läßt sich auch anders beeinflussen, sofern dieser über mehrere Schnurbefestigungsösen verfügt: wird die Schnur an der obe-

besteht darin, mit Löffeln zu fischen, die gleitend auf dem Vorfach angebracht sind, sodaß sie unmittelbar nach dem Anhieb hierauf ein wenig emporrutschen, wodurch die Lastenverteilung im Drill eine andere wird.

Die Wandstärke der mittleren Löffel liegt bei 0,5–0,9 mm. Selten wiegen sie über 10 Gramm, sodaß gewöhnlich zusätzliches Gewicht benötigt wird, um sie in die gewünschte Tiefe zu bekommen. Am einfachsten erreicht man das, indem man ein bis zwei Meter vor den Löffel ein Gewicht (Sinker) vorschaltet.

Die dünnen Löffel, die auch als »Flatterlöffel« bezeichnet werden, verfügen über eine Wandstärke von nur mehr 0,1 bis 0,4 mm und sie sind dabei unglaublich leicht. Je nach gewünschter Fischart gibt es sie in breiten, dünnen, langen und kurzen Ausführungen. Beim Schleppen läßt sich ein Flatterlöffel durch bloßes Abwechseln der Schleppgeschwindigkeit leicht wie ein verletzter Beutefisch führen. Solche federleichten Löffel sollten an einer kurzen, zwei Meter langen Schnur an einem Paravan oder Downrigger gefischt werden, damit ihre attraktiven Flatterbewegungen nicht verlorengehen.

Beim Verwenden leichter Löffel ist es besonders wichtig, den Haken, Sprengring, Wirbel und den Vorfachdurchmesser nicht überzudimensionieren. Es kann sogar ganz sinnvoll sein, den Drilling durch einen Einfachhaken zu ersetzen.

Ein Löffel ist der Geschwindigkeit gegenüber empfindlicher als das bei einigen Wobblern der Fall ist und weniger für höhere Schleppgeschwindigkeiten geeignet. In erster Linie werden sie zum langsamen Schleppen verwendet. Die für einen Löffeltyp jeweils korrekte Schleppgeschwindigkeit sollte man sich sorgsam einprägen.

Spinner

Bei den meisten Schleppfischern befindet sich immer ein Spinnersortiment an Bord. Außer in den Händen derjenigen Angler, die ausschließlich auf Schwarzbarsch, Zander, Barsch und Saibling aus sind, sind die Spinner die am wenigsten in der Schleppfischerei verwendete Kunstködergruppe.

Das bedeutet allerdings nicht, daß es sich hierbei um schlechte Köder handelt; viel eher wird meistens angenommen, daß es sich mit ihnen nur schwer schleppen läßt. In Schleppfischerkreisen gehören die Spinner zu den schlimmsten Schnurverdrallern im Gerätekasten und dieser Ruf will erst einmal beseitigt werden – auch unter jenen Sportfischern, die ansonsten stets zu denjenigen gehören, die immer gleich alles ausprobieren müssen.

Für viele Spinnfischer Skandinaviens sind Spinner die universellsten Kunstköder der Salz- und Süßwasserfischerei. Natürlich liegt das an ihrer erwiesenen Fängigkeit. Die Fettflossenträger entlegener Berggewässer lassen sich von ihnen ebenso verführen, wie die alten Hechte und großen Barsche der Ostsee.

Ein Spinner imitiert keinen Futterfisch, er wird durch seine Schwingungen, Reflexionen und Farben attraktiv. Diese Signale werden durch das Hinzufügen von Haaren, Gummi- und Plastikstreifen (Schürzen) am Haken verstärkt. Einige sind auch mit Plastikimitaten von Würmern und Kleinfischen versehen. Hin und wieder wird der Haken zusätzlich mit einem natürlichen Köder bestückt. Das Spinnerblatt kann kurz und breit oder aber lang und schmal sein, wobei man noch zwi-

schen verschiedenen Oberflächenbeschaffenheiten die Wahl hat. Viele skandinavische Schleppfischer schwören zum Fang großer Saiblinge auf perlmuttfarbene Spinnerblätter. Kurze, breite Spinnerblätter rotieren schon bei geringstem Zug, wogegen die langen und schmalen erst bei größerer Geschwindigkeit ins Rotieren kommen.

Die sogenannten Spinnerbaits sehen wie eine Kreuzung zwischen einem Spinner und einem Jig aus. Das Spinnerblatt sitzt an einem Drahtarm über dem Jigkopf. Ein anderes, Wally Spin genanntes Modell, kann mit natürlichen Ködern wie kleinen Fischen und Würmern versehen werden, die auf einem hinter dem Bleikopf angebrachten Einfachhaken befestigt werden. In den Vereinigten Staaten wird es besonders zum Schleppen auf Hecht verwendet.

Ein Mischling, den ich in die Familie der Spinner einordne, ist der Buzzer. Vor seinem jigartigen, haarigen Körper rotiert ein Propellerspinner um eine spezielle Drahtachse. Mit diesem Köder lassen sich zweifellos im Oberflächenwasser die besten Ergebnisse erzielen.

Geschätzt werden auch die Spin-N-Glo's, deren wuchtiger Plastikkörper mit Flügeln aus weichem Plastik ebenfalls um eine Drahtachse rotiert. Wie andere kleine Spinner scheint auch dieses Modell am Ende einer langen Schleppschnur am fängigsten zu sein.

Kunstköder aus Haaren und Plastik

Aus Haaren gefertigte Kunstköder gehören zu den ältesten, wogegen Kunstköder aus Plastik in der Angelszene recht neu

sind. Dieser Kunstködertyp stellt aufgrund seines Schwimmverhaltens oder seiner Farben in erster Linie einen visuellen Reiz dar. Einige Angler versuchen darüber hinaus das Interesse der Fische durch Geruchs- und Geräuschbildung zu steigern. Es gibt Kunstköder, die kontinuierlich geführt werden müssen, damit ihre Eigenbewegung nicht zum Stillstand kommt.

Im Süßwasser sind die Plastikköder bei den Spinnfischern beliebter als bei den Schleppfischern, im Salzwasser sind sie jedoch auch bei letzteren begehrt. Die größten dieser Art, beispielsweise die Kona-heads, werden in dem Kapitel über die Kunstköder der hohen See näher erläutert.

Kunstköder aus Haaren und Federn

Aus Haaren und Federn lassen sich entweder traditionelle Fliegen binden, oder aber Kunstköder, die Insekten oder Beutefische imitieren. Ebenso lassen sich japanische Federjigs herstellen. Während der erste Ködertyp zusätzlicher Hilfe zum Sinken bedarf, erreicht der zweite durch sein Eigengewicht die gewünschte Tiefe. Die Schleppfischerei auf Lachs in den Great Lakes der Vereinigten Staaten brachte neue Kunstködertypen hervor, worunter sich einer befindet, der über eine Tauchschaufel im Kopfbereich und hinten über ein Spinnerblatt verfügt. Besonders effektiv wird dieser, wenn er zusammen mit glänzenden Reizködern gefischt wird.

Die Materialien der modernen Haar- und Federkunstköder sind teilweise natürliche, teilweise synthetische. Sie können haltbar, aber auch empfindlich sein oder aber auf intensives Pulsie-

(Links) Löffel sind unter Schleppfischern, die auf Lachs aus sind, äußerst beliebt. Einige der gängigsten Modelle sind hier abgebildet.

(Rechts) Farbenfrohe, großäugige Plastikköder erobern immer mehr Schleppgewässer. Zu diesem sehr vielseitigen Ködertyp gehören auch die unten rechts abgebildeten »Teaser« – Reizköder ohne Haken, die an der Oberfläche geschleppt werden und die Aufmerksamkeit der Fische wecken sollen.

ren oder lediglich auf eine optische Erscheinung ausgelegt sein.

Es gibt diese Fliegen und Kunstköder in allen erdenkbaren Größen, Materialien und Formen, sodaß es für jedes Gewässer eine passende Auswahl gibt. Wer »Harling« betreibt, der sollte immer eine große Auswahl von ihnen an Bord haben, um sich auf die ständig, und manchmal sehr schnell, wechselnden Bedingungen der Flußfischerei einstellen zu können. Anders sieht es bei einem Meeresschleppfischer aus, hier werden die Federkunstköder äußerst stark beansprucht und es wird eher Wert auf Qualität als Quantität gelegt.

Kunstköder aus Plastik

Die Entwicklung von Weichplastik führte zur Entstehung »exakter« Fisch-, Krebs-, Reptilien-, Mollusken- und Wirbellosenimitationen. Sicherlich sind die am meisten imitierten Tiere dieser Gruppe die Würmer. Besonders häufig sind Sandaalimitationen in den Gerätekästen zu finden, beispielsweise die bekannten Red Gills. Große Nachbildungen von Meeräschen und fliegenden Fischen haben schon oft in der Big-Game-Fischerei ihre Fängigkeit bewiesen, wo sie besonders die Schwertfische zum Biß verleiten sollen.

Tintenfischimitationen sind in allen Schleppkreisen äußerst begehrt. Sogar in Gewässern, in denen die Fische noch nie eine tintenfischartige Kreatur gesehen haben, sind sie oft fängiger als andere Kunstköder. Es gibt detailgenaue Kopien von Kraken, Tintenfischen und Sepias in ihren natürlichen Farben – ebenso wie auch ganz einfache, schürzenartige Weichplastikköder mit riesigen, leuchtenden Augen in allen möglichen Phantasiefarben. Sie sind zwischen 2 und 30 cm lang.

Diese Weichplastikköder können zusammen mit natürlichen Ködern und mit Kunstködern gefischt oder aber direkt auf den Haken gezogen werden. Unter die Schürze kommen gewöhnlich farbige Perlen und spezielle Gewichte. Das Vorfach wird durch den Kopf, die Perlen oder die Gewichte gezogen, worauf es an einen Einfachhaken oder Drilling geknüpft wird, der wiederum von den Tentakeln teilweise versteckt wird.

Weichplastikköder sind gewöhnlich nicht besonders teuer, sodaß an ihnen nicht gespart werden muß. Zahlreiche Angeltage über hindernisreichen Gewässerböden werden durch sie gerettet. Einige unter ihnen sind nicht sonderlich belastbar. Prüfen Sie daher noch bevor Sie sie ins Wasser lassen, ob sie dem Wasserdruck, der beim Schleppen entsteht, gewachsen sind.

Weichplastik kann Gerätekästen zerstören, es sei denn, es handelt sich um einen, der »wormproof« ist. Ein solcher Kasten verträgt die den Weichplastikködern entweichenden Weichmacher. Diese Weichmacher können die Kästen und die Kunstköder teilweise auflösen und unbrauchbar machen.

»Offshore Lures«, die Kunstköder der hohen See

Alle in den Big-Game-Gegenden unserer Ozeane gefischten Kunstköder können eigentlich als »Offshore-Kunstköder« bezeichnet werden. Hierzu gehören beispielsweise die Magnum-Wobbler von Rapala, die riesigen Plastikaale von ABU-Garcia oder aber die großäugigen Plastikschürzenköder mit ihren Köpfen aus Hart- oder Weichplastik wie etwa der Kona Head, Hooker Softhead und der Calcutta.

Letzterer Kunstködertyp ist in dieser sich ständig erneuernden Welt der beliebteste. Er ist das, was wir gewöhnlich als »Offshore-Kunstköder« bezeichnen. Sie sind auch unter der Bezeichnung »Hochgeschwindigkeitsköder« bekannt, da einige unter ihnen Geschwindigkeiten von über 20 Knoten vertragen. Gewöhnlich werden sie mit 8–10 Knoten gefischt. Aber ihre Größe, Gewicht und insbesondere ihre Kopfform bestimmen letztlich die Geschwindigkeit und ihr Schwimmverhalten.

Viele von ihnen laufen knapp unter der Oberfläche und ziehen dabei einen Blasenstreifen hinter sich her. Die Oberfläche sollten sie nicht durchbrechen, auch wenn von dem Blasenstreifen ein wenig Spritzwasser ausgehen kann. Ebenso lohnt es sich, diese Kunstköder in der Vorderseite der vom Boot verursachten Heckwelle zu schleppen. Größe, Farbe und Fabrikat sollten abgewechselt werden.

Die meisten Angler ziehen es vor, die lebendigsten Köder unmittelbar hinter dem Boot und die ruhigeren in größerer Entfernung zu schleppen. Letztere sind in erster Linie für Schwertfische und Thune gedacht, die anderen eher für Wahoo, Gelbmakrele, Albacore, Bluefish, Pazifik- und Atlantiklachs.

Die »Offshore-Kunstköder« werden in Größen zwischen 10 und 40 cm angeboten. Sie sind in den verschiedensten Farben, montiert oder lose, an Stahlseide oder an dicker Nylonschnur, mit Einfachhaken oder anderen Haken erhältlich. Der Haken liegt versteckt unter einer fransenreichen Plastikschürze. Gewöhnlich sind diese Kunstköder mit großen Augen versehen; einige unter ihnen verfügen über bewegliche Pupillen und über rasselnde Perlen in ihren Köpfen, die ebenso aus Holz, wie aus weichem oder hartem Plastik sein können.

Gewöhnlich lassen sie sich an ihrer Kopfform erkennen, die kreuz-, spatel- oder torpedoförmig sein kann. Der Trend geht in Richtung mittelgroßer Kunstköder, die sich schnell schleppen lassen und auch von gewaltigen Fischen noch gut genommen werden. Hier nun Wissenswertes über einige Hochgeschwindigkeitskunstköder, die sich in den letzten Jahrzehnten bewährt haben.

Die Knuckleheads werden als die Vorläufer unserer modernen »Offshore-Kunstköder« betrachtet. Sie entstanden in Hawaii, wo bereits seit langer Zeit lieber mit künstlichen als mit natürlichen Ködern geschleppt wird. Die Knuckleheads verfügen über spatelförmige, geteilte Köpfe, und sie erzielen ihre besten Ergebnisse, wenn sie unmittelbar unter der Oberfläche mit 4–6 Knoten gefischt werden.

Die Bulletheads verfügen über geschoßartige Köpfe und sollten recht weit hinter dem Boot geschleppt werden, damit sie nicht ständig durch die Oberfläche brechen. In erster Linie zielen sie auf Albacore, Gelbmakrele und andere pelagisch lebende Fischarten ab – sofern sie mit 5–10 Knoten geschleppt werden.

Die Sonic oder Jet Heads sind teilweise mit Löchern durchbohrt worden, durch die ein Blasenstreifen und Geräusche entstehen. Knapp unter der Oberfläche gefischt, vertragen diese Kunstköder Geschwindigkeiten von 10–17 Knoten.

Die Kona Heads sind vorne leicht konkav und sie ziehen unmittelbar unter der Oberfläche ihre Bahn, wobei sie Geschwindigkeiten von 10 Knoten vertragen. Angeboten werden sie in Längen bis zu 40 cm. Kona Heads sind klassische Köder für die Jagd auf gigantische Marline.

Die Psychobeads haben eine schmale, zigarrenartige Nase und eine Perlenkette oberhalb vom Haken auf der Stahlseide oder dem Nylon unter der Schürze. Da sie Schleppgeschwindigkeiten von 20 Knoten vertragen, sollten sie recht weit hinter dem Boot und knapp unter der Oberfläche geschleppt werden. Die robuste »Green Machine« ist unter diesen sehr geschätzten Ködern der bekannteste. Die Stahlseide oder die Nylonschnur läuft bei den »Offshore-Kunstködern« immer durch den Kopf. Infolgedessen scheuert die Lochöffnung an der Schnur. Bei einigen Ködertypen – wie etwa den Kona Heads, die sehr beweglich sind – sollte die Stahlseide oder die Nylonschnur regelmäßig und sorgfältig überprüft werden.

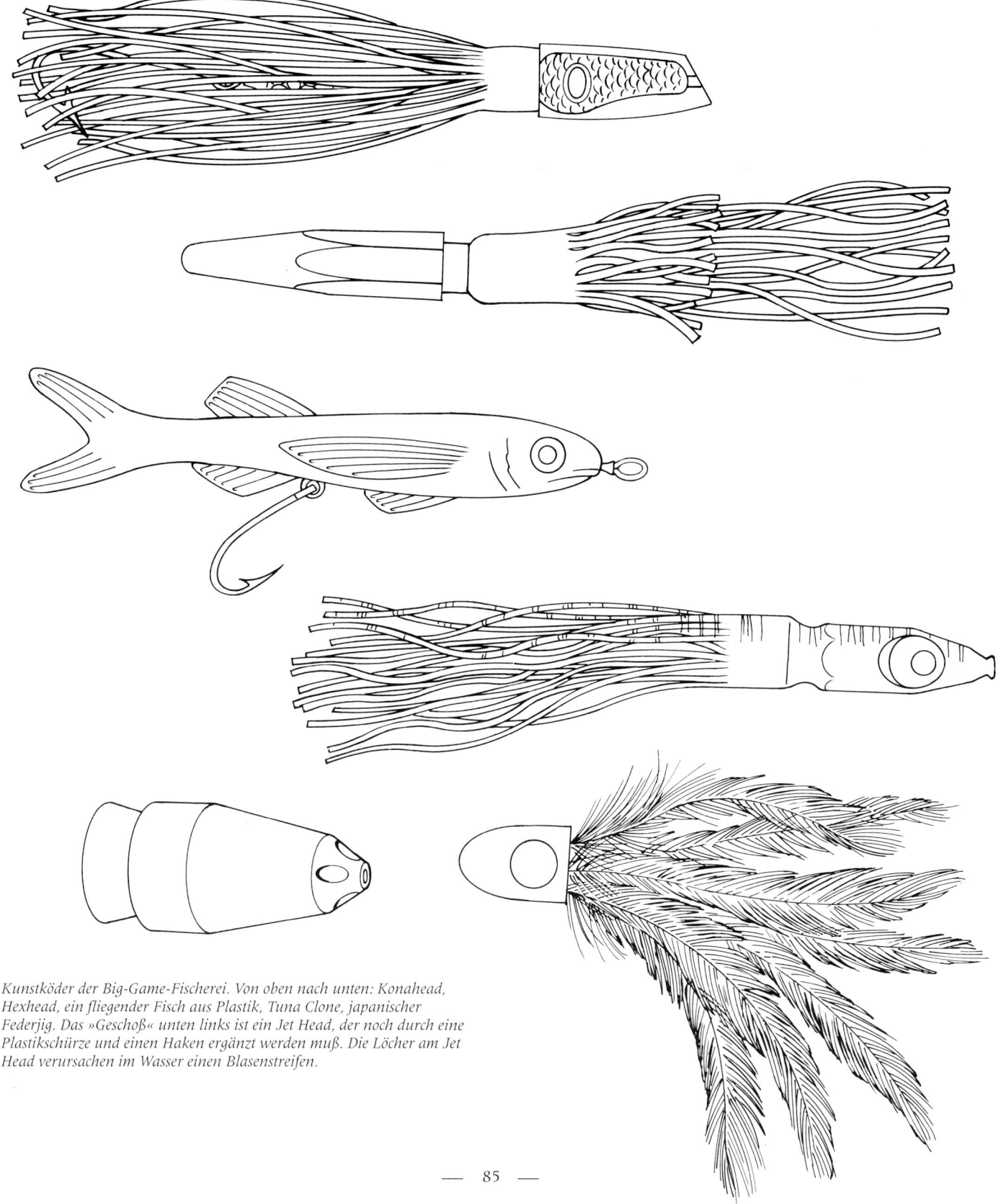

Kunstköder der Big-Game-Fischerei. Von oben nach unten: Konahead, Hexhead, ein fliegender Fisch aus Plastik, Tuna Clone, japanischer Federjig. Das »Geschoß« unten links ist ein Jet Head, der noch durch eine Plastikschürze und einen Haken ergänzt werden muß. Die Löcher am Jet Head verursachen im Wasser einen Blasenstreifen.

Geschwindigkeitstabelle

Wie wir bereits wissen, haben Schleppfischer recht unterschiedliche Vorstellungen, was langsame, mittlere und schnelle Schleppgeschwindigkeiten sind – je nach dem, wo und auf was sie fischen. So sind beispielsweise drei Knoten für Lachsfischer zu schnell, wogegen sie für einen Thunfischangler zu langsam sind. Folgende Definitionen sind das Ergebnis von weltweit geführten Diskussionen mit Sportfischern:

Geschwindig-keitsbezeichnung	Süßwasser	Salzwasser
Langsam	0 – 1,7 Knoten	0 – 4 Knoten
Mittel	1,8 – 2,6 Knoten	4 – 8 Knoten
Schnell	2,7 – 4,2 Knoten	8 – 12 Knoten
Ultraschnell	4,3 – 5,2 Knoten	12 – 22 Knoten

Von den Süßwasserdefinitionen ausgehend rutschen einige der beliebtesten Kunstköder in die unten aufgeführten Gruppen. Wie aus ihnen ersichtlich wird, sind einige Kunstköder sowohl »Spaziergänger«, als auch »Sprinter«. Ihre Geschwindigkeitstoleranz ist größer als die anderer Kunstköder. Von Ihnen selbst vorgenommenes »tunen« der Kunstköder kann sie auch von einer Gruppe in die andere rutschen lassen.

Langsames Schleppen

Löffel: Sutton, Miller's, Enforcer, Evil Eye, Toby, Utö, Siljan, Apex Hot Spot.
Wobbler: Bomber, Rebel, Rapala, Flatfish, Swimm Whizz, Gladsax.Reizköder: mini-«Kuhglocken« mit Würmern, Dodger mit Weichplastikködern und Haarfliegen.
Spinner: Mörrum Spinner, Vättern, Mother-of-Pearl, Vibrax Minnow, Mepps Giant Killer, Mepps Aglia, Wally Spin, Buzzer.

Mittleres Schleppen

Löffel: Toby, Atom, Glimmy, Mörtblänk, Siljan, Professor, Lättke, Storauren, Köresilda, Landa Lukki, Crocodile, Rebel Arrowhead, Loco, Ingö, Apex Hot Spot, Evil Eye, Diamond King, Northern King, Northport Nailer, Southport Slammer, Flutter Chuck (Magnum, Big Ed), Piraten, Finn-Weaver.
Wobbler: ABU Hi-Lo, Cisco Kid, Killer, Rapala, Rebel, Bomber, Bagley Top Gun, Swim Whizz Nils Master, Invincible, J-Plug, Jensen, Gladsax. Reizköder: große Dodger, Flasher mit Weichplastikködern und Haarfliegen.

Schnelles Schleppen

Löffel: Toby, Landa Lukki Turbo, Evil Eye Monarch, Piraten 66, Northern King (28 Magnum), Flutter Chuck Magnum, Rebel Arrowhead.
Wobbler: J-Plug, Bomber Long A, Rebel Fastrac, Rapala (Original, Husky, Magnum, Shad Rap, Sliver), Nils Master Invincible, Cordell Ratt'l Spot, Bagley Banger, Storm Thunderstick.
Plastik- und Federkunstköder: Hooker Softheads, Witch Doktor, Samurai Feathers, Tube Eels.

Reizköder

Teaser oder Reizköder werden immer öfter in der Schleppfischerei verwendet. Es gibt sie in verschiedenen Ausführungen und Kombinationen und ihre Aufgabe besteht darin, die Fische an das Boot zu locken und sie zum Angriff auf den »bewaffneten« Kunstköder zu reizen. Sie sollen den Eindruck von Beute- und Raubfisch wecken und hierdurch andere Fische neugierig und angriffslustig machen.

Reizköder gibt es in den verschiedensten Farben, Formen, Größen und Gewichten. Dementsprechend bewegen sie sich im Wasser unterschiedlich. Der beliebteste Reizköder in skandinavischen Seen ist der »Langedrag«, ein Vorfach von 35–150 cm, das aus Stahlseide oder Nylonschnur besteht und mit 5 oder 6 Spinnerblättern und einem Plastikplättchen, das den Schnurdrall verhindert, versehen ist. Die nordamerikanischen Gegenstücke werden oft als »Kuhglocken« bezeichnet oder mit anderen, regional unterschiedlichen Namen. Varianten, wie die Dodger und Flasher, die gewöhnlich tief laufen, ähneln riesigen Löffeln und werden an den Great Lakes, im Pazifik und in der Ostsee mit großem Erfolg zum Fang von Lachsen verwendet.

Zu den oberflächennah laufenden Reizködern gehören die »Birdies«, die im Pazifik lange Tradition haben, und die »Daisy Chain«, die im Atlantik bereits seit geraumer Zeit sehr erfolgreich ist. Heute werden »Birdies« in skandinavischen Gewässern immer beliebter.

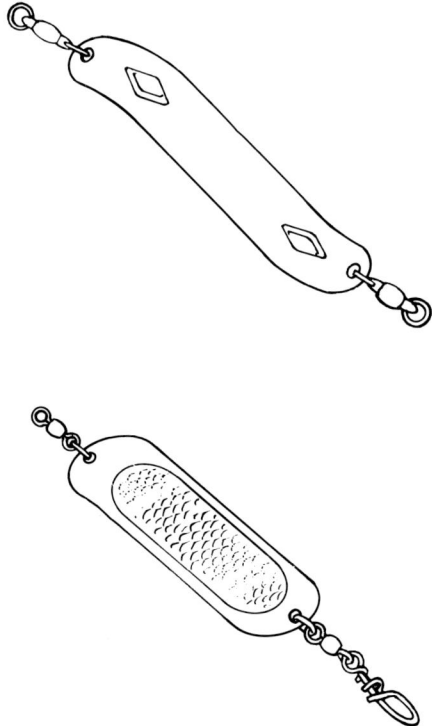

Dodgers und Flashers

Ein Dodger ist ein flaches, rechteckiges Stück Metall, dessen Ecken abgerundet und leicht angewinkelt sind, wodurch eine seitliche Schwimmbewegung entsteht. Hierdurch wird das Schwimmverhalten des Kunstköders stark beeinflußt. Mit der richtigen Geschwindigkeit geschleppt (1,5–2 Knoten) sollte er lediglich seitlich ausschlagen und sich nicht drehen.

Einige Dodger sind mit holografischen Abziehbildern versehen, auf denen Fischschwärme dargestellt werden. Die kleinsten Dodger, die die N° 000 tragen, sind 4,5×14 cm groß, wogegen die größten, die N°3 tragen und 9×33 cm groß sind. Große Dodger vertragen größere Schleppgeschwindigkeiten als kleine, mit ein wenig zusätzlicher Beschwerung werden Dodger allerdings der Schleppgeschwindigkeit gegenüber toleranter.

Flasher sind kleiner als Dodger, vertragen dafür aber höhere Schleppgeschwindigkeiten (2–3 Knoten). Mit der richtigen Geschwindigkeit geschleppt, sollten sie um 360° rotieren. Hauptaufgabe der Flasher ist es, Aufmerksamkeit zu erwecken, das Schwimmverhalten des eigentlichen Kunstköders sollen sie dabei nicht beeinflussen. Der kleinste mir bekannte Flasher trägt die N°6 und er ist 3×18 cm groß. Der größte, N°2, ist 8×45 cm groß.

Diese Reizköder werden mit Hilfe von Gewichten, Paravanen oder Downriggern auf die gewünschte Tiefe gebracht. Sie befinden sich zwischen Angelschnur und Kunstköder, können aber ebenso an eine separate Schnur ohne Haken gebunden oder am Downriggergewicht befestigt werden. Ein unmittelbar am Downriggergewicht oder schräg darüber angebrachter Kunstköder kann überaus fängig sein.

Der Abstand zwischen dem Kunstköder und dem hakenlosen Reizköder hängt von deren Größe und Gewicht ab. Als Faustregel gilt, daß das Vorfach mindestens 1,5 mal so lang sein soll wie der Reizköder. Auf den Packungen sind oft die den verschiedenen Bedingungen entsprechenden geeigneten Vorfachlängen aufgelistet. Ist das Vorfach zwischen Reiz- und Kunstköder zu kurz, ist letzterer in seinen Bewegungen gehemmt. Am gängigsten werden diese Reizköder mit Tintenfischimitationen, Tubenfliegen und dünnwandigen Löffeln gefischt.

Reizköder finden in mehr oder weniger großem Ausmaß in jeder Art der Schleppfischerei Verwendung. Es werden verschiedene Modelle und Kombinationen angeboten. Wie ihr Name schon sagt, besteht ihre Aufgabe darin, die Aufmerksamkeit der Fische durch optische Reize oder Geräusche zu wecken und sie zum Angriff auf den mit Haken versehenen Kunstköder zu verleiten. Die einfachste Reizköderart ist ein hakenloser Kunstköder. Oben auf der Abbildung wurden 20 cm lange Plastiktintenfische aneinandergehängt, um einen »Teaser« zu bilden. In der Mitte drehen große Löffel um eine Schnur aus Stahlseide, wobei eine Führungsflosse aus Plastik den Schnurdrall verhindert. Kleinere Versionen hiervon werden in Skandinavien als »Langedrag« bezeichnet. Unten ist ein Flasher zu sehen, der etwa 50 cm vor einem mit Haken versehenen Plastiktintenfisch angebracht wurde.

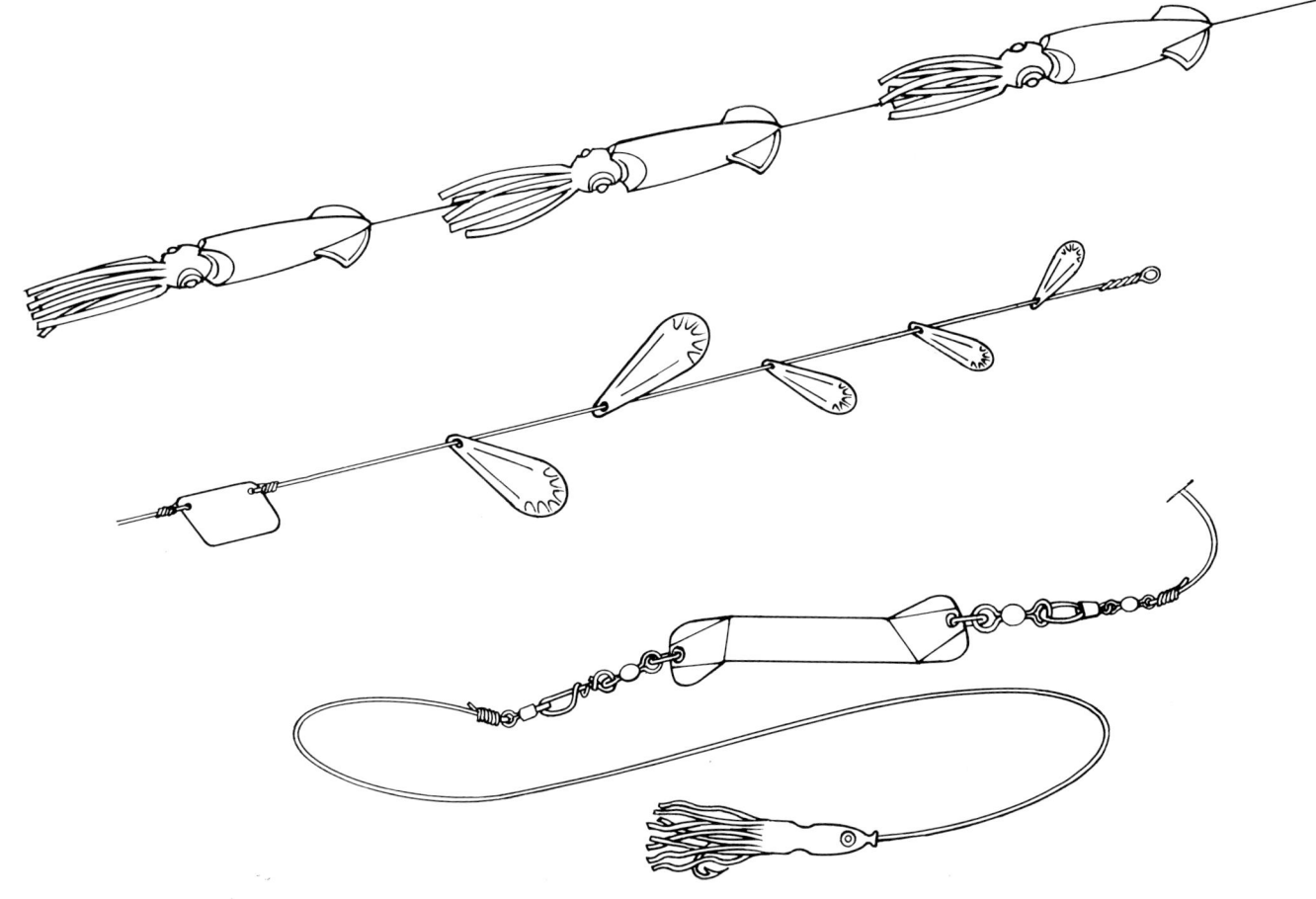

»Birdies« und »Daisy Chains«

Bei der Jagd auf Thun- und Schwertfische werden gerne »Birdies«, »Daisy Chains« und hakenlose Kona Heads als Reizköder verwendet. Es gibt natürlich auch Seefahrer, die behaupten, daß ein im Oberflächenwasser hinter dem Boot geschleppter Holzpflock oder eine Bierdose gleichwertige Reizköder sind …

Einige Angler schleppen ihre Reizköder so lange, bis ein Fisch Interesse zeigt und erst dann tauschen sie ihn in Windeseile gegen einen bewaffneten Kunstköder aus. Andere schleppen ihre Reizköder immer etwa eine Vorfachlänge vor dem eigentlichen Kunst- oder natürlichen Köder.

Wie bereits erwähnt, kann ein solcher Reizköder aus nur einem Gegenstand bestehen. Aber ebenso oft werden von Anglern gleich mehrere Reizköder in bestimmten Mustern ausgebracht, wozu ihnen kleine Auslegerarme von Nutzen sind. Die Art, in der die Reizköder ausgebracht werden, richtet sich in erster Linie nach dem eigentlichen Muster der geschleppten Kunstköder, schließlich geht es darum, Kunst- und Reizköder optimal zusammenarbeiten zu lassen.

»Birdies« sind vogelartige Reizköder, die gewöhnlich aus Holz oder Plastik gefertigt sind und von 10 cm bis über einen halben Meter lang sein können. In erster Linie sollen sie fliegende Fische imitieren, deren Flügel auf der Oberfläche schlagen und so die Aufmerksamkeit der Raubfische auf sich lenken.

»Daisy Chains« waren ursprünglich eine »Kette« von aneinandergebundenen Heringen oder Makrelen, die im Kielwasser geschleppt wurden, um Raubfische in die Nähe des Kunstköders zu locken. Heute bestehen diese »Ketten« meist aus Plastiktintenfischen oder »Birdies«, die aneinandergebunden und auf dieselbe Art 5 bis 15 Meter hinter dem Boot geschleppt werden. Eine solche Kette können Sie sich selbst aus monofilem Nylon, eiförmigen Gewichten und, beispielsweise, mit Plastiktintenfischen selbst herstellen. Befestigen Sie die Gewichte in 60 bis 80 cm Abstand zueinander auf einer drei Meter langen Schnur und ziehen Sie dann die farbenfrohen Plastikkreaturen darüber. Knüpfen Sie noch einen Wirbel an jedes Ende der Schnur.

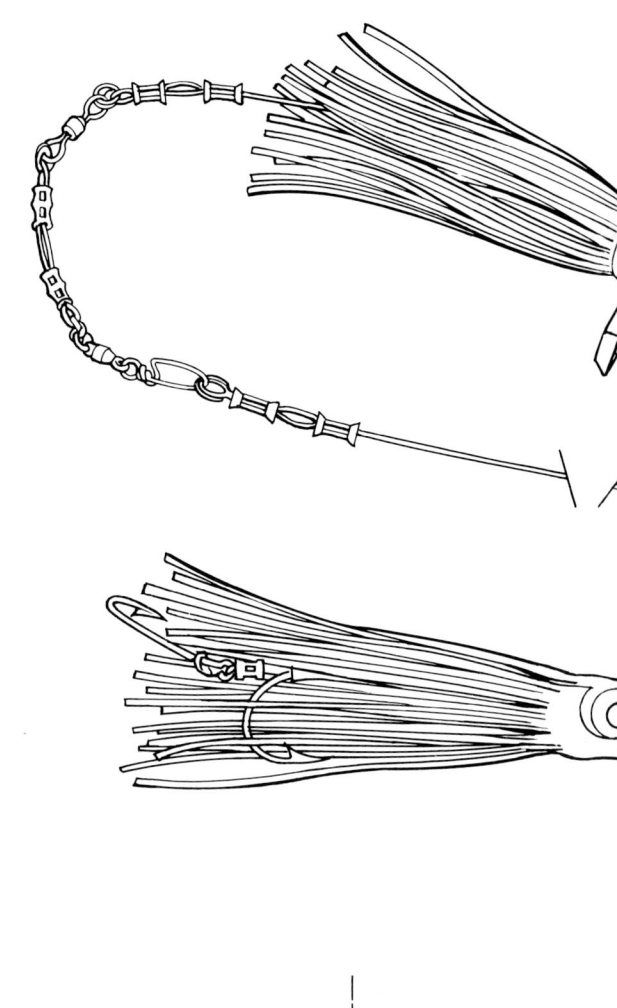

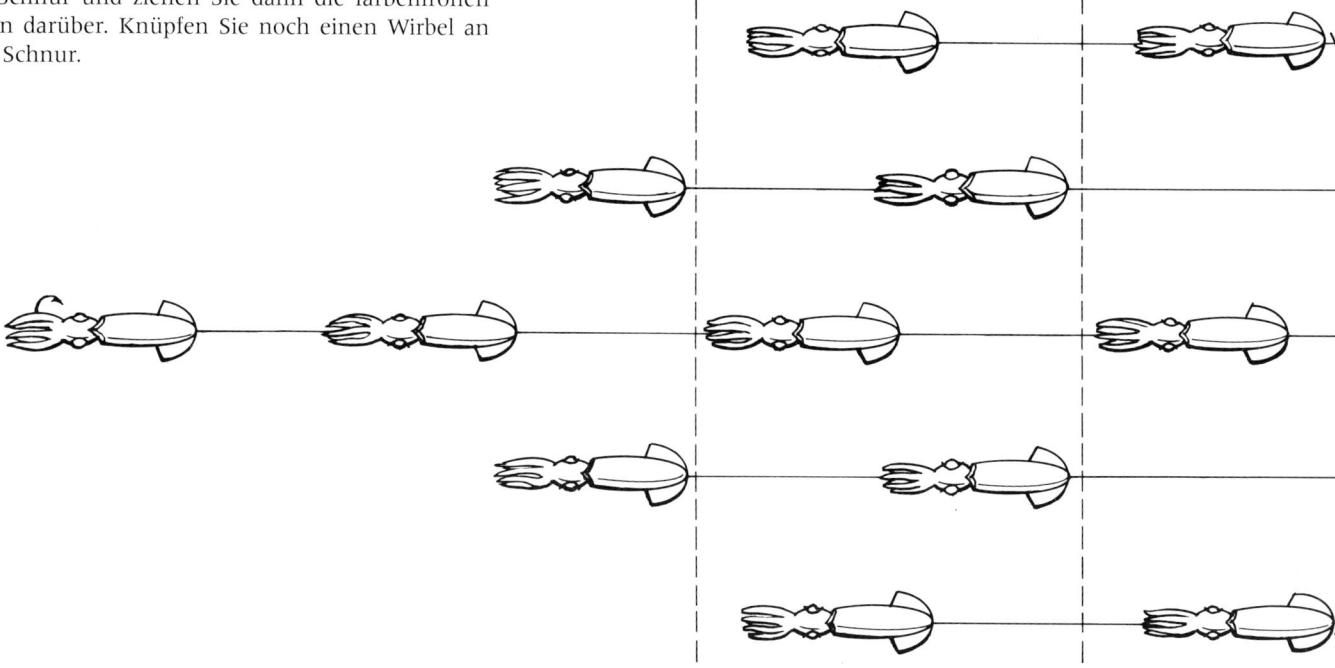

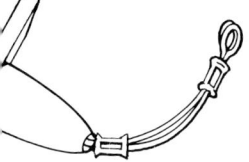

Ein »Birdie« ist ein Oberflächen-reizköder, der besonders im Pazifik über lange Tradition verfügt. Diese aus verschiedenen Materialien in unterschiedlichen Farben und Größen hergestellten Reizköder imitieren fliegende Fische – die an der Oberfläche planschen und spritzen. Sie werden auf spezielle Vorfächer vor den eigentlichen, mit Haken versehenen Kunstköder montiert.

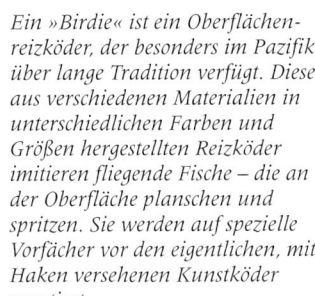

(Links) Die »Daisy Chain« ist eine Art Reizköder, die in der Thunfischerei im Atlantik bereits Geschichte gemacht hat. Eine moderne »Daisy Chain« könnte aus unterschiedlich gefärbten Plastiktintenfischen oder aus natürlichen Ködern wie Makrelen bestehen, die an Auslegerarmen in Reihen hinter dem Boot geschleppt werden. Der hinterste Kunstköder ist gewöhnlich mit einem Haken versehen.

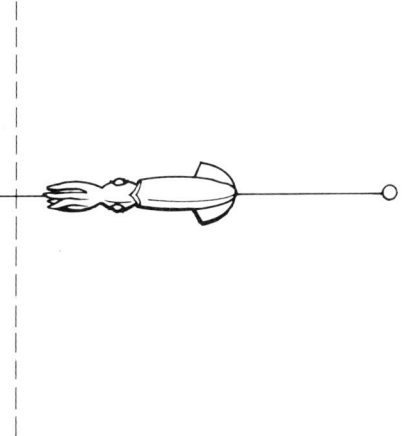

(Rechts) Fetzenköder – die aus dem Bauch, den Flanken oder dem Rücken kleinerer, makrelenartiger Beutefische geschnitten werden – sind sowohl ausgezeichnete Reizköder, als auch hervor-ragende natürliche Köder.

Duftstoffe

Gelegentlich hören wir, daß der Geruchssinn der Fische ihr Verhalten grundlegend bestimmt. Die Forschung hat ergeben, daß Fische in der Tat Gerüchen gegenüber recht empfindlich reagieren – insbesondere wenn es sich um Aminosäuren handelt, die beispielsweise bei verletzten Fischen freiwerden. Diese locken dann die Raubfische herbei. Die phänomenale Leistung der Lachse, die nach Tausenden von Kilometern im Meer ihre Geburtsflüsse zum Ablaichen wiederfinden, ist ein weiterer Beleg für die große Bedeutung des Geruchssinnes.

Geruchstoffe sind in flüssiger und fester Form erhältlich, ebenso in Pulverform oder als Gelee. Sie können aus Fischextrakt oder aber aus Chemikalien hergestellt werden und sind dabei entweder wasserlöslich oder aber in Ölen enthalten. Viele sind speziell für eine Fischart oder -gattung gedacht oder aber sie imitieren den Geschmack einer ganz bestimmten Beutefischart.

Eine durchgehende Duftspur zum Köder zu bilden, fällt einem verankerten Angler natürlich leichter als einem Schleppfischer. Duftstoffe auf Wasserbasis lösen sich schnell im Wasser auf, oft so schnell, daß sie zum Schleppfischen überhaupt nicht geeignet sind. In Ölen gebundene Geruchsstoffe lösen sich viel langsamer, zum Schleppfischen vielleicht schon zu langsam. Die richtige Dosierung ist daher ein wichtiger Punkt, ebenso wie die Form des Kunstköders, die letztlich die Verteilung der Geruchsstoffe beeinflußt. Es ist stets einfacher, mit einem hohlen J-Plug oder Eddystone Aal eine Duftspur zu legen, als mit einem schlanken Rebel oder Rapala.

Wahrscheinlich tragen die ganzen Geruchsstoffe jedoch nur dazu bei, andere Gerüche zu neutralisieren – beispielsweise den von Tabak, Treibstoff und Insektensprays. Fast immer befinden sich Spuren dieser und ähnlicher Stoffe auf unseren Kunstködern, Spuren, die auf Fische oft abstoßende Wirkung haben. Einige unserer körpereigenen Aminosäuren sind ebenfalls im Körpergewebe von Seehunden und Bären enthalten und haben auf Salmoniden eine stark abschreckende Wirkung. Diese Säuren sekretieren wir über unseren Schweiß und so gelangen sie von unseren Händen auf die Kunstköder.

Auch im menschlichen Speichel tauchen Aminosäuren auf und so ist es fraglich, ob das klassische, glückbringende Anspucken der Haken so sinnvoll ist. Besonders zweifelhaft ist, ob das Besprühen der Köder mit W-40 Schmierstoff, der in einigen Gegenden den Speichel ersetzt hat, die Erfolgsaussichten wirklich verbessert.

Zögern Sie daher nicht, irgendein »Fischparfum« auszuprobieren, beträufeln Sie aber zunächst Ihre Hände damit. Wahrscheinlich wird es so seine beste Wirkung entfalten. Der einfachste Weg ist aber letztlich der, den Kunstköder durch einen natürlichen zu ersetzen.

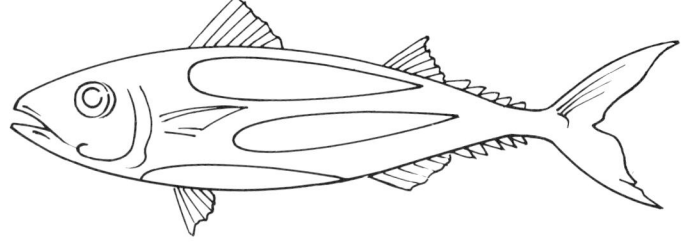

Natürliche Köder

Im Salzwasser werden die natürlichen Köder durch das große Angebot an fischartigen und fängigen Kunstködern offensichtlich immer mehr verdrängt. Diese Tendenz ist allerdings nicht ganz gerechtfertigt, da die natürlichen Köder – sofern sie richtig gefischt werden – ebenso gut wie früher auch fangen. Und daß sie zu den besten und fängigsten Ködern gehören, steht schon längst fest. Die Vorteile der natürlichen Köder werden bei Fangvergleichen zwischen Lachsfischern an den Great Lakes oder an der Westküste Nordamerikas besonders deutlich.

In der Meeresfischerei, insbesondere in der Big-Game-Fischerei, sind die natürlichen Köder vielerorts die mit Abstand begehrtesten. Das richtige Anködern wird dort immer noch als wahre Kunst betrachtet und die Menschen, die diese Tätigkeit mit Messer, Nadel und Faden vollbringen, genießen weltweit unter den angelnden Globetrottern und den Charterboot-Skippern ein hohes Ansehen. Für sie besteht kein Zweifel daran, daß ein gut genähter, gut ausbalancierter natürlicher Köder unschlagbar ist, wenn es um den Fang der Giganten der Meere geht.

Natürliche Köder werden getrocknet, tiefgefroren, frisch und lebend angeboten. Es gibt viele Arten, aber im Süß-, Brack- und Salzwasser tauchen immer wieder dieselben auf. Im Meer werden in erster Linie Makrelen, Ballyhoo, Meeräschen, Heringe und Cephalopoden (tintenfischartige) verwendet. Im Süß- und Brackwasser kommen Würmer, Stinte, Lauben und einige der bereits erwähnten Arten zum Einsatz.

Diese Köder lassen sich nicht alle in der gegebenen Form verwenden. Gewöhnlich dienen Fetzen oder Streifen als Köder, aber auch halbe und ganze Fische. Als eine Grundregel gilt, daß die Köder nie zu groß sein sollten, damit sie von den Raubfischen möglichst schnell geschluckt werden. Eine weitere ist, daß der oder die Haken stets so scharf wie nur irgend möglich sein sollen.

Auch ein erfahrener Köderschneider braucht einige Zeit, bis er einen Schleppköder zusammengenäht hat. Eine Alternative zum Nähen ist – sofern ganze Fische oder Filets verwendet werden – den Köder auf eine Flucht zu fixieren. Der Köder wird auf ihr gewöhnlich aufgespießt oder durch Klammern befestigt. Ihre Form schützt den Köder und verhilft ihm zu einem attraktiven Schwimmverhalten.

Die Köder werden gewöhnlich noch vor Verlassen des Hafens vorbereitet und danach kühl gelagert, damit sie nichts von ihrer Frische einbüßen. Eine Methode frische – oder gerade vernähte – Köder aufzubewahren, besteht darin, sie in Plastikbeutel zu verpacken, in denen sich nach Möglichkeit ein wenig grobes Salz befindet, und sie dann auf Eis zu legen. Vermeiden Sie es, bereits verwendete oder aufgetaute Köder wieder einzufrieren.

Vergessen Sie nicht, daß Lebendköder nicht so schnell wie tote geschleppt werden können. Die Maximalgeschwindigkeit zum Schleppen lebender Köderfische liegt bei etwa 4 Knoten, was für Meeresfischer langsam ist. In Big-Game-Gebieten werden tote Köder allerdings mit bis zu 12 Knoten geschleppt.

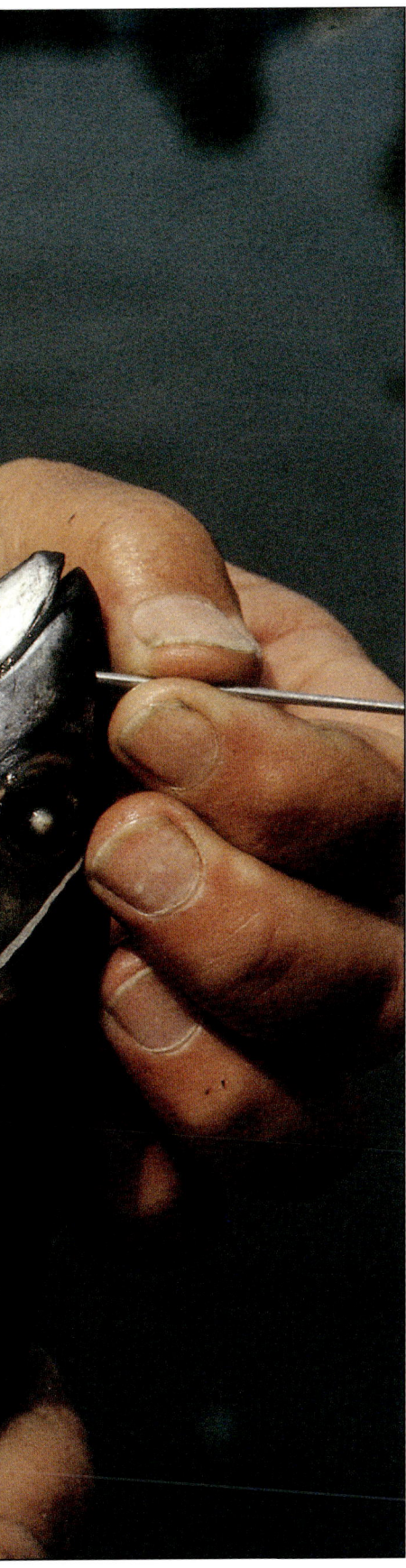

(Links) Das Beködern ist eine schwierige und beneidenswerte Kunst. Für viele Big-Game-Angler und Charterbootkapitäne besteht der wesentliche Unterschied zwischen einem gelungenen und einem mißratenen Angeltag in der Fähigkeit, den Köder mit Messer, Nadel und Faden richtig zu montieren. Die Köder werden in vielen verschiedenen Formen und Größen angeboten. Bis auf die Lebendköder werden sie gewöhnlich noch vor der Fahrt vorbereitet und dann auf Eis gelegt.

(Rechts) Oben abgebildet ist die »Panama«-Beköderungsmontage. Sie wird oft zum Schleppen mit lebenden Köder-fischen verwendet. Ihr Maul bleibt geöffnet und der Haken wird mit ein wenig Dacron am Kopf befestigt. Unten ist die gewöhnliche Beköderung eines toten Köderfisches abgebildet. Das Stahlvorfach läuft durch die Hakenöse in das Fischmaul und schließt dieses mit einem Haywire Twist. An toten Köderfischen wird oft die Wirbelsäule entfernt und der Schwanz gespalten.

Fetzen- und Streifenköder

Ein Fetzenköder besteht nur mehr aus blanker Haut. Dieser Ködertyp ist sehr alt, leicht zuzubereiten und aufzubewahren und ebenso dauerhaft in der Anwendung. Mit 30 cm langen Fetzen lassen sich die Ränder der Ozeangräben äußerst effektiv absuchen und mit kleinen, 3–5 cm langen Fetzenködern lassen sich in seichtestem Wasser Barsche zum Biß verleiten. Fetzenköder lassen sich problemlos färben oder mit einer kleinen Plastikschürze verzieren. Ein weiterer Vorteil ist, daß sich mit ihnen die Fische gut haken lassen, da sie weich sind und schnell geschluckt werden.

Die besten Fetzenköder lassen sich aus makrelenartigen Fischen schneiden, deren Fleisch fest ist und sich leicht schneiden läßt. Aber auch viele andere Fetzenköder, wie beispielsweise die Bauchlappen von Barschen, können erstaunlich fängig sein – ganz besonders dann, wenn Mitglieder derselben Familie damit gefangen werden sollen. Auch bei den makrelenartigen Fischen werden die 20–30 cm langen Fetzenköder für die Big-Game-Fischerei aus dem Bauch oder den Flanken gefertigt.

Am besten ist eine federartige Form, wobei das Kopfstück breiter als das Schwanzstück ist. Letzteres kann auch gespalten werden. Entfernen Sie das meiste Fleisch. Erst nachdem es abgeschnitten und der Fetzen auf einen gut ausbalancierten Kirby-Haken gezogen wurde, erhält dieser sein typisches Schwimmverhalten. Stimmt das Schwimmverhalten nicht so ganz, dann kann es sein, daß Haken und Vorfach nicht zentriert genug sind oder daß der Fetzen zu sehr in die Hakenkrümmung gerutscht ist.

Streifenköder sind demgegenüber eher keilförmig aussehende Fischstücke, die kreuzweise aus einem Makrelenfilet geschnitten werden. Der Haken wird auf der dicken, fleischigen Seite eingestochen und dann durch die Haut geführt. Diese Köder werden gewöhnlich auf der Oberfläche furchend und springend angeboten, meistens ganz ohne zusätzliche Beschwerung.

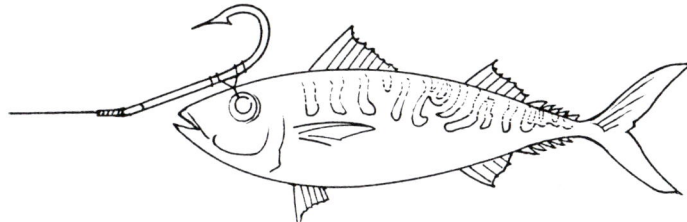

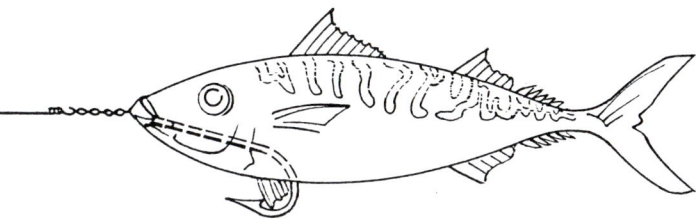

Ganze Fische

Die Größe dieser entweder lebend oder tot angebotenen Köder hängt in erster Linie von den gesuchten Raubfischen ab. Gewöhnlich sind jedoch die großen, geschleppten Köderfische eher lebendig als tot. Makrelen, Bonitos, Köhler und Bluefische gehören zu den größeren und den beliebtesten Arten. Es gibt auch eine Vielzahl unterschiedlicher Montagemöglichkeiten für ganze Köderfische. Diese hängen in erster Linie von seiner Größe, Festigkeit, Verfassung und, bis zu einem gewissen Maße, von der zu befischenden Tiefe ab.

Ein langsam geschleppter Köderfisch kann über sehr lange Zeit aktiv bleiben. Grundgedanke ist, daß er sich so normal wie nur möglich benimmt, hierbei aber dennoch nicht ganz gesund wirken soll. An der Oberfläche angebotene Lebendköder leben länger als in der Tiefe angebotene, wobei Köhler mit der Tiefe besser zurechtzukommen scheinen als Makrelen.

Wichtig ist auch die eigentliche Beköderungsart. Verwenden Sie stets die kleinstmöglichen Haken. Die gängigste Beköderungsmethode für kleinere Köderfische ist, den Haken vom Maulinneren durch die obere Maulhälfte zu führen. Andere führen die Haken durch die Nasenlöcher. Bei größeren Köderfischen wird oft ein Stück Dacronschnur durch die Augenhöhlen geführt und an die Hakenkrümmung geknüpft, sodaß der Haken fest mit dem Fischkopf verbunden ist. Diese Beköderungsart wird als »Bridle-Rig« bezeichnet und läßt sich mit ein wenig Übung schnell durchführen.

Große, tote Köderfische werden gewöhnlich durch die Nase gehakt und mit Dacronschnur gesichert. Heringe und andere kleine Köderfische werden oft durch den Körper gehakt und mit einem zusätzlichen Haken versehen.

Meeräsche

Insbesondere entlang der Ostküste der Vereinigten Staaten und in Mittelamerika sind Meeräschen überaus begehrte Köderfische. Je nach Umständen werden silbrige und ganz dunkle Arten in Gewichten von 75–750 Gramm verwendet. Besonders erfolgreich sind diese Köderfische in rauher See und silbrige Meeräschen von 100–250 Gramm sind beliebte Köder zum »Flatline Fishing« auf kleine Schwertfischarten wie etwa Sailfische.

Durch unterschiedliche Beköderungsmontagen können Sie das Schwimmverhalten der Köder beeinflussen. Ohne zusätzliche Beschwerung wird er auf der Oberfläche dem Boot folgen. Soll er unmittelbar unter der Oberfläche seine Bahn ziehen, dann sollte er mit einem direkt unter dem Maul angebrachten Gewicht versehen werden. Ein über der Nase angebrachtes Gewicht bringt ihn auf Tauchfahrt. Die Wirbelsäule wird in jedem Fall entfernt, am besten mit einem »De-Boner«, einem eigens hierfür entwickelten Instrument.

Ballyhoo

Viele begehrte Sportfische fressen Ballyhoos, wodurch diese Fischart zu einem sehr geschätzten Köderfisch wird. Am gängigsten werden Ballyhoos von 100 bis 250 Gramm verwendet. Sie werden auf der Oberfläche springend angeboten und lassen sich problemlos einfrieren und auftauen. Ein Zeichen für die Frische dieser Fische und somit für ihre Tauglichkeit als Köder ist ihre dunkelblaue bis schwarze Rückenfarbe.

Ein zu sehr unter Spannung befestigter Haken kann zum Rotieren des Köderfisches führen. Dieses Problem läßt sich durch leichtes Weiten des Hakenaustrittloches leicht beseitigen.

Meeräsche

Ballyhoo

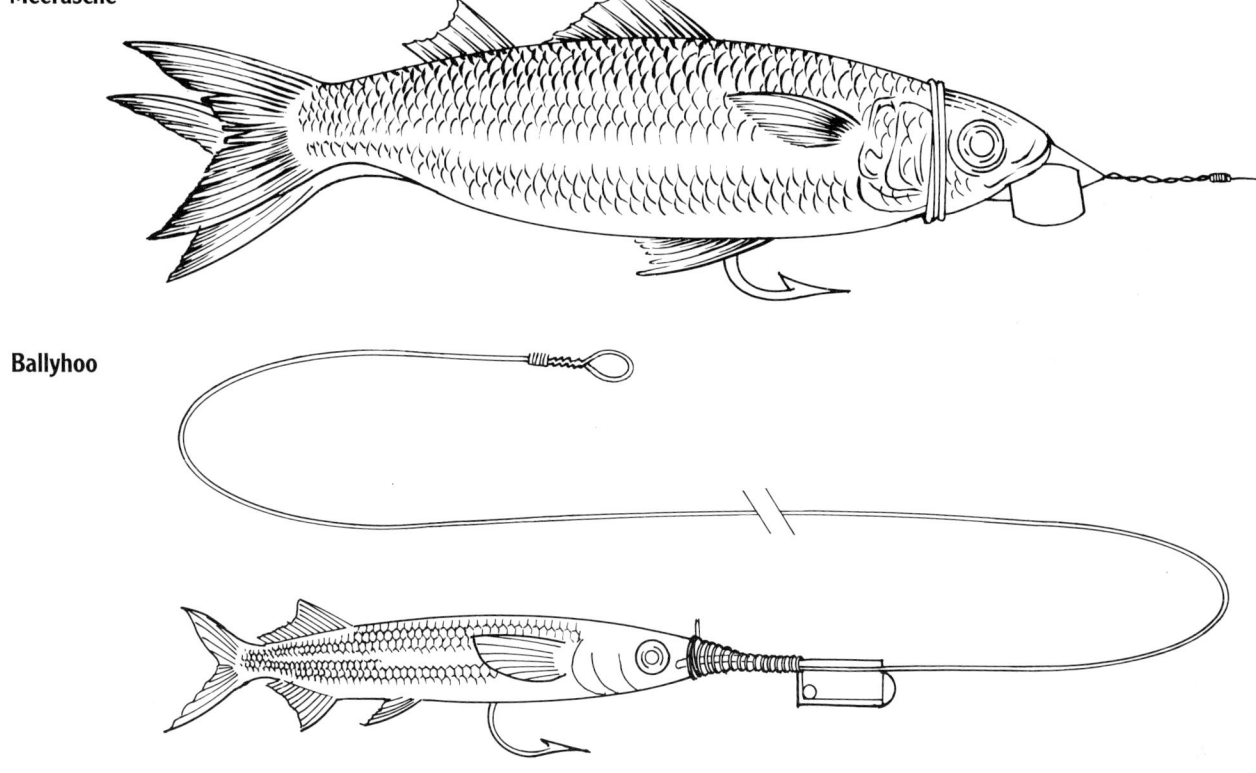

Hering

Heringe sind eine pelagisch lebende Fischart, die in gewaltigen Schwärmen im Atlantik, Pazifik und in der Ostsee leben. Das Ausmaß und die Laichzeiten dieser Bestände schwanken ebenso, wie die Routen ihrer Laichwanderungen. Als Köderfische werden gewöhnlich Heringe zwischen 10 und 30 cm verwendet. Sie stellen die Hauptnahrungsgrundlage der Makrelen, Lachse und Dorschartigen dar. Diese dicken und silbrigen Fische sollten stets so frisch wie nur irgend möglich verwendet werden. Auf Eis lassen sich Heringe recht lange aufbewahren, tiefgefrorene haben aber leider nur eine kurze »Lebensdauer«, da sie – wie andere fette Köder auch – schnell weich werden. Man muß sie oft überprüfen und regelmäßig auswechseln.

Heringe werden als Köder ganz (mit oder ohne Kopf), in Hälften, in Stücken oder in Filets angeboten. Mit abgetrennten Brustflossen und abgetrenntem Kopf gehört er entlang der Westküste Nordamerikas zu den klassischen Lachsködern. Wie er nun geschnitten und montiert werden soll, dazu gibt es viele Meinungen. Ist der Schnitt gerade, so kommt er in weiterer und langsameren Kreisen zum Rotieren als wenn der Kopf schräg, etwa im 45°-Winkel abgeschnitten wird. Die meisten von uns ziehen ein schnelleres Rotieren vor, auch wenn Heringe nicht schneller als mit 2,5 Knoten geschleppt werden sollten.

Die optimale Beköderung erfolgt mit zwei Haken, wobei der obere Haken nahe an der Schnittstelle plaziert und von innen nach außen durchstochen wird. Der zweite Haken wird – sofern die IGFA-Regeln befolgt werden – in der Schwanzwurzel befestigt. Angler, denen diese Regeln egal sind, lassen den Haken gewöhnlich frei hängen oder sie befestigen ihn mit einem Gummiband an der Schwanzwurzel. Dieselbe Beköderungsmontage läßt sich auch mit anderen ausgezeichneten Lachsködern wie Lauben und Stinten vornehmen.

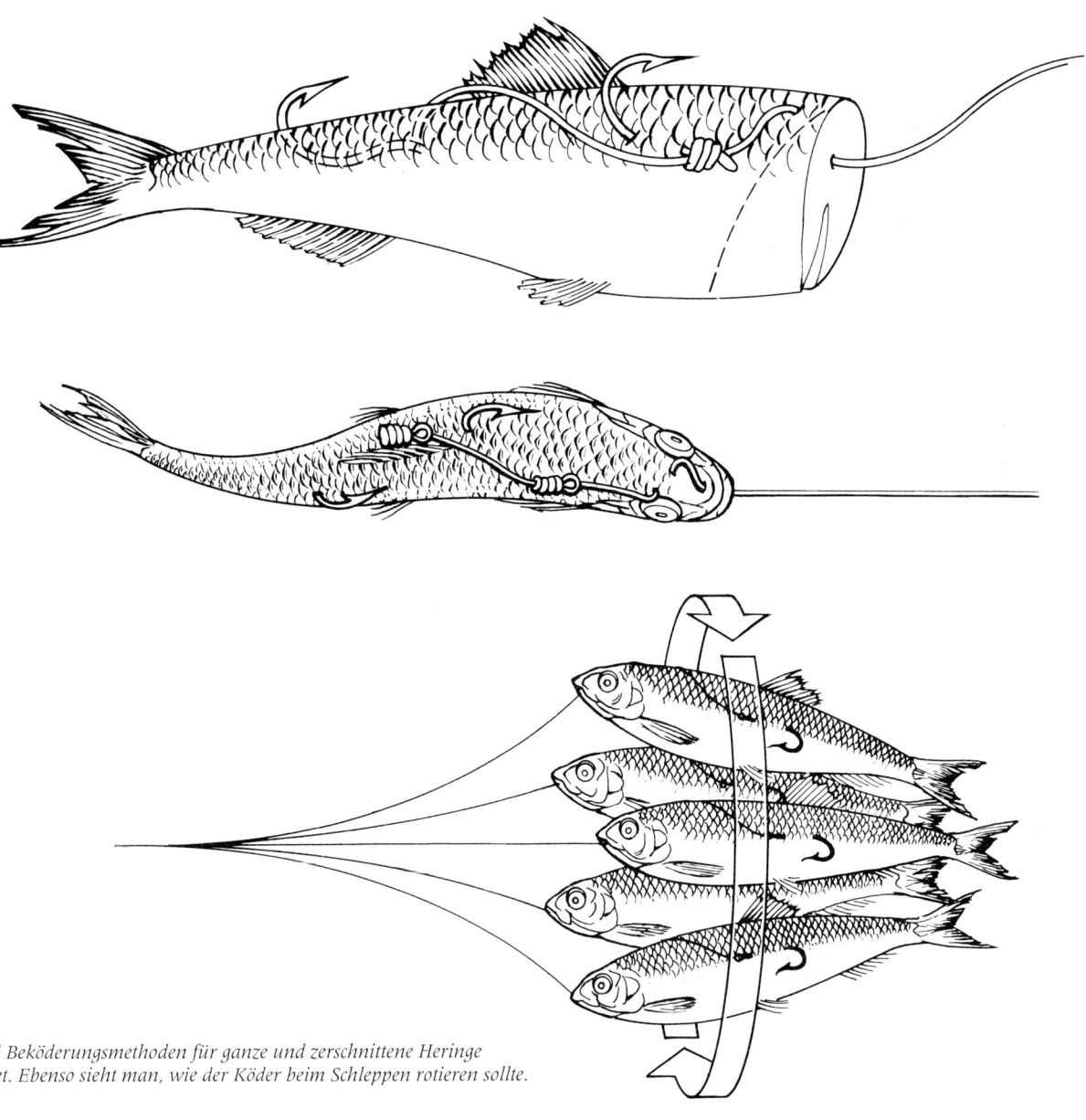

Hier sind Beköderungsmethoden für ganze und zerschnittene Heringe abgebildet. Ebenso sieht man, wie der Köder beim Schleppen rotieren sollte.

Cephalopoden

Tintenfische tauchen weltweit in riesigen Schwärmen auf und sind überall vorzügliche Köder. Diese weichen Köder werden von den Fischen ohne zu zögern verschlungen, halten aber dennoch gut auf den Haken.

Tintenfische werden am besten unmittelbar am Boot geschleppt. Die Beköderung muß mit großer Vorsicht erfolgen, damit der Köder auch gut ausbalanciert ist: er darf nicht auf dem Haken rutschen oder sich von ihm lösen. Man braucht Geduld, um so einen Köder zu montieren, versuchen Sie daher, sich einen kleinen Vorrat anzulegen. Tintenfische lassen sich gefroren sehr gut aufbewahren; wurden sie aufgetaut, so lassen sie sich auf Eis immer noch drei bis vier Tage lagern. Legen Sie den Köderbeutel jedoch nie unmittelbar auf das Eis, sondern legen Sie einen Lappen dazwischen. Tintenfische dürfen nicht in die Nähe von Süßwasser kommen, hierdurch werden sie farblos und verlieren an Geschmack. Sie müssen daher in Salzwasser eingefroren werden.

Tintenfisch

Würmer

Würmer sind weltweit wahrscheinlich die beliebtesten Süßwasserköder, ein Universalköder, der den Schleppfischern in erster Linie zu Zandern, Barschen, Schwarzbarschen und Saiblingen verhilft. Würmer werden gewöhnlich auf Haken hinter Reiz- oder Kunstködern gefischt.

Auch die Würmer gibt es in zahlreichen Arten. Ein Tauwurm ist genau das richtige, wenn Sie einen ordentlichen Happen anbieten wollen. Wenn es um Abwechslung und Beweglichkeit geht, dann sind die Seeringelwürmer angebracht. Wählen Sie eine Hakengröße, die zur Ködergröße und der erwarteten Fischart paßt. Werden die Würmer dunkel, kühl und in feuchter Erde gelagert, dann bleiben sie eine Ewigkeit frisch.

(Links) Ein Tintenfisch kann auf einem oder auf zwei Haken mit ein wenig Dacronschnur befestigt werden (Bridle-Rig). Zwei Haken werden besonders mit größeren Tintenfischen verwendet. Bei der Einfachhakenmontage wird dieser durch den Kopf des Tintenfisches geführt und anschließend werden die Flossen an seine Öse gebunden.

(Unten) Viele Kunstköder können zusätzlich mit einem Wurm versehen werden. Hier ist ein gewöhnliches Doppelhakensystem abgebildet, dessen Haken sich in 15 bis 20 cm Abstand zueinander befinden. Das Doppelhakensystem selbst wird hier hinter einem Verteilerarm, der mit einem Gewicht versehen wurde, und einem Spinnerblatt gefischt.

Wurm

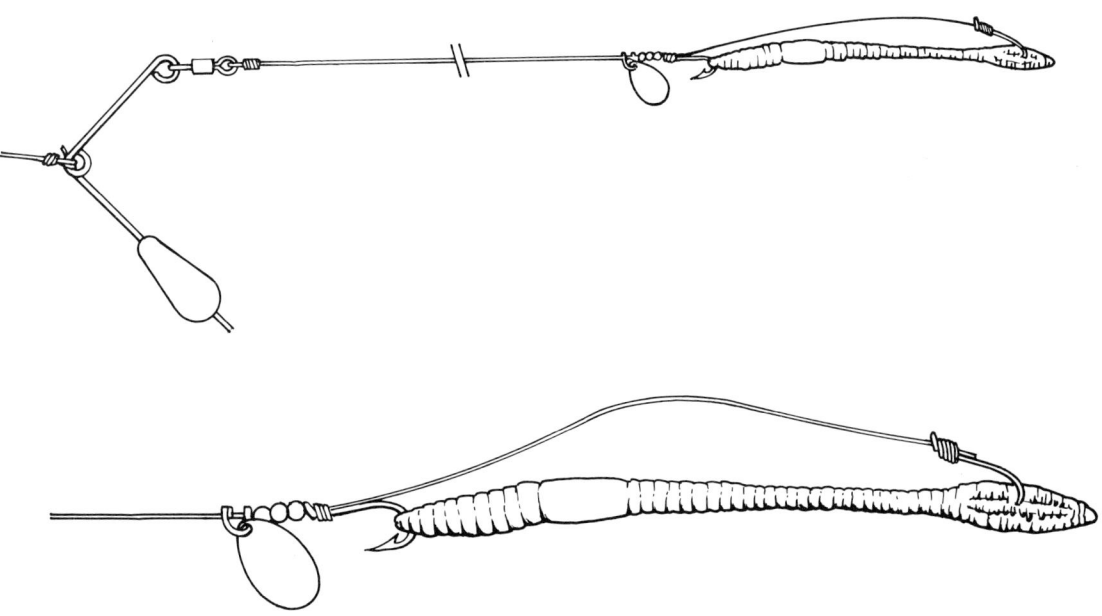

Die Vorfächer

Für die meisten Schleppfischer gehören die Vorfächer zu den wichtigsten Bestandteilen ihrer Ausrüstung. Vom Vorfach müssen die schwersten Schläge abgefangen werden und in der letzten Drillphase lastet die ganze Verantwortung auf ihm. Es muß ein Scheuern entlang des Bootskieles oder der Reling vertragen, vielleicht sogar die rauhe Haut eines Zahnschuppers. Dann muß es noch stabil und flexibel genug sein, um plötzlichen Zug und schnelle Sprünge zu überleben. Ein gutes Vorfach läßt sich auch leicht fassen, um den Fisch an den Kescher oder den Gaffhaken zu führen.

In erster Linie besteht die Aufgabe eines Vorfaches darin, den Köder derart attraktiv anzubieten, daß beim Fisch der Angriffsreflex ausgelöst wird. Ohne Vorfach werden Sie nicht weit kommen, ganz egal, was Sie ansonsten noch an Ausrüstung haben.

Schleppvorfächer laufen meist spitz zusammen und sind dabei in verschiedene Abschnitte unterteilt, die durchaus aus verschiedenen Materialien bestehen können. Zwischen diese Abschnitte fügen wir unsere Wirbel, Gewichte, Schockdämpfer oder Paravane ein. Die Köder bewegen sich am fängigsten, wenn sie eher an ein langes und geschmeidiges Vorfach gebunden werden als an ein kurzes und steifes. Ganz besonders trifft das beim Fischen mit Metallschnüren, Paravanen oder großen Gewichten zu. Ein geschmeidiges Vorfach trägt auch wesentlich dazu bei, den Schlag eines angreifenden Großfisches abzufangen.

Schleppfischer, die auf Zander und Schwarzbarsche aus sind, suchen oft auch sehr seichte Gewässerabschnitte in Grundnähe ab. Hier besteht die Aufgabe des Vorfaches darin, den Köder unmittelbar über dem Grund anzubieten. Am ehesten erreicht man das, indem man ein kurzes Vorfach (90–100 cm) an einem Walker-Blei oder an einem Dreiwegwirbel befestigt. Dasselbe kurze Vorfach, das diesmal allerdings an eine Handleine mit Gewicht und Wirbel gebunden wurde, wird entlang der Westküste Nordamerikas zum Fang von Pazifiklachsen verwendet. Hierzu werden mit geköpften Heringen langsam schleppend die verschiedenen Tiefen abgesucht.

Die Big-Game-Angler befolgen bei der Herstellung ihrer Vorfächer im allgemeinen die IGFA-Regeln. Von der IGFA werden im Salzwasser bei Schnurklassen unter 22 lbs (10 kg) Vorfächer bis 15 Fuß (4,57 m) erlaubt, bei schwereren Schnurklassen sind Vorfachlängen bis 30 Fuß (9,14 m) möglich. Im Süßwasser dürfen die Vorfächer jedoch nicht länger als 6 Fuß (1,82 m) sein. Die IGFA erlaubt es allerdings, die Hauptschnur oberhalb vom Vorfach mehrfach doppelt zu nehmen. Im Salzwasser darf aber die zusammengesetzte Länge von Vorfach und gedoppelter Hauptschnur in den Schnurklassen von unter 20 lbs (9 kg) ein Länge von 20 Fuß (6,1 m) nicht überschreiten. Bei schwereren Schnurklassen dürfen 40 Fuß (12,19 m) und im Süßwasser generell 10 Fuß (3,04 m) nicht überschritten werden. Darüber hinaus darf man, jedenfalls den IGFA-Regeln zufolge, das Vorfach erst dann anfassen, um den Fisch an das Gaff oder an den Kescher zu führen, wenn es den Spitzenring der Rute erreicht hat.

Immer mehr Vorfächer werden heute im Hinblick auf ein Freilassen der Fische hergestellt. Der Köder befindet sich dann an einem kurzen Stahlvorfach, das über einen Wirbel mit dem restlichen Vorfach verbunden ist. Wurde der Fisch an das Boot

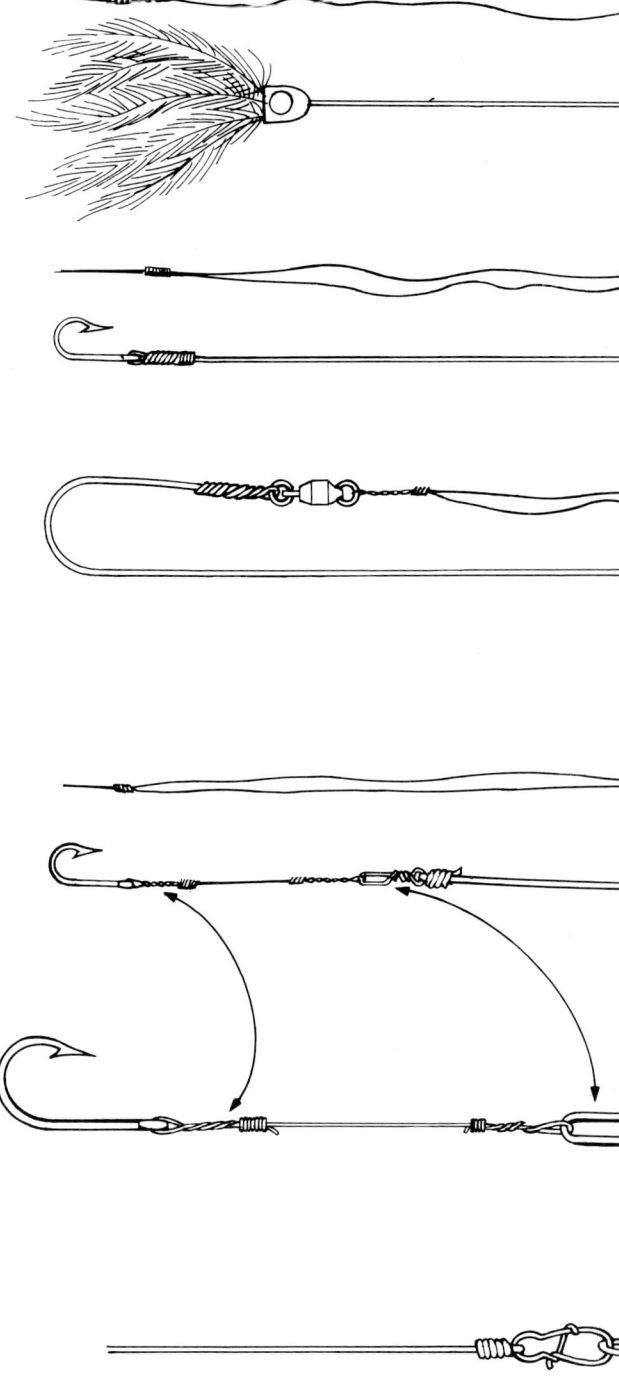

Vorfächer der Big-Game-Fischerei.
Oben ist eine gängige Endmontage für leichtere IGFA-Schnurklassen abgebildet (4–10 kg): eine gedoppelte Hauptschnur wird an ein dickeres, monofiles Vorfach mit einem japanischen Federjig geknüpft. Darunter befindet sich ein Vorfach, das in den 15–24 kg-Schnurklassen oft zum Haifischen verwendet wird: die gedoppelte, monofile Hauptschnur wird über einen Wirbel mit einem Stahlvorfach verbunden, an dem sich ein Haken für natürliche Köder befindet.

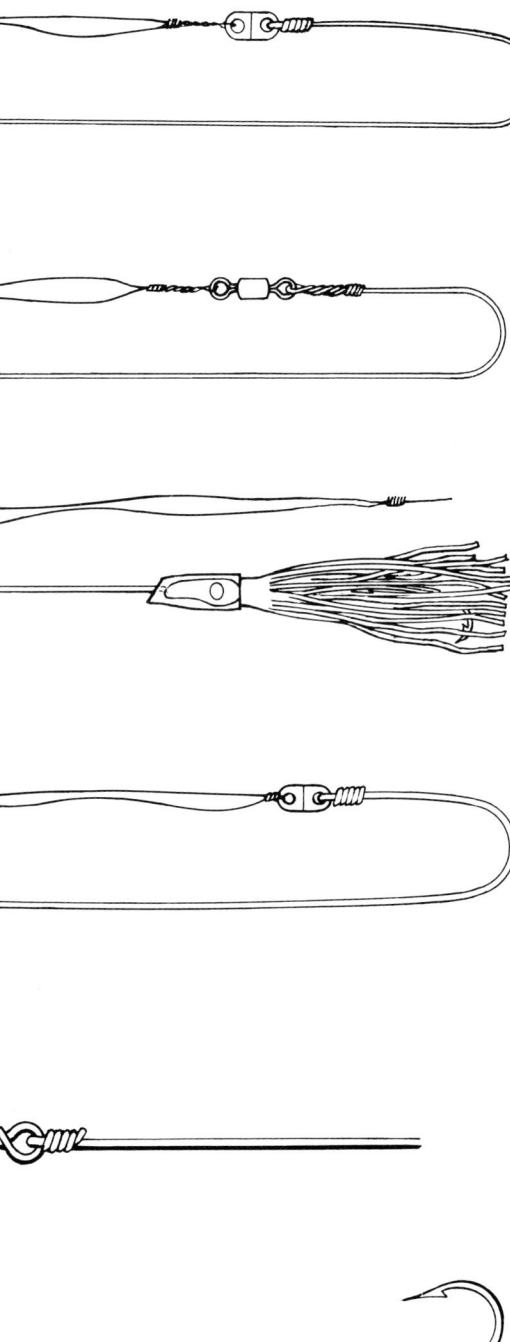

Das dritte Vorfach wird in den schwereren IGFA-Schnurklassen (37–60 kg) verwendet. Die gedoppelte Hauptschnur wird über einen gelagerten Wirbel mit einem 49-fibrigen Stahlvorfach verbunden, an dessen Ende sich ein Kona Head befindet. Die beiden untersten Vorfächer sind beim »Catch-and-Release«-Fischen gängig: an jedem befindet sich vor dem Haken ein Miniaturvorfach, das über einen Karabinerhaken mit dem restlichen Vorfach verbunden ist und leicht befreit werden kann.

gedrillt, seine Größe geschätzt und eventuell markiert, so braucht er nur mehr am Wirbel ausgeklinkt zu werden. Manchmal wird das Stahlvorfach auch unmittelbar am Haken durchtrennt.

Vorfachmaterialien

Die Fischart und die Angelstelle bestimmen das konkrete Vorfachmaterial. Der Trend geht jedoch immer mehr in die Richtung monofiler Nylonvorfächer. Vorfächer unterscheiden sich auch in ihren Durchmessern und Tragkraftwerten voneinander. Neben monofilem Nylon werden sie auch aus ein- oder mehrfibriger Stahlseide gefertigt, die nylonbeschichtet sein kann. Stahlseide und monofile Nylonschnüre gibt es mit Tragkraftwerten bis über 400 lbs (180 kg). Einige wurden zur besseren Tarnung auch dunkel eingefärbt.

Bestandteile eines Vorfaches sind u.a. Haken, Wirbel und Sleeves. Stahlseide wird entweder mit der Hand oder mit speziellen Zangen aneinandergeknüpft. Gutsortierte Angelgeschäfte bieten auch fertig montierte Vorfächer in den unterschiedlichsten Versionen an.

Mehrfibrige Stahlseide und besonders dicke Nylonschnüre werden am besten über Schlaufen miteinander verbunden, die mit Sleeves gesichert werden. Gewöhnlich hält auch ein Sleeve den Haken am Vorfach. Sleeves sind in unterschiedlichen Größen, Modellen und Qualitäten erhältlich – so gibt es beispielsweise spezielle Sleeves für Stahlseide und/oder für dickes, monofiles Nylon. Ebenso gibt es spezielle Zangen, die mit Vertiefungen versehen sind, in welche die Sleeves der unterschiedlichen Größen passen. Diese Zangen sind überaus hilfreich, allerdings nur, wenn die Stahlseide oder die monofile Nylonschnur auch richtig durch den Sleeve läuft – d.h., parallel und nicht über Kreuz. Drücken Sie nie auf die Enden der Sleeves, da scharfe Kanten schnell Ihr Vorfach beschädigen.

Haken

Den perfekten Universalhaken gibt es nicht. Stattdessen passen wir die Hakengröße dem Köder und der gewünschten Fischart an, ebenso wie unserer Rute, Rolle und Schnur. Ein starker Haken läßt sich mit leichtem Gerät unmöglich in das Maul eines großen Fisches eintreiben.

Big-Game-Angler verwenden gehärtete, abgeflachte und kurzschenklige Haken. Zwei Hakenvarianten werden von ihnen verwendet; die eine verfügt über einen geraden Widerhaken, bei der anderen weist der Widerhaken zum Hakenschenkel. Der Mustad Southern Tuna ist ein beliebtes gerades Modell, der Mustad Sea Master ist ein gleichermaßen bekanntes Modell der anderen Hakengruppe. Die geraden Haken werden in der Big-Game-Fischerei mit natürlichen und künstlichen Ködern verwendet, ganz besonders dann, wenn lebende Köderfische (als Bridle-Rig) in großer Entfernung geschleppt werden.

Für Lachsköder wie die geköpften Heringe werden gewöhnlich Siwash-Haken verwendet. Diese runden, kurzschenkligen Haken verfügen über eine lange Spitze, wodurch sie gut eindringen, aber dennoch äußerst robust sind. Im Drill kommen sie nur selten frei. Raka Siwash Einfachhaken sind auch überaus häufig an leichtesten Flatterlöffeln anzutreffen.

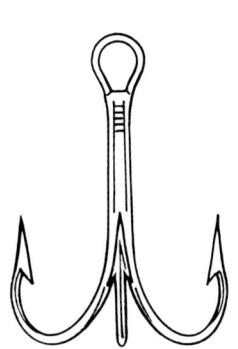

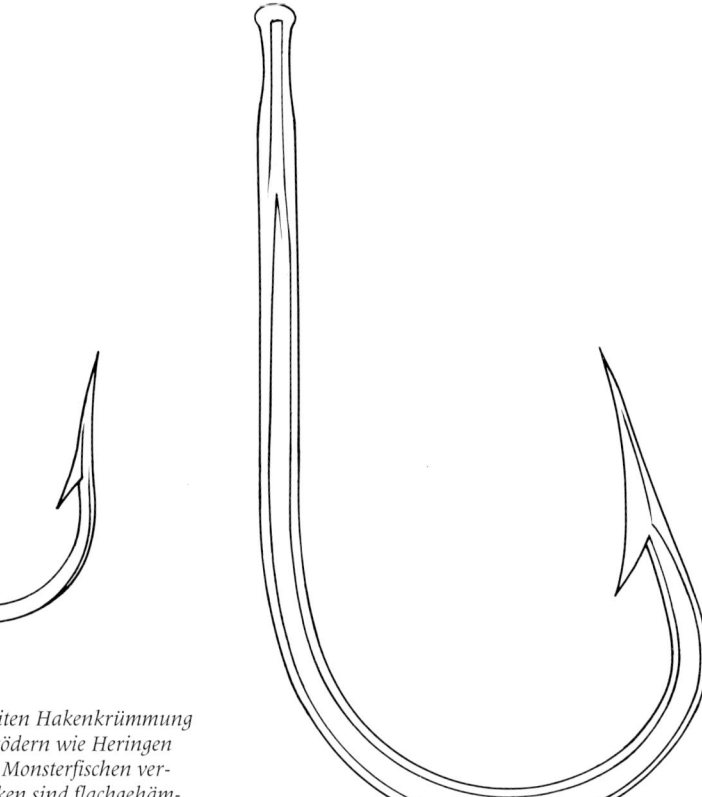

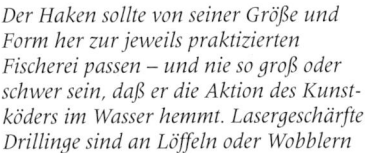

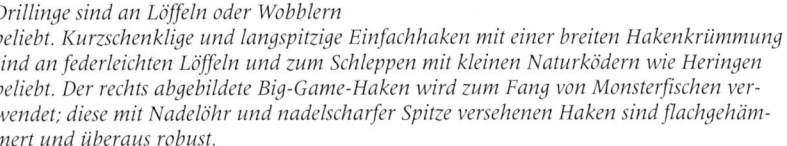

Der Haken sollte von seiner Größe und Form her zur jeweils praktizierten Fischerei passen – und nie so groß oder schwer sein, daß er die Aktion des Kunstköders im Wasser hemmt. Lasergeschärfte Drillinge sind an Löffeln oder Wobblern beliebt. Kurzschenklige und langspitzige Einfachhaken mit einer breiten Hakenkrümmung sind an federleichten Löffeln und zum Schleppen mit kleinen Naturködern wie Heringen beliebt. Der rechts abgebildete Big-Game-Haken wird zum Fang von Monsterfischen verwendet; diese mit Nadelöhr und nadelscharfer Spitze versehenen Haken sind flachgehämmert und überaus robust.

Vernickelte und verzinkte Haken verlieren leicht an Schärfe, da sie rostanfällig sind. Halten Sie solche Haken frei von Oxidationsspuren; prüfen Sie stets ihre Schärfe nach, ebenso den Zustand des Öhrs. Letztere kann ansonsten leicht das Stahlvorfach oder die monofile Schnur verletzen.

In den Gerätegeschäften sind wiederaufladbare, batteriebetriebene Hakenschärfer erhältlich. Hierdurch wird das Schärfen sehr vereinfacht, diese Geräte kommen mit den unterschiedlichsten Hakenformen klar und gewöhnlich erzielt man mit ihnen bessere Ergebnisse als mit einem einfachen Schleifstein.

Wirbel

Hauptaufgabe der Wirbel ist es, sich zu drehen und so Schnurdrall zu vermeiden. Natürlich sollen sie dem Kunstköder auch zu einem recht natürlichen Schwimmverhalten verhelfen. Hierzu ist es wichtig, daß die Wirbelgröße zum Schnurdurchmesser und zur restlichen Ausrüstung paßt.

Wenn Sie auf Ihrem Vorfach mehrere Wirbel haben, dann sollten diese von derselben Marke, aus demselben Material und von derselben Größe sein. Kleine Wirbel rotieren leichter als große. Eine Montage aus Gewicht, Reizköder und Kunstköder

muß mindestens drei Wirbel enthalten: einer kommt vor das Gewicht, wodurch in der Hauptschnur Schnurdrall vermieden wird, die anderen beiden kommen an jeweils ein Ende des Reizköders, wodurch Schnurdrall in dem Vorfach vermieden wird.

Viele Angler befestigen ihre Kunstköder mit Hilfe eines Karabinerwirbels. Gewöhnlich ist das allerdings unnötig, da beim Schleppen ein Kunstköder an einem einfachen Karabinerhaken besser arbeitet – am besten arbeitet er in jedem Fall in einem Schlaufenknoten.

Die Ringe eines Wirbels verraten oftmals seine Qualität. Nachlässig gelötete Ringe können die Schnur verletzen und am Knoten zu Schnurbruch führen. Wirbel aus rostfreiem Stahl mit robusten Ringen sind gewöhnlich vorzuziehen. Gelagerte Wirbel arbeiten am besten, wenn die Hauptschnur an den Ring auf der Wirbelachse geknotet wird.

Schleppfischer verwenden oft Dreiwegewirbel, wenn die Hauptschnur, das Vorfach und das Gewicht mit drei Schlaufen befestigt werden. Die Praxis hat erwiesen, daß die besten Dreiwegewirbel die selbst hergestellten sind. Hierzu werden drei Wirbel auf einen großen Ring gezogen; ein Wirbel kann mit einem Karabinerhaken versehen sein. Da die Wirbel sich in dem Ring frei bewegen können, plazieren sie sich immer so, daß der Zug optimal weitergeleitet wird.

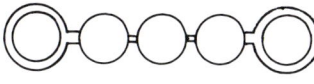

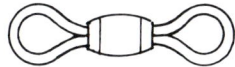

Einige Wirbelmuster. Ganz oben ist ein gelagerter Big-Game-Wirbel zu sehen, der mit zwei robusten Ringen und einem Coastlock-Karabinerhaken ausgestattet ist. Dieser König unter den Wirbeln ist in verschiedenen Größen erhältlich. Der sich von selbst zentrierende Dreiwegewirbel wurde vom Autor mit Hilfe von einem Ring, zwei Wirbeln und einem Karabinerwirbel hergestellt. Recht interessant ist diesbezüglich die Feststellung, daß ein aus einem Stück gefertigter Ring viel robuster als ein Sprengring derselben Größe ist.

Der Perlenkettenwirbel wird von Schleppfischern wegen seiner Flexibilität und Zuverlässigkeit sehr geschätzt. Letztere hat teilweise in der Tatsache ihren Ursprung, daß die Belastung in diesen Wirbeln auf mehrere Verbindungsstellen verteilt wird.

Ganz unten sehen wir einen Tonnenwirbel. Die Ösen, mit denen er versehen wurde, sind die zuverlässigsten die uns zur Verfügung stehen. Generell sollte man Wirbel mit gebogenen Ösen vermeiden.

Am sichersten lassen sich Haken ohne Verletzungsgefahr für Fisch und Angler mit einer langen Hakenlösezange entfernen. Soll der Fisch wieder freigelassen werden, so befreit man ihn am besten noch im Wasser liegend, ganz ohne ihn an Bord zu heben. Hierzu sind auch spezielle widerhakenlose Haken erhältlich.

Karabinerhaken

Karabinerwirbel sind mit unterschiedlichen Karabinerhaken ausgestattet, die jeweils über andere Verschlußsysteme verfügen. Generell sollte man den amerikanischen Karabinerhaken den Vorzug geben. Die Strapazierfähigkeit hängt beim Karabinerhaken von der Dicke und Stärke des verwendeten Materials ab, wogegen die Sicherheit vom Verschlußsystem bestimmt wird. Zu den bekannten Karabinerhaken gehören Modelle wie Pompanette, Cross-Lock und Coastlock.

In der weltweiten Szene der Big-Game-Fischerei wird ein Coastlock-Karabinerhaken, der über einen robusten Ring mit der Achse eines gelagerten Wirbels verbunden ist, gewöhnlich als unschlagbar betrachtet. Durch den zusätzlichen Ring wird vermieden, daß sich der Karabinerhaken im Wirbel während der Flucht verkantet. Der McMahon-Karabinerhaken von Sampo und der Korkenzieher-Karabinerhaken haben viele Anhänger. Letzterer ist robust, leicht in der Handhabung und versehentlich läßt er sich kaum öffnen. Allerdings habe ich schon Vorfächer erlebt, die sich im Karabinerhaken verwickelt haben und von wild springenden Lachsen gesprengt wurden. Diese Karabinerhaken sind im Wasser zudem alles andere als diskret – was von Vor- und Nachteil sein kann –, da sie viele Wasserverwirbelungen verursachen.

Ringe tauchen auch immer wieder als Verbindungsstücke auf. Uns stehen Sprengringe und gewöhnliche, d.h., geschlossene Ringe zur Verfügung. Ihre Zuverlässigkeit hängt von ihrer Stärke und ihrer Korrosionsbeständigkeit ab. Von ihrer Größe her sollten sie zum gegebenen Kunstköder und Haken passen. Befinden sich zwischen dem Kunstköder und dem Haken mehrere Ringe, so steigen die Chancen, den Fisch sicher zu landen. Er läßt sich so besser haken und im Drill, besonders bei den Sprüngen, werden zwischen dem Haken und dem Kunstköder geringere Hebelkräfte frei.

Persönliche Ausrüstung

Wie kann ein Schleppfischer sicher gehen, von Kopf bis Fuß ausreichend geschützt zu sein? Die Antwort hierauf hängt natürlich sehr von der geografischen Breite, der Jahreszeit usw. ab. Was auf hoher See von Vorteil sein kann, beispielsweise gut sichtbare Kleider zu tragen, kann sich an einem kleinen Gewässer als großer Nachteil entpuppen. Bis zu einem gewissen Maß sollten daher die Farben unserer Kleider zur befischten Umgebung passen.

Daß sich an Bord irgendeine Schwimmweste befindet ist selbstverständlich. Ein weiterer wichtiger Punkt ist, daß Ihre Kleider angenehm zu tragen sein sollen, da Sie so letztlich besser fischen werden.

Für Angelbekleidung gilt prinzipiell dasselbe, wie für andere Aktivitäten unter freiem Himmel. Auch hier macht sich mehrschichtiges Einkleiden bezahlt. Durch einfaches Ablegen oder Anziehen läßt sich die Körpertemperatur optimal steuern. Die sich unmittelbar an Ihrem Körper befindliche Kleiderschicht sollte aus Kunstfaser sein, da so der Körperschweiß nach außen transportiert wird. Die mittlere Schicht kann aus Fleece bestehen, sie sollte in jedem Fall in Verbindung mit der Körperwärme gut isolieren. Die äußere Schicht soll Sie in erster Linie vor Wind und Regen schützen, darf hierbei allerdings auf

Die Angelkleider müssen zur Jahreszeit und der jeweiligen Umgebung passen. Es ist immer wichtig, Ihren Kopf, Ihre Hände, Füße und Handgelenke vor Kälte, Hitze und Sonne zu schützen. Unerläßlich ist in jedem Fall eine Schwimm- oder Rettungsweste. Viele Taschen an den Außenkleidern zu haben ist immer sinnvoll, da so persönlicher Kleinkram stets in greifbarer Nähe ist.

keinen Fall luftdicht sein. Außenbekleidung aus Gore-Tex wird diesen Erfordernissen gewöhnlich gerecht. Achten Sie jedoch beim Fischen im Salzwasser darauf, daß sich die Poren der Gore-Tex-Membran nicht mit Salz zusetzen. Reinigen Sie sie hin und wieder durch Auswaschen mit Süßwasser. Legen Sie auf hochwertige Reißverschlüsse Wert. Sie sollten rostfrei sein und sich auch mit nassen und steifen Fingern problemlos öffnen und schließen lassen. Überprüfen Sie auch, ob die Nähte gut verarbeitet und absolut wasserdicht sind.

Ideal ist es, wenn unsere Außenkleider an Taschen, Ellbogen Knien und Sitzfläche verstärkt sind – und die Jacke zudem über eine rollbare Kapuze und über Belüftungsritzen und -löcher an Armen und Schultern verfügt. Hierdurch werden Bewegungsfreiheit und Langlebigkeit erheblich verbessert. Beine und Brust werden am besten durch bis an die Achseln reichende Latzhosen geschützt.

Für Ihre Füße brauchen Sie Bootsschuhe oder Stiefel. Die Schuhe sollten robust, wasserabweisend und gut vernäht sein. Rutschfeste Sohlen erleichtern Ihnen das Fortbewegen an Deck. Stiefel bieten zwar eindeutig mehr Schutz, jedoch nur selten wirklichen Tragekomfort.

Auf Ihren Kopf kommt, je nach Klima, ein Sonnenhut, eine Angelkappe aus Gore-Tex oder eine Wollmütze. Wird es besonders kalt, verwenden wir gerne lange Wollmützen, die wir uns über das ganze Gesicht ziehen können. Lediglich für Mund und Augen sind Öffnungen vorgesehen.

Survival-Thermoanzüge haben ihre Tauglichkeit in den kalten Nordwintern schon oft unter Beweis gestellt. Sie lassen sich über Hemd und Hose ziehen und bieten im Falle eines Unfalles hohe Sicherheit, da moderne Fabrikate den Angler auch in eiskaltem Wasser noch über Stunden am Leben erhalten. An Ihren Füßen sollten Sie robuste Gummistiefel mit Filzeinlagen tragen und zusätzlich eventuell noch ein Paar Thermostrümpfe.

Die Hände sind am besten in einem Paar Gore-Tex-Thermohandschuhen vor Kälte geschützt. Eine gute Alternative sind Neoprenhandschuhe. Darüberhinaus sollten sich immer auch ein Paar Arbeitshandschuhe an Bord befinden, da sich mit ihnen Stahlvorfächer und Ankerketten sicher anfassen lassen.

In südliche Gefilde reise ich nie ohne eine Florida-Sonnenkappe, Polarisations-Brille und Sonnenschutzcreme. In meinen Kleidern befindet sich immer ein langärmiges, leichtes Baumwollhemd, das meinen Armen Schatten spendet und eine lange, leichte Hose, die sich mit Hilfe von zwei Reißverschlüssen schnell in eine kurze verwandeln läßt. An meinen Hosen und Hemden möchte ich immer eine Vielzahl von Taschen haben – für Notizbuch, Stift, kleine Schachteln und ein kleines, vielseitiges Angeltaschenmesser.

BOOTE UND
IHRE AUSSTATTUNG

---

*F*ür die meisten Angler ist ein Boot lediglich ein Fortbewegungsmittel,
das sie an ihre Angelstelle und wieder
zurück bringt. Für einen Schleppfischer
stellt ein Boot weitaus mehr dar. Es ist Teil
seiner Angelausrüstung und jedes Detail
an ihm ist ebenso wichtig, wie Rute,
Rolle und Schnur.

Ein Schleppboot kann alles von einer kleinen, dachgepäcktauglichen Nußschale bis zum großen, tiefen und mehrere hundert PS starken Motorkreuzer sein. Wie das Boot nun konkret aussehen soll, hängt davon ab, wann und wie Sie fischen und wie gefüllt Ihr Geldbeutel ist.

Modernes Schleppgerät hat es möglich gemacht, den Fischen von der Eisschmelze bis zur erneuten Eisbildung nachzustellen und ganz ohne Rücksicht darauf, ob sie seicht oder tief schwimmen. Demzufolge sollte ein Schleppboot sowohl für warme Sonnentage als auch für kalte Wintertage gerüstet sein. Mit anderen Worten: es muß funktional, seetauglich und langlebig sein. Aber dennoch wird das perfekte Schleppboot, das für alle Umstände gerüstet ist, wahrscheinlich eine Wunschvorstellung bleiben.

Im letzten Jahrzehnt hat sich das Angebot an speziell für die Schleppfischerei entworfenen Booten immens vergrößert, insbesondere in den Längen von 17–25 Fuß (5,2–7,6 Meter). Hierunter befinden sich offene Boote, Boote mit einer in der Mitte angebrachten Kabine (»Walkaround«-Boote) und klassische Kabinenboote. Aus diesem Trio suchen sich die meisten von uns ihr Schleppboot aus. Diese Boote lassen sich problemlos von einem Gewässer zum anderen transportieren und mit ihnen können seichte Binnengewässer, aber auch die ganz großen Tiefen abgefischt werden.

Da die Big-Game-Fischerei weltweit immer beliebter wird und immer mehr auf Spitzensportfische wie Marlin und Thun gefischt wird, haben viele Werften aus ihren Flagschiffen der 30–60 Fuß-Klassen (9,1–18,2 Meter) komfortable Schleppversionen gemacht. Gewöhnlich sind die bekanntesten Charterboote – »Flybridge«-Modelle.

Trotz modernem Design und Technik, gab es schon vor Jahrhunderten nahezu ideale Schleppboote. Durch generationenlangen Bootsbau der Fischer wurden diese an den Rand der Perfektion gebracht, ganz einfach deshalb, weil damals Boote und Fischfang zum Überleben unerläßlich waren.

Die Auswahl eines Schleppbootes

Beim Bootskauf ist es wichtig, sich von der Realität und nicht von Traumvorstellungen leiten zu lassen. Wer sein erstes Boot kauft, sollte seine konkreten Anforderungen genauestens kennen und analysieren. Versuchen Sie festzustellen, unter welchen Bedingungen die Fischerei gewöhnlich stattfinden wird und nehmen Sie diese als Ausgangsbasis. Nur so haben Sie größte Aussichten darauf, daß das Fischen Früchte tragen, aber dennoch angenehm verlaufen wird.

Größtmögliche Sicherheit an Bord ist die oberste Regel bei der Auswahl eines Angelbootes. Versuchen Sie zu diesem Punkt über das Boot Ihrer Wahl möglichst viel Information zu erhalten. Viele Schleppfischer verwenden ihre Boote vornehmlich bei schlechtem Wetter, da dann mehr gefangen wird als während der Schönwetterphasen. Vergewissern Sie sich, daß die Reling Ihnen überall bis über die Knie Halt bietet. Die Griffe sollten auch überall so angebracht sein, daß Sie sich sicher und problemlos an Deck hin- und herbewegen können. Überprüfen Sie auch, ob der Heckspiegel breit und stabil genug ist, um auf ihm die ganze Ausrüstung zu montieren.

Ganz egal aus welchem Material ein Boot gefertigt wurde, es muß gewartet werden. Auf einem Schleppboot sind

bestimmte Teile eher als andere dem Verschleiß ausgesetzt. Die optimale Stelle zum Befestigen der Ausrüstung läßt sich auf einem großen Boot nicht so offensichtlich herausfinden, wie auf einem kleinen. Sie sollten auch darauf achten, daß die Bordelektronik Spritz- und Salzwasser gegenüber unempfindlich ist. Überprüfen Sie regelmäßig die Apparaturen, den Rumpf, die Heckausrüstung und den Motor selbst.

Für die meisten Angler endet der Bootskauf mit einer Art Kompromiß. Ein guter Erstkauf kann der Erwerb eines von einem Kollegen gebrauchten Boot sein, der auf dieselbe Art wie Sie selbst fischt. Ein Großteil der die Ausstattung betreffenden Probleme wird dann bereits gelöst sein. Verfallen Sie jedoch nicht dem High-Tech-Syndrom, da zu komplizierte Ausrüstung an Bord die Fischerei in den Hintergrund drängt.

(Unten) Ein kleines Boot hat viele Vorteile und mit einer funktionalen Ausstattung versehen, kann es schnell in eine äußerst effektive Schleppmaschine verwandelt werden. Es läßt sich problemlos von einem Gewässer zum anderen transportieren, wodurch der Angler Gelegenheit zu abwechslungsreichem Sport in unterschiedlicher Umgebung bekommt. Oft haben kleine Boot auch einen geringen Tiefgang, wodurch sich seichtere Abschnitte als mit großen Booten abfischen lassen.

(Rechts) Ein großes Boot ist den äußeren Bedingungen wie Wetter und Wellengang gegenüber weniger empfindlich. Es bietet auch mehr Schutz und Platz, sowohl für die Angel-, als auch für die eigentliche Bootsausrüstung. Komfort und Platz an Bord haben gewöhnlich zur Folge, daß man es an den eigentlichen Angelstellen länger aushält.

Die Bootsgröße

Auf Booten mit einer Fahrerkonsole können sie sich von vorne nach hinten und von Seite zu Seite frei bewegen. Es läßt sich daher von diesem Bootstyp aus äußerst effektiv fischen und drillen. Der zum Fischen zur Verfügung stehende Platz kann auf so einem kleinen Boot größer sein als auf einem viel längeren und breiteren.

Generell gesehen stößt man bei einem »Walkaround«-Boot auf dieselben Vorteile – jedoch werden deutlich besserer Wetterschutz und viel mehr Stauraum geboten. Wie der Name schon sagt, läuft um die Kabinen dieser Boote ein breiter, etwas ins Deck versenkter Gang. Für viele Schleppfischer der alten und neuen Welt ist dieser Bootstyp zum Befischen großer Binnengewässer und ungedeckter Küstenabschnitte nahezu ideal. »Walkaround«-Boote werden hauptsächlich in Längen von 20–26 Fuß (6,1–7,9 m) angeboten.

Kleinere Boote erlauben das Befischen seichter Gewässerabschnitte viel eher, als das bei größeren Booten mit mehr Tiefgang der Fall ist. Darüberhinaus reagieren Fische gegenüber einem kleinen Boot nicht ganz so scheu. Größe und Gewicht sind auch für die Frage entscheidend, wie problemlos sich ein Boot von einem Gewässer an ein anderes transportieren läßt.

Die Grenzen eines kleinen Bootes machen sich in dem geringen Platzangebot bemerkbar – oder aber beim ersten Ausflug auf das offene Meer. Dort draußen bietet so ein kleines Boot nur mehr minimalen Schutz vor Wind, Regen und hereinbrechenden Wellen. Mich persönlich stören diese Tatsachen, verglichen mit der großen Mobilität eines solchen Bootes, nicht allzu sehr. Störend wird es erst, wenn an Bord das Schleppgerät nicht ausreichend befestigt werden kann. Stauraum ist in einem kleinen Boot nie sicher genug und nie ausreichend vorhanden. Es ist daher von Anfang an wichtig, das Gerät sorgfältig anzubringen und es wieder ordentlich wegzuräumen, sodaß man durch das Gerät nicht gestört wird und es einem nicht die Freude am Angeltag nimmt.

Meiner Angelerfahrung mit kleinen Booten zufolge sollten diese immer nur von einer Steuerkonsole aus manövriert werden. Auf Booten bis 17 Fuß (5,2 m) ist eine seitlich angebrachte Fahrerkonsole ganz sinnvoll; auf größeren ist eine in der Mitte angebrachte Konsole ratsam. Immer häufiger anzutreffen und beliebter werden seitlich versetzbare Konsolen. Viele Steuer-

konsolen sind leider zu klein, um all die Gerätschaft eines Schleppfischers in Reich- und Sichtweite anzubringen. Es sollte zumindest für einen Kompaß und ein Echolot ausreichend Platz vorhanden sein. Optimal ist es, wenn auch noch Funkgerät und Navigator Platz finden, ebenso eine gefaltete Seekarte.

Größere, mit einem Deck versehene Boote bieten den großen Vorteil, besser vor Wind und Regen zu schützen – und rauher See gegenüber unempfindlicher zu sein. Ihre Geräumigkeit bietet nicht nur Übernachtungsmöglichkeiten, man kann sich auch viel einfacher an Bord bewegen, mit den Fängen und dem Gerät hantieren, wie beispielsweise mit dem Funkgerät, dem Echolot, den Navigationsinstrumenten, den Downriggern, den Outriggern, den Kunstködern, den Angeln und dem ganzen persönlichen Kleinkram. Darüberhinaus bieten solche Boote größeren Komfort und mehr Sicherheit. Diese ganzen Vorteile, die es einem ermöglichen, das meiste aus seinem Boot zu holen, haben viele Angler dazu gebracht, in ein großes Boot zu investieren und sich einen ganzjährigen Liegeplatz in einem Hafen zu sichern.

Die Rumpfform

Gewöhnlich sprechen wir von Verdrängern, Gleitern und Halbgleitern. Zu ersterem Typ gehört ein klassisches Ruderboot, das mit seinem ganzen Rumpf im Wasser »sitzt«; hierdurch erhalten diese Boote eine stabile Wasserlage und größere Versionen sind recht meerestauglich. Verdränger sind jedoch nicht für höhere Geschwindigkeiten geeignet: gewöhnlich werden 6–8 Knoten nicht überboten.

Verdränger sind mit einem Kiel versehen, der an schnelleren Booten oft fehlt. Ein Kiel vereinfacht das Steuern bei niedrigen Geschwindigkeiten, wie sie für Schleppfischer üblich sind. Boote, die schnell ins Gleiten kommen sind bei langsamer Fahrt gegenüber Seitenwind recht empfindlich, da nur wenig von ihrem Bootsrumpf im Wasser liegt.

Schleppfischer ziehen jene Boote vor, die im Wasser einen stabilen Kurs beibehalten, ein Punkt, der entscheidend von der Rumpfform abhängt. Die Rumpfform verrät häufig, wo und wie der Bootseigner fischt. Gleiter und Halbgleiter sind hauptsächlich mit einer der folgenden sechs Rumpfformen ausgestattet: Flachrumpf, Rundrumpf, leichter V-Rumpf, mittlerer V-Rumpf, starker V-Rumpf und als Trimaran.

Bootsmaterialien

Ein großes Boot muß nicht unbedingt mehr als ein kleines wiegen. Das Gewicht hängt in erster Linie von dem verwendeten Material ab. Vom Gewicht werden allerdings die Motorenstärke, der Verbrauch und die Transportmöglichkeiten bestimmt. Holz, Aluminium und Fiberglas sind die gängigsten Bootsmaterialien. Sogar Schlauch- und Kevlarboote sieht man hin und wieder schleppen. Es gibt jedoch noch immer kein völlig wartungsfreies Material. Vergessen Sie auch nie, daß ein gut gewartetes Boot gewöhnlich auf hoher See zuverlässigere Dienste leistet. Pflegen Sie daher Ihr Boot und Ihren Motor – zuhause und auf dem Wasser – und nehmen Sie diese Pflege mit umweltverträglichen Produkten vor.

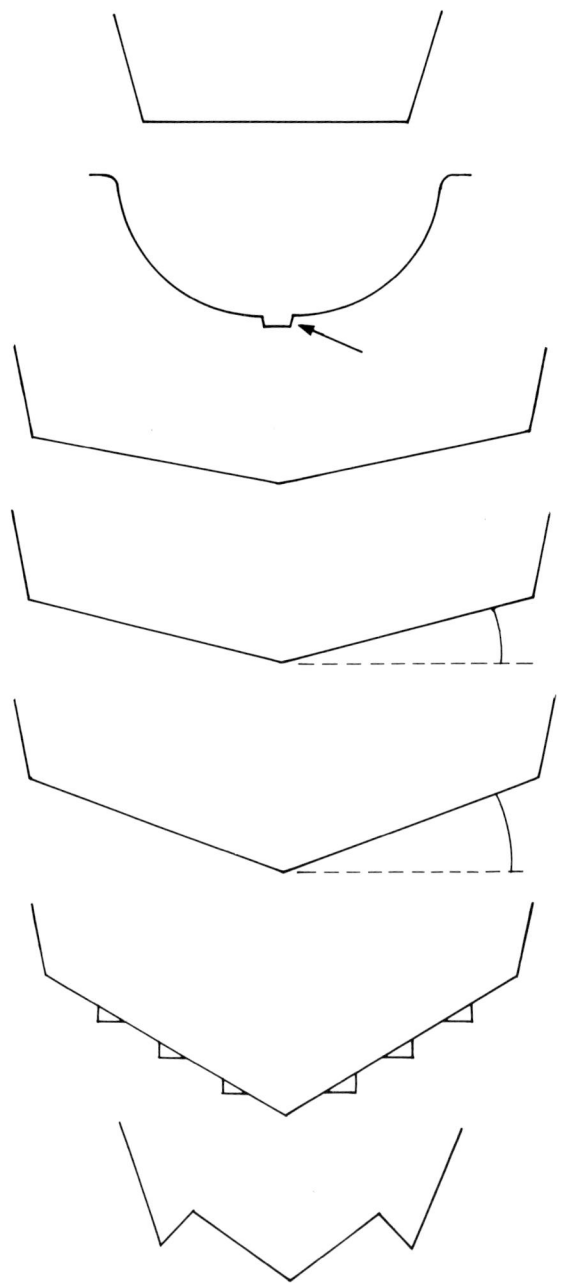

Die gängigsten Bootsrumpfformen sind: der Flachrumpf, der Rundrumpf mit Kiel, der leichte V-Rumpf, der mittlere V-Rumpf (12–18°), der starke V-Rumpf (+20°) und der Trimaran. Der mittlere V-Rumpf ist bei den Schleppfischern recht beliebt. In rauher See liegt er nicht so stabil wie ein starker V-Rumpf im Wasser, dieser Nachteil kann über einen Trimmer jedoch recht gut ausgeglichen werden. Der mittlere V-Rumpf braucht geringere Motorkraft, er schlingert weniger und es kommt zu weniger Spritzwasserbildung als bei einem stark V-förmigen Rumpf.

An Bord des Bootes

Das Innenleben eines Bootes sollte ebenso zu den gesuchten Fischarten und der befischten Umgebung passen, wie das für die Rumpfform der Fall sein sollte. Eine alte Matrosenregel verlangt, daß das notwendige Gerät sich stets in Reichweite befinden muß, ohne daß die Gefahr besteht, über verstreut herumliegendes Gerät zu stolpern. Gegenstände, die nicht verwendet werden, sollte man wegräumen, nach Möglichkeit an Stellen, wo sie nicht durch Sonnenlicht und Spritzwasser beschädigt werden können.

Das Cockpit ist der Werkraum des Bootes. Auch hier sollte auf Geräumigkeit und Platz Wert gelegt werden. Ein Angler braucht zum erfolgreichen Anhauen und Drillen größtmögliche Bewegungsfreiheit. Schnüre, Kleider, Netze und anderes Gerät dürfen sich nach Möglichkeit in nichts verfangen können. Und wenn ein Rekordfisch gebissen hat, muß man die Reling schnell von allen Downriggern, Outriggern usw. befreien können.

Das Deck sollte möglichst flach und rutschfest sein. Ideal ist es, wenn ein Boot selbstlenzend ist, wodurch Meer- und Regenwasser schnell über Bord befördert werden, aber auch zwischendurch das Deck gespült werden kann, beispielsweise nach dem Beködern von Naturködern oder nach einem größeren Drill. Vernähen und montieren Sie Ihre Köderfische immer an derselben Stelle an Bord – nach Möglichkeit auf einem eigens hierfür vorgesehenen Klapptisch. Ansonsten kann sich das Deck stellenweise in eine gefährliche Rutschbahn verwandeln.

Die Stauräume sollten zahlreich, absperrbar und durchdacht an Bord angebracht sein. Oft sind sie sehr funktional – sodaß sie beispielsweise auch als Sitzplatz dienen können. Einige sind gut isoliert und erfüllen spezielle Aufgaben, wie etwa die Aufbewahrung von Essen, Getränken oder die Hälterung lebender Köderfische. Andere sind von ihrer Größe oder Plazierung entlang der Seiten und im Deck dazu geeignet, Angelgerät, Anker, Tauwerk usw. aufzunehmen. Wer seinen Lebendhälterungsbehälter immer sauber hält und frisches Wasser durch ihn pumpt, kann immer über muntere Köderfische verfügen, die in vielen Gegenden für ein erfolgreiches Fischen unerläßlich sind.

Bestimmte Bestandteile der Ausrüstung müssen mit besonderer Sorgfalt behandelt werden. Batterien und Tank sollten stets in gesonderten Behältern aufbewahrt werden, wogegen andere, wie Feuerlöscher, Anker und Downriggergewichte festgezurrt werden müssen. Aufgrund ihres hohen Eigengewichtes können sie bereits bei geringen Schlingerbewegungen einen Teil der Inneneinrichtung zerstören.

Kunstköder, Messer, Zangen, Fischtöter, Hakenlöser und -schärfer sind Teile der Ausrüstung, die immer problemlos erreichbar sein müssen. Sie selbst sollten sich auch immer in Reichweite von Landenetz oder Gaffhaken, Kampfgurt und Rettungsschnur befinden.

Eine mit System angebrachte Ausrüstung und ein sauberes Deck sind Grundvoraussetzungen für erfolgreiches Schleppfischen, ganz egal, ob es sich dabei um ein Charterboot oder um eine private »Fishing-Machine« handelt. Nur mit der notwendigen Ordnung an Bord kann man im Falle des Bisses schnell und richtig reagieren.

Das Cockpit

Ausreichende Ellbogenfreiheit sollte jedes Cockpit auszeichnen, ganz unabhängig davon, ob man nur eine Turnhose oder einen Rettungsanzug trägt. Die Steuerung und alle Instrumente sollten gut und geschützt angebracht sein und dabei gut sichtbar und gut zugänglich bleiben. Auf gar keinen Fall dürfen Sie sich Sicht nehmen lassen.

Das breite Angebot an Instrumenten hat natürlich auch auf den Armaturenkonsolen Spuren hinterlassen. Viele wurden derart konzipiert, daß Schubfachsysteme problemlos installiert und miteinander zu einem einheitlichen System verbunden werden können. Der Vorteil hiervon ist, daß Sie die ganzen Instrumente auch nach und nach kaufen können; viele Instrumente zehren jedoch auch entsprechend Strom, kontrollieren Sie daher regelmäßig auch den Zustand der Batterien.

Einige moderne Mittelkonsolen lassen sich nach vorne kippen, wodurch das Unterdeck, der Tank und dort verstaute Ausrüstung leicht zugänglich werden. In und auf der Konsole gibt es oft Vertiefungen, die sich als Stauraum nutzen lassen. Manchmal sind sie auch mit integrierten Gerätekästen und vertikalen Rutenhaltern versehen. Die Konsole sollte stets aus drei Richtungen bestmöglich vor Wind und Regen geschützt sein – ein Schutz, der nicht nur dem Fahrer, sondern auch den Instrumenten zugute kommt.

An und um die Steuerkonsole sollten auch ausreichend Haltegriffe vorgesehen sein. Über die Steuerkonsole kann auch ein kleines T-Dach kommen, wodurch weiterer Schutz gegen Sonne und Regen geboten wird. Kommunikationsinstrumente können Sie unter einem solchen T-Dach anbringen und darauf ist für die verschiedensten Antennen Platz.

Der Platz des Fahrers sollte leicht zu erreichen sein und einen guten Überblick bieten. Die Instrumente dürfen nicht störend angebracht sein oder gar einen Teil der Sicht nehmen.

Wurden die Rutenhalter und die restliche Ausrüstung sinnvoll angebracht, so kann man sogar von einem recht kleinen Deck aus beträchtliche Breite und Tiefe von den Bootsseiten und vom Heck aus abdecken.

Die Schleppausrüstung

Die Wichtigkeit und die Funktion einer Reling an einem Schleppboot wird oft vernachlässigt. Die Tauglichkeitskriterien sind meistens die Rumpfform, die Art der Kabine und der Motor. Es ist jedoch der Bootsrand, der die ersten und manchmal stärksten Schläge abbekommt und so Ihr Boot, Ihr Leben und Ihre Ausrüstung schützt. Die Reling und die Haltegriffe sollten hoch genug angebracht sein und einem mittelgroßen Erwachsenen überall bis über die Knie reichen.

Für einen Schleppfischer ist die Reling – hier als Seitendeck – ein äußerst wichtiger Angelplatz. Hier wird alles mögliche, von dem einfachen Rutenhalter über den kompletten Downrigger bis hin zu den Auslegerarmen, befestigt.

Das Seitendeck auf einem Schleppboot muß breit und robust sein sowie aus widerstandsfähigem und leicht zu verarbeitendem Material sein. Qualitativ hochwertiges Holz, das korrekt dimensioniert wurde, ergibt ein herrliches Seitendeck. Montieren Sie hierauf einen Downrigger mit einem Fiberglasfuß, dann müssen Sie es gewöhnlich von unten her mit salzwasserbeständigem Holz verstärken.

Rutenhalter

Für viele von uns sind Rutenhalter in erster Linie abnehmbare Modelle, die sich an der Reling usw. befestigen lassen. Wichtig ist, daß sie ihre Position beibehalten und die Rute dabei in die gewünschte Richtung halten. Der Rutenhalter sollte sich und die Rute beim Fischen nicht verdrehen. Darüber hinaus müssen Sie ihm jederzeit problemlos die Rute entnehmen können, um einen Anhieb zu setzen oder an den Kampfstuhl zu gehen.

Die Größe und Stärke eines Rutenhalters sollte zur jeweils praktizierten Fischerei passen. Es wäre beispielsweise völliger Wahnsinn, Big-Game-Ruten in einfache Plastikrutenhalter zu stecken. Solches Gerät erfordert robuste Rutenhalter aus Metall mit auswechselbarem Innenfutter – ganz egal, wo sie nun angebracht werden. Viele Rutenhalter verfügen in ihrem unteren Ende über einen Splint, der in den Kreuzschlitz des Rutengriffteiles paßt und die Rute in einer bestimmten Stellung fixiert. Dieser Splint verhindert auch, daß die Rolle gegen den oberen Rand des Rutenhalters scheuert oder schlägt. In jedem Fall ist es bei schnellerer Fahrt oder rauher See sinnvoll, die Ruten in den Haltern zusätzlich mit einem Stück Schnur zu sichern.

Vergessen Sie nicht, die Rutenhalter an Bord derart anzubringen, daß sie die Schleppschnüre optimal verteilen und sich diese nur selten verheddern. Vergewissern Sie sich auch, daß sie gut erreichbar sind und vom Fahrersitz aus gesehen werden können. Wer alleine zum Schleppfischen hinausfährt, dem hilft hierbei ein Rückspiegel.

Downrigger

Downrigger bieten den Vorteil, daß sie mit Hilfe eines Gewichtes und einer Schnurklammer sogar hauchdünne Löffel auf mehrere hundert Meter Tiefe bringen können. Hat der Fisch gebissen, so springt die Schnur aus der Schnurklammer und er kann nun an ganz gewöhnlichem Angelgerät gedrillt werden.

Ein Downrigger ist daher ein unabhängiger Bestandteil der Ausrüstung. Er besteht aus einem kleinen Auslegerarm mit einem Rollerendring und einer Winde mit Stahlschnur, die durch den Ring läuft. Am Ende der Stahlschnur hängt ein schweres Gewicht an einem Karabinerwirbel. Ebenfalls an der Stahlschnur, oder aber am Gewicht, ist die Schnurklammer befestigt.

Die meisten Downrigger verfügen gleichzeitig auch über eine Bremse, eine Tiefenangabe und einen Rutenhalter. Jedoch nicht alle Downrigger – oder Bestandteile von ihnen – vertragen Salzwasser, ein wichtiger Punkt, den Sie noch vor dem Kauf klären müssen. Die Länge und Stärke der Stahlschnur schwankt ein wenig mit der Größe des jeweiligen Downriggers, gängig sind jedoch 100 Meter mit einer Tragkraft von 60 kg. Das Gewicht wiegt meistens zwischen 1,5 und 7 kg.

Die Auslegerarme der Downrigger gibt es in kurzen und langen Versionen (30–240 cm), manchmal sind sie auch teleskopisch. Die Länge der Auslegerarme wird davon bestimmt, wie Sie Ihre Ruten an Bord verteilen möchten, wie weit die Schnur von Motoren und Schiffsschrauben entfernt gehalten werden soll, wie leicht sich das Downriggergewicht aus dem Wasser heben läßt, usw. Das Gewicht wird entweder manuell oder mit einem kleinen Elektromotor angehoben.

Um eine Überbelastung der Stahlschnur, des Auslegerarmes und der anderen Bestandteile zu vermeiden, sollte der Downrigger sanft gestartet und gestoppt werden. Ganz hilfreich ist es, wenn er sich mit nur einer Hand bedienen läßt. Stellen Sie die Bremse so ein, daß sie während des Ablassens leicht schleift und, sollte sich das Gewicht am Grund verfangen, Schnur nachgibt. Auch an elektrisch angetriebenen Downriggern sollten Sie in der Lage sein, das Gewicht, beispielsweise bei Stromausfall, manuell einzuholen.

Der Rollerendring ist schwenkbar, sodaß er die Stahlschnur in die verschiedenen Richtungen auf ihrem Weg in die Tiefe begleitet. Der Schnurführungsschlitz im Rollerendring sollte so tief sein, daß die Stahlschnur nicht aus ihm herausrutschen kann. Befolgen Sie die Herstellerangaben bezüglich der Länge und des Durchmessers der Stahlschnur. Auch das verwendete Gewicht muß mit den Herstellerangaben kompatibel sein. Achten Sie darauf, daß sich an Bord immer einige Ersatzteile – wie Stahlschnur, Sleeves, Gewichte usw. – befinden.

Durch einen Downrigger wird die Reling stark belastet, wobei es ganz egal ist, welcher Befestigungsfuß verwendet wurde. Es gibt zahlreiche Befestigungssysteme für Downrigger, persönlich ziehe ich die Drehscheiben vor. Ein auf solch einer Drehscheibe montierter Downrigger kann unmittelbar am Boot mit Kunstködern versehen und anschließend in der gewünschten Position fixiert werden.

Befestigungsalternativen sind das Anbringen der Downrigger auf einem achternschiffs in der gewünschten Höhe angebrachten Gestell oder das Anbringen auf einem dem Autodachgepäckträger ähnlichen Gestell, das quer über dem Boot montiert wurde. Ist dieses Gestell schienenförmig, so lassen sich

die Downrigger problemlos in Position bringen. Wo sich in der Reling versenkte Rutenhalter befinden, lassen sich Downrigger auch bestens mit einem zapfenförmigen Fuß befestigen. Der Fuß wird lediglich in einen Rutenhalter gesteckt und durch einen Splint fixiert. Solche zapfenförmigen Befestigungen sind auch mit Drehscheiben erhältlich. Derart befestigte Downrigger lassen sich schnell abmontieren, was im Drill wichtig sein kann oder aber wenn Sie das Boot für andere Angeltechniken nutzen wollen.

Recht sinnvolles Zubehör für langarmige Downrigger ist der Retro-Ease-Weight-Retriever von Cannon. Ein an der Stahlschnur angebrachtes Seil erleichtert das Herbeiziehen des Gewichtes zum erneuten Ausbringen der Köder. Während die Angelschnur in die Schnurklammer gesteckt wird, klemmt das Seil am Downrigger fest. Im letzten Jahrzehnt wurde viel derart praktisches Zubehör entwickelt.

An den meisten Downriggern der mittleren und großen Modelle lassen sich heute ein oder mehrere Rutenhalter befestigen. Einfachrutenhalter sitzen oft im Downriggergehäuse selbst, wogegen Doppelrutenhalter gewöhnlich ganz unten am Auslegerarm angebracht sind. Die Rutenhalter sollten von Ihnen einzeln verstellbar sein, damit Sie die Ruten bestmöglich verteilen können.

Die Hersteller der Downrigger setzen immer mehr Computertechnologie ein. So können die Gewichte beispielsweise unterschiedlich schnell versenkt und angehoben werden. Gerade im Drill mit einem großen Fisch kann es notwendig sein, die Gewichte so schnell es geht an der Oberfläche zu haben. Das Gewicht kann auch automatisch an der Wasseroberfläche gestoppt werden, wodurch Arm und Stahlschnur entlastet werden. Der Downriggercomputer kann so programmiert werden, daß das Gewicht in bestimmten Zeitintervallen ver-

(Links) Es gibt unterschiedliche Längen der Downriggerauslegerarme. Langarmige Downrigger werden oft auf einem schwenkbaren Fuß an einem Seitendeck des Bootes montiert, wodurch die Köder maximal im Wasser verteilt werden.

(Unten) Schießt der Fisch auf das Boot zu, bevor Sie Zeit dazu hatten, das restliche Schleppgerät einzuholen, müssen Sie an Bord schnell einen geeigneten Platz zum Drillen und Keschern suchen.

schiedene Tiefen absucht – ein Vorteil, wenn man in der und um die Sprungschicht fischt. Sie können das Gewicht auch in einem bestimmten Abstand kontinuierlich den Bodenkonturen folgen lassen, wodurch es sich auf gar keinen Fall verfangen wird.

Die kleinsten und einfachsten Downrigger wiegen lediglich einige Pfund und finden problemlos in jeder Angelgerätetasche Platz. Sie fassen gewöhnlich 25–30 Meter Stahlschnur, ihre Bremse ist nicht so ausgereift wie an den größeren Modellen und sie vertragen Schleppgewichte bis 2 kg. Der Auslegerarm ist 30–40 cm lang. Es gibt sie mit und ohne Schnurzähler und sie lassen sich entweder an die Reling schrauben oder in die Aufnahme der Ruderdollen stecken. Trotz ihrer bescheidenen Größe vergrößern sie den Horizont des Anglers immens.

Gewöhnlich wird die Anzahl, Positionierung und Größe der Downrigger von der Größe des Bootes, der Beschaffenheit der Bootsränder und vom befischten Gewässer bestimmt. Vergessen Sie jedoch nie folgendes:
• bringen Sie die Downrigger so an, daß sie die Sicherheit an Bord nicht gefährden;
• bringen Sie sie im hinteren Bootsdrittel an;
• bringen Sie sie so an, daß Sie immer noch dazwischen passen, um einen Fisch zu gaffen oder zu keschern;
• bringen Sie nach Möglichkeit am Heck nur kurzarmige Downrigger und an den Seiten nur langarmige an;
• plazieren Sie Ruten und Downrigger nur an gut sicht- und erreichbaren Stellen.

Die »Outrigger«

Outrigger, oder Ausleger, werden zum Fischen bereits viel länger als die Downrigger verwendet. Ihre Hauptaufgabe besteht darin, die Schleppfläche um das Kielwasser herum zu weiten.

Die Kapitäne Bill Hatch und Tommy Gifford waren Pioniere der Auslegerfischerei. Die ersten Auslegerarme bestanden immer aus Bambus und oft wurden sie, um besser sichtbar zu sein, mit Streifen versehen. Moderne Auslegerarme sind aus Aluminium, rostfreiem Stahl oder Fiberglas. Es gibt verschraubbare und teleskopische Ausführungen. Üblicherweise sind sie 4,5 bis 9 m lang. Ein Auslegerarm erfordert auch entsprechendes Hißgerät, das gewöhnlich aus einem 30 Meter langen Seil, einem Schockabfänger aus Gummi (mit einem Glasring an einem Ende und einem starken Karabinerwirbel am anderen), einer Schnurklammer und aus einer Schlaufenbefestigung am Boot besteht.

Auslegerarme werden gewöhnlich im 45°-Winkel seitlich aus dem Boot ragend gefischt. Um Hawaii werden sie fast schon in vertikaler Position gefischt, sie stehen mit 60–90° aus dem Boot, wodurch die Kunstköder unmittelbar unter der Oberfläche laufen. Die kürzesten Ausleger werden meistens auf kleinen Booten (bis etwa 20 Fuß/6 Meter) mit Mittelkonsole gefischt. Gewöhnlich stecken sie am Seitendeck in entsprechenden Haltern. Lange Ausleger werden hauptsächlich auf großen Motorkreuzern verwendet, wo sie an den Kabinenseiten oder/und an einem Aufbau befestigt werden. Mit vier Füßen sind diese Ausleger fest mit dem Boot verbunden, sie lassen sich jedoch spielend leicht ausbringen und einholen. Dennoch sollten sie mit einem Tau zusätzlich gesichert werden.

Die Wahl des Auslegers hängt von der Kunstköder- und der Bootsgröße ab. Meistens werden die Ausleger mitschiffs angebracht, sodaß sie sich unter Spannung nach hinten krümmen. Beißt nun ein Fisch, so ist es sehr unwahrscheinlich, daß die Angelschnur sich an Deck verfängt.

Die Aktion der Auslegerarme hängt von deren Konstruktion ab. Einige werden mit Metall zusätzlich versteift. Steife Auslegerarme fischen sogar bei rauher See gut. An ihnen können mehrere Kunstköder gleichzeitig geschleppt werden. Ein Allroundausleger verfügt über eine steife untere Hälfte und eine flexible Spitze, die etwa 25% seiner Gesamtlänge ausmacht. Sogar die kürzesten Versionen können eine große Hilfe sein. Bei schlechtem Wetter sind Auslegerarme schnell überladen, wodurch die Kunstköder nur mehr über die Oberfläche springend geschleppt werden – und entsprechend wenig fangen. Dieses Übel läßt sich jedoch leicht beheben, indem man die Schnur und Schnurklammer weiter unten, am steiferen Teil des Auslegerarmes anbringt.

Entlang des Auslegerarmes läuft ein Bugsiertau durch Führungsringe. An dieser Schnur sind eine oder mehrere Schnurklammern befestigt, in die die Angelschnur geklemmt wird. Das Bugsiertau wird entweder elektrisch oder manuell ausgebracht. Gestrafft wird es, sobald die Kunstköder ihre Position erreicht haben.

Planer Boards

Für eine weitere Variante der Oberflächenschleppfischerei braucht man einen Mast und Planer Boards. Letztere dienen

(Oben) Auslegerarme gibt es, je nach Bootsgröße und Kunstködertyp, in verschiedenen Ausführungen. Zum Ausbringen der Rute werden des weiteren Schnurklammern, Röllchen und eine Ausbringerschnur (Halyard-Line) benötigt.

(Rechts) Im Süß- und Brackwasser verbreitern wir unsere Schleppfläche mit Planer Boards. Diese werden von Masten aus seitlich an Schnüren ausgebracht, an denen sich Schnurklammern mit den darin eingeklemmten Hauptschnüren der Ruten befinden. Das kleine Photo zeigt einen einfachen Befestigungsmast, der das Schleppen mit einem Planer Board auf nur einer Seite ermöglicht. Vor dem Mast liegt eine sehr beliebte Planer Board-Form (umgedreht).

wie ein Auslegerarm dazu, auf offener See Wasserflächen abzusuchen, die nicht durch die Fahrtgeräusche des Bootes gestört wurden. Besonders nützlich sind sie, wenn es dem Angler darum geht, seine Kunstköder ufernah und in seichtem Wasser anzubieten, d.h., an Stellen, die er aufgrund vom Tiefgang seines Bootes gar nicht erreichen dürfte.

Als Planer Board kann ein traditionelles Otterboard dienen, gewöhnlich sind sie jedoch speziell für ihre Aufgabe entworfen. Sie werden aus Holz, Metall oder Kunststoff gefertigt. Wichtig ist, daß ihre Anwendung einfach ist und daß sie über gute Schwimmeigenschaften verfügen. Prinzipiell sieht es so aus, daß sie mit zunehmender Größe höhere Geschwindigkeiten und rauhes Wasser besser vertragen. Die meterlangen Ausführungen entwickeln enormen Zug und belasten dabei Mast und Seil sehr. Um gut sichtbar zu bleiben, sollten Planer Boards mit auffälligen Farben gestrichen und mit einem kleinen Fähnchen versehen werden.

Ein Planer Board ist über ein Seil mit einer manchmal federgelagerten Winde an einem Mast verbunden. Auf diesem Seil kann eine Schnurklammer frei hin- und herrutschen. In diese Schnurklammer wird die Angelschnur geklemmt, sodaß der Köder 25–30 Meter vom Boot angeboten werden kann. Befestigen Sie nun einen kleinen Paravan (etwa vom Kuusamo-Typ) zwischen Vorfach und Hauptschnur, dann können Sie nicht nur seitlich, sondern auch tief fischen. Beißt nun ein Fisch zu, so wird die Schnur freigeruckt und er kann direkt mit der Rute gedrillt werden.

Auf dem Mast, der gewöhnlich 1–2 Meter lang ist, befinden sich ein oder zwei höhenverstellbar angebrachte Winden. Alle Bestandteile sollten salzwasserbeständig sein. Bringen Sie diesen Mast so weit wie nur möglich vorne an und befestigen Sie ihn gut. Mit Bremsen versehene Winden sind von Vorteil. Das Seil besteht gewöhnlich aus gefärbtem Dacron, ist etwa 50 Meter lang und verfügt über eine Tragkraft von ca. 60 kg.

Einige einfache Planer, in der Art der Yellow Birds und Rover, werden direkt an der Angelschnur befestigt und von einer Schnurklammer in Position gehalten. Beißt nun ein Fisch, so rutscht der Planer an der Schnur entlang bis zu einem Stopper herunter oder er wird direkt ausgeklinkt. Bei ruhigem Wetter können solche Planer die Kunstköder seitlich weit ausbringen, bis in jene Gebiete, wo vielleicht die scheuen Fische auf der Lauer liegen. Sie brauchen nur wenig Platz und lassen sich problemlos im Gerätekasten verstauen.

Die Schnurklammern

Diese auch als »Klip« bezeichneten Klammern gehören zu dem wichtigsten Zubehör des Schleppfischers. Ihre Aufgabe ist es, die Schnur bis zum Biß in Position zu halten. Dann muß die Schnur augenblicklich freigegeben werden, aber dennoch mit ausreichend Widerstand, damit der Haken fast wie bei einem ersten Anhieb ein wenig eingetrieben wird. Es ist unerläßlich, den jeweils notwendigen Freigabewiderstand einstellen zu können. Zum Fischen mit Planer Boards, Downriggern und Outriggern gibt es verschiedene Schnurklammermodelle in unterschiedlichen Größen. In Verbindung mit Planer Boards werden in erster Linie gleitende Modelle verwendet, wogegen festsitzende und abnehmbare Klammern an den anderen Montagen zum Einsatz kommen. Festsitzende Klips werden am Gewicht oder am Downriggerkabel unmittelbar darüber befestigt. Die abnehmbaren Schnurklammern, die auch als »Stacker« bezeichnet werden, lassen sich demgegenüber auf der gesamten

Kabellänge anbringen. So wird es möglich, mit zwei Ruten an einem Downrigger in unterschiedlicher Tiefe zu schleppen. Wesentlich bei einem Stacker ist, daß der Umgang mit ihm einfach und unkompliziert bleibt.

Alle Schnurklammern beschädigen auf Dauer die Angelschnur. Am Design und Material einer Schnurklammer kann man oft schon erkennen, wie belastbar und wie »Schnurfreundlich« sie ist. Überprüfen Sie daher regelmäßig den Zustand Ihrer Schnurklammern und Ihrer Angelschnur.

Der Schnurfreigabemechanismus ist von Klip zu Klip unterschiedlich. Einige verfügen über einen zangenartigen Mechanismus, der die Schnur lediglich blockiert. An anderen muß die Schnur über einen Federmechanismus gewickelt werden. Als Alternative hierzu gibt es noch Klips, bei denen die Schnur über eine Steckverbindung in Position gehalten wird. Sogar ein oder zwei Gummibänder können erfolgreich als Verbindung zwischen Gewicht/Kabel und der Angelschnur verwendet werden: beim Biß werden sie ganz einfach zerrissen.

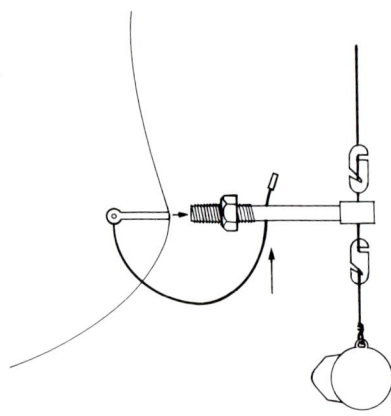

Die »Scotty«-Schnurklammer. Sie wird auf dem Kabel über dem Gewicht angebracht. Die Schnur läuft durch eine Öse des nadelartigen Steckers. Dieser wird durch ein kleines Schnürchen gesichert, damit er bei einem Biß nicht verlorengeht.

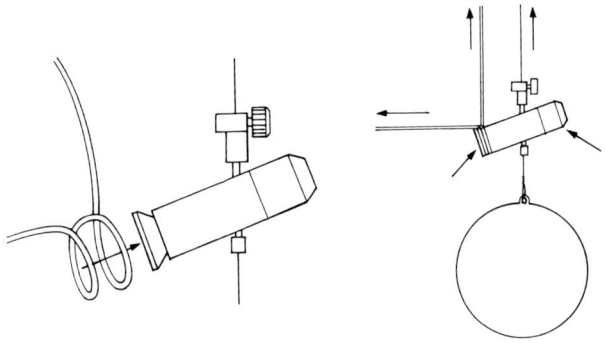

Diese mit einer Feder arbeitende Schnurklammer von Walker ist auch als »Stacker« erhältlich. Die Schnur wird mit zwei Wicklungen an einem Klammerende befestigt, wogegen der Freigabewiderstand an einem am anderen Klammerende befindlichen Rädchen eingestellt wird.

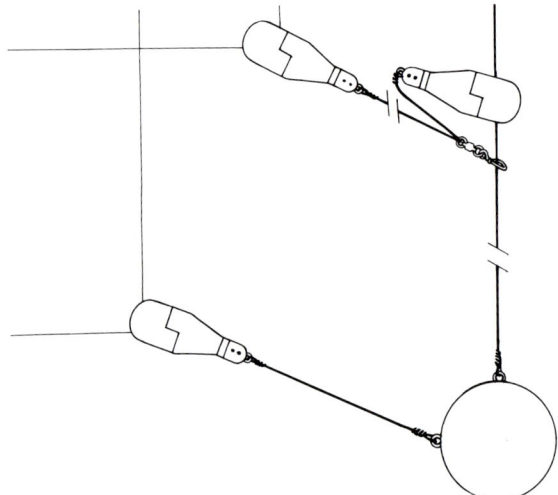

An der Cannon Offshore Schnurklammer wird der Schnurfreigabewiderstand an der Klammer eingestellt, indem die Schnur mehr oder weniger tief darin eingeklemmt wird. Das obere Modell ist ein »Stacker«, der auf beliebiger Kabelhöhe befestigt werden kann. Das untere Modell hingegen muß am Schleppgewicht angebracht werden.

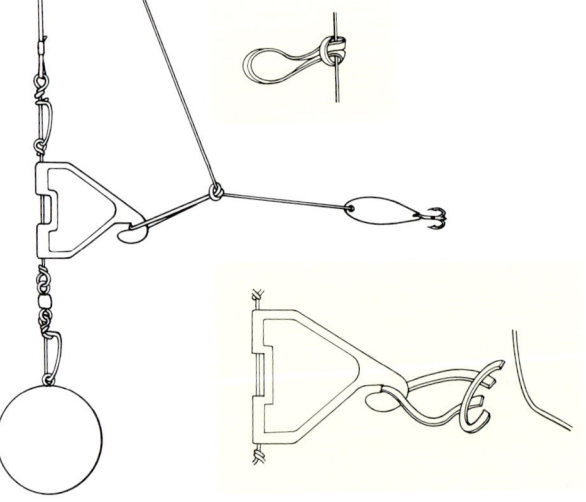

Die Big Jon Gummibänder sind eine gute und billige Lösung. Auf der Angelschnur werden sie gut festgezogen und dann in eine spezielle Halterung eingehängt – oder aber in eine Büroklammer oder einen Karabinerwirbel.

Der Freigabewiderstand

Egal wo die Schnurklammer angebracht ist, Sie müssen immer darauf achten, daß die Schnur nicht in der Klammer rutscht: ist das der Fall, bildet sich alsbald ein großer Schnurbauch zwischen der Rutenspitze und der Schnurklammer. Beißt nun ein Fisch, so zieht dieser zunächst nur an lockerer Schnur und er hakt sich kaum. Schlimmstenfalls rutscht die gesamte Angelschnur bis an den Kunstköder durch die Schnurklammer, er verfängt sich in ihr und die Fangaussichten schrumpfen auf Null. Am ehesten wird dies durch das Verwenden spezieller Downriggerruten in Verbindung mit einstellbaren Schnurklammern vermieden. Die weichen Spitzen dieser Ruten biegen sich schnell in Richtung der Schnurklammern und verursachen hierbei viel geringeren Zug als das bei gewöhnlichen Spinnruten in dieser Position der Fall ist. Mit zunehmender Schlepptiefe wird diese Tatsache noch deutlicher.

Vereinfacht ausgedrückt läßt sich behaupten, daß der Druck auf die Schnurklammer mit zunehmender Schlepptiefe und Schnurlänge wächst. Fischen Sie ihr schwerstes Gerät (dickste Schnur, größter Kunstköder) an der untersten Schnurklammer. Im allgemeinen lassen sich Fische an kurzer Schnur mit nicht allzu wenig Widerstand besser haken. Übertriebener Widerstand kann dazu führen, daß die Schnur von einem angreifenden Fisch überhaupt nicht aus der Schnurklammer gezogen werden kann.

Besonders heikel ist die Frage des richtigen Schnurfreigabewiderstandes dann, wenn in großer Tiefe an Big-Game-Gerät Lebendköder angeboten werden. Beim Biß dürfen die angreifenden Fische nur minimalen Widerstand verspüren, da sie ansonsten vom Köder ablassen. Indem man zwischen Rute und Gewicht einen kleinen Schnurbauch läßt und den Köder an einem 10 – 20 Meter langen Vorfach anbietet, den Freigabewiderstand sauber einstellt und langsam schleppt, setzt man dem angreifenden Fisch nur minimalen Widerstand entgegen.

Der Freigabewiderstand läßt sich auf verschiedene Art und Weise überprüfen. Am üblichsten ist es, vom Boot aus mit der Rute die Schnur aus der Klammer springen zu lassen, sobald der Köder die gewünschte Schlepptiefe oder -entfernung erreicht hat. Schafft man es nicht, die Schnur zu lösen, so ist die Klammer wahrscheinlich zu straff eingestellt. Zuverlässiger, insbesondere dann, wenn in großen Tiefen oder auf Big-Game geschleppt wird, ist es, den Freigabewiderstand an Bord mit einer Federwaage zu überprüfen. Hierzu befestigen Sie ein Ende der Angelschnur an der Federwaage und das andere an der Schnurklammer. An der Waage können Sie den nun jeweils erforderlichen Zug ablesen und den Klip entsprechend nachstellen.

Gummibänder

Gummibänder sind sehr beliebte Schnurklammern, auch wenn von eigentlichen »Klammern« nicht mehr die Rede sein kann. Sie sind billig, einfach in der Anwendung und sie lassen sich entweder als Stacker oder festsitzend verwenden. In den Größen 12 – 16 reißen sie bei einem Zug von 1 – 4 kg, was u.a. für die gewöhnliche Downriggerfischerei auf Lachs ausreichend ist. Die Größe 32 wird von vielen verwendet, die mit IGFA-Ausrüstung der Schnurklassen 20 – 30 lbs. fischen. Diejenigen, die auf ein U-Boot hoffen, fischen mit 50 – 130 lbs. Gerät und N° 64

Gummibändern. Der Nachteil der Gummibänder besteht darin, daß ihr Freigabewiderstand nicht nachjustiert werden kann, ein Nachteil, der jedoch durch das Verwenden mehrerer kleinerer Gummibänder ausgeglichen werden kann. Gummibänder sind auch verhältnismäßig kurzlebig und Sonnenlicht gegenüber recht empfindlich. Sie sollten daher immer so kühl und dunkel wie nur irgend möglich gelagert werden.

Diese Gummibänder werden um die Angelschnur gestrafft, sodaß diese am Durchrutschen gehindert wird, und dann in einen speziellen Klip oder in eine einfache Büroklammer eingehängt. Letzterer oder letztere werden wiederum am Gewicht oder am Kabel befestigt. Greift nun ein Fisch an, so reißt das Gummiband. Reste können zwar an der Schnur hängenbleiben, rutschen jedoch gewöhnlich gut durch die Rutenringe und die Schnurführung der Rolle. Beseitigen Sie sie dennoch so schnell wie möglich.

Unter den »Wäscheklammermodellen« ist die Cannon-Offshore Schnurklammer besonders bedienungsfreundlich. Sie besteht aus einer Klammer, nylonbeschichteter Stahlseide und einem Haken zur Befestigung am Gewicht. Der Freigabewiderstand wird über die Tiefe, in der die Schnur in die Klammer geklemmt wird, eingestellt. Die Klammern sind mit unterschiedlicher Klemmkraft erhältlich, sodaß es zum Schleppen auf Zander ratsam ist, eine andere Schnurklammer als zum Schleppen auf Thunfisch zu verwenden.

Kabel, Stahlseide und Klemmhülsen sollten einer regelmäßigen Überprüfung unterzogen werden, da es hier aufgrund von Korrosion leicht zu Bruchstellen kommen kann. Bei Schnurklammern, die längere Zeit nicht verwendet werden, kann es passieren, daß die Gummibacken fest miteinander verkleben. Vermeiden läßt sich das, indem man zuvor ein Stück Aluminiumpapier zwischen die Backen klemmt. Durch die zunehmende Abnutzung der Gummibacken geht auch nach und nach die Klemmkraft zurück.

An der Oberfläche

Die Schnurklammern, die mit Planer Boards verwendet werden, sollten leicht zu befestigen sein und gut auf der Planerschnur gleiten. Gewöhnlich handelt es sich hierbei um einen kleinen Gegenstand aus Metall, der schlaufenähnlich oder wie eine Büroklammer aussieht und über Klemmkraft verfügt. Eines der beliebtesten »Büroklammermodelle« ist der Laurwick, dessen Klammer über lange, gummibeschichtete Kiefer verfügt. Diese Klammern sind zur besseren Sichtigkeit mit einem orangefarbenen Stück Schaumstoff versehen. Der Freigabewiderstand wird über die Tiefe eingestellt, in die die Schnur zwischen die Klammerkiefer geklemmt wird. Ein schnellruckelnder Wobbler erfordert höheren Klammerdruck als ein leichter Löffel. Nach dem Biß gleitet der Klip an der Planerschnur entlang zum Planer Board, sodaß Sie, sofern Sie kontinuierlich fischen wollen, über eine kleine Klipreserve verfügen sollten.

Die Klippalette für Outrigger ist weitaus größer als die für Planer. Sie enthält alle möglichen Klipversionen, von der einfachen »Wäscheklammer« bis hin zu Versionen mit Schnurlaufröllchen. Erstere sehen auch wirklich wie Wäscheklammern aus – allerdings in sehr luxuriöser Ausführung, da sie aus Mahagoni-Holz gefertigt sind und über eine Edelstahlschraube zum Einstellen und über eine Edelstahlfeder verfügen. Diese

Klammern sind sehr stark und halten sogar große Kunstköder.

Trip-Eze und Aftco stellen überaus beliebte Schnurklips her. Von Trip-Eze werden Modelle angeboten, bei denen die Schnur über einen stabilen Drahtarm läuft, dessen Druckpunkt über eine Feder verstellt werden kann. Dasselbe gilt für Aftco's »Roller-Troller«, in welchem die Schnur über einen Röllchenring läuft, wodurch materialzehrende Reibung auf ein Minimum reduziert wird. Der Freigabemechanismus hängt an einem Stück nylonummanteltem Draht, an dessen anderem Ende sich ein robuster Karabinerhaken befindet. Diese Konstruktion erlaubt es, diese Klips nahezu überall an Bord zu befe-

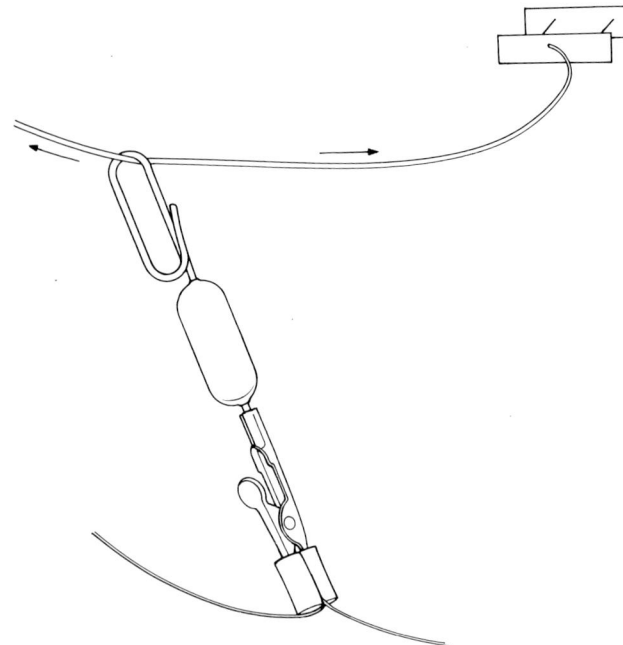

Die Laurwick Planer Board Schnurklammer. Die in der Krokodilsklammer eingeklemmte Angelschnur wird beim Biß freigerissen. Anschließend kann der Fisch direkt an der Rute gedrillt werden, ohne daß man hierbei von anderer Schleppausrüstung gestört wird.

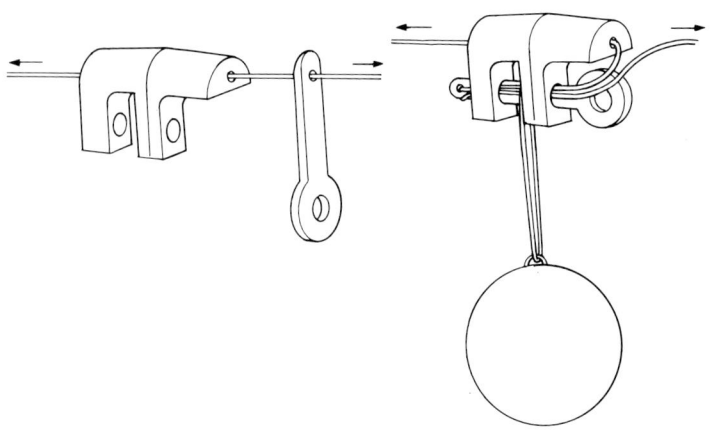

Der Jettison-Schnurklip. Dieser Klip wird direkt auf die Angelschnur montiert, gewöhnlich 10–15 Meter vor den Kunstköder. Das Gewicht hängt in einer Freigabenadel, die beim Biß aus dem Klip springt und so das Gewicht ausklinkt.

stigen, was besonders dann von Vorteil ist, wenn man eine ganz einfache Schleppmontage (die nur aus Schnur und Kunstköder besteht) an einem Schnurklip fischen möchte. Die Schnur ist so dem Wind weniger ausgesetzt, der Kunstköder arbeitet besser und die Fische werden zuverlässiger gehakt, da beim Biß keine Rutenspitze nachgibt. Solche »Flatline-Clips« lassen sich aus vielen verschiedenen Schnurklammermodellen leicht selbst herstellen. Am einfachsten ist es immer noch, ein Gummiband straff um die Angelschnur zu wickeln und es direkt am Rollengriff zu befestigen.

Die Gewichte (Sinkers)

Um einen Kunstköder tief anbieten zu können, sind ein oder zwei Gewichte notwendig. Diese auch als »Sinkers« bezeichneten Gewichte lassen sich in zwei Kategorien einteilen, nämlich in Downrigger- und Flatline-Gewichte. In beiden Kategorien unterscheiden sich die einzelnen Gewichte voneinander in Form, Gewicht und manchmal sogar in ihrer Farbe. Die Flatline-Gewichte werden in erster Linie dazu verwendet, einen Kunstköder in einer gewünschten Tiefe zu halten, wobei Schnurdrall vermieden werden soll und der Kunstköder in seiner Bewegungsfreiheit nicht gehemmt werden darf. Diese Gewichte werden üblicherweise zwischen Hauptschnur und Vorfach geschaltet.

Um ihren Wasserwiderstand zu reduzieren, sind die meisten Schleppgewichte torpedoförmig. Einige verfügen sogar über einen vorgelagerten Schwerpunkt bzw. über Stabilisatoren, sodaß die Schwimmbewegungen des Kunstköders nicht durch ein schlingerndes Schleppgewicht negativ beeinflußt werden. Darüber hinaus sollten die Schleppgewichte an jedem Ende mit einem Wirbel versehen sein. Derartige Schleppgewichte werden in Gewichten von 15 bis 500 Gramm angeboten.

Eine andere Art von Schleppgewicht, das zigarren- oder eierförmig sein kann, wird oft zum Schleppen mit natürlichen Ködern verwendet. Diese Gewichte werden unmittelbar vor dem Köder auf dem Vorfach befestigt.

Unter Schleppfischern beliebt sind auch die »Walker«-Sinkers, die speziell für das langsame Schleppen unmittelbar über dem Grund entworfen wurden. Diese »Walker« sind eine Y-förmige Konstruktion: einer der Arme tastet den Boden ab, während die anderen den Köder und das Vorfach vom Grund weghalten. »Walker«, oder sogenannte Bodentaster, werden in Gewichten von 30 – 400 Gramm angeboten.

Die Downrigger-Gewichte befinden sich in einer ganz anderen Gewichtsklasse. Ihre Größe muß zu dem jeweils verwendeten Downrigger passen. Kleine Downrigger, die mit der Hand schnell an die Reling montiert werden können, vertragen gewöhnlich höchstens 1,5 bis 2 Kilo schwere Gewichte. Die stabilsten Downrigger vertragen Gewichte bis zu 7 Kilo, vorausgesetzt, sie wurden auf dem Boot fachgerecht installiert.

Die richtige Tiefe

Solange das Schleppgewicht vom Schwinger des Echolotes erfaßt wird, können Sie seine Lauftiefe problemlos kontrollieren. Je schneller und tiefer Sie jedoch schleppen, desto größer wird der Unterschied zwischen der vom Echolot und der vom

Kabellänge	Schleppgewicht 3,2 kg	Schleppgewicht 4,53 kg	Schleppgewicht 9,1 kg
15 m	13 m	14 m	14,5 m
30 m	22 m	25 m	28 m
60 m	33 m	39 m	50 m

Downrigger angezeigten Schlepptiefe. Bestätigt wird dieser Unterschied durch einen kurzen Blick auf den Winkel zwischen dem Stahlseil des Downriggers und der Oberfläche. Was die Entfernungsangabe des Downriggers anzeigt, ist nicht die eigentliche Schlepptiefe, sondern die Länge des ausgebrachten Stahlseiles.

Um die genaue Tiefe des Schleppgewichtes sowie des Kunstköders bei unterschiedlichen Schleppgeschwindigkeiten und -entfernungen herauszufinden, kann man auch Hilfsmittel wie das »Bead Depth-O-Troll II« verwenden. Hierbei handelt es sich um eine einfache Plastikplatte (12 × 24 cm), mit deren Hilfe sich anhand vom Winkel des Stahlseiles und der Schleppge-schwindigkeit die Schlepptiefe ablesen läßt. Ganz genau sind diese Angaben nicht, doch läßt sich die gegebene Situation ganz gut einschätzen.

Vom Downriggerhersteller Scotty wurden auch Tabellen

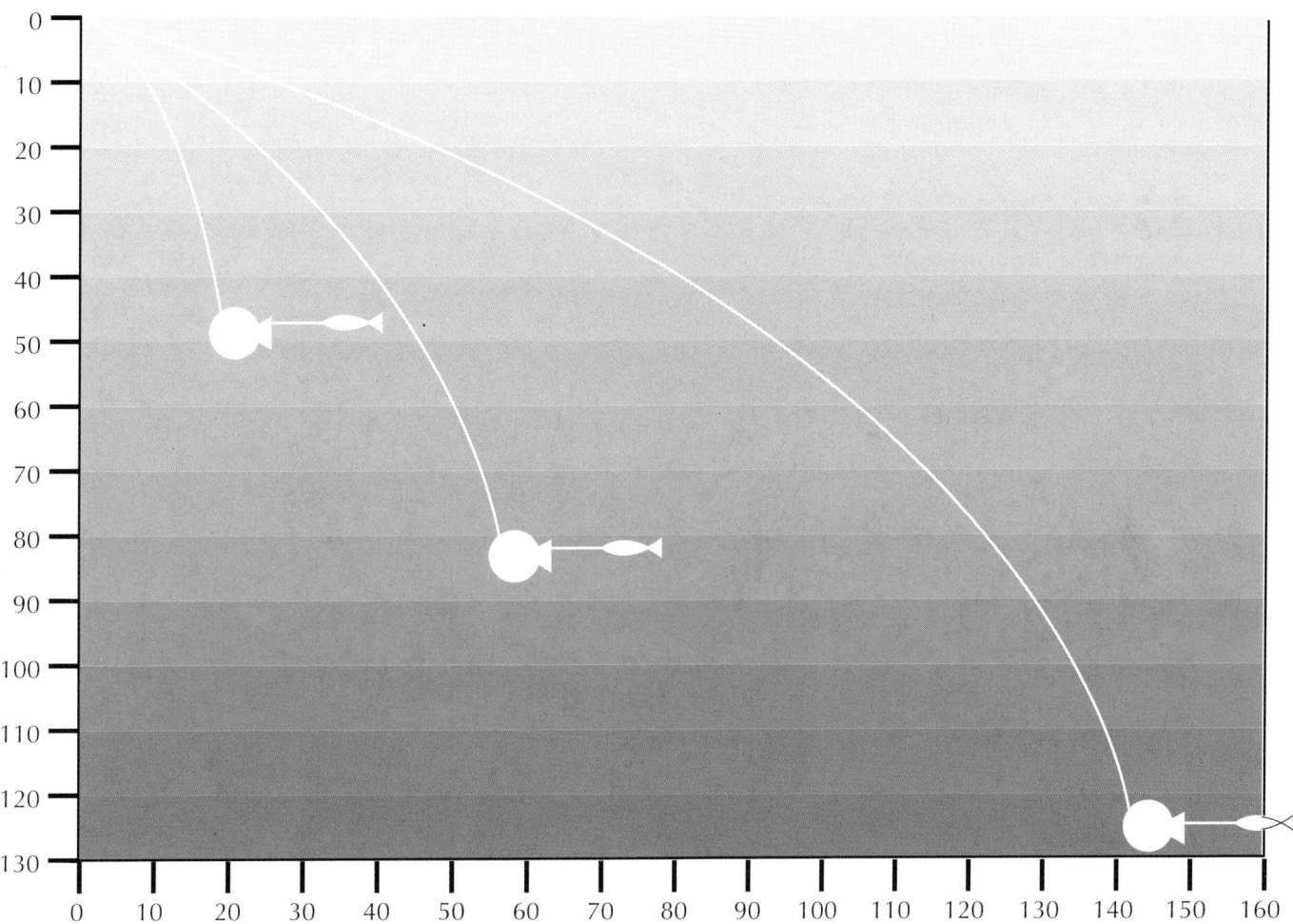

Hier abgebildet ist der sich beim Schleppen im Stahlseil des Downriggers bildende Bauch und die in Fuß angegebene Tiefe, die ein Schleppgewicht von 4,5 kg bei einer Schleppgeschwindigkeit von 3 Knoten erreicht. Die ausgebrachte Stahlseillänge beträgt 15, 30 und 60 Meter. Die Tragkraft vom Stahlseil liegt bei 140 lbs. und sein Durchmesser beträgt 0,81 mm. Je schneller und je tiefer Sie schleppen, desto mehr Gewicht ist notwendig, um den Sinker in einer möglichst vertikalen Position zu halten. Seien Sie stets darauf bedacht, das Kabel in einem Winkel von höchstens 20–30 Grad zur Vertikalen zu halten.

herausgebracht, auf denen festgehalten ist, wie tief die verschiedenen Schleppgewichte bei unterschiedlicher Kabellänge und einer konstanten Schleppgeschwindigkeit von drei Knoten laufen. Bei diesen Versuchen wurden Stahlseile von 140 lbs. und 30 lbs. tragende Angelschnur (etwa 0,45 mm) verwendet.

Daraus folgt, daß man gut damit beraten ist, über verschiedene Schleppgewichte zu verfügen. Nur so kann man seine Köder auch wirklich auf der Höhe der Fische anbieten. Die gewöhnliche Schleppgeschwindigkeit liegt oft bei 2–4 Knoten und gerade wenn in dieser Spanne Schlepptiefen von über 30 Metern erreicht werden, kann man sich sehr leicht verschätzen.

Die Motoren

Die meisten Schleppboote werden von Diesel- oder Benzinmotoren angetrieben. Eine weitere Antriebsmöglichkeit sind Elektromotoren. Aber ganz unabhängig von seinem Fabrikat muß ein Schleppmotor in jedem Fall stundenlanges Laufen bei niedrigen Drehzahlen vertragen. Richtig »durchgeblasen« wird bei vielen Schleppfischern der Motor lediglich bei dem Anfahren der Fanggründe und bei der Rückfahrt. Die Motorenhersteller haben im Laufe der 80er Jahre immer mehr Rücksicht auf diese Tatsache genommen und ihre Produkte dem Markt entsprechend angepaßt.

Die Wahl des Motors hängt gewöhnlich von der Bootsgröße und -form sowie von der Lage der Fanggründe ab. Bei großen Booten ist es manchmal überhaupt nicht möglich, eine eigene

Wahl zu treffen, da der oder die Motoren bereits direkt vom Hersteller montiert wurden. Stellt Ihnen jedoch die Wahl offen, dann vergessen Sie nie, die Herstellerangaben bezüglich der maximalen Motorleistung zu berücksichtigen. Ansonsten wird aus einem sicheren Gefährt schnell ein gefährliches.

Vom Bootsspiegel und seinem Kiel wird die Schaftlänge des Motors bestimmt. Wer den richtigen Motor mit der richtigen Schaftlänge auswählt, kann viel Geld sparen. Die Kavitationsplatte des Motors sollte bei Gleitgeschwindigkeit auf einer Höhe, bzw. sogar einige Millimeter unter dem untersten Rumpfabschnitt liegen. Die Spargeschwindigkeit von Außenbordern liegt gewöhnlich bei 75% ihrer Maximalleistung.

Diesel oder Benzin

Dieselmotoren werden in unterschiedlichen Versionen angeboten. Neben dem traditionellen Inbordmotor gibt es nun Außenbordantrieb ebenso wie echte Außenborder. Dieselmotoren sind zuverlässig und robust und mit ihnen hält ein Boot eher die Spur als mit einem Außenborder. Im Gegensatz zu letzterem nehmen sie jedoch im Bootsrumpf Platz in Anspruch – ein Nachteil, der jedoch ins Gegenteil umschlägt, wenn Sie einmal auf hoher See Ihren Motor reparieren müssen. An diesen Motoren fehlt jegliche Elektrik, die leicht fehlerhaft wird und sogar gefährlich werden kann. Dieselmotoren bleiben allerdings schwer und sie bringen, im Verhältnis zu ihrem Gewicht, recht wenig Leistung.

Außenborder sind der gängigste Motorentyp für kleine bis mittelgroße Boote. Schleppboote verfügen jedoch oft über zwei Motoren, einen großen für die An- und Rückfahrt der Fanggründe und einen kleineren mit dem preisgünstiger geschleppt werden kann und der gleichzeitig als Reservemotor dient.

Benzinmotoren sind ebenfalls in verschiedenen Ausführungen erhältlich und ihr Gewicht/Leistungsverhältnis ist günstiger. Als Außenborder sind sie auf kleinen Booten äußerst gängig, ebenso als In- und Außenborder auf mittelgroßen Booten. Von beiden Ausführungen nimmt zwar der Inborder mehr Platz, aber im Verbrauch ist er letztlich wesentlich günstiger. Früher wurden diese Motoren für stundenlanges Schleppen mit niedrigen Geschwindigkeiten vorgezogen. Heute stehen uns jedoch moderne Viertakt-Außenbordmotoren zur Verfügung, die über große Laufruhe verfügen, sehr sparsam und zuverlässig sind und die Umwelt deutlich weniger belasten. Lediglich ihr Gewicht und ihre Größe sind noch von Nachteil, da sie das Boot ein wenig hecklastig machen.

Ein Außenborder läßt sich manchmal schneller an Land reparieren als ein Inborder, teilweise deshalb, weil er leichter aus- und einzubauen ist. Vergewissern Sie sich, daß Sie bei langen Fahrten mit niedrigen Drehzahlen auch die vom Hersteller empfohlenen Zündkerzen verwenden.

Immer öfter werden Schleppboote mit zwei Außenbordern ausgestattet. Ideal ist es, wenn die Motoren Seite an Seite plaziert werden können, entweder direkt in einer speziell hierfür vorgesehenen Konsole – wodurch Platz gewonnen wird und man gleichzeitig weniger durch Abgase und lästige Motorengeräusche gestört wird – oder auf die traditionelle Art und Weise am Bootsspiegel. Von einem Behelfsmotor an der Längsseite des Bootes kann ich nur abraten.

Zwei Motoren kosten mehr, aber gleichzeitig steigt die Wahrscheinlichkeit, heil nach Hause zu kommen. Sie können durchaus zwei große Motoren ähnlicher Größe haben und nur einen der beiden zum Schleppen verwenden und ebenso können Sie einen großen mit einem kleinen kombinieren, wobei letzterer sowohl als Schleppmotor als auch als Notmotor fungiert.

Elektromotoren

Den Elektromotor gibt es bereits seit 50 Jahren und ständig wird er weiterentwickelt. Seine Energiequelle ist eine 12 Volt-Batterie oder zwei von ihnen, die in Reihe geschaltet 24 Volt ergeben. Der Energieverbrauch hängt von dem jeweiligen Motor ab. Dementsprechend hängt die Reichweite von den Amperestunden der Batterie ab. Je nach Batterien können auch mehrere Elektromotoren miteinander kombiniert werden.

Die Elektromotoren der 90er können Boote von über einer Tonne antreiben und Geschwindigkeiten von 8 Knoten erreichen. Bei Schleppgeschwindigkeiten von 2–4 Knoten arbeiten diese Motoren geradezu geräuschlos und bei niedrigen Geschwindigkeiten können sie problemlos stundenlang laufen. Weitere Vorteile sind die niedrigen Betriebskosten und der umweltfreundliche Treibstoff. Natürlich hängen die erreichten Geschwindigkeiten und die Lebensdauer der Batterien von der Bootsgröße und -form ab.

Elektromotoren können an Bug und Heck montiert werden, wobei letztere Montage zum Schleppen von Vorteil ist. Mit einem Elektromotor lassen sich auch sehr windempfindliche Boote recht einfach manövrieren. Elektromotoren sind sowohl für den Süß-, als auch für den Salzwassergebrauch erhältlich. Ihre Wartung ist insbesondere bei Gebrauch im Salzwasser wichtig. Ihr Gewicht ist natürlich auch recht unterschiedlich – es reicht von wenigen Kilogramm bis über 20 Kilogramm. Das

Ergebnis ist, daß Motor und Batterien zusammen durchaus mehr als ein kleiner Benzinmotor wiegen können.

Neben Motor und Batterie braucht man auch noch ein Ladegerät. Unter den Batterien gibt es große Kapazitätsunterschiede und ein Schleppfischer will natürlich möglichst starke Batterien. Im Salzwassergebrauch sind Batterien mit kalziumbeschichteten Platten von Vorteil. Vergessen Sie nie, daß Batterien nie völlig entladen werden sollten.

Trimwinkel und Propeller

Dies sind zwei weitere Faktoren, die sich auf Verbrauch und Geschwindigkeit eines Schleppbootes auswirken. Die Geschwindigkeit eines kleinen Bootes läßt sich allein schon durch einen Stellungswechsel des Anglers von Heck an Bug beeinflussen. Beim Schleppen kann dieser Geschwindigkeitsunterschied schon dazu ausreichen, einen Kunstköder attraktiver arbeiten zu lassen und dadurch bei einem neugierigen, aber zögernden Fisch den Angriff auslösen. Die Lastenverteilung spielt im Boot auch noch unter anderen Gesichtspunkten eine große Rolle, ganz besonders bei Fahrten auf rauhem Wasser. Unnötiges an Land zu lassen und wichtiges an Bord richtig zu verstauen sind die einfachsten und billigsten Methoden, um an PS zu sparen und sich nicht unnötig in Unkosten zu stürzen.

Die Wasserlage des Bootes wird durch den Trimwinkel zwischen dem Antrieb und der Wasserlinie bestimmt. Schwere Motoren verfügen über einen »Power Trim«, der elektrisch oder hydraulisch bedient wird. Hierdurch läßt sich der Trimwinkel bequem vom Fahrersitz aus steuern, manchmal auch direkt am Motor. Der richtige Trimwinkel ermöglicht besseres Beschleunigen, eine höhere Höchstgeschwindigkeit und geringeren Benzinverbrauch beim Kreuzen oder Schleppen.

Für einige Schleppfischer käme es niemals in Frage, ein Boot ohne Trimflächen zu besitzen. Diese Trimflächen verhelfen dem Boot nicht nur schneller in die Gleitposition, sondern sie stabilisieren auch die Seitenbewegungen des Bootes und minimieren sein Schlingern. Trimflächen gibt es in verschiedenen Ausführungen und Preisklassen für große und kleine Boote und werden am Heck montiert. Darüber hinaus gibt es Stabilisatoren, die direkt auf der Kavitationsplatte des Motors befestigt werden.

Power Trim am Motor und Trimflächen am Boot verhelfen einem Schleppboot zu besten Fahreigenschaften. Der optimale Trimwinkel und Trimflächen am Boot sorgen letztlich dafür, daß das Wasser dem Bootsrumpf, der Ausrüstung und schließlich dem Angler weniger Widerstand bietet. Und insgesamt betrachtet wird hierdurch unser Sport spürbar kostengünstiger.

Auch der Propeller kann in ihrem Geldbeutel Spuren hinterlassen.

Mit einem unpassenden oder beschädigten Propeller zu fahren, kann schnell teuer werden. Achten Sie darauf, daß der Propeller über die richtige Steigung und den zum Boot passenden Durchmesser verfügt. Jeder Defekt am Propeller, wie nach Bodenkontakt beschädigte Blätter, verursachen eine unausgeglichene Bewegung, möglicherweise sogar starke Vibrationen, die dem Motor selbst schaden können.

Schaden am Propeller läßt sich durch eine Schutzvorrichtung vermeiden. Diese Schutzvorrichtung wird an der Kavitationsplatte befestigt und sie bildet einen Ring um den Antrieb.

(Links) Die richtige Motorenwahl ist für die Sicherheit und den Verbrauch von großer Bedeutung. Vergewissern Sie sich insbesondere, ob Sie einen Lang- oder Kurzschaft brauchen und achten Sie darauf, daß der Propeller zu Ihrem Boot und Motor paßt. Beim Drill sollte die Schraube gestoppt werden – ansonsten können Fisch und Schnur verletzt werden.

(Rechts) Wer oft in fremden und/oder seichten und steinigen Gewässern fischt, ist gut damit beraten, die Schraube mit einer speziellen Schutzvorrichtung zu versehen. Hierdurch wird auch die Schnur geschont, wenn der Fisch im Drill um den Propeller schwimmt.

Selbstverständlich muß dieser Schutzring aus robustem Material gefertigt sein, da er ansonsten seiner Aufgabe nicht gerecht werden kann. Einige Motorenhersteller verkaufen speziell für ihre Motoren entworfene Schutzringe. Weltweit stellen sich schon seit langem pfiffige Angler ihren Propellerschutz selbst her.

Ein Schleppfischer, der sich auf nur einen Motor verläßt, sollte stets eine Ersatzschraube an Bord haben. Eine solche Schraube kann nicht nur den Angeltag retten, sondern vielleicht sogar Leben.

Hinter die Schraube eines In- oder Außenborders kann auch eine Schleppklappe montiert werden. Hierdurch läßt sich die Geschwindigkeit auf die gewünschte Schleppgeschwindig-keit drosseln. Die Klappe läßt sich nach oben oder unten klappen und in letzterer Stellung bremst sie das Boot. In voller Fahrt sollte sie, um Beschädigungen vorzubeugen, nach oben geklappt werden.

Propeller und andere Bestandteile aus Metall können durch Elektrolyse angegriffen werden, es sei denn, sie sind gegen Korrosion geschützt. In Salzwasser erreicht man das gewöhnlich durch Zinkanoden und im Süßwasser durch eine Magnesiumlegierung. Die Korrosion der Anoden weist darauf hin, daß sie ihre Arbeit verrichten. Sind die Anoden aufgebraucht, werden sie erneuert. Die Anoden müssen geerdet sein – und dürfen keinesfalls mit Farbe überzogen werden, da sie ansonsten zwecklos sind.

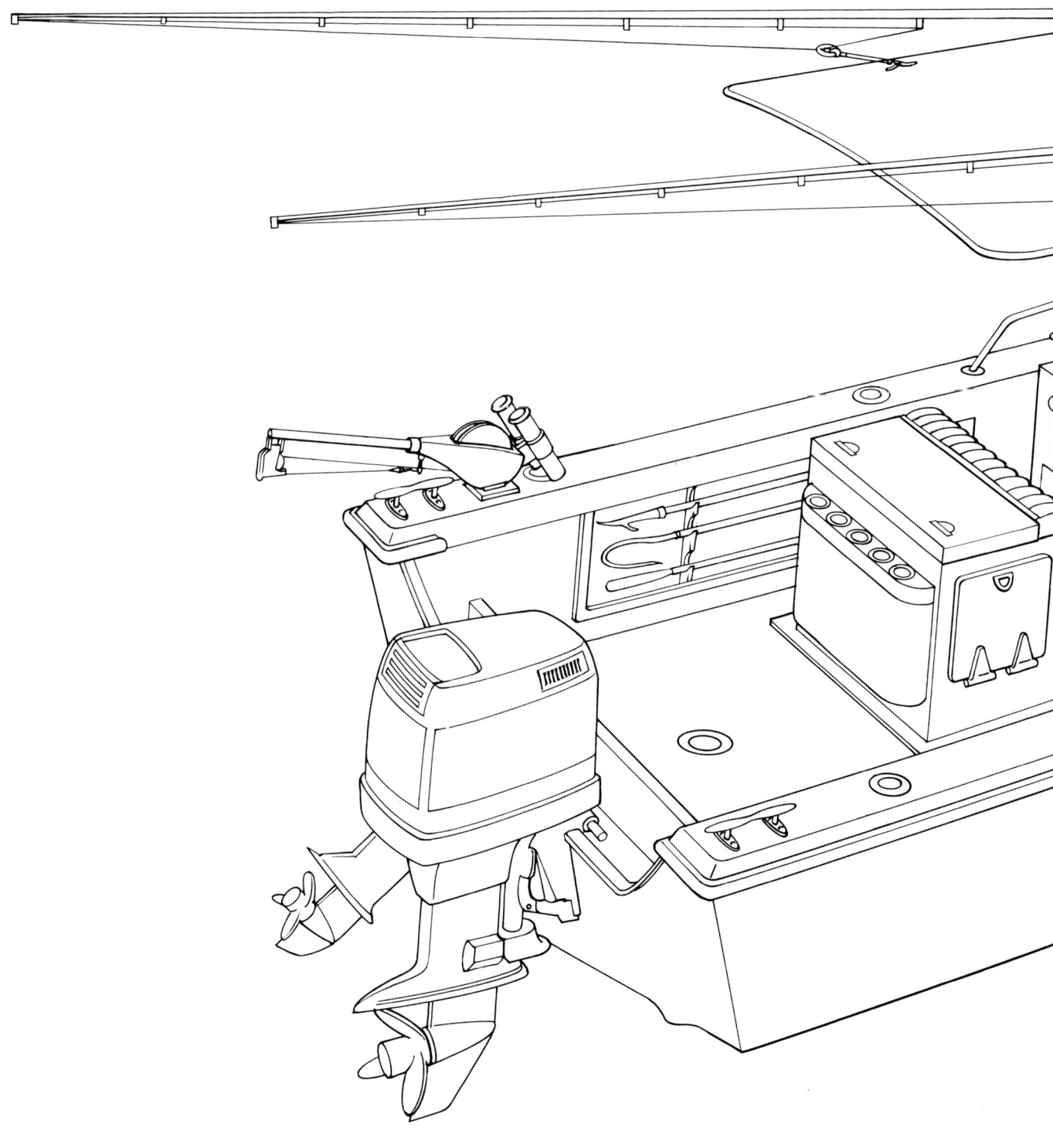

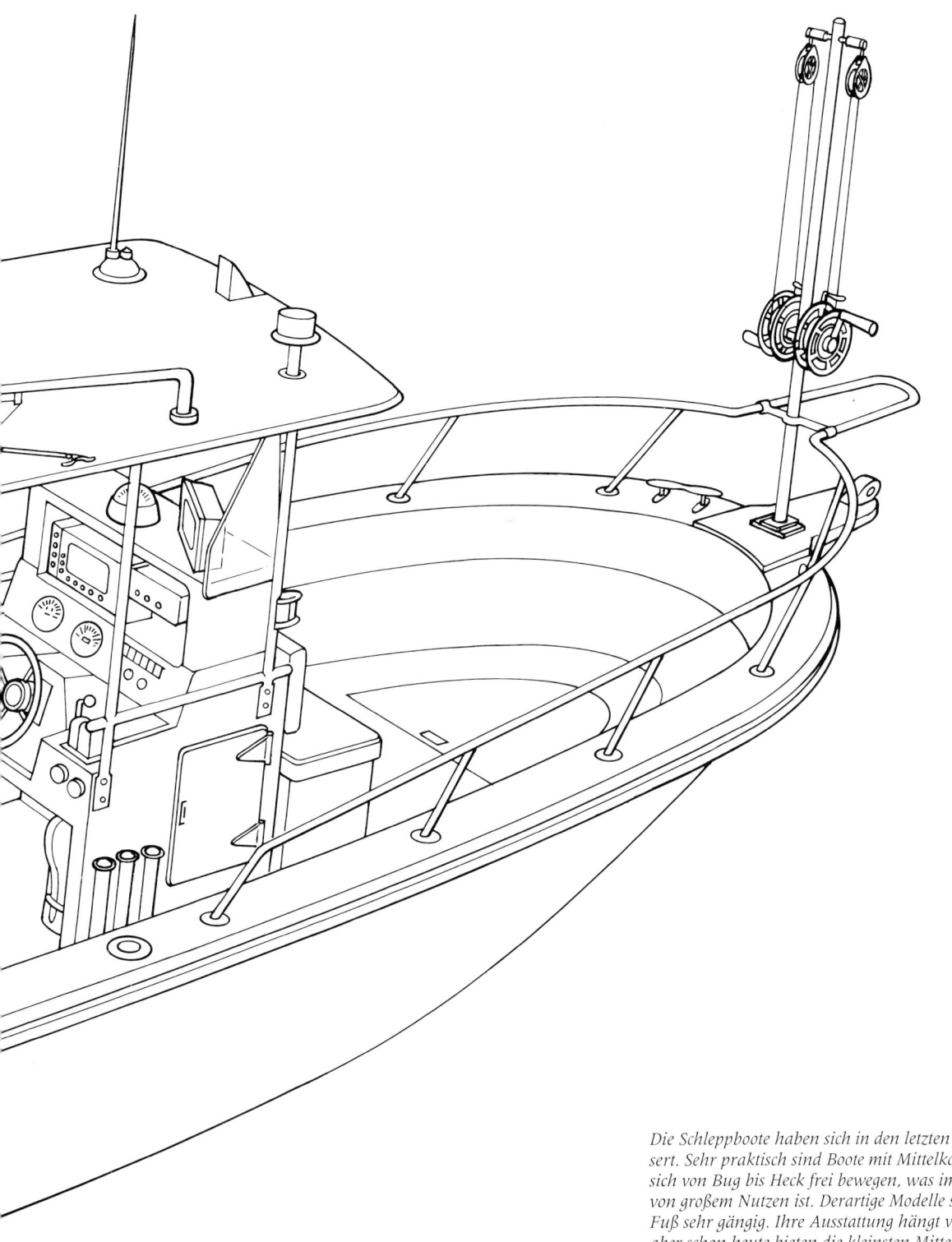

Die Schleppboote haben sich in den letzten Jahrzehnten gewaltig verbessert. Sehr praktisch sind Boote mit Mittelkonsolen. Auf ihnen kann man sich von Bug bis Heck frei bewegen, was im Drill für Fahrer und Angler von großem Nutzen ist. Derartige Modelle sind in Größen von 18 bis 24 Fuß sehr gängig. Ihre Ausstattung hängt von der jeweiligen Größe ab, aber schon heute bieten die kleinsten Mittelkonsolboote Schutz und Zubehör, wie es noch vor einem Jahrzehnt an einem offenen Boot undenkbar war.

Unser hier abgebildetes All-Round-Boot ist beispielsweise mit einem Bimini-Top, Bugplattform, Positionslichtern, zwei Motoren, Downrigger, Outriggern, Planer Board-Mast, Rückenlehne mit integriertem Gerätekasten, Echolot, Funk, Kompaß, Navigator und verschiedenen Rutenhaltertypen ausgestattet.

Bordelektronik

Die Weiterentwicklung der Bordelektronik hat im vergangenen Jahrzehnt gewaltige Fortschritte gemacht, zum großen Vorteil der Schleppfischer. Weltweit eröffnen sich dadurch neue Horizonte. In Nordeuropa lassen sich beispielsweise die Ostsee und die großen Binnenseen viel effektiver befischen als zuvor. Ganz nebenbei wurde das Fischen durch die Elektronik auch immer sicherer, und das sowohl in tiefen als auch in seichten Gewässern. Da es uns mit den entsprechenden modernen Navigationshilfen auch immer leichter fällt, die Fanggründe schnell und gezielt anzufahren, sinkt der Treibstoffverbrauch und gleichzeitig gewinnen wir an eigentlicher Angelzeit. Nichtsdestotrotz sind es nicht diese ausgereiften Bordinstrumente, die den Fisch haken, drillen und landen: hierzu muß ein Angler her, kein Gerät.

Das Echolot

Ein Echolot verhilft uns nicht nur zu einem Einblick in die Welt der Fische. Es ist ein sehr wichtiges Hilfsmittel für schnelles und sicheres Navigieren. Darüber hinaus spornen die Informationen, die es uns über die Bodenbeschaffenheit, Sprungschichten, Fischschwärme und Einzelfische gibt, unseren Ehrgeiz an und langfristig steigt auch das anglerische Können.

Was wir als Echolot bezeichnen ist die Kombination von drei verschiedenen Einheiten – dem Monitor, dem Stromkabel und dem Schwinger. Der Schwinger erhält vom Monitor einen elektrischen Impuls, den er in ein akustisches Tonsignal umwandelt (Schallwellen). Diese Schallwellen bahnen sich durch das Wasser ihren Weg und werden, wenn sie auf ein Hindernis stoßen, teilweise reflektiert – wie es beispielsweise beim Gewässergrund oder bei einem Fisch der Fall ist. Da uns die

In zunehmendem Maße statten Schleppfischer ihre Boote mit umfassenden elektronischen Navigationssystemen aus.

Schallgeschwindigkeit unter Wasser bekannt ist (1460 Meter pro Sekunde), läßt sich der Zeitunterschied zwischen dem Ausgangssignal und dem zurückkehrenden Echo in Entfernung umrechnen. Es sind daher die Echos aus verschiedenen Tiefen die, zusammen mit der Bildschirm- oder der Papiergeschwindigkeit, das Bild von der Wasserwelt so zusammensetzen, wie wir es auf dem Bildschirm sehen.

Durch die Länge der Tonimpulse wird die Auflösung des Bildschirmes bestimmt. Je höher die Auflösung ist, desto eher werden dicht zusammenstehende Fische noch als Einzelfische angezeigt. Ein kurzer Tonimpuls »trennt« die Individuen eines Schwarmes eher als ein langer. Ein solcher Impuls ist allerdings auch Störungen gegenüber empfindlicher und für große Tiefen nicht so gut geeignet. Gerade der Erfolg in großen Tiefen hängt auch stark von anderen Faktoren ab: vom Wasserzustand (wie beispielsweise dem Salzgehalt), von der Bodenbeschaffenheit, vom vom Schwinger ausgehenden Schallwinkel, von der Schwingerbefestigung und von der verwendeten Frequenz. Besonders wichtig bei der Wahl eines Echolotes zum Fischen sind der Schwingerwinkel und die Sendefrequenz, wobei diese beiden Punkte für Meeres- und Süßwasserfischerei gleichermaßen zutreffen.

Unter der Frequenz sind die Anzahl der Schwingungen pro Sekunde zu verstehen, die gängigerweise in Kilozyklen (kc, von »Kilocycles«) gemessen werden. Ein Hochfrequenzecholot arbeitet gewöhnlich mit über 190 kc, wogegen unter mittlerer Frequenz 75–100 kc zu verstehen sind und Niedrigfrequenzecholote mit weniger als 50 kc arbeiten. Die Frequenz eines Echolotes läßt sich jedoch mit Hilfe eines Frequenzkonverters problemlos verstellen – ebenso, wie sich der Schwinger auswechseln läßt. Moderne Echolote arbeiten mit allen drei Frequenzbereichen, was für die Schleppfischerei sicherlich von Nutzen ist. Für Gewässer bis 35 Meter Tiefe sind Hochfrequenzgeräte die genauesten. Niedrige Frequenzen sind bei Tiefen von über 70 Metern vorzuziehen.

Bei ihrem Weg weg vom Schwinger und wieder zurück verlieren die Schallwellen an Leistung. Dieser Leistungsverlust tritt nicht nur bei großen Entfernungen ein, er ist besonders bei hohen Frequenzen spürbar. Am deutlichsten macht sich dieser Verlust im Salzwasser bemerkbar. Hohe Frequenzen geben von kleineren Objekten ein besseres Echo ab und sie lassen sich zudem weniger von Motorengeräuschen und der Rumpfform beeinflussen als niedrige Frequenzen. Niedrige Frequenzwellen werden allerdings über größere Entfernungen weniger geschwächt. Wenn es daher darum geht, Fische in großer Tiefe zu lokalisieren, so ist hierzu eine niedrige Frequenz am besten geeignet.

Multidimensionale Schwinger

Vom Schwinger gehen die Tonimpulse kegelförmig aus. Der Winkel des Kegels hängt von dem jeweils verwendeten Schwinger ab. Ein solcher Kegel ist am ehesten mit dem verstellbaren Lichtkegel einer hochwertigen Taschenlampe vergleichbar. Je konzentrierter der Lichtkegel ist, desto deutlicher erkennbar werden die sich in ihm befindlichen Gegenstände. Vergrößert sich nun der Winkel vom Lichtkegel, desto größer wird die von ihm abgedeckte Oberfläche, aber umso mehr läßt seine Intensität nach.

Schwinger gibt es mit Winkeln zwischen 5° und 60°. Bis 15° gilt der ausgestrahlte Winkel als klein, demgegenüber arbeiten Weitwinkelschwinger mit 35° bis 60°. Gewöhnliche Schwinger arbeiten mit einem Winkel von 20°.

Alles, was sich innerhalb von diesem »Kegel« befindet reflektiert die Tonimpulse und taucht auf dem Monitor als direkt unter dem Boot befindlich auf – auch wenn das selbstverständlich nicht der Fall ist. Je weiter der Winkel, desto mehr Bodenfläche wird abgetastet. Ein 8°-Schwinger in vertikaler Position deckt bei 15 Metern Wassertiefe etwa einen Kreis mit 2 Metern Durchmesser ab. Dieser Radius nimmt in direktem Verhältnis zur Tiefe zu: in 60 Metern Wassertiefe werden bereits 8 Meter abgedeckt. Bei derselben Tiefe deckt ein 20°-Schwinger einen Kreis von etwa 22 Metern Radius ab.

Die meisten Schleppfischer in kleinen Booten verwenden 20°-Schwinger, die im Hochfrequenzbereich von 190 – 200 kc

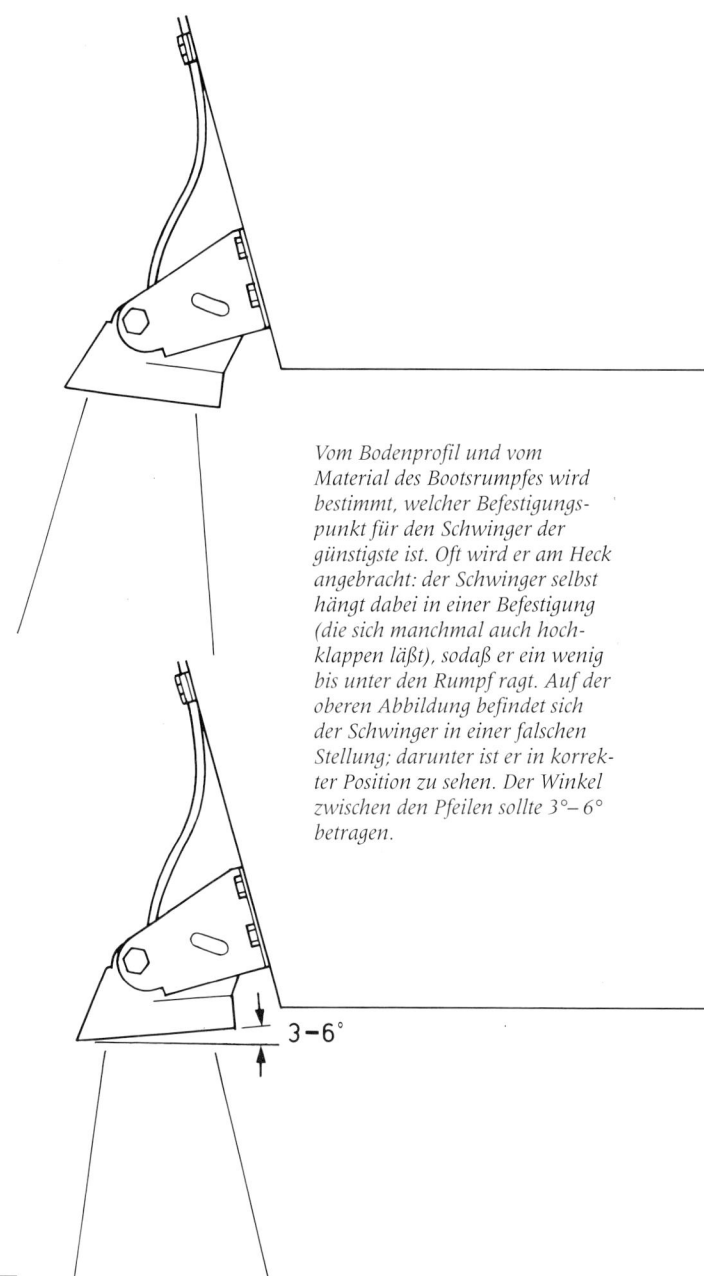

Vom Bodenprofil und vom Material des Bootsrumpfes wird bestimmt, welcher Befestigungspunkt für den Schwinger der günstigste ist. Oft wird er am Heck angebracht: der Schwinger selbst hängt dabei in einer Befestigung (die sich manchmal auch hochklappen läßt), sodaß er ein wenig bis unter den Rumpf ragt. Auf der oberen Abbildung befindet sich der Schwinger in einer falschen Stellung; darunter ist er in korrekter Position zu sehen. Der Winkel zwischen den Pfeilen sollte 3°– 6° betragen.

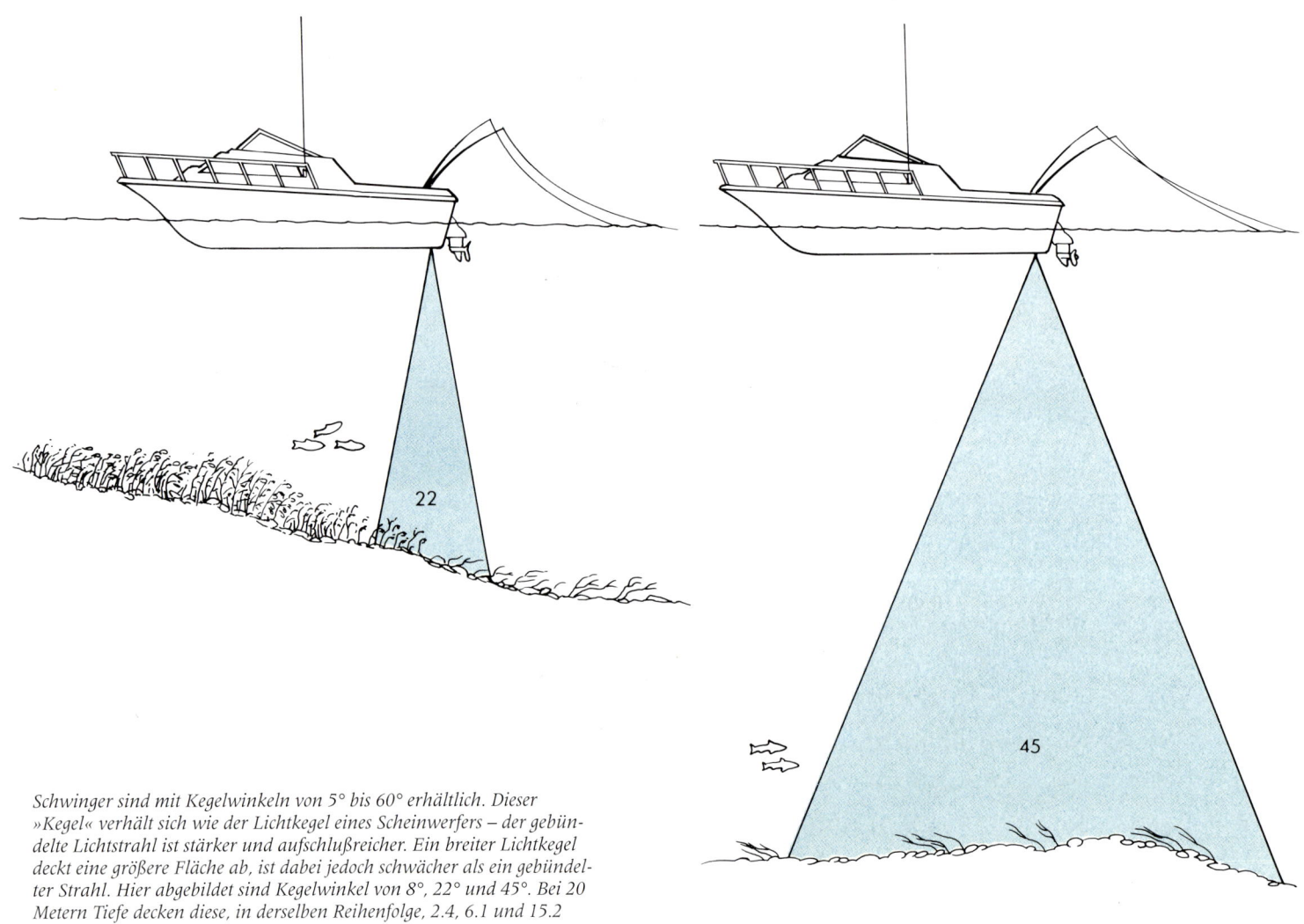

Schwinger sind mit Kegelwinkeln von 5° bis 60° erhältlich. Dieser »Kegel« verhält sich wie der Lichtkegel eines Scheinwerfers – der gebündelte Lichtstrahl ist stärker und aufschlußreicher. Ein breiter Lichtkegel deckt eine größere Fläche ab, ist dabei jedoch schwächer als ein gebündelter Strahl. Hier abgebildet sind Kegelwinkel von 8°, 22° und 45°. Bei 20 Metern Tiefe decken diese, in derselben Reihenfolge, 2.4, 6.1 und 15.2 Meter ab.

arbeiten. Weitwinkelschwinger sind für seichtes Wasser am besten geeignet. Bei 50 kc verbessert sich allerdings auch seine Leistung in größeren Tiefen. Eine solche Kombination ist dann von Vorteil, wenn man wissen möchte, wie tief die Downriggergewichte laufen.

In den 90er Jahren werden in zunehmendem Maße multidimensionale Weitwinkelschwinger zum Einsatz kommen, die sich zudem noch in verschiedene Richtungen ausrichten lassen werden. Der Monitor könnte uns dann beispielsweise einen 60°-Blick in die Tiefe werfen lassen, wodurch in 40 Metern Tiefe etwa 40 Meter Bodenfläche abgetastet werden. Oder aber er liefert uns drei 20°-Bilder, die gleichzeitig auf drei separaten Spalten des Bildschirmes sichtbar sind.

Die Wahl des Echolotes

Die konkrete Echolotwahl hängt in erster Linie davon ab, wann, wo und wie Sie fischen und welchen Bootstyp Sie hierbei verwenden. Wird lediglich in Flachlandseen, Flüssen und im Küstenbereich gefischt, wobei die Maximaltiefen bei 50 bis 60 Metern liegen, ist die Wahl viel einfacher, als wenn Sie auch in tiefen Fjorden, weiten Seen oder über tiefe Spalten im Meer fischen. Letztere Fanggründe erfordern Echolote mit hoher Tiefenleistung, Sensibilität und Auflösung. Um große Fische in gewaltigen Tiefen orten zu können, müssen Arbeiten wie die Schwingerbefestigung mit großer Sorgfalt durchgeführt werden.

Die »Flasher«

Bei diesen Geräten blitzen auf einer Tiefenskala die vom Schwinger registrierten Echos kurz auf. Zwar arbeiten diese Geräte oft sehr genau, da die Signale jedoch schnell wieder verschwinden und nur selten gespeichert werden können, sind sie nur von geringem praktischem Nutzen. Sofern Sie die Vorgänge unter dem Kiel nicht verpassen wollen, müssen Sie es ständig im Auge behalten. Dennoch ist ein Flasher mit Fischalarm eine preiswerte Lösung für all diejenigen, die immer innerhalb eines begrenzten Bereiches fischen und dessen Bodentopographie bereits bestens kennen.

Die Schreiber oder Echographen

Hier wird die Information vom Schwinger graphisch auf einem Papierstreifen wiedergegeben. Echoschreiber gibt es sowohl in einfachen, als auch in fortgeschrittenen Versionen, jedoch scheint die angebotene Produktpalette rapide zu schrumpfen. Die Spitzenmodelle erlauben das Aufzeichnen vieler genauer und wertvoller Daten, die nicht nur detailgenau sind, sondern noch dazu leicht verständlich bleiben. Alles aufgezeichnete bleibt erhalten; die Papierskizze kann augenblicklich analysiert werden und/oder erst später, wenn beispielsweise die nächste Ausfahrt geplant ist. Darüberhinaus erlauben diese Aufzeichnungen, daß Sie nicht ständig das Echolot im Auge behalten müssen.

Die LCD-Echolote

Bei dieser Version wird das Bild von Tausenden von Flüssigkristallen aufgebaut. Die Anzahl der »Pixel«, d.h., der Bildpunkte des Bildschirmes, sind für die Klarheit des Bildschirmbildes von größter Bedeutung. LCD-Echolote sind meist bedienerfreundlich und passen ihren Tiefenmaßstab, ihre Bildgeschwindigkeit und Sensibilität den jeweils gegebenen Umständen an. Es entstehen auch keine Papierkosten. Allerdings gibt es auch nur beschränkte Möglichkeiten, die Unterwasservorgänge zu dokumentieren.

Moderne LCD-Echolote geben ein deutliches Bild von allen Vorgängen zwischen der Oberfläche und dem Grund. Das Bild kann entweder schwarz/weiß, farbig oder dreidimensional sein. In letzterem Fall erhalten Sie einen räumlichen Einblick in die Unterwasserwelt – mit Steinen, Fischen, Bierdosen usw..

Viele hochwertige LCD-Echolote sind in kleinen, tragbaren Versionen erhältlich. Zwei 6 Volt-Blockbatterien bilden gewöhnlich ihre Stromquelle. Der Batteriekasten dient gleichzeitig als Transportbehälter und als stabiler Standfuß im Boot. Für diejenigen, die sich oft ein Boot mieten, sind solche tragbaren Geräte eine sinnvolle Lösung. Einige LCD-Bildschirme sind unter bestimmten Lichteinfallswinkeln nur mehr schlecht leserlich. Farbbildschirme mit Kathodenröhren wurden lange Zeit wegen ihrer guten Bilder gelobt, wegen ihres hohen Platzanspruches allerdings verflucht. Heute gibt es bereits sehr dünne Farbbildschirme mit hoher Bildauflösung.

Es ist sehr wahrscheinlich, daß sich der Gebrauch von Echoloten durch Sportfischer immer weiter verbreitet. Wir verfügen durch dieses Gerät über ein »Unterwasserradar«, das uns

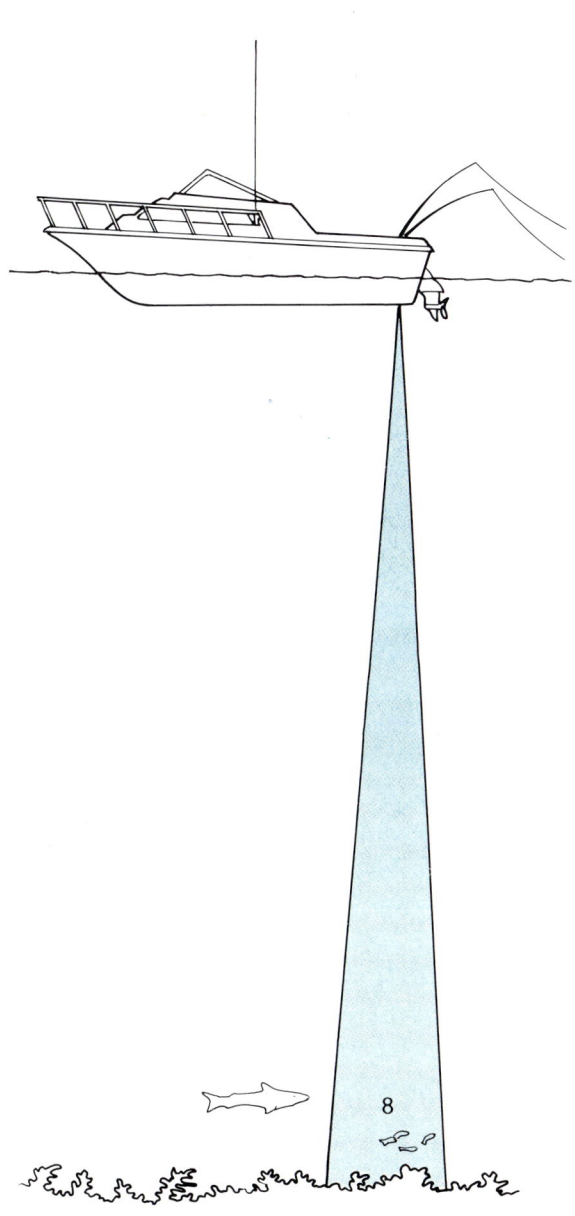

Zu den weiteren wichtigen Fragen gehören auch die folgenden: Soll man sich für eine feste oder für ein portable Echolotversion entscheiden? Wie geschützt muß es montiert werden und wie gut muß diese Stelle vor Wasser geschützt werden? Wieviel Platz nimmt es am Amaturenbrett in Anspruch? Was für Informationen gibt es uns über die Fahrtgeschwindigkeit, die zurückgelegte Strecke und über die Wassertemperatur? Läßt es sich mit einem Navigator oder mit einem Autopiloten zusammenschalten? Welches Echolot ist für ein gegebenes Boot und eine bestimmte Angeltechnik am passendsten?

In der Elektronik geht die Entwicklung erstaunlich schnell vonstatten. Immer kleinere Geräte liefern uns immer genauere, vielseitigere und wertvollere Informationen, die uns zu besserem und sichererem Fischen verhelfen. Auf dem Bildschirm dieses Gerätes finden Informationen vom Echolot, vom Navigator, über die Temperatur und über die Fahrtgeschwindigkeit Platz. Ebenso wird der gesamte Fahrtverlauf vom Ausgangspunkt bis zur jeweils vorhandenen Position festgehalten.

die nasse Umgebung 270° – 360° unter dem Bootsrumpf verrät. Sogar der »Blickwinkel« kann heute verändert werden und so ist es bereits möglich, einen 10°-Winkel bis hundert Meter vor das Boot »auszuleuchten«.

Der Navigator

Seekarten, ein Kompaß und ein Echolot helfen den meisten Skippern auf ihrem Weg zu den Fanggründen. Das modernste und revolutionärste Gerät diesbezüglich ist der Navigator. Eine Kombination von Computer und Radioempfängerteil rechnet ankommende Signale in Information über die Position, Kurs und Geschwindigkeit um, die auch auf einem Bildschirm abgelesen werden kann.

Ein kleines Boot läßt sich schnell mit einem Navigator nachrüsten. Was neben dem Bildschirm gebraucht wird, sind lediglich eine Antenne und Strom. Den Bildschirm kann man beispielsweise an der Fahrerkonsole montieren, am besten jedoch in einem Meter Entfernung zu Kompaß und Echolot, damit es nicht zu lästigen Störfrequenzen kommen kann.

Es gibt drei sehr bekannte Navigationssysteme: Decca, Loran (LOng RAnge Navigation) und GPS (Global Positioning System). Ersteres deckt den östlichen Atlantik – vom Nordkap bis nach Gibraltar – und die Ostsee ab. Das zweite überwiegt in den USA und im Mittelmeerraum. Beide liefern Informationen, die sie sich aus Signalen errechnen, die von an Land plazierten Sendern ausgehen; in Europa verfügt das Decca-System über 25 Radiosender. Um mit dem Loran-System entlang der amerikanischen Atlantik- und Pazifikküste ausreichende Reichweiten und Präzision zu erzielen, muß auf andere Frequenzen und moderne Elektronik zurückgegriffen werden. Die Positionsgenauigkeit liegt bei Decca und Loran bei 50 – 100 Meter.

Das GPS-System, das vom Defense Department der Vereinigten Staaten entwickelt wurde, arbeitet mit einer auf Zeit beruhenden Entfernungsmessung. Es arbeitet mit 21 Satelliten und drei Reservesatelliten und es wird diesem System nachgesagt, daß es Interferenzen gegenüber recht unempfindlich ist und genaue Positionen liefert. Für militärische Zwecke liegt seine Präzision bei weniger als 16 Metern, für zivile Anwendungsbereiche liegt sie bei 25–50 Meter. In der (ehemaligen) Sowjetunion wird derzeit ein vergleichbares System entwickelt und es wird behauptet, daß es wahrscheinlich möglich sein wird, beide Systeme über denselben Empfänger zu empfangen.

Kombinierte Decca- und GPS-Empfänger gibt es bereits. Im verbleibenden Jahrtausend wird wahrscheinlich auch immer präzisere Navigation mit reinen Decca oder Loran C Geräten möglich werden. Die Investitionen in diese beiden Systeme waren die ganzen Jahre über so gewaltig, daß sie nicht mit einem Mal vom Tisch gekehrt werden können. Reservesysteme werden ohnehin immer gebraucht werden.

Positionierungsgeräte sind mit unterschiedlicher Leistung zu verschiedenen Preisen erhältlich, sodaß Sie sich genau überlegen müssen, was für Ihre Erfordernisse das richtige ist. Gewöhnlich möchte ein Sportfischer etwas über die Bootsposition, seine Geschwindigkeit und seinen Kurs erfahren. Portable Versionen in Taschenformat gibt es auch schon längst, da viele Bootseigner ihre Geräte mitnehmen wollen. Viele von uns wollen gut beleuchtete Bildschirme und eine hervorragende Wetterbeständigkeit, sodaß das Gerät das ganze Jahr über in einem offenen Boot verwendet werden kann. Andere wiederum wollen es mit anderen Geräten, wie beispielsweise einem Autopiloten, zusammenschalten können.

Bedienerfreundlich

Sogar kleine Positionierungsgeräte verfügen über zufriedenstellende Leistung und geben uns kontinuierlich über unsere Position, Geschwindigkeit und Kurs Auskunft, ebenso wie Daten über das Ansteuern bestimmter, im vorhinein ausgesuchter Unterstände entlang des geplanten Kurses. Sie geben auch die Stärke der empfangenen Radiosignale und die verbleibende Batteriespannung an. Weitere praktische Funktionen sind die Kompaßkorrektur und die »Mann über Bord«-Schaltung. Letztere bedeutet, daß durch einfachen Knopfdruck die Position automatisch gespeichert wird, beispielsweise im Falle eines Unfalles oder wenn gerade eine fängige Stelle gefunden wurde. Wird der Navigator eingeschaltet, so sucht er sich erst einmal

seine Position, ohne daß hierzu der Ausgangspunkt zuvor eingegeben werden muß. Ist es soweit, gibt er ein grünes Signal und ändert anschließend die Koordinierungsdaten entsprechend dem Kurs kontinuierlich ab, sodaß Sie Ihren Kurs auf einer Seekarte problemlos nachvollziehen können.

Ein Navigator ist besonders dann von großem Nutzen, wenn Sie an eine gute Angelstelle wieder zurückkehren wollen – und wenn Sie sich im Dunkeln oder im Nebel sicher fühlen wollen. Wie alle anderen Instrumente auch, kann ebenfalls ein Navigator einmal Störungen oder einer Panne unterliegen. Solange es zu solchen Ereignissen kommen kann, sind Sie gut damit beraten, Ihr Wissen über traditionelle Navigationstechniken aufrecht zu erhalten.

Weltweit sammeln Schleppfischer mit ihren Positionierungsgeräten nun viele und interessante Positionen und andere Daten über die Fischerei. Aus gutem Grund können wir uns daher Hoffnungen auf interessante Neuigkeiten machen, die sich bestimmt aus dem nationalen und internationalen Austausch solcher Daten ergeben werden.

Radar

In Angelgewässern mit vielen Inseln oder regem Schiffverkehr ist es immer selbstverständlicher, Radargeräte auch auf Schleppbooten zu installieren. Eine moderne, kompakte Radarausrüstung ist keineswegs ein Luxus, sondern eine zusätzliche Garantie für sicheres Navigieren – nicht zuletzt bei Nacht oder im Nebel. Ein Radar arbeitet wie ein Echolot, verwendet jedoch Radio- statt Schallwellen. Diese Schwingungen reflektieren, wenn sie auf ein Objekt prallen und dessen Position wird dann auf dem Bildschirm angegeben. Ihr eigenes Boot ist immer in der Mitte des Radarbildes. Die Bootsposition zum Land und zu

Als die Positionierungsgeräte den Schleppfischern erstmalig zur Verfügung standen, öffneten sie ihnen neue Horizonte und augenblicklich wurde dieser Sport sicherer. Ein Positionierungsgerät oder Navigator berichtet ständig über die Position, die Geschwindigkeit und den Kurs und leistet beim Steuern zwischen den verschiedenen Wegpunkten einer Schlepproute Hilfe. Es wird daher einfach, eine fängige Stelle wieder zu finden. GPS Navigatoren gibt es bereits im Taschenformat.

eventuellen anderen Booten wird kontinuierlich angegeben. Sie können an Ihrem Radar auch eine Alarmschaltung aktivieren, die Sie warnt, wenn Sie auf Kollisionskurs gehen. Kleine und große Boote können mit Radarwellen viel besser geortet werden, wenn sie über einen Radarreflektor verfügen.

Funk und Telefon

Auf See werden drei Funksysteme verwendet: CB (Citizen's Band), VHF (Very High Frequency) und MT (Mobile Telephone). Für den modernen, vielreisenden Angler ist es wichtig zu wissen, daß sich die Funkbestimmungen von Land zu Land unterscheiden. Vergewissern Sie sich daher im voraus, was für Kanäle für welche Verwendungszwecke zur Verfügung stehen. Um in jeder Notsituation einen Funkkontakt etablieren zu können, sollte die Leistung des Senders bei mindestens 5 Watt liegen und das Boot mit einer Antenne ausgerüstet sein.

Wahrscheinlich wird sich das MT-System an Bord von Freizeitbooten durchsetzen, sobald das Satellitennetz voll genutzt werden kann und die Geräte ein wenig verfeinert wurden. Funktelefone sind tragbar, Sie können sie im Auto ebenso wie zuhause verwenden und es sind keine Berechtigungsscheine erforderlich.

CB-Funk ist die gängigste Funkverbindung zwischen Sportanglerbooten. Diese Geräte sind tragbar und in der Verwendung einfach. Ihre Reichweite ist groß, leider sind sie Störungen gegenüber anfällig. So ist es mir beispielsweise mehrmals an der schwedischen Westküste im Skagerrak passiert, der Unterhaltung italienischer Angler vom Mittelmeer folgen zu können – in erster Linie deshalb, weil die Funksignale von den Alpen her quer über ganz Europa prallen. Um mit CB-Geräten umgehen zu können, braucht man keine spezielle Schulung, sondern einen Berechtigungsschein. Kontrollen finden bei CB-Geräten jedoch weit seltener statt als bei VHF-Geräten.

VHF ermöglicht Funkkontakte rund um die Uhr. Auf dieses System verlassen sich die meisten Eigentümer mittlerer bis großer Schleppboote. Die Geräte sind in den letzten Jahren besonders bedienungsfreundlich geworden. Unter Sportfischern sind die kleinen Handgeräte am beliebtesten, da sie sich beispielsweise leicht vom Cockpit auf die Flybridge mitnehmen lassen.

Für guten Funkkontakt ist eine gute Antenne erforderlich. Generell steigt mit der Antennenhöhe auch die Reichweite. Befinden sich mehrere Antennen an Bord, dann vergewissern Sie sich, daß diese verteilt und in unterschiedlicher Höhe montiert wurden, damit es nicht zu unnötigen Interferenzen zwischen den Bordinstrumenten kommt. Eine Funkausrüstung braucht auch eine ausreichende Erdung und hierzu montiert man sich am besten eine kleine Metallplatte an den Rumpf. Verwenden Sie Ihr Funkgerät nur zum Austausch wichtiger Informationen, nicht für belanglose Gespräche oder unbedeutende Anglergeschichten.

Geschwindigkeits- und Temperaturmessungen

Es ist eine bekannte Tatsache, daß die Wassertemperatur darüber entscheidet, wo sich in einem bestimmten Gewässer die einzelnen Fischarten aufhalten. Um die Fische zu lokalisieren, versuchen Sportfischer näheres über die Wassertemperaturen

Die Aufenthaltsbereiche der Fische werden sehr stark von der Wassertemperatur bestimmt. Der Erfolg eines Schleppfischers hängt stark von seiner Fähigkeit ab, die zu seinen Ködern passende Schleppgeschwindigkeit herauszufinden. Während früher Geschwindigkeits- und Temperaturmessungen umständlich waren, vereinfacht uns heute moderne Elektronik diese Aufgabe. Die gewünschten Informationen erhalten wir augenblicklich – und nicht nur von der Oberfläche, sondern auch aus der Tiefe, wo oft ganz andere Bedingungen vorherrschen. Information aus der Tiefe kann von einem torpedoförmigen Übertragungsgerät übermittelt werden, das über dem Schleppgewicht am Downriggerkabel montiert wird. Mit einem kleinen Propeller und einem Sensor ausgerüstet, überträgt es die Information direkt auf einen Bildschirm, wo sie vom Angler abgelesen werden kann.

in den verschiednen Tiefen ausfindig zu machen. Am einfachsten geschieht das mit Hilfe einer Flasche, eines Gewichtes und eines abnehmbaren Korkens. Die modernsten Hilfen sind automatische Temperatur- und Geschwindigkeitsanzeigen – in Verbindung mit aktuellen Satellitenaufnahmen des Angelgebietes. Diese Aufnahmen werden mit Infrarotfilmen gemacht und auf ihnen werden Temperaturunterschiede des Wassers deutlich.

Ein Geschwindigkeits- und Temperaturmesser mißt sowohl an der Oberfläche, als auch am Schleppgewicht des Downriggers. Bei einem mit 12 Volt arbeitenden Stromkreis werden Angaben digital auf einem Bildschirm dargestellt. Andere Bestandteile dieser Ausrüstung sind ein Schwinger, ein Kabel und ein kleiner, torpedoförmiger Sender. Letzterer, der 23 cm lang ist, verfügt über einen an seiner Unterseite angebrachten Propeller, der die Geschwindigkeit mißt, über einen Temperatursensor und über ein ca. 30 cm langes Kabel, an dem das Schleppgewicht befestigt wird. Grundgedanke hierbei ist, daß dieses Kabel über eine geringere Tragkraft als das Downriggerkabel verfügt. Verfängt sich nun das Schleppgewicht irgendwo, so reißt das unterste Kabel und unser Meßgerät ist gerettet.

Ein derartiges Meßgerät zu verwenden ist faszinierend und lehrreich zugleich. In erster Linie lassen sich hiermit Sprungschichten, Unterströmungen und Flußströmungen ausfindig machen. Die Temperatur kann sich stark und überraschend schnell ändern – sogar in recht kleinen Gewässern und ebenso auf horizontaler als auch auf vertikaler Ebene. Es gibt auch Geschwindigkeits- und Temperaturmesser, die ebenfalls die verbleibende Lichtintensität messen. Mit einer derartigen Hilfe wurde bereits nachgewiesen, daß bei bedecktem Himmel in nur 7 – 8 Metern Wassertiefe bereits 30% vom Licht und in 15 – 20 Metern 50% verloren sind. Die Farbenwahl ist besonders beim Fischen auf große, oberflächennah wandernde, in ihren Laichfluß zurückkehrende Lachse wichtig. Diese Fische ziehen oft warme Farben vor (orange, karteusergrün und grün), die im Oberflächenwasser gewöhnlich auch gut sichtbar sind.

Ein beliebter Lichtintensitätsmesser ist der Color-C-Lector. Durch das Herablassen einer Sonde kann man anhand einer beiliegenden Skala feststellen, welche Farbe unter den gegebenen Bedingungen in der jeweiligen Tiefe am sichtbarsten ist. Das Instrument wird zuvor auf trübes, gefärbtes oder klares Wasser eingestellt. Es wurde nach vielen Jahren Verhaltensforschung über Schwarzbarsche und deren Reaktionen Farben gegenüber entwickelt.

Temperaturkarten

Diese Karten sind schwarz/weiß und in ein Netz aus Längen- und Breitengraden unterteilt. Auf einem Gewässer sieht man viele Konturlinien, die den Tiefenlinien einer Seekarte ähnlich sind. Die Linien geben Temperaturunterschiede im Oberflächenwasser wieder, deren Intervalle vom Kartenmaßstab abhängen. Die Bereiche, in denen viele Linien eng aneinander liegen, sind daher vielversprechende Stellen.

Thermometer und Log

Wie bereits erwähnt, gibt es auch günstigere Möglichkeiten, die Wassertemperatur herauszufinden. Eine gängige Methode ist, hierzu ein tragbares Tiefenthermometer zu verwenden, mit dem sich, vom verankerten und vom treibenden Boot aus, die Temperatur in verschiedenen Tiefen herausfinden läßt. Hierzu hängt das Thermometer an einem 30–60 Meter langen Kabel, das mit einem Gewicht versehen ist. Das Kabel wird mit der Hand verkürzt oder verlängert, sodaß in den verschiedenen Tiefen die Temperatur festgehalten werden kann. Die Tiefe läßt sich problemlos anhand von Markierungen auf dem Kabel ablesen.

Für diejenigen, die nicht in einen Temperatur- und Geschwindigkeitsmesser investieren wollen, gibt es auch die Lösung eines Rechenlogs. Noch einfacher ist ein amerikanisches Schlepplog, das Accu Troll, das auf die Reling montiert wird und Geschwindigkeiten bis 5 Knoten auf seiner Quadrantenanzeige darstellt. Immer mehr Echolote geben ebenfalls Geschwindigkeit und Temperatur des Oberflächenwassers an. Es darf jedoch nicht vergessen werden, daß die Bootsgeschwindigkeit bei einer Tiefe von 20 Metern nicht unbedingt mit der Ködergeschwindigkeit identisch sein muß. Dort unten können ganz andere Bedingungen vorherrschen – wie beispielsweise starke Strömungen – die sich negativ auf das Schwimmverhalten des Köders auswirken.

Steuerhilfen

Ein Autopilot hilft Ihnen, den Kurs beizubehalten, wenn etwas mit den Schnüren geregelt werden muß, und ebenso hält er das Boot in Position, wenn gedrillt, gekeschert und zurückgesetzt wird. Mit anderen Worten, Ihre Hände werden vom Steuer befreit. Ihre Augen werden jedoch nicht befreit und Sie müssen so aufmerksam wie immer bleiben.

Autopiloten unterscheiden sich in ihrer Vielseitigkeit. Einige können an eine zentrale Steuerstelle angeschlossen werden – zusammen mit anderer Bordelektronik, wie Echolot und GPS – und ermöglichen so automatisches Navigieren von einer Stelle zu einer anderen. Schleppfischer sollten sich, auf lange Sicht, nach und nach ein derartiges Navigationssystem aufbauen.

Ein Autopilot besteht, je nach Leistung, aus mehreren Einzelteilen. Die Steuerung kann sowohl an Deck, als auch auf den Brücken gebraucht werden. Befestigen Sie den Autopiloten auf eine belastbare Unterlage, da in der Steuerung zwischen Übertragungsrad und Motor große Kräfte freiwerden können. Der Autopilot sollte ebenfalls manuell problemlos ausschaltbar sein.

Der Kompaß

Ein Kompaß ist an Bord unerläßlich. Er zeigt den Weg zu den Angelstellen und kann in Notsituationen Leben retten. Es gibt für jeden Bootstyp eigene Kompaßversionen und Sie sollten den für ihr Boot und die von Ihnen befischten Gewässer besten Kompaß kaufen.

Mit einem zuverlässigen Kompaß können Sie Ihrer Seekarte nach bestimmte Positionen anpeilen. Ein Kompaß muß sehr überlegt im Boot installiert werden. Er muß beim Fahren gut lesbar sein und er wird auf einem stabilen Fuß genau auf der Längsachse des Bootes montiert. Plazieren Sie ihn möglichst weit von Metallgegenständen, von Störfeldern wie Radio und Funkanlagen, Echolot, Navigator und Log. Vergessen Sie beim

Befahren großer und unbekannter Gewässer nie die potentiellen Kompaßfehler, zu denen es aufgrund der natürlichen Magnetfeldverschiebungen und aufgrund von Störfeldern kommen kann.

Zusätzliche Ausrüstung

Sitze und Lehnen

Sportfischer machen zwischen einer Sitzgelegenheit zum Angeln und einer zum Fahren einen Unterschied. Ein robuster Angelstuhl zum Big-Game-Fischen wird als Kampfstuhl bezeichnet. Ein solcher Stuhl läßt sich drehen, höher und tiefer

(Links) Heute sind die gängigsten Rumpfmaterialien Fiberglas – preisgünstig, robust und leicht zu verarbeiten – und Aluminium. Aluminium ist das leichteste Rumpfmaterial, dennoch ist es stabil und belastbar. Es nimmt kein Wasser auf und braucht nicht oberflächenbehandelt zu werden. Aluminiumboote, wie das links abgebildete, sind für den Anhängertransport sehr beliebte Boote.

stellen, verfügt über eine verstellbare Rückenlehne, über Armlehnen mit Rutenhaltern und, was besonders wichtig ist, über eine anpaßbare Fußleiste, die es ermöglicht, im Drill die Kraft der Beine zu nutzen. Unmittelbar vor dem Kampfstuhl sollte eine Rutenaufnahme mit Steckschlitz angebracht sein, in welche während des Drills die Rute gesteckt wird. Bevorzugterweise sollte der Abstand zum Hinterdeck so groß sein, daß noch eine Person zwischen der Fußleiste und der Heckreling hindurchpaßt. Darüber hinaus sollte das Deck um den Fuß des Kampfstuhles verstärkt sein.

Auch ein einfacher Angelstuhl sollte sorgfältig montiert werden. In einem Boot mit Mittelkonsole kann er gleichzeitig als Fahrersitz dienen. Auf kleineren Booten ist es ratsam, den Angelstuhl auf das Vordeck zu montieren, da sich von hier aus

(Rechts) Die Sitzgelegenheiten in Schleppbooten reichen vom einfachen Sitzbrett bis zum hochmodernen Kampfstuhl, der drehbar ist, höher und tiefer gestellt werden kann und dessen Fußleiste verstellbar ist. Die Wartung ist bei solch einem Kampfstuhl ebenso wichtig, wie bei der restlichen Ausrüstung an Bord. Ansonsten kann er in einem Big-Game-Drill schnell mehr Ärger verursachen als Dienste erweisen.

große Fische viel einfacher drillen lassen – ganz besonders unter widrigen Witterungsbedingungen. Robuste, wetterbeständige und zusammenklappbare Stühle mit Rutenhalterung sind ebenfalls erhältlich.

Ein Fahrersitz sollte nach Möglichkeit seiten- und höhenverstellbar sein. Da viele Schleppfischer beim Fahren gerne stehen, lehnen sich viele gerne mit dem Rücken an. Es gibt hierzu einfache Metallehnen, aber auch fortgeschrittene Ausführungen mit Platz für Fische, Gerät und Toilettenartikel. Derartige Lehnen verfügen oft noch über eine beeindruckende, in Heckrichtung ausgerichtete Batterie an Rutenhaltern.

Die Flybridge

Moderne und gut ausgerüstete Schleppfischer halten von der Flybridge oder/und vom Tuna Tower Ausschau. Gewöhnlich kommt von einem dieser Aufbauten der Alarm für unmittelbar bevorstehende Action. Von hier aus kann man viel weiter und tiefer blicken als vom Deckniveau aus.

Die Flybridge sollte leicht erreichbar sein, über eine Sicherheitsreling verfügen und mit Bedienungselementen und Armaturenbrett derart ausgestattet sein, damit das Boot gänzlich von hier aus gesteuert werden kann. Unerläßlich ist freie Sicht für den Skipper – nach vorne und nach hinten, allerdings auch in das Cockpit hinunter. Sie müssen dazu in der Lage sein, im Drill Befehle zu erteilen und das Boot präzise zu manövrieren, wobei dies im Hinblick auf den Drill mit größtmöglicher Geschmeidigkeit und Sicherheit erfolgen muß.

Heutzutage sind sogar 7,5 Meter lange Boote mit Flybridges anzutreffen. Es wird jedoch von ihrer Breite, von ihrem Gesamtgewicht, von ihrem Schwerpunkt und der Tiefe im Wasser bestimmt, ob sie eine Brücke oder einen Turm vertragen. Eine alte Faustregel besagt auch, daß ein Turm an Höhe die Bootslänge nicht überbieten soll. Selbstverständlich sollte auch ein Turm aus möglichst robustem und rostfreiem Material gefertigt werden.

Kühlbox und Kühlschrank

Die meisten modernen Angelboote von über 6 Metern Länge verfügen über einen Lebendhälterungsbehälter und über einen Kühlschrank. Hierdurch verfügen Sie auf der einen Seite über stets frische Köder und auf der anderen Seite können Sie sich selbst nach einem gelungenen Angeltag noch mit einer Fischmahlzeit verwöhnen.

Die Größe des Lebendhälterungsbehälters hängt von der jeweiligen Bootsgröße und der Größe der erwarteten »Opfer« ab. Einige dieser Behälter sind fest im Rumpf integriert, andere werden an das Heck gehängt und manche sind in das Deck eingelassen. Wichtig beim Umgang mit diesen Lebendhälterungsbehältern ist deren Sauberkeit und ihre stets frische, sauerstoffreiche Wasserzufuhr, wodurch die Köder am Leben erhalten bleiben und sich in bester körperlicher Verfassung befinden.

Ein Kühlschrank ist besonders für im vorhinein vorbereitete natürliche Köder praktisch, da sich diese Köder, ebenso wie die gefangenen Fische, am besten auf einem Bett zerstoßenen Eises aufbewahren lassen – unter das noch ein wenig grobes Salz und Süß- oder Salzwasser gemischt wird. Recht gängig,

Die Matrosen hielten früher vom höchsten Mast aus Ausschau über die Meere. Schleppfischer tun dies heute von der Flybridge oder dem Tuna Tower aus, wo sie sowohl weiter, als auch tiefer in das Meer blicken können als vom Deck aus.

wenn auch nicht ganz so gut, ist die Methode, die Fische mit Eiswürfeln zu bedecken.

Für viele Angler bedeutet eine Kühlbox weit mehr als eine Fischbox. Moderne Kühlboxen lassen sich manchmal an den Zigarrenanzünder an Bord anschließen, wodurch sie zu Kühlschränken werden, aber auch zum Erwärmen verwendet werden können. Essen kann somit warm gehalten werden, ebenso wie Getränke kalt gestellt werden können.

Selbstverständlich gibt es in punkto Qualität, Vielseitigkeit,

Design und Größe Unterschiede. Kaufen Sie die bestmögliche Box und vergewissern Sie sich, daß sie gut isoliert, wasserdicht und salzwasserbeständig ist – und sich gleichzeitig gut transportieren und auswaschen läßt. Damit diese Boxen an Deck nicht hin- und herrutschen, können Sie sie zwischen eine spezielle Deckbefestigung klemmen, die Sie zuvor an einer geeigneten Stelle an Bord angebracht haben.

Gaff und Kescher

Die »Catch and Release« – Fischerei gewinnt weltweit unter den Schleppfischern immer neue Anhänger. Ihre führenden Anhänger haben bereits viele Jahre damit verbracht, in vielen Big-Game-Gegenden Schwertfische zu drillen, wo die Fische oft markiert werden, bevor sie wieder ihre Freiheit erlangen. Heutzutage wird das »Catch and Release«-Fischen auch immer öfter mit Haien, Thunfischen, Striped Bass, Hecht, Namaycush, Binnenlachs und einigen weiteren Arten praktiziert.

Ein intelligent gedrillter und behutsam behandelter Fisch ist gewöhnlich dazu in der Lage, einen Drill zu überleben. Einen Fisch zurückzusetzen bedeutet nicht nur, dem Fisch und seiner Art eine Chance zu geben, sondern auch, einem anderen die Möglichkeit zu geben, denselben Fisch wiederzufangen.

Gaff und Kescher sind, ebenso wie einige Schwanzschlingen, die gängigsten Landeinstrumente. Welches nun zum Einsatz kommt, hängt letztlich von der Fischgröße ab. Haie und Thune lassen sich offensichtlich schlecht keschern, wogegen

Gaffhaken oder Kescher? In der Big-Game-Fischerei ist das Flying Gaff, bei dem sich der eigentliche Gaffhaken vom Griff löst, die einzig akzeptable Lösung. Beim Schleppfischen auf Lachs bevorzugen die meisten Angler einen leichten, langstieligen Kescher aus Aluminium, mit dem man den Fisch problemlos von der Wasseroberfläche »schöpfen« kann.

Lachs und Hecht gekeschert und gegafft werden können. Sind Sie allein im Boot, dann ist es oft einfacher einen Fisch zu gaffen, als ihn zu keschern.

Recht geteilter Meinung ist man sich bezüglich der optimalen Kescher- bzw. Gafform. Die Richtlinien werden hierbei jedoch für viele unter uns von der IGFA gesetzt. Diesen Richtlinien zufolge kann ein Rekordfisch nur dann auch registriert werden, wenn die Gesamtlänge von Kescher oder Gaffhaken 8 Fuß (2,49 m) nicht überschreitet. Verwenden Sie ein Flying Gaff, dann darf das Haltetau nicht über 30 Fuß (9,14 m) lang sein und an einem Gaffhaken darf sich nur ein Haken befinden.

Viele Schleppfischer ziehen den Gaffhaken vor, da – mit einer scharfen Hakenspitze – schonend in den Unterkiefer gegafft und der Fisch so schnell an die Reling gezogen werden kann, wo man ihn dann mit einer Lösezange von dem oder den Haken befreit. Bei einem solchen Vorgehen verletzen keine Netzmaschen und kein rauhes Bootsdeck die empfindliche Schleimhaut des Fischkörpers.

Wie dem auch sei, wenn Sie einen großen Fisch mitnehmen möchten, dann ist ein weites, langschaftiges Netz oft ein ausgezeichnetes Hilfsinstrument. Der ermüdete Fisch wird über das am Bootsrand befindliche Netz gezogen. Anschließend wird das Netz derart emporgehoben, daß der Stiel senkrecht nach oben weist, wodurch sich der Netzsack um den Fisch schließt.

Gaffhaken sind in vielen Varianten erhältlich, die von einfachen, hausgemachten Instrumenten bis zu exklusiven Flying Gaffs reichen. Von ihrer Erscheinung her lassen sich zwei Typen unterscheiden: der normale Gaffhaken und das kürzere Handgaff. Das Flying Gaff trägt seinen Namen deshalb, weil der Haken vom Stiel schnell gelöst werden kann. Dieses Instrument ist in der Big-Game-Fischerei unerläßlich, da es hier unmöglich und gefährlich ist, einen wild um sich schlagenden und tobenden Riesenfisch mit einem gewöhnlichen Gaff am Boot zu halten.

Die Öffnung des Hakens ist zwischen 10 und 20 cm breit und der Widerhaken manchmal beweglich. Am Hakenschenkel befinden sich eine Hülse und eine Öse. Das Stielende kommt in die Hülse und an die Öse kommt ein Tau, das entlang des Stieles gelegt wird und am oberen Ende in ein Spalte geklemmt wird. Das Tauende wird an eine sichere Stelle gebunden, wo es nichts und niemandem im Weg ist. Durch simultanen Zug am Griff und am Tau wird der Haken in den Fisch getrieben. Der Stiel löst sich dabei aus der Hülse, aber der Fisch bleibt an Tau und Haken hängen.

Die Fischerei auf Großlachse in den riesigen Binnenseen Skandinaviens hat große Kescher wieder beliebt werden lassen. Die langen Netzstiele (120–180 cm) erlauben ein weites Vorbeugen, wodurch vermieden wird, sich in anderer Ausrüstung an Bord zu verfangen. Die Netzöffnung ist ca. 75 cm weit und der Netzsack etwa 100 cm tief. Gewöhnlich sind Netzring und -stiel aus Aluminium und das Netzmaterial aus Kunststoff. Derartige Netze sind leicht, belastbar und recht problemlos zu transportieren, da der Stiel über das Netz geklappt werden kann. Der Stiel ist meist teleskopisch und über einen Verschlußmechanismus läßt er sich in verschiedenen Längen arretieren. An einigen ist das Netzmaterial sinkend, was die Landung ein wenig erleichtern kann. Der große Nachteil der ganzen Unterfangkescher ist, daß sich die Haken – und Kunstköder sind oft mit mehreren versehen – entsetzlich in den Netzmaschen verfangen können.

Gerätekästen

Weltweit bringen die meisten Schleppfischer ihre Kunstköder, Reserveschnur, Ködernadeln, Vorfächer und ähnliches Gerät in irgendeiner Art Gerätekasten unter. Es kann sich hierbei um einen leichten, tragbaren Kasten handeln, aber auch um einen im Cockpit integrierten. Ich persönlich verwende beide Versionen.

Ein Kunstköderkasten muß langlebig, stabil, wasserdicht und Salzwasser, Öl und Weichplastikködern gegenüber unempfindlich sein. Diese Kästen sollten auch in unterschiedlich große Fächer eingeteilt sein. Recht hoch müssen sie sein, wenn mit ihnen auch Planer Boards wie Yellow Bird und Jon's Diver transportiert werden sollen.

Ideal ist es, wenn die Fächergröße nach Belieben verstellbar ist und einige Gegenstände gehängt werden können. Stopfen Sie nicht zu viele Kunstköder in ein Fach, da sie sich allzu leicht ineinander verfangen und man statt eines Kunstköders nur noch eine ganze Rebe in die Hand bekommt. Aus diesem Grund bewahre ich meine wichtigsten Kunstköder nur mehr in einer eigenen Schachtel leicht zugänglich am Cockpit auf. Wirbel, Sprengringe, Perlen und anderer Kleinkram kann in kleinen Schachteln Platz finden, die in die jeweiligen Fächer passen – ebenso wie in Ihre Taschen.

Es gibt auch praktische kleine Boxen, die nach beiden Seiten geöffnet werden können. Vergessen Sie jedoch nicht, die eine Seite wieder zu verschließen, wenn Sie etwas aus der anderen nehmen wollen; ansonsten werden Sie mit Einräumen ein wenig beschäftigt sein. Kästen mit Schubladen nehmen gewöhnlich mehr Platz in Anspruch, lassen mehr Wasser hinein und sind meist auch weniger robust. Als erstes brechen gewöhnlich die Scharniere.

Harnisch

Harnisch und Kampfgurt sollten im Drill Hilfe leisten. Die Rutenaufnahme am Gurt gibt beim Anhieb sicheren Halt und verteilt den im Drill entstehenden Druck. Es gibt Gurte aus Leder und aus Fiberglas. In der Rutenaufnahme befindet sich gewöhnlich ein Querstift, der in das Kreuzschlitz-Endstück der Rute paßt.

Um die Kraftreserven einer Stand-up-Rute voll auszunutzen, verwenden Schleppfischer niedrig hängende Kampfgurte mit beweglicher Rutenaufnahme. Nur so läßt sich die eigene Bein- und Hüftkraft optimal ausnutzen. Ein Nierenharnisch ergänzt den Stand-up-Kampfgurt und in schwereren Schnurklassen ist er unerläßlich.

Die drei gängigen Harnischvarianten sind der Schulterharnisch, der Nierenharnisch und der Sitzharnisch. Letzterer, der wie ein an ein Sitzkissen genähter Nierenharnisch aussieht, ist der beste, wenn es darum geht, sich von einem Kampfstuhl aus mit wahren Giganten anzulegen. Mit ihm können Sie Ihre Beinkraft gegen die Fußleiste nutzen und dabei auf dem Kissen nach vorne und hinten rutschen. Beim Rückwärtsrutschen ziehen Sie die Rute mit sich und gewinnen so, nach Möglichkeit, ein wenig Schnur. Beim anschließenden Vorwärtsrutschen holen Sie diese Schnur ein. Letztlich handelt es sich hierbei um die ganz klassischen Pumpbewegungen.

Ganz unabhängig davon, ob das Boot groß oder klein ist, in jedem Fall muß eine die Sicherheit betreffende Grundausrüstung an Bord sein. Gegenstände wie Rettungswesten und Notsignale sollten immer vorrätig sein. Die Sicht ist das beste Navigationsinstrument des Anglers, aber durch gute, seewasserbeständige Ferngläser wird ein Ausflug sicherer und gleichzeitig interessanter.

Sicherheitsausrüstung

Ganz egal wie groß das Boot nun ist, stets sollte ein Minimum an Sicherheitsausrüstung an Bord sein. Kein erfahrener Schleppfischer läuft ohne folgende Gegenstände aus: Rettungswesten, Fernglas, Bootshaken, Treibstoffreserve, Ersatzteile für den Motor, Scheinwerfer, Notraketen, Werkzeug, Rettungsschnur, Pfeife, Bilgenpumpe, Feuerlöscher, Sturmstreichhölzer, Verbandskasten, Ersatzkompaß und Seekarten. Ein Ersatzmotor und Ersatzruder oder Paddel sowie ein Funkgerät tragen noch zu zusätzlicher Sicherheit bei. Des weiteren sollten stets einer oder mehrere Anker an Bord sein, ebenso wie die dazugehörigen Ketten und Taue. Außerdem müssen natürlich auch die jeweils vorgeschriebenen Positionslichter vorhanden sein.

Eine Seekarte ist ganz einfach eine Karte über einen bestimmten Gewässerabschnitt. Es kann sich dabei um eine ganz allgemeine, um eine Küsten- oder Inselkarte, um eine Decca-, Fisch- oder Sportbootkarte handeln. Verwenden Sie stets Karten im größtmöglichen Maßstab. Für Schleppfischer sind solche Karten weit mehr als eine Navigationshilfe von unschätzbarem Wert: sie enthalten u.a. ebenfalls Daten über die Gewässertiefe und dessen Bodenstrukturen. Gibt es keine Seekarten über das ausgesuchte Angelgebiet, dann versuchen Sie irgendeine Tiefenkarte aufzutreiben. Diese Karten können, zusammen mit den umlicgenden Landschaftsstrukturen, tiefe Löcher, Untiefen und Bodenbeschaffenheit verraten – kurzum, sie können zeigen, wo die Fische sind.

Studieren Sie Himmel und Wasser

Auch die kleinsten Ferngläser sind nützlicher als überhaupt keine, aber auch hier sollten Sie sich das beste kaufen, das Sie sich leisten können. Vorzuziehen sind 7 x 50 Gläser, die über siebenfache Vergrößerung und über eine 50 mm-Linse verfügen. Gute Seegläser sind äußerst widerstandsfähig und liefern augenblicklich wichtige Information.

Zu guter Letzt kann ich Ihnen nur noch raten, sich ein wenig nach dem Wetter umzusehen, bevor Sie losrudern oder Gas geben. Unsere Vorfahren hatten es gelernt, den Himmel und das Wasser nach dem Wetter zu »lesen« und wenn bestimmte Anzeichen auftauchten, blieben auch die besten Seemänner aller Zeiten – die Wikinger – an Land.

Heute wissen wir viel mehr als sie damals wußten, da wir über Hilfen wie Wettersatelliten verfügen. Nutzen Sie dieses Wissen wann immer Sie es können und vergessen Sie nicht, daß Berge von aufgeschichteten Wolken mit weißen Spitzen schweren Regen, einen Sturm oder eine Kaltwetterfront ankündigen können. Da sie auch vor Höhenwinden warnen können, ist es höchste Zeit sich nach einem sicheren Unterschlupf umzusehen, wenn derartige Wolken am Horizont auftauchen!

Nahende Tiefdruckgebiete lassen sich manchmal anhand eines hellen Ringes um die Sonne ausmachen, wenn sie es schafft, durch die Zirruswolken zu brechen. In einem solchen Fall bleiben Sie am besten zuhause und nehmen sich ein gutes Buch wie dieses zur Hand!

DIE PRAXIS DER SCHLEPPFISCHEREI

Über das Angeln gibt es unterschiedliche Auffassungen. Für viele bedeutet es den eigentlichen Drill – den Umgang mit der Rute, der Rolle, dem Kescher oder dem Gaff. Für andere gehört viel mehr dazu: es beginnt mit dem Studium der Seekarten, der Biologie der gesuchten Fischart und es endet mit der Minute, in welcher das Boot nach einem durchfischten Tag wieder im Hafen angelegt hat.

Zunächst müssen Sie sich eine für die Saison geeignete Angelstelle aussuchen, mit anderen Worten, ein Gebiet, in welchem – abhängig von Faktoren wie dem Vorhandensein von Futterfischen, der Wassertemperatur, dem Salzgehalt und dem Laichgeschäft – sich die gesuchten Fische auch aufhalten. Beispiele für von der Jahreszeit abhängige Unterstände sind tiefe Löcher, Klippen, Abhänge, Landzungen, Kanäle, Mündungen und Mündungsbereiche. Von da an müssen Sie die »heißen Stellen« selbst ausfindig machen, die dann von der Bodenstruktur, -beschaffenheit und -vegetation abhängen. Auch der Wasserstand muß berücksichtigt werden, ebenso wie die Strömungsrichtung, die Sichttiefe, Temperaturunterschiede, das Wetter und die Anwesenheit anderer Fischarten oder Menschen. Als nächstes muß man das richtige Niveau im Wasser ausmachen, eine Tiefe, in der es die Fische gibt und wo sie auch in Beißlaune sind. Sie müssen das passende Gerät zusammenstellen, und zwar nicht nur das Handgerät, sondern auch all das, was notwendig ist, um den Köder in die richtige Tiefe zu bekommen – beispielsweise einen Downrigger oder ein Planer Board – sowie die geeignete Schleppentfernung zum Boot herausfinden.

Der nächste Schritt ist die richtige Köderwahl. Sie müssen zwischen Löffeln, Wobblern, Weichplastikködern, Reizködern und natürlichen Ködern eine Auswahl treffen. Innerhalb dieser Ködergruppen müssen Sie sich auch noch für die richtige Größe und Farbe entscheiden, die der Nahrung der Zielfische so ähnlich wie möglich sein soll – auch wenn die Farbe in erster Linie von der Sichttiefe im Wasser bestimmt wird. Anschließend ist es wichtig, die geeignete Schleppgeschwindigkeit herauszufinden, die dem Köder zu einer Schwimmbewegung verhilft, die beim Fisch den Schlüsselreiz zum Angriff auslöst.

Schließlich müssen die Fische auch noch gekonnt gedrillt werden, d. h., auf eine Art und Weise, die sie unversehrt läßt und sie anschließend, ohne Schaden genommen zu haben, wieder zurückgesetzt werden können. Das bedeutet, daß Sie vom Anhieb an alles richtig machen müssen, den notwendigen Druck auf den Fisch ausüben, das Boot entsprechend manövrieren, den Fisch sauber gaffen oder keschern und ihn mit der bestmöglichen Überlebenschance wieder in sein Element entlassen. Diesen letzten Schritt im Gesamtprozeß der Fischerei möchte ich nun diskutieren.

Soll ein Drill Freude bereiten, zum spannenden Spiel von »geben und nehmen« werden, dann muß er an passend dimensioniertem Gerät stattfinden. Die Ausrüstung darf nicht so massiv sein, daß Fisch und Drill praktisch erstickt werden. Es sollte zu einem fairen Kampf kommen, in welchem die Überlebenschancen des Fisches nach dem Zurücksetzen gewahrt bleiben – damit er weiter wachsen, sich vermehren kann und eventuell einem anderen einen spannenden Drill liefert.

Für mich ist das die Essenz der Sportfischerei. Hiernach strebe, ich ganz unabhängig davon, ob ich nun beim Stipp-, Fliegen-, Spinn-, Meeres- oder Schleppfischen bin. Ob der Drill nun in einem Fluß in Wathosen, in einem See mit einem Belly-Boat um die Hüfte oder in einem Schleppboot stattfindet, ist unerheblich. Die Ausrüstung ist lediglich Kosmetik, die den eigentlichen Drill umgibt. Auch sollte es keinerlei Notwendigkeit geben, mich mit einem Boot oder einem Belly-Boat zu schmücken. Die freie Wahl zu haben und andere Einstellungen zur Fischerei zu akzeptieren sind ebenfalls Schlüsselelemente in der Gesamtperspektive der Sportfischerei.

Am spannendsten wird ein Drill gewöhnlich an seinem Ende. Koordinierte Handgriffe an Bord sind dann ausschlaggebend. Hier wird der Fisch mit Hilfe einer Stand-Up-Rute in Reichweite des Gaffhakens gebracht. Der lange vordere Griffabschnitt erlaubt es dem Angler, die Rute im Drill nahe ihres Gleichgewichtspunktes zu halten und durch schnelles Pumpen ständigen Druck auf den Fisch auszuüben. Durch einen niedrig hängenden Kampfgurt kann er neben seiner Armkraft auch die Kraft seiner Hüften und Beine zu nutzen.

Der Anhieb

Oft wird ein Kunstköder so gierig genommen, daß sich ein Anhieb erübrigt. Die Bootsbewegung ist, zusammen mit dem Widerstand der Schnurklammer, ausreichend, um den Haken tief genug in das Fischmaul einzutreiben. Der Angler braucht sich hierüber keine weiteren Gedanken zu machen, er muß lediglich schnell die Rute der Halterung entnehmen und sich selbst in Drillposition bringen – entweder entlang der Reling oder in einem Kampfstuhl. Wenn Sie jedoch beim Biß die Rute in der Hand halten, sollten Sie in jedem Fall mit einem Anhieb antworten. Fische, mit harten Kiefern, wie beispielsweise Hecht und Barrakuda, können getrost auch zweimal angehauen werden.

Manchmal sind die Fische scheu und zögern ein wenig. Sie inspizieren den Kunstköder aus nächster Nähe, bevor sie sich zum Angriff entschließen – oder weiterschwimmen. Der Schlüsselreiz zum Angriff kann dann durch Beschleunigen oder Abbremsen des Kunstköders ausgelöst werden. So kann es sein, daß ein Ruck an der Schnur, ein oder zwei Kurbelumdrehungen an der Rolle oder am Downrigger den Angriff auslösen können. Manchmal kann aber auch ein langsames Abtauchen des Kunstköders den Angriff provozieren.

Der Angler sollte seine Ausrüstung und sein Gerät immer überblicken. Mit ein wenig Geschick kann er an seiner Rutenspitze ablesen, ob der Kunstköder richtig läuft oder nicht – ganz ohne den Kunstköder selbst dabei zu sehen. Des weiteren ist es wichtig, daß sich die Ruten immer in kürzester Reichweite befinden, daß die Bremsen richtig eingestellt sind und daß Sie über gute Reflexe verfügen. Am sichersten ist es, sich bei jedem Biß so zu verhalten, als hätte ihn ein Rekordfisch verursacht.

Beim Big-Game-Fischen sind das Haken und Anlanden eines Fisches in erster Linie Teamwork, in welchem der Angler, die Besatzung und der Skipper koordiniert handeln müssen. Dennoch wird weltweit unterschiedlich mit dem Boot umgegangen, insbesondere bezüglich des Anhiebes. Einige Skipper bremsen das Boot ab, um dem Fisch Gelegenheit zu geben, den Kunstköder besser zu fassen. Andere beschleunigen sobald die Schnur aus der Schnurklammer gesprungen ist.

Außerdem ist es unerläßlich, insbesondere in der Big-Game-Fischerei, daß Sie sich den Umgang mit dem Gerät und der Ausrüstung sowie die Gepflogenheiten an Bord vergegenwärtigen, bevor Sie mit dem eigentlichen Fischen beginnen. Sie müssen wissen, wie die Rute unter Druck arbeitet und wie sich die Bremse beim Anhieb und Drill verhält (siehe Kapitel 4). Sie sollten auch wissen, mit welcher Montage Sie fischen und wie Ihr Vorfach aussieht. Die meisten großen Fische werden deshalb verloren, weil der Angler sein Gerät nicht beherrscht.

Der Drill

Gewöhnlich macht ein Fisch nach dem Anhieb erst einmal eine Flucht. Gewöhnlich handelt es sich hierbei um die längste Flucht vom gesamten Drill. Sie kann in der Tiefe oder unmittelbar unter der Oberfläche stattfinden. In letzterem Fall endet die Flucht gewöhnlich mit einem Sprung oder einem Platschen an der Oberfläche.

Strecken Sie den Kescher nicht in Richtung eines Fisches aus, der sich noch zu weit vom Boot entfernt befindet. Oft kommt es hierdurch zu einer letzten Flucht, wobei der Fisch seine letzte Energie verbrennt und der Kiel oder die Schraube dem Drill ein jähes Ende bereiten können. Stattdessen sollte das Keschern schnell und entschieden erfolgen. Versuchen Sie, den Netzsack augenblicklich zu schließen und heben Sie den Fisch schnell an Bord.

Lassen Sie den Fisch nur abziehen, halten Sie lediglich Ihre Rute hoch. Wenn Sie mit einer konventionellen Rute fischen, dann halten Sie sie in einem 45°-Winkel zur Oberfläche, sodaß der Fisch ihren Druck zu spüren bekommt. Lockern Sie die Bremse, wenn sie straff eingestellt ist oder wenn der Fisch groß ist und viel Schnur nimmt. Je weniger Schnur auf der Spule ist, desto höher wird bei gleichbleibender Bremseinstellung der auf sie ausgeübte Zug. Ist nur mehr halb so viel Schnur auf der Spule, dann ist die doppelte Zugkraft erforderlich, um die Bremse zu aktivieren. Sie sollten daher in dieser Drillphase niemals die Bremse straffer einstellen. Hinzu kommt, daß mit zunehmender Schnurlänge im Wasser sich beim Zug auch der Wasserwiderstand immer bemerkbarer macht. Gewöhnlich bremst erst die eigentliche Trägheit der Schnur den Fisch.

Ist diese erste Flucht zu Ende, müssen Sie das Kommando übernehmen. Von hier an müssen Sie und Ihre Ausrüstung dafür sorgen, daß der Fisch in Bewegung bleibt. Vergessen Sie nicht, daß Sie dem Fisch keine Gelegenheit zur Ruhe geben dürfen, da er die Fähigkeit besitzt, viel schneller als Sie selbst wieder zu Kräften zu kommen.

Die gängigste Methode, auf den Fisch Druck auszuüben, und hierbei viel Schnur einzuholen, ist das »Pumpen«. Zunächst muß die Bremse allerdings wieder so eingestellt werden, daß das Pumpen auch möglich wird. Die Pumptechnik hängt von der jeweils verwendeten Rute und der Drillposition (sitzend oder stehend) ab.

Grundgedanke ist in jedem Fall, die Rute beständig zu heben und zu senken, bis sich der Fisch in Reichweite des Bootes befindet. Beim Anheben der Rute ringen Sie dem Fisch Schnur ab, beim Absenken der Rute spulen Sie die soeben gewonnene Schnur auf die Rolle. Ist der Fisch groß und zäh, dann kann ein Kampfgurt sinnvoll sein. Er hilft Ihnen, die Rute aufrecht zu halten und gleichzeitig tun Sie sich nicht weh und schonen Ihre Kleider. Mit traditionellen Ruten pumpen Sie den Fisch stehend herbei, wobei Sie die Rute in einem Winkel von 45° bis 80° zur Wasseroberfläche bewegen. Die notwendige Kraft hierzu liefern Ihre Hände, Arme und Schultern.

Mit einer kurzen Stand-Up-Rute können Sie im Drill auch Ihre Hüften und Schenkel einsetzen und somit Schultern und Arme entlasten. Die Pumptechnik mit diesen Ruten besteht aus kurzem, jähem Heben und Senken, wobei bei jedem Pumpvorgang 20 bis 30 cm Schnur auf die Spule gelangen. Besonders effektiv ist diese Technik, wenn man sich direkt über dem Fisch befindet, da er so wenig Gelegenheit bekommt, seinen Kopf nach unten zu richten und senkrecht abzutauchen.

Von einem Kampfstuhl aus pumpen Sie den Fisch durch Vor- und Rückwärtsrutschen herbei, wobei Sie sich auf der Fußleiste abstützen. Sie rutschen durch Durchdrücken der Beine genau in jenem Moment zurück, in dem ein stehender Angler die Rute anheben würde. Haben Sie Ihre Rute aufgerichtet, dann geben Sie mit Ihren Knien nach und holen die gewonnene Schnur beim Absenken der Rute rasch ein.

An einer Big-Game-Rute kann die Grifform von Bedeutung sein. Tieftauchende Fische lassen sich leichter mit einem gekrümmten Griff und an der Oberfläche flüchtende Fische einfacher mit einem geraden Griff drillen. Durch die Krümmung befinden sich Griff und Rolle in besserer Position, um kraftvolle Pumpbewegungen nach oben durchzuführen, da die Rute hierzu in einem günstigeren Winkel steht.

Üben Sie auf den Fisch konstanten Druck aus: so muß das

Tier immer gegen den Rutendruck ankämpfen, wodurch es sich langfristig von selbst ermüdet. Heben Sie Ihre Rute niemals derart an, daß die Schnur an Spannung verlieren kann, wenn der Fisch plötzlich auf das Boot zuschießt. Wenn Sie die Aktion Ihrer Rute genau kennen, dann werden Sie genau sehen, oder spüren, wann es Zeit wird, die Bremse zu lockern. Höchste Zeit ist es in jedem Fall, wenn die Schnur zu singen anfängt. Versuchen Sie nie, einen Fisch zu »brechen«, indem Sie beim Pumpen die Bremse maximal zudrehen. Aus weichen Maulpartien schlitzt dann der Haken leicht aus und schlimmstenfalls geht der Fisch verloren. Die Bremse muß stets derart eingestellt sein, daß der Fisch jederzeit zu einer unvorhergesehenen Flucht ansetzen kann.

Ein Fisch, der am Ende einer langen Angelschnur springt, kommt nur selten vom Haken frei, da die Schnur unter zu hoher Spannung steht. Nahe am Boot ist das Risiko jedoch erheblich größer, insbesondere dann, wenn er an einem schweren Kunstköder hängt. Die kurze, gespannte Schnur – zusammen mit dem Eigengewicht des Kunstköders in seinem Maul – hat es vielen Fischen ermöglicht, nach einem langen Drill unmittelbar am Boot noch freizukommen.

Versuchen Sie, einen Sprung durch Absenken der Rutenspitze auszugleichen, allerdings nur so weit, daß die Schnur keinen Schnurbauch bildet. Denken Sie daran, beim Näherkommen des Fisches an das Boot die Bremse zu lockern, sodaß ein plötzliches Schütteln die Schnur nicht in Gefahr bringt. Ist der Fisch fast am Boot, dann kann, außer in der Big-Game-Fischerei, die Schnur gewöhnlich mit dem Daumen ausreichend gebremst werden.

Die Bootsmanöver

Sofern Sie von einem Kampfstuhl aus drillen, kann es notwendig sein, daß Ihnen ein Besatzungsmitglied den Stuhl immer in jene Richtung dreht, in welcher die Schnur ins Wasser verschwindet. Um einem unerfahrenen Angler zu helfen, Schnur einzuholen, kann der Skipper das Boot rückwärts in Richtung Fisch fahren. Eine andere Taktik des Skippers kann darin bestehen, das Boot zu wenden und den Fisch parallel zu verfolgen. Hierdurch kann der Angler den Bremsdruck reduzieren und der Fisch ermüdet schnell, da er immer noch Widerstand ausgesetzt ist.

In der Big-Game-Fischerei ist es gewöhnlich notwendig, den Motor den ganzen Drill überlaufen zu lassen. Beim Schleppen auf Lachs ist das in meinen Augen keineswegs unerläßlich.

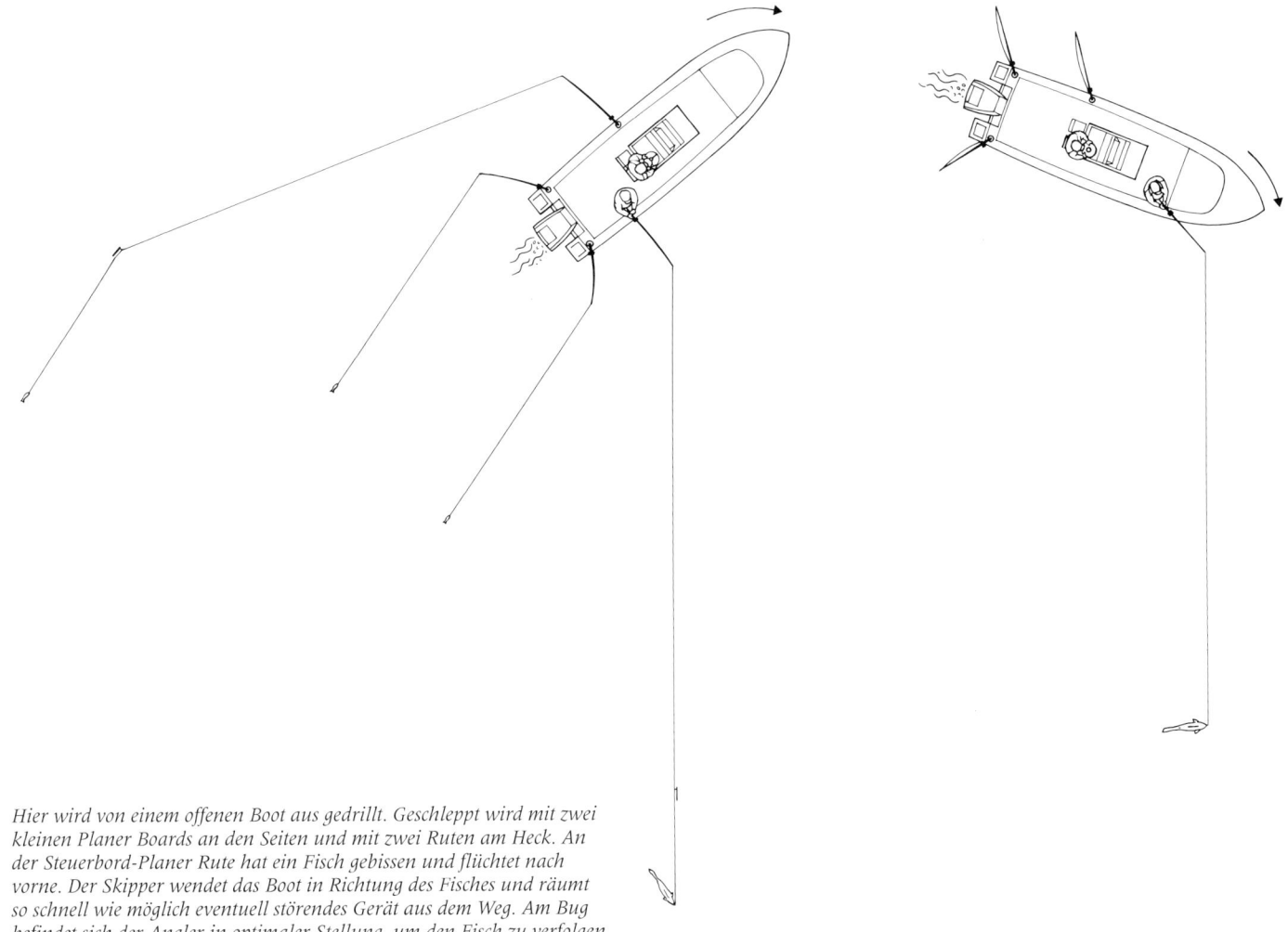

Hier wird von einem offenen Boot aus gedrillt. Geschleppt wird mit zwei kleinen Planer Boards an den Seiten und mit zwei Ruten am Heck. An der Steuerbord-Planer Rute hat ein Fisch gebissen und flüchtet nach vorne. Der Skipper wendet das Boot in Richtung des Fisches und räumt so schnell wie möglich eventuell störendes Gerät aus dem Weg. Am Bug befindet sich der Angler in optimaler Stellung, um den Fisch zu verfolgen und zu drillen.

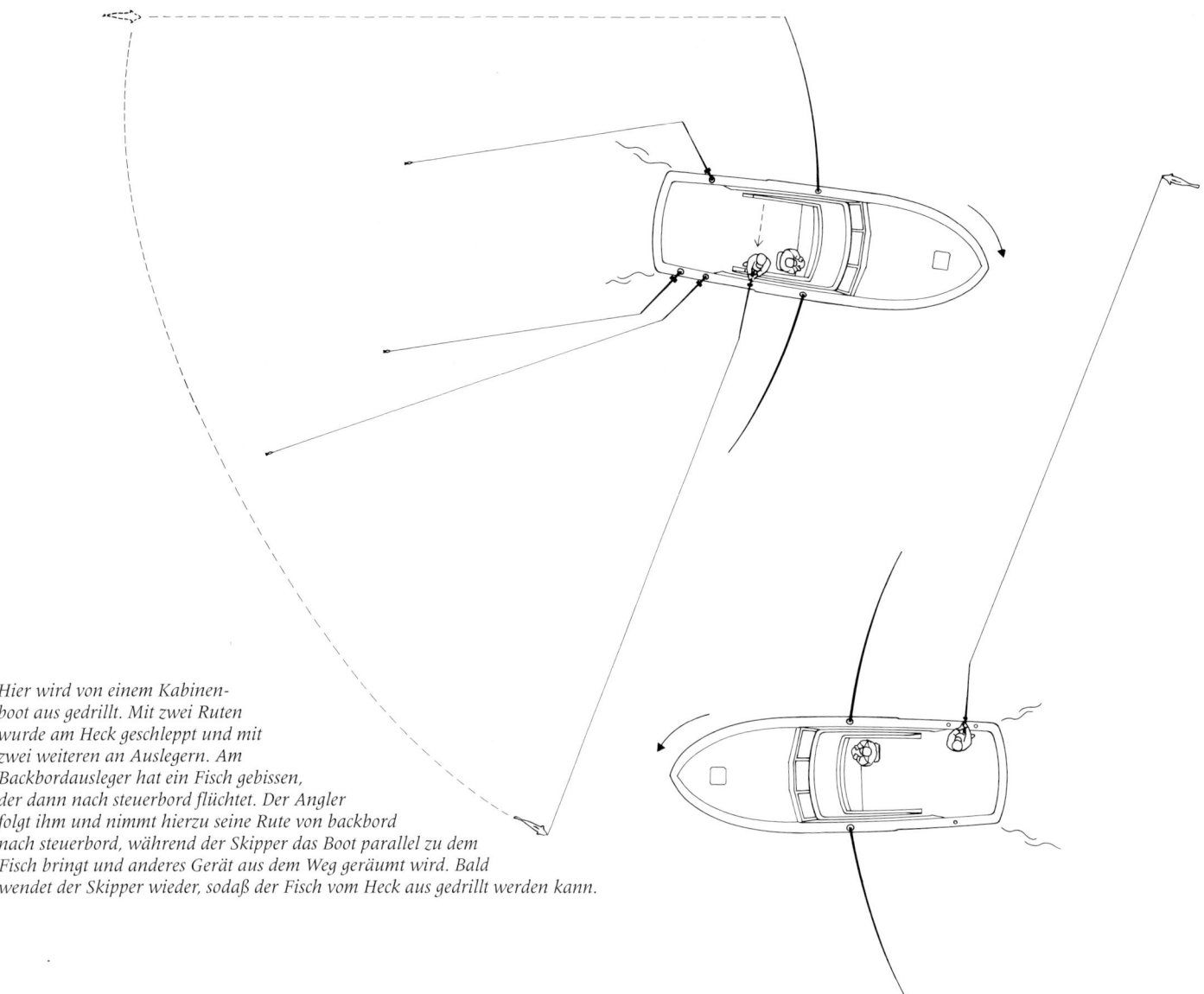

Hier wird von einem Kabinen-
boot aus gedrillt. Mit zwei Ruten
wurde am Heck geschleppt und mit
zwei weiteren an Auslegern. Am
Backbordausleger hat ein Fisch gebissen,
der dann nach steuerbord flüchtet. Der Angler
folgt ihm und nimmt hierzu seine Rute von backbord
nach steuerbord, während der Skipper das Boot parallel zu dem
Fisch bringt und anderes Gerät aus dem Weg geräumt wird. Bald
wendet der Skipper wieder, sodaß der Fisch vom Heck aus gedrillt werden kann.

Hier sollten Sie langsame Fahrt bis zu dem Zeitpunkt beibehalten, in welchem alle anderen Ruten eingeholt wurden und dann vom stillstehenden Boot aus drillen. Stoppen Sie den Motor allerdings erst, wenn der Fisch reif zur Landung ist, da es durchaus sein kann, daß Sie aufgrund des Fisches, des Wetters oder anderer Boote dazu gezwungen sind, doch noch den Gang einzulegen. Achten Sie im Drill stets darauf, daß die Schnur nicht mit der Schraube in Berührung kommt. Müssen Sie aus irgendeinem Grund Ihr Boot immer in Fahrt behalten, dann werden Sie am erfolgreichsten drillen, wenn Sie um den Fisch weite Kreise ziehen.

Man sollte stets darauf achten, keinen noch nicht ermüdeten Fisch an die Bordwand zu bringen. Jähe Sprünge, Fluchten und Schläge lassen sich dann schlecht abfangen. Es besteht dann stets das Risiko eines Schnurbauches und nur allzu schnell schüttelt sich der Fisch vom Köder frei, der gleichzeitig in Bootsrichtung geschleudert werden kann. Ebenso groß ist die Gefahr, daß der Fisch auf die Schnur fällt und diese dabei sprengt oder sich in ihr verwickelt. Versuchen Sie den Fisch in Sichtentfernung zu halten, bis er deutlich erste Anzeichen von

Müdigkeit gibt: der Druck auf die Rute läßt nach und der Fisch zieht immer kleinere Kreise. Ein Fisch, der seine Flanken zeigt, ist fast erschöpft – aber nicht immer gänzlich. Oft verbraucht er seine letzten Kräfte in einer Flucht vor dem ausgestreckten Netz oder Gaffhaken. Und mit ein wenig Pech findet diese Flucht ausgerechnet unters Boot oder in Richtung Schraube statt, wodurch der Drill ein vorzeitiges Ende findet.

Gaffen und Keschern

Bis zur letzten Minute in einem stehend stattfindenden Drill, sollte dieser mit verringerter Bremskraft und einem flinken Daumen stattfinden sowie in einer Stellung, in der es jederzeit möglich ist, die Rute auf ihrer gesamten Länge ins Wasser zu tauchen, sollte der Fisch unter das Boot ziehen. Versuchen Sie nicht, den Fisch in zweifelhafter Entfernung zum Boot zu keschern. Sie werden ihn lediglich erschrecken.

Keschern Sie den Fisch schnell und entschieden. Das Netz sollte teilweise unter der Oberfläche sein, bevor der Fisch, Kopf

Immer öfter werden auch Big-Game Fische zurückgesetzt, oft nachdem sie markiert wurden. Kleine Schwertfische werden oft an ihrem »Schwert« gegriffen, gegafft zu werden, wenn sie markiert bzw. zurückgesetzt werden sollen.

voran, über seinen Rahmen gezogen wird. Heben Sie den Kescher schnell an und schließen Sie den Netzsack entweder indem Sie ihn verdrehen oder indem Sie den Kescher mit einem senkrecht nach oben weisenden Griff anheben. Fassen Sie dann den Rahmen und heben Sie ihn an Bord. Der Fisch drückt sich dabei gegen die Bordwand und solange Sie ihn anheben, besteht für ihn kaum eine Aussicht auf Flucht.

Gegafft wird ein Fisch am besten in den Kopf. Ideal ist es, den Gaffhaken in den Unterkiefer zu plazieren, da der Fisch dann erstaunlich ruhig hält. Er läßt sich nun problemlos vom Haken befreien und unverletzt wieder zurücksetzen. Das Loch in der Unterkieferhaut ist klein und heilt alsbald wieder.

Bei von einem Kampfstuhl aus stattfindenden Schwergewichtsduellen ist die letzte Drillphase oft die heikelste. Der Skipper darf den Überblick über das Gesamtgeschehen nicht verlieren, um entsprechend schnell mit dem Steuer reagieren zu können. Die Besatzung braucht Platz, um den Fisch entlang des Bootes manövrieren zu können. Der Angler spielt in dieser kritischen Drillphase eine eher passive Rolle, auch wenn er stets voll einsatzbereit bleiben muß. Er sollte mit recht offener Bremse auf seinem Kampfstuhl bleiben, den Line-out Alarm eingeschaltet haben, damit der Fisch – sofern es noch zu einer Flucht kommt – die Schnur nicht sprengt oder durch Überdrehen der Spule keine Perücke verursacht. Etwaige andere an Bord anwesende Personen sollten ganz aus dem Weg bleiben, es sei denn, ihre Hilfe wäre gefragt.

Der Höhepunkt in der Big-Game-Fischerei nähert sich dann, wenn die gedoppelte Schnur auf die Spule gelangt und wenn der oberste Wirbel der Endmontage über dem Wasser zu sehen ist. Das Vorfach sollte erst dann gegriffen werden, wenn es sich in Reichweite vom Lederhandschuh eines Besatzungsmitgliedes befindet und der hoffentlich völlig erschöpfte Fisch an das Boot gezogen werden kann. Heben Sie das Vorfach nicht an Bord, vergewissern Sie sich, daß es im Wasser liegt.

Soll der Fisch mitgenommen werden, dann wird er zunächst in Kopf und Nacken mit einem Flying Gaff gegafft. Achten Sie darauf, daß sich bei diesem Vorgang der Kopf des Fisches unter Wasser befindet – ansonsten könnte es sein, daß der Fisch sich an der Oberfläche zu wälzen beginnt und dabei unkontrolliert um sich schlägt. Versuchen Sie nie einen gegafften Fisch lediglich mit den Händen zu halten; das Gafftau sollte schnell an Bord festgezurrt werden. Dann können Sie den Fisch erneut gaffen, bevor Sie ihn am Schwanz zu fassen kriegen. Schließlich können Sie ihn mit einem Schläger aus Hartholz abschlagen.

Wird der Fisch freigelassen, dann wird er oft markiert, bevor das Vorfach möglichst nah am Haken durchtrennt wird. Das Salzwasser und die Magensäure des Fisches zersetzt alsbald den Haken. Es kann sein, daß der Fisch vor dem Wiedererlangen seiner Freiheit ein wenig Sauerstoffzufuhr braucht. Hierzu wird er mit dem Kopf gegen die Strömungsrichtung des Wassers gehalten. Gelegentlich wird ihm hierbei durch sachte Vor-

und Rückwärtsbewegungen ein wenig Hilfe geleistet. Anderen Anglern können Sie das Markieren eines Fisches durch das Hissen einer speziellen IGFA-Flagge mit einem »T« (für »Tagging«) signalisieren.

Salmoniden

Die große Familie der Salmoniden wird in drei Unterfamilien eingeteilt. Zu einer dieser gehören die Lachse, Forellen und Saiblinge; zu den anderen beiden gehören die Renkenartigen und die Äschen. Alle Salmoniden besitzen eine Fettflosse. Zu ihnen gehören daher ebenso zwei überaus wichtige Futterfischarten – Stint und Lodde.

In der zuerst erwähnten Familie findet man einige der bei den Schleppfischern begehrtesten und stärksten Rivalen. Und diese haben nicht nur für Konflikte zwischen Anglern, sondern auch für Konflikte zwischen Wissenschaftlern gesorgt. Ein großer Teil dieser Mißverständnisse hat seinen Ursprung in den Namen, die ihnen Wissenschaftler gaben, die von Europa nach Nordamerika ausgewandert waren. Schlicht und einfach deshalb, weil diese Fische den Namen von europäischen Fischarten erhielten, denen sie ähnlich waren. Noch heute kommt es aufgrund dieser Tatsache zu Mißverständnissen, wenn europäische Angler und amerikanische gemeinsam über verschiedene Fischarten reden.

Ein Beispiel ist die Nordamerikanische Seeforelle (Salvelinus namaycush). Unter Seeforelle verstehen europäische Angler gewöhnlich eine in einen See abgewanderte Bachforelle (Salmo trutta), wenn sie Amerikanern den Unterschied zu der ins Meer abwandernden Bachforelle, die zur Meerforelle wird, erklären. Um solche Mißverständnisse zu vermeiden, sollte stets auch der lateinische Name der Art erwähnt werden. Einige dieser Namen wurden erst 1988 aktualisiert, aber das letzte Wort ist bezüglich der Salmonidennamen noch nicht gesprochen worden.

Heute stehen die Namen von Lachsen und Forellen – sowohl ins Meer abwandernde Arten als auch reine Süßwasserarten – in Beziehung zum Pazifik, wenn es sich um Pazifikarten handelt und in Beziehung zum Atlantik, wenn es sich um Atlantikarten handelt. Forschungsergebnissen der 80er Jahre zufolge sind Pazifikforellen eher mit den Pazifiklachsen als mit den Atlantikforellen verwandt. Den Atlantikarten wurde der Namen »Salmo« gelassen, wogegen die Pazifiksalmoniden in die Gattung der »Oncorhynchus« gerutscht sind. Demgegenüber wird die Gattung der Saiblinge in der alten und neuen Welt als »Salvelinus« bezeichnet.

Für einen Schleppfischer ist es auch ganz interessant, etwas über die Gattung »Hucho« zu erfahren. Beim Huchen handelt es sich um einen eurasischen Salmoniden, dessen natürliches Verbreitungsgebiet vom Donaubecken bis nach Sibirien reicht. Der europäische Huchen trägt den lateinischen Namen Hucho hucho und der asiatische Hucho taimen, auch wenn neuere Studien erbracht haben, daß es sich um ein und dieselbe Fischart handelt. Letzterer wiegt bis 80 kg und stellt somit in der Salmonidenfamilie das Superschwergewicht dar.

Diese Arten laichen in kühlem, meist fließendem Süßwasser – hauptsächlich im Spätherbst und Frühwinter. Wandersalmoniden bleiben gewöhnlich ein bis fünf Jahre in ihrem Geburtsfluß, bevor sie als Smolts, bei einer Länge von 10 Zenti-metern abwandern. Dann halten sie sich etwa dieselbe Zeit im offenen Wasser auf, wobei sie sich Muskeln und Fett anfressen und das in erster Linie auf Kosten kleiner Fische. Haben sie ihre Laichreife erreicht, dann wandern sie zum Laichen, mit Hilfe der Sonne und ihres Geruchssinnes, zurück in ihren Geburtsfluß.

Alle Pazifiklachsarten sterben, sobald ihr Laichgeschäft erledigt ist. Demgegenüber überleben viele Atlantiklachse mehrere Jahre solche Laichgeschäfte, wobei sie kontinuierlich weiterwachsen. Mit unterschiedlichem Erfolg wurden einige Salmonidenarten auch in ihnen fremde Gewässer eingesetzt – beispielsweise in Australien, Neuseeland, Südamerika und Indien.

Der Atlantiklachs

Die Spezies Salmo salar ist in nordatlantischen Gewässern heimisch und ihr Verbreitungsgebiet erstreckt sich von der östlichen Biskaya bis zum Weißen Meer und der Ostsee. Sie lebt ebenfalls um Island und entlang des südlichen Grönlands. Ursprünglich gab es diese Fische vom Polarkreis bis zum Hudson River, heute liegt ihre südliche Verbreitungsgrenze bei New England. Darüber hinaus gibt es diese Art in einigen nordeuropäischen Gewässern und in einigen Seen des nordöstlichen Nordamerikas als Süßwasserrelikt in Form der Binnenlachse. Unglücklicherweise haben die letzten 150 Jahre der Flußbewirtschaftung durch Verschmutzungen und Überfischung ihren Tribut gefordert und auf beiden Seiten des Atlantiks gewaltige Bestände ausgelöscht.

Das ganze Jahr über kann auf Lachse geschleppt werden, sowohl auf heranwachsende, als auch auf solche, die gerade ihre Laichwanderung unternehmen. Man kann diese Fische in Flüssen beim »Harling« überlisten oder ihnen entlang der Küsten oder um Inselgruppen herum nachstellen. Das Grand Slam Trio von Atlantiklachsen ist mir persönlich in den verschiedenen Lachsbiotopen und zu sehr unterschiedlichen Jahreszeiten gelungen. Es gab hierbei faszinierende Begegnungen an schmalen Flüssen in warmen skandinavischen Sommernächten ebenso wie eiskalte Abenteuer unter Schnee und Regen auf nebelüberzogenen Seen. Unvergeßlich bleibt mir ebenfalls ein Angelausflug im T-Shirt auf das offene Meer, das bei subtropischen Temperaturen spiegelglatt vor uns lag, obwohl wir uns nördlich des 56. Breitengrades befanden.

Wenn die Junglachse (Grilse) im Frühling ihren Geburtsfluß verlassen, folgen sie den Oberflächenströmungen der Seen und Meere. In diesen nahrungsreichen Wassermassen fällt ihnen die Futtersuche leicht und schnell verdoppeln sie ihr Körpergewicht. Nach und nach stellen sie ihren Speiseplan von Insekten auf Krustentiere und Kleinfische um. Während ihres ganzen Salzwasseraufenthaltes jagen sie weiterhin in nahrungsreichen Strömungsadern, insbesondere über tiefem Wasser und entlang von Verwirbelungen kalter und warmer Wassermassen. Große, abgelegene Untiefen, strömungsreiche Kaps, Buchten in der Nähe von tiefem Wasser und küstennahe Strömungen sind daher für den Schleppfischer auf Lachssuche aussichtsreiche Stellen. Im Frühling ziehen die Lachse oberflächennah, sowohl auf offener See, als auch in Küstennähe – die kleinsten gewöhnlich am höchsten. Sogar im Sommer lassen sich Lachse im Oberflächenwasser antreffen, sofern sie dort ihre optimale Temperatur vorfinden. Insbesondere in unmittelbarer Landnähe tauchen sie auf 35–40 Meter ab, wo sie in der

Auf der Oberfläche mag zwar alles friedlich aussehen, in der Tiefe kann das jedoch ganz anders sein. Dort kann gerade eine Freßorgie stattfinden, die bald bis an die Oberfläche steigt und dann ist es mit der Ruhe an Bord schnell vorbei.

Sprungschicht rauben. Im Herbst, wenn das Oberflächenwasser abkühlt und sich mit Tiefenwasser mischt, lassen sich die Lachse in allen Etagen antreffen, manchmal sogar unmittelbar vor der Küste. Im Spätwinter, der kältesten Jahreszeit, verziehen sie sich wieder in größere Tiefen.

Das Verhalten der Lachse zur Vorlaichzeit ist von der jeweiligen Umgebung recht unabhängig. Sie folgen bestimmten Wanderrouten zu ihren Laichflüssen. Gewöhnlich sind die Schwergewichte als erste da – in einigen Flüssen sogar schon im zeitigen Frühjahr, in anderen im Spätherbst. Vor der Flußmündung, im Fjord oder in einem anderen tiefen Abschnitt, bilden sie oft Schwärme und Gruppen von Fischen von etwa gleicher Größe, die auf optimale Bedingungen zum Laichaufstieg warten. Je näher sie dem Fluß kommen, desto geringer wird ihr Appetit, aber erst mit dem eigentlichen Aufstieg entfällt die Nahrungsaufnahme gänzlich.

Der Ostseelachs

Junglachse, welche die vielen Zuflüsse der Ostsee verlassen, folgen den Oberflächenströmungen durch dieses gewaltige Brackwassermeer. Sie rauben in kleinen Gruppen und wachsen auf Kosten der Heringe, Sprotten, Sandaale und Stichlinge schnell ab.

Die Bucht von Pukavik in der südlichen Ostsee ist zum Schleppfischen auf Atlantiklachs das beste Fanggebiet der Erde. In den letzten Jahren wurden hier mehr Lachse von über 20 kg mit leichtem Schleppgerät gefangen, als überall sonst im Nordatlantik: einige wogen sogar über 25 kg. Diese Gegend und die Bucht von Hanö bieten außergewöhnliche Vorteile, auch wenn mittlerweile feststeht, daß es in der riesigen Ostsee noch zahlreiche weitere Stellen gibt, an denen die Zukunft der Lachs- und Forellenschleppfischerei recht rosig aussieht.

Durch die Schleppfischerei wurden die großen Ostseelachse in nie da gewesener Weise für den Angler zugänglich. Im offenen Wasser können diese Fische auch viel eher ihre Kraft, Geschwindigkeit und Ausdauer unter Beweis stellen.

Die Bucht von Hanö bietet dem Schleppfischer zwei Jahreszeiten. Im Frühling wird auf oberflächennah ziehende Großlachse von 10–30 kg geschleppt. Im Spätsommer und Herbst wird in erster Linie auf tiefstehende heranwachsende Lachse von 4–15 kg geschleppt. Zu beiden Anlässen wird vom Downrigger ausgiebig Gebrauch gemacht.

Die Frühjahrsfischerei beginnt gegen Märzende und Aprilanfang, wenn das Oberflächenwasser bei nur 5°C liegt. Zu einem Höhepunkt kommt es gegen den 10. bis 20. Mai, wenn die Wassertemperatur 10°C erreicht. Sobald annähernd 15°C erreicht werden, werden die Bisse in den Oberflächenschichten immer spärlicher. Allerdings ist es im Mai oft so, daß die Temperatur nur wenige Meter unter der Oberfläche um 5°C kälter ist. Darüberhinaus kommt es zwischen Tag und Nacht im Wasser und in der Luft zu großen Temperaturunterschieden.

Die meisten Lachse werden morgens und abends gefangen, auch wenn eine ganze Reihe von Großlachsen zur Mittagszeit an den Haken gehen. Ein weiterer Vorteil vom morgendlichen oder abendlichen Fischen besteht darin, daß Sie der Wind ein wenig in Ruhe läßt. Ansonsten gehören die verschiedenen Windrichtungen und Strömungen zu jenen wichtigen Faktoren, an die Sie jederzeit denken müssen.

Die laichreifen Lachse schwirren in der Bucht umher, bis zu 4 Seemeilen von der eigentlichen Mündung entfernt, und warten auf optimale Aufstiegsmöglichkeiten. Dort lungern sie beispielsweise im tiefen Loch vor Lörby oder aber sie rauben entlang der Klippen von Sternö und Tärn, manchmal keine hundert Meter vom Land. Gewöhnlich enthalten ihre Mägen Stichlinge, auch wenn es im Mai entlang dieser Küste auch viele Heringe gibt. Südlich von Lister und Hanö gehören die Heringe zum üblichen Speiseplan der heranwachsenden Lachse.

Die spätsommerliche Fischerei in der Ostsee kann bei fast subtropischem Wetter stattfinden. Von kleinen, offenen Booten aus kann in einer Entfernung von 5–10 Seemeilen zur Küste in der Tiefe auf Lachse, Meerforellen und Steelheads gefischt werden, die sich in bester körperlicher Verfassung befinden und Heringe rauben.

Von den laichreifen Lachsen werden die meisten in 3 bis 10 Metern Tiefe gefangen, sofern die Boote, den Seekarten zufolge, über 20 Meter tiefem Wasser im Zickzackkurs schleppen. Sie werden mit Hilfe von Downriggern und Planer Boards gefangen, auch wenn einige Angler letztere dazu verwenden, einen kleinen Tauchparavan auszubringen. Eine beliebte Schnurlänge zwischen Schnurklammer und Köder liegt bei 15–30 Metern und mit Stackern werden gewöhnlich die verschiedenen Wasserschichten abgesucht. Die übliche Schleppgeschwindigkeit für Frühjahrslachse liegt bei 3–6 Knoten, innerhalb dieser Angaben wird die Geschwindigkeit von den jeweils verwendeten Kunstködern bestimmt.

Als Köder recht beliebt sind versilberte oder vergoldete Flatterlöffel, die 9–12 cm lang sind und die mit orangen, grü-

nen oder roten Streifen versehen wurden. Fischähnliche Wobbler in blau und silber oder in rot und gold haben sich ebenfalls als fängig erwiesen. An mittelschweren Downriggerruten sind Rollen mit einem Fassungsvermögen von 200 Metern 0.35–0,40 mm monofiler Schnur am gängigsten.

Laichreife Lachse sind unglaublich stark und zäh, sodaß Sie sich an Bord in Geduld üben müssen. Daß sich diese ungemein bezahlt machen kann, erfuhr ich am 12. Mai 1991, als ein Angelkollege fast gleichzeitig vier große Lachse von 12,44, 15,34, 17,92 und von 20,66 kg auf Löffel haken konnte. Dieser erfahrene Schleppfischer, Arne Carlsson, brauchte annähernd eine Stunde, um diese silbrigen Giganten in einer Reihe auf das Deck seines 18 Fuß langen Bootes legen zu können.

Die Sommer- und Herbstfischerei findet in 2 bis 25 Seemeilen Entfernung zur Küste statt. – und dies über leicht abgerundeten Abhängen –, die sich in 30 bis 45 Metern Tiefe befinden, oder aber über steil abfallenden Klippen, wo konstant emporquellendes Wasser große Temperaturschwankungen verursacht, was für die Fische einen reichhaltigen Speiseplan zur Folge hat.

Die Obergrenze der Sprungschicht liegt im Spätsommer gewöhnlich bei 10 bis 12 Metern Tiefe. Nur wenige Meter darunter fällt die Temperatur schnell von 14°C auf 8°C. Genau dort müssen Sie Ihre Kunstköder anbieten, entweder mit Hilfe von einem Tauchparavan oder mit einem Downrigger. Tagsüber wird am besten in 15 Metern Tiefe geschleppt oder sogar noch tiefer, wo die Lachse über Herings- und Sprottenschwärme herfallen. Gelegentlich werden Sie auch von einer gut abgewachsenen Meerforelle oder Steelheadforelle überrascht werden, auch wenn diese Fische diesen Temperaturschichten nicht so treu zu sein scheinen, wie das bei den Lachsen der Fall ist.

Auch sollten die Tiefenströmungen, die gelegentlich in der Bucht von Hanö auftreten können, stark berücksichtigt werden. Durch sie können sich die Kunstköder in Tiefen von beispielsweise 15 Metern auf recht unerwartete Art und Weise bewegen. Sofern Sie nicht über Möglichkeiten verfügen, einen Geschwindigkeits- und Temperaturmesser in diese Tiefe auszubringen, versuchen Sie, immer in Strömungsrichtung zu schleppen und achten Sie bei einem Biß auf den Bootskurs und den Winkel des Downriggerkabels.

Die große Palette der hier verwendeten Kunstköder reicht von 3 cm Tintenfischlein über 10–12 cm lange Wobbler bis zu 18 cm langen Flatterlöffeln und hat zur Folge, daß es zwischen den Schleppgeschwindigkeiten große Unterschiede gibt: von einer Dodger-Geschwindigkeit von 1,5 Knoten bis zu einer Wobbler- oder Löffelgeschwindigkeit von 4 Knoten. Die Schnurlänge ist im Sommer gewöhnlich kürzer als im Frühling, in erster Linie deshalb, weil die Fische tiefer stehen als im Frühjahr und daher Booten gegenüber weniger scheu sind als die laichreifen Lachse. Diese Schnurlängen liegen gewöhnlich bei 2–5 Metern und nur selten bei über 10 Metern. An kurzen Vorfächern werden in erster Linie die dünnsten Flatterlöffel gefischt.

Viele Sommerlachse vor Blekinge (Südostschweden) lassen sich von einer Montage verleiten, die aus zwei hintereinandergeschalteten Dodgern besteht und die an dicker monofiler Schnur einen halben Meter hinter dem Downriggergewicht (Sinker) geschleppt wird. Die Angelschnur wird etwa einen Meter über dem Sinker in einen Stacker derart geklemmt, daß der Kunstköder hinter den Dodgern, etwas schräg darüber läuft. Die Schwingungen, das Glänzen und Schimmern, das von den Ködern ausgeht lockt die Fische herbei, die sich dann an dem darüberlaufenden Leckerbissen vergreifen.

Die springfreudigen und rasanten Herbstlachse verschwinden gewöhnlich mit den ersten großen Herbststürmen, die über die Bucht von Hanö hinwegfegen. Das kann bereits Mitte September der Fall sein, ebenso kann es erst in den ersten Oktobertagen dazu kommen. Erst dann erholen sich die schwedischen Ostseeschleppfischer vom »Lachsfieber«, das über ein halbes Jahr angedauert hat. Den Winter über sind die Fische jedoch auch nicht ganz unerreichbar und wer über ein ausreichend großes Boot verfügt, der kann den Lachsen dort das ganze Jahr über mit Erfolg nachstellen.

Der Binnenlachs

Atlantiklachse als Süßwasserrelikte sind überaus selten. In Europa gibt oder gab es echte Binnenlachsbestände in zahlreichen Seen: im schwedischen Vänern-See, im finnischen Saima-See und in den russischen Seen Ladoga, Onega, Segosero und Vygosero. In einigen norwegischen Flüssen wie dem Namsen gibt es einige kleinere Binnenlachse.

Im Nordosten Nordamerikas gibt es den »Ouananiche«, wie der Binnenlachs oft genannt wird, in einigen Seen und Flußsystemen. Die größten Binnenlachsbestände der Welt hat es sehr wahrscheinlich im Lake Ontario gegeben, auch wenn diese Bestände in der zweiten Hälfte des 19. Jahrhunderts völlig ausgerottet wurden. Überlieferte Dokumente berichten von gewaltigen Fängen und von Fischen bis 22 kg. Vielerorts gibt man sich in den Vereinigten Staaten im Moment Mühe, die Bestände an Binnenlachsen wieder herzustellen, wozu beispielsweise Abkömmlinge der schwedischen Gullspang-Lachse verwendet werden. Letztere Art ist eine der beiden im Vänern-See lebenden Binnenlachsarten, die Gewichte von über 20 kg erreichen kann. Die andere ist der Klarälv-Lachs, der große Wanderungen unternimmt, jedoch nur selten über 5 kg wiegt. Der Gullspang-Lachs wurde bereits als »Rambo« in Fischform getauft, da er kurz, muskulös und überaus stark ist. In Schweden wurden nach und nach auch andere große Seen mit diesen Fischen besetzt, auch wenn sie es noch nicht geschafft haben, in einem dieser Gewässer ihren Bestand von selbst zu erhalten. Dennoch scheinen sie nicht nur im Vänern-See gut zu gedeihen, sondern auch im Vättern – Schwedens zweitgrößtem See – erreichen sie bereits Rekordgewichte.

Die kalte Jahreszeit

In der Jahreshälfte um die Winterzeit kann man im Oberflächenwasser auf ausgewachsene Lachse stoßen. Insbesondere im Frühling und im Herbst verfolgen sie Futterfischschwärme, die nahe an der Oberfläche ziehen und verzehren hierbei große Mengen von ihnen. Einen der Gründe, warum die Gullspang-Lachse so groß werden, wird in der Tatsache vermutet, daß diese Fische sich bei niedrigen Wassertemperaturen ernähren und abwachsen, d.h., bei Temperaturen, in welchen die meisten anderen Fischarten nur recht wenig aktiv sind. Auf ihrer Futtersuche kommen die Lachse stellenweise so nah ans Ufer, daß sie manchmal sogar von Uferanglern gefangen werden können.

Hauptnahrung der Binnenlachse sind Lauben, Stinte und Stichlinge – Fische, die gewöhnlich zwischen 5 und 20 Zentimetern lang sind, auch wenn Lauben ausnahmsweise über 30 Zentimeter lang werden. Welche Futterfischart von den Lachsen nun vorgezogen wird, hängt von ihrem Vorkommen und ihrer Verfassung ab. Mageninhaltsuntersuchungen von aus dem Vättern-See stammenden Lachsen haben 60% Lauben, 16% Stinte und 13% Stichlinge ergeben. In den Mägen der zwischen November und Dezember von Sportfischern gefangenen Lachsen von 10 bis 20 kg überwiegen jedoch deutlich 2 bis 4 Zentimeter lange dreistachelige Stichlinge.

Im Herbst und Frühwinter, wenn die Wassertemperaturen noch bei 5°–10°C liegen, lassen sich Binnenlachse sowohl in der Tiefe, als auch oberflächennah fangen. Demzufolge ist dann

Der Gullspang-Lachs ist unter der Binnenlachsform des Atlantiklachses der ungekrönte König. Dieser prächtige, 5 Jahre alte Fisch wog etwas über 14 kg und war hierbei lediglich 95 cm lang.

größere Flächen abzudecken, wobei sie den Fischen weniger Zeit zum Inspizieren der Köder lassen. Entweder, sie verweigern den Angriff oder sie packen zu – und in letzterem Fall beißen sie kraftvoll und haken sich gut. Ein Winterlachs flüchtet gerne in die Tiefe, wo fast der gesamte Drill stattfindet. Nur selten kommt es zu langen Fluchten, außer der ersten, es sei denn, Sie haben einen »grünen« Fisch gehakt. Stattdessen bohrt er stur und mit unglaublicher Kraft nach unten – was zur Folge hat, daß er manchmal unglaublich schwer vom Grund wegzupumpen ist. Aufgrund der empfindlichen Maulpartien müssen Sie manchmal sehr gefühlvoll pumpen und Druck auf den Fisch ausüben.

Mitten im Winter sind die Fische immer wieder recht beißfaul. Die besten Erfolge erzielt man dann in der Morgen- und in der Abenddämmerung. Recht erfolgreich kann es dann sein, die Kunstköder möglichst verteilt auszubringen – sowohl seitlich gesehen als auch von ihrer Lauftiefe her – indem man Out- und Downrigger verwendet.

In den wärmeren Monaten

Der Frühling ist eine ausgezeichnete Jahreszeit, um im Oberflächenwasser zu schleppen. Wobbler von 11–18 Zentimetern sind überaus erfolgreich, sofern sie in Gewässern mit reichen Beständen an ausgewachsenen Stinten gefischt werden. Im zeitigen Frühjahr, wenn das Eis gerade erst geschmolzen ist und viel »Müll« freigegeben hat, der nun auf der Oberfläche treibt, kann es sinnvoll sein, die Kunstköder von einem Downrigger aus in 15–30 Metern Entfernung und nur einen Meter tief anzubieten. Am Downriggerkabel verfangen sich gewöhnlich alle Gräser und anderer Unrat, der ansonsten den Kunstköder zusetzen würde. Ist das Oberflächenwasser erst einmal frei, dann werden die besten Fänge an Planer Boards erzielt, oft deshalb, weil durch das ruhige Wetter die Fische ein wenig scheu reagieren. Im eisigen Frühjahrswasser schwimmen die Lachse nicht so schnell wie später in der Saison, sodaß Schleppgeschwindigkeiten von 1,5 bis zwei Knoten gewöhnlich ideal sind.

Die kleineren Lachse von 2–3 kg halten sich auch den Sommer über gerne an der Oberfläche auf. Größere muß man jedoch in der Sprungschicht in 10 bis 15 Metern Tiefe suchen. Auf ihrer Suche nach Lauben tauchen sie dann tagsüber stellenweise bis in die doppelte Tiefe hinab. Zuverlässige Stellen für Sommerlachse sind Bereiche mit aus großen Tiefen abrupt emporragenden Riffen und Untiefen. In diesen Gebieten, die sich auf Seekarten problemlos ausmachen lassen, schwillt kaltes Tiefenwasser empor und in ihm versammeln sich Fische aller Größen in unterschiedlichen »Etagen«. Die besten Köderkombinationen in tiefem Wasser sind blitzende und glänzende Reizlöffel, die mit tintenfischartigen Ködern und leichten Löffeln gefischt werden. Oft arbeiten die verschiedenen Reizlöffel (Dodger und Flasher) mit derselben Schleppgeschwindigkeit wie im Frühjahr am besten – mit etwa 2 Knoten.

Frühjahrsfische geben ihrer Kraft teilweise durch langes Entferntthalten vom Boot und teilweise durch Wälzen an der Oberfläche Ausdruck. Die Sommerfische sind jedoch weitaus

die Fischerei von der Technik und von der Schleppgeschwindigkeit her vielseitig.

Gewöhnlich helfen uns Möwen beim Lokalisieren der Futterfische und der raubenden Lachse. Sie sollten nie direkt in ein Futterfischschwarm fahren, da hierdurch Vögel und Fische gleichermaßen vergrämt werden. Vögel sind eine große Hilfe, da sie die Schwärme nicht nur orientierungslos machen, sondern sie auch gleichzeitig beieinanderhalten.

Ihre Kunstköder sollten an den äußeren Schwarmrändern angeboten werden: hier halten sich die ein wenig exzentrischen Schwarmmitglieder auf, die für die Raubfische am leichtesten zu erwischen sind. In solchen Momenten ist es oft eine gute Idee, sein Glück mit natürlichen Ködern zu versuchen, auch wenn diese nicht unbedingt aus der natürlichen Fauna des Gewässers stammen müssen.

Höhere Schleppgeschwindigkeiten bieten den Vorteil,

energiegeladener und liefern einen Drill, der mit kurzen, schnellen Fluchten und Sprüngen durchsetzt ist.

Mit der Fliegenrute schleppen – eine klassische Methode

Im Nordosten der Vereinigten Staaten hat das Fischen auf die Binnenform des Atlantiklachses bereits seit langem Tradition. Zu den viel gepriesenen Gewässern gehört Lake Sebago im Bundesstaat Maine. Dieses Gewässer hat diesen Sport derart gezeichnet, daß in der ersten Hälfte unseres Jahrhunderts der Binnenlachs von Autoren oft mit dem lateinischen Namen Salmo salar sebago identifiziert wurde.

In diesem und in anderen Seen wird langsam mit mittelschwerer Fliegenausrüstung unmittelbar nach der Eisschmelze geschleppt, wenn die Wassertemperaturen bei 4°–7°C liegen. Die Rute ist gewöhnlich 8 bis 9 Fuß lang und die Rolle mit Sinkschnur oder Lead-Core Schnur (Bleischnur) gefüllt, sowie mit 100 Metern Füllschnur (Backing). Das Vorfach ist etwa zehn Meter lang und evtl. in zwei Abschnitte eingeteilt, einem

ersten von 7,5 Meter 0,30 mm Schnur und einem zweiten von 2,5 Meter Länge 0,20 mm Schnur. Auf ein ungeteiltes Vorfach kommen gewöhnlich ein bis zwei Spaltbleie, die in kurzem Abstand zur Fliege befestigt werden. An das Vorfachende kommt eine Stintimitation wie die Grey Ghost, Nine Three, Megog oder Golden Demon.

Unmittelbar nach der Eisschmelze sind die Fische da, mitten im See und nahe am Ufer. Sobald sich im Mai jedoch große Mengen an Stinten vor den Flußeinmündungen versammeln, konzentrieren sich dort ebenfalls große Mengen Binnenlachse. Mit den steigenden Temperaturen ziehen die Fische jedoch in tieferes Wasser und es wird immer gängiger, sie mit Downriggern und Metallschnüren zu fangen.

Im Sommer halten sich in so bekannten Seen wie Lake George und Lake Champlain im Bundesstaat New York die Fische gerne in einer 11°–15°C kalten Sprungschicht auf. Streamer, Wobbler (Bagley, Rapala) und dünnwandige Löffel (Sutton 44, Mooselock Wobbler) zieren dann die Vorfachenden. Einen dieser Köder bietet man an einem kurzen Vorfach von 3 Metern unmittelbar im Kielwasser an.

Auf die Herbstlachse stößt man erneut wieder unmittelbar

Die Grey Ghost – eine von Mrs.Carrie G.Stevens erstmalig gebundene Fliege, die eine Stintimitation darstellen sollte – ist eine klassische Fliege, die an zehn Meter langen Vorfächern gefischt wird, um im nordöstlichen Nordamerika im Frühling mit Fliegengerät auf Binnenlachse zu schleppen.

unter der Oberfläche – oft in der Nähe ihrer Laichflüsse, wo sie entweder mit Sommer- oder Frühjahrstechniken überlistet werden können. Die Kunstköderpalette bleibt dieselbe, auch wenn sie ein wenig farbenfroher wird.

Der Nordseelachs

Die Lachse aus den Zuflüssen des Nordatlantik folgen den nahrungsreichen Strömungen der nördlichen Gewässer bis unmittelbar an den Polarkreis. Sie mästen sich im norwegischen Meer, um Island und in der Davis Straße zwischen Grönland und Kanada. Ihre Hauptnahrungsgrundlage besteht aus Krustentieren, Sandaalen, Stichlingen und verschiedenen Heringsarten. Bei ihrer Rückkehr zum Laichen wiegen diese Tiere, je nach Alter und genetischer Veranlagung, zwischen 2 und 35 kg.

Gewöhnlich macht man als Schleppfischer mit diesen Fischen erst anläßlich ihrer Heimkehr Bekanntschaft. Sie folgen dabei alten Wanderrouten – die je nach Saison unterschiedlich sind – und diese Routen führen sie durch das offene Meer sowie entlang von Küsten und von Fjorden bis an die Mündungen. Nicht selten warten auf ihrem Weg Fallen und Netze auf sie, alles Hinweise, die einem Schleppfischer nicht entgehen sollten. Die Fische können sowohl in der Tiefe ihren Weg in ihren Geburtsfluß suchen oder sich ihm an der Oberfläche nähern.

Systematisches Schleppfischen auf Lachse entlang der skandinavischen Westküste ist erstaunlich selten. Einer der Gründe hierfür liegt wahrscheinlich in der Tatsache, daß, insgesamt betrachtet, die Lachse in den Hunderten von Lachsflüssen einfacher zu fangen sind. Eine weitere alte Auffassung ist, daß die zurückkehrenden Lachse in den Küstengewässern nicht mehr beißen. Natürlich lassen sie sich schwerer zum Biß zu verleiten, aber einem geduldigen Schleppfischer wird das schon gelingen! Mit dem Aufkommen der modernen Schlepptechniken gelingen entlang der skandinavischen Westküste, vom Öresund bis zum Nordkap, immer mehr Lachsfänge mit der Angelrute.

Die Flußfischerei

Das Harling oder das Rudern mit Spinn- oder Fliegengerät ist in den großen skandinavischen Flüssen oft die einzige Methode, die Unterstände der Fische auf rationale Art und Weise abzufischen. Darüber hinaus ist das Harling eine herrlich traditionelle Angelegenheit, dessen große Meister gewöhnlich die ortsansässigen Ruderer und Angler sind. An Bord der meist speziell für diese Angelart gebauten Boote befinden sich nur selten mehr als zwei Angler.

In Irland und Schottland wird auch viel auf Lachse geschleppt, die auf ihrer Laichwanderung große Seen durchqueren müssen und meist 3–5 kg wiegen. Zu den bekannteren Gewässern dieser Art gehören Loch Corrib, Melvin und Conn in Irland und Loch Lomond und Naver in Schottland. Spätfrühling und Sommer sind gute Jahreszeiten, insbesondere in den Abendstunden. Zu den beliebten Kunstködern gehören Devon- und Meppsspinner sowie Toby-Löffel.

Ein geübter Ruderer kann einen Kunstköder recht lange aktiv halten, sogar in wechselhafter Strömung. Neben verschiedenen Fliegenmustern werden Löffel und Wobbler ver-

(Oben) Das Harling, oder »Rückwärtsschleppen«, geschieht durch Kreuzen der Flußströmung, wobei sich das Boot langsam rückwärts bewegt und der Kunstköder über die Fischunterstände schweift.

wendet sowie natürliche Köder wie Garnelen und Würmer. Um das Schwimmverhalten zu verändern, kann man leichte Löffel verbiegen oder den Nasenring des Wobblers ein wenig verbiegen. Steigt das Flußwasser, so kann man dem Köder durch ein in 1,5 m Entfernung vorgeschaltetes Blei auf Tiefe helfen. Viele Angler verwenden Tubenfliegen aus Messing, die 5–8 cm lang sind und durch ihr Eigengewicht sinken. Mit der Garry, Silver Doctor, Blue Charm und Stoat's Tail als Tubenfliegen deckt man die meisten Lichtverhältnisse und Sichttiefen ab. Einige Angler beschweren ihre Fliegen zusätzlich mit einem in 20–30 cm Entfernung angebrachten Spaltblei.

Gewöhnlich wird mit zwei Ruten gefischt. Lange Ruten halten die Schnüre vom Boot entfernt und decken mehr Wasserfläche ab. Man kann die Schnüre auch in am Heck befestigte Schnurklips klemmen. Im Frühjahr wird gerne mit 0,55–0,60 mm Schnur auf Multirollen gefischt, wogegen im Sommer

Harling ist eine sehr präzise Angeltechnik, die sowohl vom Angler, als auch vom Ruderer volle Aufmerksamkeit verlangt. Oft kommt es anläßlich des Wendens zu einem Biß, wenn der Kunstköder quer durch die Strömung geglitten ist und dasselbe bald darauf stromab wiederholen soll. Beste Koordination kann zu dem abgebildeten Resultat führen: ein frisch aufgestiegener Atlantiklachs von 13,65 kg hat die im norwegischen Fluß Surna angebotene Garry Fly genommen.

0,35 mm eine beliebte Schnurdicke darstellt, die meistens auf einer Stationärrolle gefischt wird. Die Fliegenfischer angeln abwechselnd mit sinkenden, langsam sinkenden und schwimmenden Schnüren, die mit einem 2–3 Meter langen Vorfach versehen wurden. Diese Vorfächer sind, je nach Wasserstand und Fliege, durchgehend aus 0,35–0,50 mm dicker Schnur. Die Schleppentfernung wird von der jeweiligen Strömung bestimmt. Bei starker Strömung liegt sie bei etwa 15–20 Metern und bei schwacher Strömung bei 20–30 Metern.

Ideale Bedingungen liegen bei wechselndem Wasserstand vor. Wenn er steigt oder sinkt, und sei es nur um einen Meter im Laufe des Tages, kommt Bewegung in die Lachse.

Harling ist eine präzise Angeltechnik, zu der das systematische Abdecken vom Gewässergrund gehört, Stück für Stück, vom ersten Ruderschlag bis zum letzten. Der Norweger Tor Hansen, dessen Harling ihm etwa zehn Lachse von über 20 kg

und tausend von über 5 kg brachte, beschreibt seine Technik für den Fang der weltberühmten Nidelven-Lachse wie folgt:

»Ich beginne mit dem ausgiebigen Studium der Lichtverhältnisse über den Angelstellen. Die meisten meiner Lachse fange ich unter bedecktem Himmel, bei Nacht ziehe ich jedoch einen klaren Himmel vor. Die Kunstköderfarbe und -größe muß passend zum Licht und zum Wasserstand gewählt werden. Gewöhnlich sind bei hohem Wasserstand große Kunstköder erforderlich, die bei schlechtem Wetter oder bei Nacht dunkel sein müssen, bei gutem Wetter jedoch farbenfroh. Frisch aufgestiegene Lachse sind Kunstködern gegenüber weniger schwierig als vor längerer Zeit aufgestiegene Fische.«

»Dann durchkämme ich den betreffenden Flußabschnitt Meter für Meter und an meinen Rutenspitzen kann ich ablesen, wie sich die Kunstköder durch das Wasser bewegen. Jede Wende muß vorausschauend ausgeführt werden, wobei die jeweilige Strömung und Bodenbeschaffenheit berücksichtigt werden muß, damit der Kunstköder richtig läuft. Oft nehmen die Lachse beim Wenden, wenn der Kunstköder weit nach außen schwingt. Wie wichtig es ist, den zu befischenden Flußabschnitt genau zu kennen, wird am ehesten im August deutlich, wenn man in den besonders dunklen Nächten den Bewegungen der Rutenspitzen kaum mehr mit den Augen folgen kann.«

Die Pazifiklachse

Die Gattung Oncorhynchus besteht aus sechs Arten: dem Chinook oder Königslachs (C.tschawtyscha), dem Coho (O.kisutch), dem Hundslachs (O.keta), dem Buckellachs (O.gorbuscha), dem Rotlachs (O.nerka) und dem Yamame (O.masou). Die letzte Art gibt es jedoch nur um Japan und sie wird als Übergangsform zwischen Lachs und Forelle betrachtet. Der Rotlachs ist die einzige unter diesen Lachsarten, die es auch in einer natürlichen Binnenlachsform gibt.

Alle diese Arten haben im pazifischen Ozean ihren Ursprung, jedoch wurden weltweit mit unterschiedlichem Erfolg viele Gewässer mit ihnen besetzt. Aus der Sicht der Sportfischerei wurden die besten Ergebnisse in den Great Lakes erzielt – hier wurde mit Königs- und Coholachsen besetzt, deren gesamter Zyklus sich dort nun im Süßwasser abspielt. Zu weiteren erfolgreichen Besatzmaßnahmen kam es in Neuseeland. Coho-, Hunds- und Buckellachs wurden, neben anderen Fischarten, von den Russen auch in die Ostsee ausgesetzt.

Der Königslachs

In Alaska wurde ein Gigant von 57 kg und 159 cm Körperlänge gefangen. Aus dem Kenai River in demselben Bundesstaat stammt auch der Rutenrekord von 44,1 kg. Als Binnenlachse erreichen diese Fische jedoch nur die Hälfte dieser Größe – der Sportanglerrekord aus dem Lake Ontario liegt bei 21,3 kg.

Königslachse wandern über weite Strecken, sowohl im Meer, als auch in ihren Geburtsflüssen. Als Jungfische verbringen einige nur 4–5 Monate in ihrem Geburtsfluß, andere jedoch 1–2 Jahre bevor sie in offenes Wasser ziehen, wo sie sich mästen. Nach zwei bis sieben Jahren kehren sie in ihren Geburtsfluß oder an ihre Besatzstelle zurück, um zu laichen und dann zu sterben. In den Great Lakes werden die meisten Königslachse noch vor ihrem vierten Lebensjahr laichreif und wiegen dann etwa 10 kg. Es handelt sich hierbei jedoch nicht um ein natürliches Biotop dieser Fischart und in Alaska gibt es ebenfalls einige Flüsse, in die diese Fische mit 4–5 Jahren aufsteigen, dort wiegen sie aber dann das Doppelte.

Auf Königslachse wird an der nordamerikanischen Westküste ebenso geschleppt, wie in den großen Ausdehnungen der Great Lakes. In Flüssen werden sie mit »rückwärts schleppen« überlistet, einer amerikanischen Variante des Harling. Die hierzu verwendeten Ruten, Rollen und Schnüre sind dieselben, wie sie zum Fang der Atlantiklachse verwendet werden (siehe oben).

Was ihren Kampfgeist betrifft, so sehe ich in der 10 kg-Klasse kaum einen bis gar keinen Unterschied zwischen Königs- und Atlantiklachs. Beide Arten legen nach dem Anhieb sogar ein recht ähnliches Verhalten an den Tag – es kommt zunächst einmal zu einer langen, starken Flucht. Wie auch beim Atlantiklachs findet der Drill eines Königslachses in Oberflächennähe statt, auch wenn diese Fische nicht so gerne springen.

Die Meeresfischerei

Vor der Westküste Nordamerikas herrschen ganz andere fischereiliche Bedingungen als in den Great Lakes. Hier werden die Aufenthaltszonen der Fische durch emporquellendes Wasser, kraftvolle Flußeinmündungen und durch die Gezeiten beeinflußt. Auf heranwachsende Königslachse kann man in jeder Tiefe bis in etwa 125 Metern stoßen. Dort jagen sie in kleinen Gruppen in riesigen Herings-, Alewife-, Stint- und Anchovisschwärmen sowie kleine Tintenfische und Garnelen. Am aktivsten sind sie in der Dämmerung, während der sie sehr hoch im Wasser stehen.

Ansonsten rauben sie auch gerne entlang tief abfallender, zerklüfteter Küsten, wo sie auf »Felsenfische« aus sind. An solchen Stellen werden gewöhnlich die schwersten Lachse gefangen. Aber sowohl Futter- und Raubfische sind auf derart zerklüfteten Böden mit dem Echolot nur schwer auszumachen.

Die Schleppleinenlänge beträgt gewöhnlich 10–20 Meter, wenn die Fische seicht stehen (3–8 Meter) oder wenn das Wasser recht klar ist. Rauben die Fische tiefer, dann sind 4–7 Meter ausreichend. Es ist daher normal, die Kunstköder durch Stacker in Intervallen von 3–4 Metern laufen zu lassen.

Königslachse auf der Laichwanderung lassen sich nicht so leicht zum Biß verleiten, auch wenn sie hierbei recht leicht zu lokalisieren sind, da sie festen Routen folgen – die sich allerdings im Laufe der Jahre auch ändern können! Regelmäßig halten diese Fische in Gruppen in tiefen Löchern oder entlang von Abhängen an, wo sie ihre Körper auf den Eintritt in das Süßwasser vorbereiten. Da sie sich hierbei unmittelbar über dem Boden aufhalten, muß ihr Köder einen Meter darüber angeboten werden. Die erfolgreichsten Schleppfischer der Westküste fischen mit äußerst niedrigen Geschwindigkeiten, manchmal wird das Boot gerade einmal gegen die Gezeitenströmung gehalten. Der Köder – meist ein natürlicher – fängt dann an, sich in der Strömung attraktiv zu drehen.

Derart langsame Schleppgeschwindigkeiten sind eine hervorragende Gelegenheit, dem Kunstköder einen Dodger vorzuschalten. Es wird angenommen, daß die Lachse die von einem Dodger ausgehenden Schwingungen und Reflektierungen für einen Nahrungskonkurrenten halten und deshalb aus Futterneid blitzschnell angreifen. Oft beißen die allergrößten Lachse in Bodennähe bei niedrigen Schleppgeschwindigkeiten.

Das Vorfach zwischen Reizlöffel und Kunstköder ist ungewöhnlich lang – in den meisten Fällen mindestens eine Rutenlänge. Es gibt auch einen bestimmten Dodgertyp, der direkt am Downriggerkabel montiert wird. Hat ein Lachs gebissen, so springt die Schnur aus der am Reizlöffel befindlichen Schnurklammer und der Reizlöffel bleibt im Drill am Kabel.

Rechts: Ein schönes Bild echter Anglerfreude. Gerade wurde der Patriarch der Pazifiklachsfamilie, ein Königslachs, gelandet. Mit der Rute wurden in Alaska Fische von annähernd neunzig Pfund gefangen. Als Binnenlachs in den Great Lakes erreichen diese Fische Gewichte um die 22 kg.

Die Süßwasserfischerei

Die Angelsaison am Lake Michigan und Ontario dauert gewöhnlich von Ende April bis mitte Oktober. Die Königslachse ernähren sich in erster Linie von Alewifes (einem laubenähnlichen Kleinfisch) und Stinten – im Lake Ontario jedoch vorwiegend von letztgenannter Art, wie Studien über den Mageninhalt ergeben haben.

Im Frühjahr rauben die Fische in kleinen Gruppen über tiefem Wasser an der Oberfläche. Mit der nähernden Sommerzeit tauchen die Königslachse immer mehr in die Sprungschicht hinab, die sich gewöhnlich in etwa 20 Metern Tiefe befindet. Sie halten sich gerne in der Sprungschicht und an ihrem oberen Rand auf, wobei sie eine Wassertemperatur von 13°C vorziehen. Nur sehr selten findet man Süßwasserkönigslachse in unmittelbarer Bodennähe. Gewöhnlich tendieren sie auch dazu, mindestens eine halbe Seemeile vom Ufer entfernt zu bleiben, es sei denn, vom Wind werden große Mengen kaltes Wasser entlang der Ufer gedrückt.

Im Spätsommer und Herbst versammeln sich die Fische immer mehr vor den Flußeinmündungen. Ihr bisher silbriges Schuppenkleid wird immer dunkler und schließlich grau. Sie bereiten nun ihren Aufstieg zum Laichen vor, was oft völligen Appetitverlust zur Folge hat. Nichtsdestotrotz werden zu diesem Zeitpunkt jedes Jahr sehr große Königslachse gefangen.

Al Laaksonen, einer der führenden Wettkampffischer und Charterbootskipper an den Great Lakes hatte von 1979–1988 ein durchschnittliches Fangergebnis von 12 Lachsen pro Ausfahrt. Kürzlich, als ich von seinem Boot »Finlander« aus fischte, fragte ich ihn nach dem Geheimnis seines Erfolges. Al machte mich daraufhin auf die seit Jahren bestehende und von ihm genau geführte Fangstatistik aufmerksam.

Aufgrund dieser Statistik weiß er, wann die Fische unter welchen Bedingungen wo zu finden sind. Er findet die jeweiligen Stellen mit Hilfe eines Navigators wieder, wobei er immer nach besonderen Anzeichen Ausschau hält. Diese Anzeichen können Strömungsverwirbelungen sein, in denen es zu Temperaturschwankungen kommt, oder es können große Bodenunregelmäßigkeiten sein, die sich unter diesen Stellen befinden.

In Al's Fangstatistik überwiegen die Königslachse, denen nordamerikanische Seesaiblinge und Steelheads folgen. Durchschnittlich wiegen die von ihm gefangenen Königslachse 10 kg und die meisten von ihnen werden im August mit Hilfe von Reizlöffeln oder mit Tintenfischimitationen gefangen. Gelb und Grün sind die mit Abstand fängigsten Farben. Die Mehrzahl der Königslachse wird an Downriggern gefangen, gewöhnlich in Tiefen von über 20 Metern und das in mindestens 30 Meter tiefen Gewässerabschnitten.

Sogar im Mai, dem mit Abstand besten Monat für das Oberflächenschleppen, werden die meisten Fische in der Tiefe gefangen. Zu Saisonbeginn werden mehr Fische an Tauchparavanen als an Downriggern gefangen, jedoch sind letztere, die gesamte Saison über betrachtet, mit Abstand am erfolgreichsten.

Was nun die mit den verschiedenen Kunstködern die ganze Saison über gefangenen Fische angeht, so stellt sich heraus, daß leichte Löffel am fängigsten sind, worauf Reizlöffel, Tintenfische und Wobbler folgen. Al bevorzugt Wobbler zu Saisonbeginn, demgegenüber sind leichte Löffel das ganze Jahr über sehr fängig, insbesondere im zeitigen Frühjahr und im

Hochsommer. Am liebsten fischt er mit einem »Finnweaver« keine zwei Meter hinter dem Downriggergewicht. Gelb ist das ganze Jahr über eine sehr fängige Farbe, lediglich im August wird sie von grün übertroffen. Danach kommen – nach Fängigkeit geordnet – silber, rot, orange und weiß.

Da die Königslachse den Alewife- und Stintschwärmen folgen, tauchen sie im Frühjahr auch vor Flußeinmündungen auf, wenn letztere laichen. Sie bevorzugen hierbei genau jenen Bereich, in dem sich das Seewasser mit dem Flußwasser mischt. Den Sommer über leben die Futterfische pelagisch, je nach Wassertemperatur und Planktonangebot. Diese Faktoren können das Fischen recht unvorhersehbar machen, spannend bleibt es allemal. Im Herbst findet sowohl im Lake Ontario als auch im Lake Michigan in erster Linie Mündungsfischerei statt.

Um es kurz zu machen, die oberflächennahen Frühlingslachse vom Lake Ontario werden am besten mit futterfischimitierenden Wobblern befischt, wogegen die Lachse der Sprungschicht sich eher durch leichte Sutton-Löffel und mit

Der Lachsbesatz in den Great Lakes wurde zur Geburt einer gewaltigen Angelindustrie. Alleine durch den stattfindenden Angeltourismus werden jährlich mehrere Milliarden Dollar umgesetzt und in jedem Hafen kann man so gut ausgerüstete Charterboote, wie das hier abgebildete, mieten. So ist es jedem möglich, sich einmal in der Schleppfischerei auf Lachs zu versuchen.

Der Coholachs

Der Coholachs hat einen weißen Bauch und silberne Flanken. Der Rücken eines Erwachsenen ist stahlblau bis leicht grünlich. Durch seine Punkte an seiner oberen Schwanzflosse können wir ihn vom Königslachs und der Steelheadforelle unterscheiden. Durchschnittlich wiegt er 6 kg, im Salmon River im Bundesstaat New York wurde jedoch schon ein Exemplar von 15,08 kg gefangen.

Cohos sind keine so wanderfreudigen Fische wie die Königslachse und ebensowenig kehren sie mit derselben Präzision eines Atlantiklachses wieder in ihre Geburtsflüsse zurück. Im Pazifik finden etwa 85% ihren Weg wieder in ihre Geburtsflüsse zurück. Vor ihrer Laichreife fressen diese Fische viel und gewinnen dabei enorm schnell an Körpergewicht.

Entlang der Pazifikküste und in den Flüssen ist der Coho unter den Anglern der wahrscheinlich beliebteste Lachs. Von der Küste aus lassen sie sich fangen, aber auch einige Seemeilen im Meer, wo sie auf Kleinfisch wie Heringe Jagd machen. Darüber hinaus gehen sie in größeren Schwärmen als die Königslachse auf Raubzug.

Im Gebiet der Great Lakes beruht die Fischerei in erster Linie auf Zuchtfischen, die sich zwei Jahre in den Seen ernähren und dann zum Laichen in die Zuflüsse ziehen, wo sie die Angler und Fallen der Aufzuchtanlagen erwarten. Nach der Eisschmelze lungern die Cohos gerne im sonnenerwärmten Oberflächenwasser in Ufernähe herum. Hierin liegt der Hauptgrund für die herausragende Frühjahrsfischerei in den südlichen Gebieten der Great Lakes, insbesondere im südlichen Lake Michigan.

Bis die Wassertemperatur 15° C nicht überstiegen hat, rauben Cohos bevorzugt im Oberflächenwasser auf Alewifes und Stinte – ihre Lieblingstemperatur liegt hierzu bei 12° C. Diese Fische sind überaus mobil und von einem Tag zum anderen können große Mengen von ihnen zur Gänze aus einem Gebiet verschwinden. Nur selten trifft man sie mehr als zehn Seemeilen von der Küste entfernt an oder in Wasser von über 12 m Tiefe. Im Spätsommer und Herbst wird ihr Speiseplan reichtiger und nach und nach versammeln sie sich an Besatzstellen oder in Zuläufen, wo man sie sich oft ander Oberfläche wälzen sehen kann.

Cohos sind nicht so scheu wie Königslachse, es sind eher neugierige und verspielte Fische, die sich von glänzenden und farbigen Objekten anlocken lassen. Viele von uns bemalen aus diesem Grund ihre Schleppgewichte oder bekleben sie mit reflektierender Folie. Die Kunstköder werden oft nur einen halben Meter hinter einem Planer Board oder einem Downrigger geschleppt, sogar unmittelbar an der Oberfläche. Gelegentlich greifen Cohos, wie Atlantiklachse auch, Kunstköder unmittelbar hinter der Motorenschraube an. Die Schleppgeschwindigkeiten sollten bei 2–2,5 Knoten liegen, wenn nicht sogar langsamer mit natürlichen Ködern.

Kombinationen von Reizlöffeln und Tintenfischen zum Biß verleiten lassen. Letzterer Ködertyp erbringt auch, zusammen mit einteiligen Wobblern, in der Spätsaison gute Ergebnisse, wenn grelle Farben mit ein wenig blau und grün sehr fängig sind. Schnurlänge und Schleppgeschwindigkeit hängen, wieder einmal, von Schlepptiefe und Wassersichtigkeit, von dem Ködertyp und von der Jahreszeit ab.

Bezüglich der Wobbler geht mein Eindruck von der Königslachsfischerei an den Great Lakes dahin, daß einteilige Wobbler, wie der silberne J-Plug mit blauer und grüner Zeichnung, die beliebtesten und erfolgreichsten sind. Kleine einteilige Wobbler (Nr.2 und 3) werden manchmal auch hinter Dodgern (Nr.0 oder 1) gefischt; der Kunstköder sollte, damit sein Schwimmverhalten nicht negativ beeinflußt wird, mindestens in einem halben bis einem Meter Entfernung zum Reizlöffel montiert werden. Große J-Plugs können direkt am oder über einem Downrigger gefischt werden, ebenso, wie in 120 bis 180 cm Entfernung hinter einem Tauchparavan.

Cohos wiegen bis zu 15 kg und insbesondere entlang der Pazifik-küste sind es überaus beliebte Sportfische. Der ganze Ruhm der Schleppfischerei in den Great Lakes begann im März 1966, als die ersten Cohos in das Gewässer kamen. Aufgrund des gewaltigen Angebotes an Futterfischen wurden bereits im ersten Sommer von den mit 18 Zentimetern ausgesetzten Fischen Prachtexemplare von 3,5 kg gefangen.

Die Frühjahrsfischerei findet hauptsächlich mit an Downriggern gefischten leichten Löffeln statt sowie mit langsam ruckelnden Wobblern des Typs Flatfish oder Tadpolly, die direkt montiert werden. Später in der Saison werden immer öfter farbenfroh schillernde Reizlöffel (Nr. 0 – 00) eingesetzt, ebenso wie Weichplastik- und Haarköder. Mit Herbstbeginn erwarten die Cohos von uns größere Happen, wie J-Plugs, Bombers und Big Eds.

Entlang der Pazifikküste verwenden einige Schleppfischer Plastiktintenfischchen, auf deren Haken noch ein Streifen Salzhering kommt. Jedoch überwiegen hier generell natürliche Köder, ganz egal, ob es sich um private oder um Charterboote handelt. Als natürliche Köder werden in erster Linie ganze oder geköpfte kleine Heringe auf einer Flucht mit zwei Haken verwendet. Andere bieten Fischfetzen an. Ideal ist es, wenn sich der Köder auch bei geringer Fahrt eifrig zu drehen beginnt.

Forelle und Steelhead

Am Stammbaum der Salmoniden hängen die Bachforelle (Salmo Trutta) und die Regenbogen- oder Steelheadforelle (Oncorhynchus mykiss) am Forellenzweig. Neben diesen Arten gibt es mindestens zehn weitere mit demselben Gattungsnamen.

Bachforellen haben ihren Ursprung in Europa, Regenbogenforellen in Nordamerika. Beide Arten gibt es als reine Süßwasserfische und als ins Meer abwandernde Fische. Im 19. Jahrhundert wurden diese Tiere zu Exportgütern zwischen Europa und den Vereinigten Staaten. Es scheint so, als hätte sich die Bachforelle in Nordamerika besser eingelebt als die Regenbogenforelle bei uns in Europa. Unabhängig hiervon wurden beide Arten mit großem Erfolg in der südlichen Erdhemisphäre, wie etwa in Südamerika oder in Neuseeland, angesiedelt.

Bachforellen gibt es in vielen Formen, die sich jeweils genau ihrem Biotop angepaßt haben. In Schweden leben diese Fische beispielsweise nicht nur in Fließgewässern oder in Seen, sondern auch in der Ost- und Nordsee. Einige dieser Fische werden besonders groß und Prachtexemplare von etwa 20 kg wurden bereits in der Ostsee und in verschiedenen europäischen Seen gefangen.

Im Herbst 1991 wurde im schwedischen Lappland mit der Rute eine in einen See abgewanderte Bachforelle von 17 kg gefangen. Hierdurch könnte der all-tackle IGFA-Rekord entthront werden, den derzeit eine argentinische Bachforelle von 16,3 kg hält. Auch in den USA erreichen Bachforellen – insbesondere im White River Flußsystem, im Flaming Gorge Reservoir in Utah und in den Great Lakes – beeindruckende Größen und Schleppfischer stellen ihnen in Fluß und See nach.

In Seen abgewanderte Bachforellen bekommen ein sehr silbriges Schuppenkleid, das sich mit der annähernden Laichzeit verdunkelt. Letzteres Erscheinungsbild ist jedoch individuell unterschiedlich und manchmal läßt sich eine dieser ausgewachsenen Forellen kaum mehr von einem Atlantiklachs unterscheiden. Gewöhnlich verfügen die Forellen über einen gedrungeneren Körperbau, eine dickere Schwanzwurzel und über einen geraderen äußeren Rand der Schwanzflosse als das bei den Lachsen der Fall ist. Meistens haben die Forellen auch noch einige Punkte unterhalb des Seitenlinienorganes und ihre Maulspalte (Oberkieferknochen) reicht bis hinter die Augen. Am sichersten erfolgt die Unterscheidung über die Kiemenreusen. Am ersten Kiemenbogen eines Lachses sind die Reusen alle länglich, wogegen sie bei den Bachforellen teilweise wie kleine Stummel aussehen.

An Bord kommt es zu keiner ruhigen Minute, wenn der Angler sich auch noch um die Fahrt des Bootes kümmern muß. Einfache Tricks, wie kleine Beschleunigungen und Verlangsamen der Fahrt können Nachläufer zum Biß verleiten – und für noch mehr, aber dafür angenehmere Arbeit an Bord sorgen.

Die Meerforelle

Gewöhnlich wachsen die Meerforellen der Ostsee besser ab, als jene aus der Nordsee oder aus dem Atlantik. Markierungen haben ergeben, daß einige der erwachsenen Ostseeforellen bis zum ersten Laichen gewaltige Strecken zurücklegen. Einige von ihnen leben nur noch pelagisch in der Nähe von Heringsschwärmen. Die Mehrzahl der Meerforellen sind jedoch keine solchen Freiwasserjäger wie die Lachse, sondern sie halten sich gerne in Küstennähe und über Untiefen auf.

Alle Meerforellen ziehen im Sommer und Herbst in ihre Laichflüsse. Einige unternehmen sogar sehr weite Wanderungen. Am berühmtesten hierfür sind die Forellen der polnischen Weichsel, die jedes Jahr 800–900 km aufsteigen müssen, bevor sie ihre Laichgründe in den Karpathen erreichen. Die meisten Meerforellen überleben das Laichgeschäft und kehren wieder in das Meer zurück. Durch Markierungen konnte man ebenfalls feststellen, daß diese Fische bei ihrem zweiten Aufenthalt im Meer weit weniger ausgedehnte Wanderungen unternehmen als beim ersten Mal. Gewöhnlich halten sie sich dann nicht allzu weit von der Mündung ihres Laichflusses auf.

Schleppfischer, die auf gewaltige Forellen aus sind, sollten sich daher auf den Einmündungsbereich bekannter Meerforellenflüsse konzentrieren – und zwar dort, wo es zahlreiche Heringe, Sandaale, Stichlinge, Stinte und Krustentiere gibt. Der Untergrund kann aus kleinen Felsspalten bestehen oder aus mit kiesigen »Inseln« und zugewachsenen Felsblöcken durchsetztem Sand sein. An solchen Stellen halten sich die Forellen gerne von Herbst bis Frühling auf, ganz besonders dann, wenn in der Nähe ein nicht allzu kalter Zulauf ins Meer mündet.

Ganz saisonunabhängig halten sich diese Fische sehr dicht an Klippen und Felsen auf, wobei sie mit Wind und Strömung ihre Stellungen ändern. Sie lieben dem Wind ausgesetzte Küstenstreifen und bei auflandigem Wind kommen sie fast an Land. Bei länger anhaltendem ablandigen Wind ziehen sie sich mehr in die offene See zurück.

Freiwasserforellen mästen sich gewöhnlich in Tiefen von 10–25 Metern an Heringsschwärmen. Fast immer rauben sie dabei in der oberen Wasserhälfte. Im Sommer trifft man sie in diesen Tiefen auch manchmal in starken Strömungen vor Landspitzen und Inseln an, sobald sich das landnahe Wasser erwärmt hat.

Am beißfreudigsten scheinen die Meerforellen bei Wassertemperaturen von 5°–10°C zu sein. In den dunklen Monaten scheint die Fischerei zur Tagesmitte am besten zu sein; später in der Saison sind die Forellen jedoch in den Dämmerungsphasen am aktivsten. Dann, und bei Nacht, ziehen sie zum Rauben in sehr seichtes Wasser. In Schweden werden die meisten der gro-

Eine Meerforelle von 13,2 kg, die von Tommy Olsson, der den früheren Lachsrekord von 21,24 kg innehielt, in der Bucht von Pukavik beim Schleppfischen gefangen wurde. Es ist manchmal schwer, einen Unterschied zwischen im Meer gefangenen Lachsen und Meerforellen zu machen. Der Oberkieferknochen der Meerforelle reicht jedoch bis hinter das Auge. Ihre Schwanzwurzel ist ebenfalls dicker und sie geht langsam in eine ziemlich eckige Schwanzflosse über. Die Punkte unter dem Seitenlinienorgan und auf der Rückenflosse sind auch typische Merkmale der Meerforellen.

ßen Küstenforellen von 10–14 kg im Frühling über seichtem, steinigem und der Strömung ausgesetztem Grund gefangen.

Die Seeforelle

In kalten und klaren Seen leben ausgewachsene Forellen, die sich ähnlich wie Meerforellen verhalten. Im Herbst und Frühling schwimmen sie gerne oberflächennah und das oft in seichtem Randwasser. In den Sommermonaten ziehen sie allerdings tiefe Abhänge vor, an denen kaltes, nahrungsreiches Grundwasser emporquillt und so ideale Temperaturen vorherrschen und Futterfische angelockt werden. Dort rauben sie dann tagsüber in der Tiefe, unternehmen bei Nacht jedoch auch gelegentlich Raubzüge in unmittelbare Ufernähe.

Andererseits halten sich Seeforellen den Winter über doch nicht so gerne in seichtem Wasser auf, da das Uferwasser in Seen viel kälter wird als im Meer. Lediglich, wenn sich aus irgendwelchen Gründen im Spätwinter und Frühling warme »Wasserblasen« in Ufernähe bilden, versammeln sich dort auch Seeforellen. Zunächst leben die Forellen auf Kosten kleiner Organismen – aber bereits bald tauchen Fische wie Stinte, Lauben, Barschbrut und Stichlinge auf ihrem Speiseplan auf.

In Irland und Schottland wird im Frühling gerne mit Fliegen geschleppt. Hierbei werden Fliegen, wie eine Hare's Ear, Sooty Olive oder Connemara Black in Grundnähe angeboten. Die »Loch-Forellen« werden nur selten wirklich groß, beeindrucken jedoch durch ihr farbenreiches Schuppenkleid.

Flußforellen

In Flüssen kann man auf zum Laichen aufsteigende Meer- oder Seeforellen stoßen, auf Bachforellen und auf Bachsaiblinge.

Letztere sind oft sehr schöne Fische und sie verbringen ihr gesamtes Leben in Fließgewässern. Nur selten wiegen sie über 2 kg und ihre Hauptnahrungsgrundlage sind Insekten, Würmer und Kleinfische.

Im Fluß kann das ganze Jahr über auf Forellen gefischt werden, es sei denn, es sind spezielle Schonzeiten vorgesehen. Harling ist in den Flüssen die beliebteste Schlepptechnik und Muddler-Fliegen werden hierbei gerne den aufsteigenden Fischen angeboten. Die großen Bachforellen, die den Fluß nicht verlassen, lassen sich gelegentlich von 3–12 cm langen Wobblern verleiten, die an ihren Unterständen mit mittelschwerem Spinngerät angeboten werden. Die besten Unterstände gehören den größten Forellen – dort ist das Nahrungsangebot am größten und die Raubzüge sind am kürzesten. In begradigten Flüssen mit Staustufen und schwankendem Wasserstand ändern sich die Unterstände mit der Strömungsintensität, aber auch in solchen Gewässern können gewaltige Forellen heranwachsen. gewöhnlich gelingen bei Nacht die besten Fänge.

Eine Vielzahl von Techniken

Das Schleppfischen auf Forellen ist vielseitig und gewöhnlich sehr lehrreich. Je nach Gewässer und Jahreszeit kann es genügen, mit einfachstem Gerät rudernd an der Oberfläche zu schleppen, oder aber man muß auf moderne Tiefschlepptechniken zurückgreifen. Ein Forellenausflug im April, währenddessen wir mit Hilfe von Planer Boards wärmere Wasserabschnitte des Lake Ontario abgesucht hatten, und ein Downriggerausflug auf Großforellen, die entlang von Steilufern auf der Höhe des Polarkreises in Skandinavien Lauben raubten, gehören zu meinen lehrreichsten Erfahrungen mit dem Schleppfischen.

Das Fischen mit Planer Boards ist eine überaus fängige Technik, wenn es darum geht, in seichtem Wasser raubende, scheue Forellen zu überlisten. Nur selten werden einem mehr Lektionen erteilt und zieht man mehr Freuden aus dieser Fischerei als im Frühling, wenn die Forellen sich dicht an einsamen Felsen verstecken oder sich sonstwo in für Boote zu seichtem Wasser aufhalten. Solche Ausflüge werden zu einem regelrechten Präzisionstest für Sie und Ihr Gerät. Sogar ein Downrigger kann beim Oberflächenfischen gute Dienste erweisen – treibt viel Unrat auf dem Wasser, dann verfängt sich dieser im Downriggerkabel vor dem Köder. Gewöhnlich muß allerdings viel Schnur (30–50 m) gegeben werden, besonders dann, wenn das Wasser klar, seicht und warm ist.

Ansonsten sind Downrigger und Tauchparavan unschlagbar, wenn es darum geht, im Freiwasser heringraubenden Forellen einen Kunstköder anzubieten oder um den Köder unmittelbar entlang tief abfallender Uferabschnitte zu schleppen. Rauben die Forellen in 10–15 Metern Tiefe, dann sollte die Schnurlänge hinter dem Downriggergewicht bei etwa 5 Metern liegen. An kurzen Schnüren verhalten sich besonders die dünnsten Flatterlöffel sehr lebhaft. Die Idealentfernung zwischen einem Paravan und einem Kunstköder liegt bei etwa 1,8 Metern.

Der Speiseplan der Forellen ist sehr vielseitig, sodaß Sie über ein großes Kunstködersortiment verfügen sollten. Gewöhnlich ziehen sie Kunstköder von 5–15 cm vor. Manchmal sind sie jedoch überaus selektiv und vergreifen sich nurmehr an einem ganz bestimmten Kunstködertyp. In meinem Forellenkasten überwiegen Wobbler und Löffel, wobei ich im Meer silbrige Kunstköder und im Süßwasser wärmer gefärbte vorziehe. Auch auf Tubenfliegen, Tintenfisch- oder Sandaalimitationen, die hinter einem Reizlöffel angeboten werden, erfolgen gerne Bisse. Im kalten Lake Michigan verwenden Schleppfischer u.a. kleine »Kuhglocken«-Reizköder, bei denen der Kunstköder in einem kleinen Köderfisch versteckt wird.

Die Schleppgeschwindigkeit muß zum Zielfisch passen. Mitten im Winter sind Forellen weit weniger flink als beispielsweise im Juni. Im Winter sollte daher eher mit 2 Knoten geschleppt werden, im Frühjahr sind jedoch 3 Knoten keineswegs zu schnell. Die Ausrüstung eines Forellenschleppfischers sollte leicht bis mittelschwer sein. Lediglich beim Fischen mit Tauchparavan muß auf schwereres Gerät zurückgegriffen werden. Um die Köder besser zu verteilen, kann es ganz sinnvoll sein, an den Seiten mit 10–12 Fuß langen Ruten zu schleppen, wogegen die gewöhnlichen Downriggerruten 8 bis 9 Fuß lang sind.

Der Biß einer Forelle kann ebenso brutal wie der eines Lachses sein. Sie flüchten nicht so weit und biegen die Rute daher nicht so beständig durch. Stattdessen zeigen sie ihre Kraft durch zahlreiche kurze Fluchten, die die Rute kräftig durchschütteln. In wärmerem Sommer- oder Herbstwasser springen sie gelegentlich im Drill. Im Frühling wälzen sie sich lieber an der Oberfläche. Persönlich bin ich der Überzeugung, daß »kleine« Forellen von 4–5 kg ebenso zäh wie Lachse derselben Größe sind.

Die Steelheadforelle

Die Steelheadforelle ist die ins Meer abwandernde Version der Regenbogenforelle (Oncohynchus mykiss). Beide Arten haben im westlichen Nordamerika ihren Ursprung. Die Steelheadforelle verdankt ihrem stahlgrauen Kopf ihren Namen. Im Meer und in großen, tiefen Seen ist ihr Rücken graublau und ihre Flanken sind ebenso silbrigweiß wie die von Lachs und Seeforelle. Ihr Körperbau ist jedoch schlanker als jener der oft stämmigen Regenbogenforelle. Daß diese Fische auch sehr groß werden können, wurde durch die Tatsache bewiesen, daß in Alaska mit der Angelrute ein Prachtexemplar von 19,1 kg gefangen wurde.

Von der Regenbogenforelle wird behauptet, daß es der auf der Welt am weitesten verbreitete Sportfisch sei. Ihre Farben können recht unterschiedlich sein. An ihrem metallisch glänzenden rosafarbenen Streifen entlang der Seitenlinie und anhand kleiner Punkte auf Rücken- und Schwanzflosse ist sie jedoch leicht zu erkennen. Der Streifen, dem diese Forelle ihren Namen verdankt, wird während der Laichzeit im Frühling satter.

Die Skamania-Steelheadforelle gehört unbedingt zu den im Drill spektakulärsten Salmoniden. Es handelt sich hierbei um eine gezüchtete, sehr früh ablaichende Steelheadform aus dem Skamania River im Bundesstaat Washington. In einigen der Great Lakes sind diese Fische überaus beliebt, da sie sich im Hochsommer gerne ufernah aufhalten. Hundertausende Sportfischer stellen ihnen dann dort nach und geben so Unmengen von Geld aus. Der erste Bundesstaat, der sich an Skamaniaforellen erfreuen durfte, war Indiana, wo 1975 von Biologen ein Grundbesatz mit 217000 Jungfischen vorgenommen wurde. Skamaniaforellen sind so unglaublich schnell, daß man den Fisch hoch in die Luft springen sieht, noch bevor die Rolle einen Ton von sich gegeben hat oder man die Rute aus dem Halter nehmen konnte. Sprung folgt auf Sprung und wahrscheinlich verbrauchen diese Fische so einen Großteil ihrer Kräfte. Die Skamaniaforellen bis 8 kg, die ich drillen konnte, verfügten nicht über die Ausdauer eines Atlantiklachses oder einer Bachforelle derselben Größe.

Steelheadforellen ziehen angeblich Wassertemperaturen von 14,5°–16,5°C vor. Dennoch stehen sie, wie die Bachforellen auch, den Großteil des Jahres in viel kälterem Wasser als sie es theoretisch sollten. Der Grund liegt im Nahrungsangebot. Forschungen in den Great Lakes haben ergeben, daß sie den Winter eher passiv in 4°C kaltem Tiefenwasser verbringen. Erst wenn das Oberflächenwasser in Landnähe 5,5°–6,5°C erreicht, ziehen sie auf Futtersuche in diese Bereiche.

Mit steigenden Temperaturen verlassen sie das Ufer wieder und halten sich dann gerne in der Seemitte auf, wo das Wasser 7°–9°C erreicht. Auf dem Weg zu ihrer Sommerresidenz, dem Oberflächenwasser über großen Tiefen, manchmal über 20 Seemeilen vom Ufer entfernt, nehmen ihr Appetit und ihre Aktivität zu. Ihre Hauptnahrungsgrundlage scheinen gewaltige Landinsektenmengen zu sein, die in diesen nahrungsreichen Seen ertrunken sind.

Schleppfischer suchen Steelheadforellen in und um ruhige Wasserflecken, in Verwirbelungen, in denen sich Unrat sammelt, sowie in nebligen Gebieten. All das sind gewöhnlich sichere Anzeichen für Temperaturschwankungen im Wasser.

Fische, die regelmäßig in der Oberflächenschicht kreuzen,

sind gewöhnlich recht scheu und vorsichtig. Am erfolgreichsten sind gewöhnlich große Schleppentfernungen, ganz egal, ob nun lediglich mit einer Rute oder mit Downriggern und Planer Boards gefischt wird. Im Frühling sind schlanke, silbrige Wobbler (10–15 cm), wie der Cisco Kid, Bomber und Rapala, sehr fängig. Im Sommer sind Steelheadforellen jedoch – ganz im Gegensatz zu anderen Salmoniden – zur Mittagszeit manchmal überaus beißfreudig und recht wenig selektiv; ein besonderes Faible scheinen sie dann für orangerote, fischähnliche Wobbler zu haben. Im Herbst wird entlang der Ufer und vor Flußmündungen oft mit fluoreszierenden Farben geschleppt. Langsames Schleppen mit Ködern wie dem Flatfish, Kwikfish und Tadpolly hat sich auch schon bezahlt gemacht.

Die Steelheadforelle ist eine ins Meer abwandernde Regenbogenforellenart. Auch wenn sie ihren Ursprung im Westen Nordamerikas hat, wurden die Great Lakes erfolgreich mit dieser Fischart besetzt. Immer öfter tauchen heutzutage diese Fische auch in der Ostsee auf. Mit der Rute wurden in Alaska Exemplare von über 19 kg gefangen. An der Angel sind Steelheadforellen regelrechte Kampfpakete. Oft sieht man sie hoch in der Luft, noch bevor die Rollenknarre einen Biß anzeigt.

Viele Amerikaner sind vom Fischen auf Steelheadforellen mit leichtestem Gerät begeistert. Sie fischen mit weichen, 12 Fuß langen »Nudelruten«, die mit vielen Ringen versehen sind. Manchmal sind diese Ringe auch ausklappbar, damit jede Schnurreibung am Rutenblank vermieden wird. Auf den Multirollen befindet sich dünnes Monofil (0,13–0,23 mm) und gelegentlich hängt ein kleiner Wirbel am Schnurende. Gewöhnlich wird ein überaus leichter Kunstköder mit gut geschärften Hakenspitzen direkt an die Hauptschnur gebunden, ohne daß ein Schockvorfach dazwischengeschaltet wird. Als Schnurklip dienen ausschließlich Gummibänder. Jedes Jahr fangen mit derart leichter Ausrüstung viele begeisterte Schleppfischer nicht nur ausgewachsene Steelheadforellen,

sondern auch um 10 kg schwere Königslachse. Regenbogenforellen, Steelheadforellen und andere Salmoniden werden in der winterlichen Jahreshälfte beim Harling in den schnellerfließenden Flußabschnitten ihrer Laichflüsse gefangen.

Hierzu werden spezielle Drift-Boote verwendet: leichte, 16 Fuß lange Aluminiumboote, die bestens mit der Strömung und den Stromschnellen zurechtkommen. Der Ruderer kämmt den Fluß von Seite zu Seite durch, wobei er das Boot langsam stromab gleiten läßt. Eine identische Technik wird in Skandinavien verwendet. Die Angler an Bord können natürliche Köder – wie etwa Lachsrogen – oder Löffel, Spinner und Wobbler schleppen, die in 10–20 Metern Entfernung angeboten werden.

Der Saibling

Die Gattung Salvelinus, die eher kaltes Wasser vorzieht, ist weit über die nördliche Erdhemisphäre verteilt. Die meisten Vertreter ihrer Familie leben in Nordamerika. Die beliebtesten der rund 15 Saiblingsarten sind der Seesaibling (Salvelinus alpinus), der Bachsaibling (Salvelinus fontinalis) und der nordamerikanische Seesaibling (Salvelinus namaycush). Nur wenige Sportfische verfügen über eine derartige Eleganz, vor allem dann, wenn die Laichverfärbung bereits eingetreten ist. Für Schleppfischer interessant sind in erster Linie die beiden Seesaiblingsarten.

Saiblinge gibt es beiderseits vom Atlantik als reine Süßwasserfische, aber auch als ins Meer abwandernde Fische. In Schweden gibt es lediglich erstere Art, aber diese kann fast ebenso schwer wie die andere werden. Sie erreichen beide Gewichte von deutlich über 10 kg. Saiblinge brauchen kalte und klare Gewässer mit hohen pH-Werten und ihre Lieblingstemperatur liegt bei 5°–13°C. In ein und demselben Gewässer kann es Saiblingsstämme mit völlig unterschiedlichem Verhalten geben. Gewöhnlich gibt es eine sehr bodennah lebende und eine etwas größere, eher im Freiwasser lebende Art.

Ins Meer abwandernde Saiblingsarten leben beispielsweise entlang der skandinavischen Nordatlantikküste und in den Northwest Territories Kanadas. Diese Fische, die sich in erster Linie von Kleinfischen und Krustentieren ernähren, wurden mit der Rute in Gewichten bis zu 14,77 kg gefangen.

Der sogenannte Bergsaibling, der im hohen Norden überwiegt, frißt nur selten Fisch – seine Hauptnahrungsgrundlage besteht aus Plankton und Krustentieren – und wiegt nur ausnahmsweise über 2 kg. Genetisch unterscheiden sich diese Fische nicht von den anderen Seesaiblingen, die im Norden und Süden beeindruckende Gewichte erreichen können: so wurde beispielsweise 1990 im Vättern-See ein gewaltiger Saibling von über 11 kg gefangen. Studien haben ergeben, daß diese Fische sich gewöhnlich von Stinten, Lauben, Stichlingen und Barschbrut ernähren.

Derart große Saiblinge rauben entweder alleine oder in Gruppen. In weit nördlich gelegenen Seen können sie während der Wasserumschichtung im Frühling und Herbst in allen Tiefen angetroffen werden. Sobald sich das Wasser durch den nähernden Sommer erwärmt, ziehen die Fische in tiefere Bereiche, hauptsächlich an den unteren Rand der Sprungschicht oder darunter. Demzufolge trifft ein Schleppfischer diese Fische über Unterwasserströmungen ausgesetzten Untiefen und entlang tiefer Abbrüche in 30–40 Metern Tiefe.

Die Aktivitätsphasen sind bei den Saiblingen weniger auf die Dämmerungen beschränkt als bei anderen Salmonidenarten. Das liegt daran, daß die Jagdzeiten von dem Licht, das ohnehin nur geringfügig in diese Tiefen vordringt, weniger beeinflußt werden, als in höheren Wasserschichten. Ein sonniger Nachmittag mit einer leicht gewellten Wasseroberfläche kann durchaus bestes Fangwetter sein. Besonders gute Ergebnisse werden in länger anhaltenden Hochdruckphasen erzielt, insbesondere vor dem herbstlichen Laichgeschäft.

Die Köder kann man mit Stahlschnur oder einem Tauchparavan auf die Höhe der Saiblinge bringen. Die beste Hilfe hierbei ist jedoch der Downrigger und gänzlich unerläßlich wird er, wenn über 50 m Tiefe erreicht werden müssen. Blit-

zende Reizlöffel scheinen Saiblinge besser als alle anderen Fische anzuziehen. Mehrere in eine Reihe geschaltete »Mini-Kuhglocken« mit einem Wurm auf dem Haken sind die bislang traditionellste und beliebteste Methode. An einigen Gewässern, wie beispielsweise dem Vättern-See, hält man es für überaus fängig, einen Perlmuttspinner hinter eine »Magnum Kuhglocke« zu montieren: sechs Löffel werden auf ein 2,5 m langes Stück 0,8 mm Stahlseide befestigt und dahinter kommt ein 75 cm langes Vorfach aus 0,5 mm monofilem Nylon mit dem Spinner. Das ganze sollten Sie mit 1,5–2 Knoten schleppen, da Ihr Köder sich in unmittelbarer Grundnähe bewegen muß. Einige unentschlossene Nachläufer kann man durch gelegentliches Beschleunigen und Abbremsen zum Biß provozieren.

In Europa wurden beispielsweise einige tiefe schwedische, finnische und schweizer Seen mit dem amerikanischen Seesaibling, dem Giganten der Familie, besetzt. Auch wenn diese Fische schon einiges an Gewicht zugelegt haben, so sind wir immer noch weit von den 46,3 kg, die ein in Kanada gefange-

Der Arktische Saibling gehört zu den schönsten Sportfischen. Ganz egal, ob Sie nun auf die Binnenform des Arktischen Saiblings (links abgebildet) oder auf den nordamerikanischen Seesaibling (rechts abgebildet) fischen, Ihre Köder müssen Sie tief anbieten.

nes Exemplar auf die Waage brachte. In Schweden sind im Stora Björnson Fänge bis zu 29,48 kg bekannt.

Gewöhnlich sind amerikanische Seesaiblinge dunkelbraun-grün bis leicht grau und mit hellen Flecken versehen. Manchmal überzieht sie ein grünes, hechtartiges Muster. Wie unsere Saiblinge auch leben diese Fische in tiefen, kalten Seen, wo sie Temperaturen von 7°–13°C vorziehen. Im Herbst und im Frühling kann man sie daher auch in seichtem Wasser antreffen. Gewöhnlich rauben Saiblingsrudel jedoch entlang von tiefen Abbrüchen und in Löchern. Bereits bei einer Länge von 15 – 20 cm werden sie zu Raubfischen, denen in erster Linie Stinte und Lauben zum Opfer fallen.

Downrigger sind ideale Instrumente, um amerikanischen Seesaiblingen zu Leibe zu rücken. Während es noch eine ganze Reihe von Anglern gibt, die sich damit abmühen, mit Hilfe von Stahlschnüren ihre Köder auf »Saiblingsniveau« zu bekommen, verwenden hierzu die meisten von uns Downrigger und 8–9 Fuß lange Ruten mit mittlerer bis steifer Aktion. An das Ende der 0,35–0,40 mm Schnur und 30–150 cm vor den Köder – einem Wobbler, einem Löffel oder einem Weichplastikköder – kommt gewöhnlich ein verchromter Reizlöffel, der die Fische durch optische und akustische Signale stimuliert. Vergessen Sie nie, daß Sie durch langsames Schleppen und gleichzeitiges Bewegen der Rutenspitze ohne weiteres einen neugierigen Nachläufer zum Biß reizen können.

Amerikanische Seesaiblinge sind starke Kämpfer. Sie bieten im Drill keine langen Fluchten oder plötzliche Sprünge, sondern steten und starken Zug, wenn Sie ein 10 kg schweres Exemplar aus der Tiefe emporpumpen. Und sein Kopfschütteln, dessen Kraft wir noch im Rutengriff spüren, kann ebenso nervenaufreibend sein, wie eine Oberflächenflucht neben dem Boot. Sie drillen »blind«, da Sie nicht wissen, wie und wo der Haken sitzt und welchen Kurs der Fisch einschlägt. So kommt es, daß amerikanische Seesaiblinge auf vielerlei Art und Weise ein besonderes »Bonbon« für den Schleppfischer darstellen.

Der Zander

Der Zander gehört zur Familie der barschartigen Fische (Percidae) und es gibt ihn lediglich in der nördlichen Erdhemisphäre (Europa, Asien und Nordamerika). Die meisten Zanderarten leben im Süßwasser, einige auch im Brackwasser und nur eine im Salzwasser. Fast alle sind beiderseits vom Atlantik überaus bedeutende Sportfische. Der europäische Zander (Stizostedion lucioperca) ist der größte der Familie. Mit der Rute wurden in Deutschland Fische bis 18,37 kg und in Schweden bis 12,07 kg. Zu den nordamerikanischen Arten gehören der Walleye (Stizostedion vitreum vitreum), von dem 11 kg schwere Exemplare bekannt sind, und der viel kleinere Sauger (Stizostedion canadense).

Die Zanderfischerei hat sich in den letzten Jahrzehnten enorm entwickelt. Heute werden diese Fische das ganze Jahr über in Süß- und Salzwasser gefangen. Die meisten der großen Exemplare geraten beim Schleppfischen an den Haken. Direkt an der Rute wird hauptsächlich im Sommer geschleppt, wenn die Zander in Hochdruckphasen sehr oberflächennah rauben. Solange die Sonne am Horizont sichtbar ist, halten sich die Zander in klaren Seen in der Tiefe auf. In trüberen Flachlandseen können seine Raubzüge weitaus früher beginnen. Kleinzander

rauben in kleinen Rudeln, große alleine oder paarweise. Auch im Frühling und Herbst können die Zander in den Dämmerungsphasen sehr hoch stehen.

Zander rauben nicht nur im Freiwasser, sondern auch in seichten Uferabschnitten. Sie lieben sauerstoffreiches Wasser mit kurzer Vegetation und weichem oder hartem Untergrund. In tiefen Gewässerabschnitten halten sie sich gerne in Bodennähe auf, im Sommer jedoch nur selten unter der Sprungschicht.

Bei Nacht scheint es unter den Zandern öfter zu längeren Aktivitätsphasen als tagsüber zu kommen. Nach Sonnenuntergang scheinen sie noch etwa eine Stunde zu ruhen, bevor sie zum Angriff auf Rotaugen, Stinte und eigene Brut blasen. Zander bevorzugen Temperaturen von 11°–23°C. Die Idealtemperatur dürfte bei etwas unter 20°C liegen.

Noch heute ist das langsame Oberflächenschleppen mit kleinen, geräuschintensiven Wobblern zur Sommerzeit die in Skandinavien gängigste und traditionellste Methode der Zanderfischerei. Allerdings haben mittlerweile auch Löffel und Köderfische (Stinte und Lauben) ihre Anhänger. In Nordamerika wird viel mit sogenannten »Walleye-Spinnern« gefischt, die zusätzlich mit Würmern versehen werden. Zanderbisse sind sehr vorsichtig und manchmal schwimmen sie, den Köder

(Links) Zander werden beiderseits des Atlantik immer beliebter, auch wenn es sich um zwei verschiedene Arten handelt. Europäische Zander erreichen viel höhere Gewichte als ihre amerikanischen Verwandten. Beim Schleppfischen sind im späten Frühjahr und im Frühsommer Prachtexemplare von über 7 kg keine Seltenheit.

(Rechts) In den Vereinigten Staaten wird das ganze Jahr über viel mehr auf Zander gefischt als in Skandinavien, was auch nicht weiter verwunderlich ist, da dort diese Fischerei viel weiter entwickelt ist. Als auf dem Lake Erie das Downriggerfischen eingeführt wurde, stiegen die Fangergebnisse um 15%.

bereits im Maul haltend, in Zugrichtung. Sie sollten daher Ihre Rutenspitzen genauestens überwachen, nur überaus scharfe Haken verwenden und mit möglichst kurzer und steifer Schnur fischen.

Mit Downriggern wird ganz anders gefischt als an der Oberfläche. Hier werden die besten Fänge mit leichten Flatterlöffeln gemacht, die mit 2,5–3,5 Knoten geschleppt werden. Der Köder sollte mindestens 15 m hinter der Schnurklammer laufen.

Zander sind in einigen Gegenden Nordamerikas unglaublich begehrte Sportfische, ganz besonders um Lake Erie in den USA und um Lake Ontario in Kanada. Als in den späten 70er Jahren das Downriggerfischen am Lake Erie eingeführt wurde, stiegen, statistisch betrachtet, die Spätsommer- und Herbstfänge um 15%. Dennoch scheint sich der Walleye etwas anders als der europäische Zander zu verhalten. Außer in den Great Lakes scheinen diese Fische eher in Grundnähe zu leben, was aber keineswegs bedeutet, daß es sich um einen Tiefwasserfisch handelt.

Im Frühjahr wird in seichten Gewässerabschnitten gefischt, aber auch dann kommen Downrigger zum Einsatz. Bei Tiefen von 1,5–7 m werden die Köder (Wobbler, Löffel und natürliche Köder) in 15–30 m Entfernung zum Boot ge-

schleppt. In seichtem Wasser scheinen Zander recht scheu zu sein, sodaß die Köder sehr oft an Planer Boards oder direkt angeboten werden. Erst wenn die Fische im Sommer tieferes Wasser aufsuchen (10–20 m) wird die Downriggerfischerei wirklich fängig. Die Schnurlänge zwischen Schnurklammer und Köder beträgt gewöhnlich 10–15 m und kann beim Fischen noch verkürzt werden. In großen Seen wird auch viel mit Stackern gefischt, um die Standorttiefe der Zander herauszufinden.

Zum Zanderfischen werden spezielle Schnurklammern verwendet, die sensibler als die zum traditionellen Lachsfischen verwendeten sind. Die Schleppgeschwindigkeit wird von der Wassertemperatur diktiert: unter 10°C sind 1,6–2,1 Knoten eine typische Schleppgeschwindigkeit, wogegen diese bei 15°C bei 2,5–3 Knoten liegen sollte.

Bei der Köderwahl kann folgende Faustregel helfen: dunkle Köder an dunklen Tagen und farbenfrohe Köder an hellen Tagen. Vergewissern Sie sich, daß Sie die Köder auf der Höhe der Zander oder unmittelbar darüber anbieten – was in den USA, wie bereits erwähnt, gewöhnlich den Gewässergrund bedeutet. Vergessen Sie auch nicht, daß Zander gerne von unten her angreifen.

Der Hecht

Zur Familie der Hechte (Esocidae) gehören fünf Arten. Nur eine von ihnen, der weitverbreitete »Esox lucius«, lebt in Europa. In Asien gibt es eine Hechtart, die höchstens 10 kg schwer wird (Esox reicherti). Im östlichen Nordamerika gibt es noch den Kettenhecht (Esox niger), den Streifenhecht (Esox americanus) und den Musky (Esox masquinongy).

Mit 50 kg wird der Musky am schwersten, gefolgt von »Esox lucius«, der immerhin 35 kg erreicht. Es wird behauptet, daß man sich keinen schöneren Hecht als den Tigerhecht vorstellen kann, eine Kreuzung zwischen einem männlichen »Esox lucius« und einem Muskyweibchen. Zu solchen Hybriden kann es durch Launen der Natur kommen und 1951 wurde mit der Rute in Wisconsin ein 22,7 kg schweres Exemplar gefangen.

Die weltbesten Hechtbestände sind wahrscheinlich diejeni-gen, die den schwedischen Schleppfischern zur Verfügung stehen. Zumindest durch die Fangstatistiken wird dieser Umstand bestätigt. Hechte sind in Schweden zahlreich, kampfstark und noch dazu über das ganze Land verbreitet. Letztlich sind die Hechte wahrscheinlich die typischsten schwedischen Schleppfische, da niemand ihnen so effektiv zu Leibe rücken kann – ganz orts- und saisonunabhängig – wie die Schleppfischer.

Am leichtesten lassen sie sich nach der Laichzeit fangen. Sie stehen nun in seichtem Wasser und sind überaus beißfreudig. In dieser Jahreszeit nehmen sie etwa ein Drittel ihrer Jahresgesamtnahrung zu sich. Gewöhnlich verlassen die größten Hechte als letzte die Laichgründe, wodurch verständlich wird, daß so viele große noch im Juni gefangen werden.

Die Freßgewohnheiten hängen bei den Hechten von ihrer Größe ab. Je kleiner sie sind, desto mehr gehen sie auf Jagd. Ein alter Hecht kann ohne weiteres eine Woche ausschließlich mit dem Verdauen beschäftigt sein, bevor er sich in einigen

(Oben) aus der IGFA-Weltrekord-
liste wird deutlich, daß die besten
Hechtergebnisse in Schweden erzielt
werden, insbesondere in der
brackigen Ostsee. Große Hechte
leben hier und in anderen großen
Gewässern oft pelagisch und
ernähren sich hierbei u.a. von
Stinten und Lauben. An Schleppgerät liefern sie einen schönen Drill.

(Links) Hechte können mit keinem
anderen skandinavischen Fisch
verwechselt werden. Ihre Körper-
farben und -muster hängen jedoch
stark von ihrem jeweiligen Aufent-
haltsgebiet ab.

Stunden frenetischer Jagd wieder den Bauch vollstopft. Abends scheinen die besten Fangergebnisse erzielt zu werden.

Hechte halten sich, außer in großen, tiefen Seen und in der Ostsee, ufer- und bodennah auf. In der Ostsee passiert es Forellen- oder Lachsschleppfischern immer wieder, einen großen Freiwasserhecht zu haken. Ihr Mageninhalt zeugt immer wieder von Freßorgien in Herings- oder Laubenschwärmen. Gewöhnlich halten sich Hechte am Pflanzengürtel auf. Zu den wirklichen Spitzenstellen im Frühling gehören seichte Gewässerabschnitte vor Mündungen. Im Herbst, wenn sich das ufernahe Wasser wieder abkühlt, stehen sie in 2–8 m Tiefe. Die kälteste Jahreszeit über verschwinden sie jedoch in das wärmere Tiefenwasser.

Die meisten Schleppfischer, die auf Hecht aus sind, schleppen mit großen, oft farbenreichen Wobblern (20–30 cm) in 20 – 30 m Entfernung zum Boot entlang von tiefen Kanten. Im Hochsommer schadet es keinesfalls, gelegentlich auf 6 Knoten zu beschleunigen.

Die Schleppausrüstung kann aus zwei 6–7 Fuß Ruten am Heck und aus zwei 9–11 Fuß Ruten bestehen, die seitlich vom Boot wegragen. Vergewissern Sie sich, daß die Ruten parallel zur Wasseroberfläche stehen, da so dem Wind geringster Widerstand geboten wird und gleichzeitig maximale Aussichten auf ein richtiges Haken des angreifenden Hechtes bestehen. Die Rollenbremse wird passend zum verwendeten Köder eingestellt. Gewöhnlich werden die Fische durch die Bootsgeschwindigkeit gut gehakt, dennoch sollte auf jeden Fall ein zusätzlicher Anhieb erfolgen.

Wer auf Hechte schleppt sollte eine möglichst steife Schnur verwenden und vor seinen Köder ein Stahlvorfach von 30–50 cm Länge schalten.

Auch zum Hechtschleppen werden immer mehr Boote mit Downriggern versehen, mit denen ein Köder viel besser in der richtigen Tiefe angeboten werden kann und die Fische auch besser gehakt werden. Er ermöglicht Ihnen auch das Verwenden viel leichterer Köder – wie beispielsweise große Löffel – und weicherer Ruten. Mit anderen Worten, durch den Downrigger wird sportlicheres Fischen möglich.

Der Musky

Der gigantische Musky scheint einige nordamerikanische Angler regelrecht zu verhexen. Es gibt sogar spezielle Muskyvereine, die Informationen über diese Fischart sammeln und ihren Mythos der Unbezwingbarkeit aufrecht erhalten.

Muskies sind Frühjahrslaicher und ursprünglich gab es sie lediglich im Nordosten der Vereinigten Staaten, hauptsächlich in der Gegend um die Great Lakes. Mittlerweile wurden jedoch zahlreiche Gewässer mit ihnen besetzt. In den 50er und 60er Jahren las ich mit Begeisterung über die Muskyabenteuer der Familien Lawton und Hartmann am St.Lawrence River – dem Mekka der Muskyfischerei. Sie fingen mehrere Fische zwischen 27 und 31 kg. Arthur Lawton's Rekordmusky wog annähernd 32 kg.

Vielen Muskyfischern zufolge müssen die wirklich großen Muskies, die über 18 kg wiegen, beim Schleppfischen gefangen werden. In vielerlei Beziehung erinnert diese Art der Fischerei an die auf sehr große Hechte. Ein Musky liegt auf der Lauer und startet seinen Angriff aus seinem Unterstand heraus; Sie müssen daher ihre Kunstköder an Unterständen entlang fischen, in denen er sich mehr oder weniger oft zum Rauben aufhält. Große Muskies stehen gerne an tiefen Felsabbrüchen, auf bewachsenen Sandbänken, die von zwei zusammen fließenden Flüssen gebildet werden oder an weit vorreichenden Landzungen, die starker Strömung ausgesetzt und stark bewachsen sind. Nur selten stehen sie tiefer als 12 m und ihre bevorzugten Wassertemperaturen liegen bei 10°–20°C.

Wenn es darum geht, von ihrem Unterstand aus Angriffe auf Futterfische zu starten, stellen sich Muskies kein bißchen schüchtern an. Zu diesen gehören Zander, Barsche und Schwarzbarsche – jeweils in guten Happen, schließlich möchte sich unser Räuber schnell stopfen. Die Lawtons fingen die meisten ihrer Muskies in Tiefen von 5 bis 6 Metern. Es fiel ihnen auf, daß die Muskies gerne in Flußbiegungen angriffen, wenn das Boot mitten in der Wende war und die Kunstköder das Wasser in verschiedenen Tiefen durchkämmten. Andererseits fingen die Hartmans ihre Muskies auf allen Etagen bis in 8 m Tiefe, hauptsächlich über pflanzenüberzogenen Sandbänken. In Seen fischten jedoch beide Familien bis in 10–12 Metern Tiefe.

Der Herbst ist die beste Muskyzeit. Oft wird dann mit 3–4 Ruten geschleppt, deren Rückgrat zäh und deren Spitze schnell ist. Die Mehrzahl der Angler verwendet Multirollen, deren Fassungsvermögen bei 150 Metern 0,30–0,40 mm Schnur liegt. Klassische Köder sind der Swim Whizz und der »Musky Bug«; auch andere tieftauchende Schwimmwobbler werden geschätzt. Die Schleppgeschwindigkeit ist saisonabhängig und liegt gewöhnlich bei 2,5–3,5 Knoten. Muskies sind furchtlose Fische, sodaß sich große Schleppentfernungen erübrigen, normalerweise reichen 10–25 Meter völlig aus.

Wolfs- und Streifenbarsch

Barsche sind in Sportfischer-Kreisen sehr beliebt. Die durch Schleppen am meisten befischten Barsche sind allerdings nicht der großmäulige oder der kleinmäulige Schwarzbarsch, sondern es sind der See- oder Wolfsbarsch (Dicentrarchus labrax) sowie der Streifenbarsch (Morone saxatilis). Wolfsbarsche sind

Der Musky ist der Gigant der Hechtfamilie. Er erreicht bis 50 kg und hat seinen Ursprung im Nordosten der USA, wo nur wenige andere Fische seinen legendären Ruf erreicht haben. Allgemein anerkannt ist die Tatsache, daß die Schleppköder groß, robust und scharf sein müssen, so, wie der Fisch selbst.

entlang der europäischen, Streifenbarsche entlang der amerikanischen Atlantikküste zuhause. Mit letzterem wurden sogar erfolgreich große Seen und Talsperren besetzt. Einige Wissenschaftler fordern, daß die europäische Variante zur selben Gattung gezählt wird sollte, wie die amerikanische, da beide Arten vergleichbar aussehen und sich sehr ähnlich verhalten. Der Wolfsbarsch ist jedoch nicht gestreift und beide Arten trennt ein großer Gewichtsunterschied: Streifenbarsche erreichen 56 kg, Wolfsbarsche höchstens 15 kg. Zu guter Letzt sind beide Arten auch den Anglern als gleichermaßen gefräßig und vorsichtig bekannt.

Das klassische Heim der Wolfsbarsche sind Buchten und Mündungen. Schleppfischer fangen sie jedoch in erster Linie entlang von Felsküsten und über Wracks, wo die schwersten Wolfsbarsche gefangen werden. Am größten werden sie in südeuropäischen Gewässern. Als pelagisch lebende Fische stellen Wolfsbarsche für Schleppfischer eine ideale Beute dar. Ausgewachsene Barsche ernähren sich bevorzugterweise von Sandaalen.

Wolfsbarsche scheinen sich in skandinavischen Gewässern immer mehr zu verbreiten, hauptsächlich entlang von Küsten mit Warmwassereinläufen. Fische von über 6 kg wurden bereits beim Oberflächenschleppen gefangen, besonders oft über steinigem Untergrund. Fischimitierende Wobbler haben sich als sehr fängig erwiesen.

Dem holländischen Schleppexperten Jeroen Schoondergang zufolge, der sich auf das Wolfsbarschangeln spezialisiert hat, besteht ein effizienter Schlepptag aus dem intensiven Befischen verschiedener Wracks, die in 5 bis 15 Metern Tiefe liegen und über denen je vier bis fünf S-Schleifen gezogen werden. Mehr ist gewöhnlich nicht notwendig um festzustellen, ob sich auf dem Wrack beißfreudige Fische aufhalten oder nicht. Oft stehen die Fische recht dicht und es ist sinnvoll, sich den genauen Fangplatz zu merken, um nach einem Fang möglichst schnell wieder darüber zu fahren.

Große Schwimmwobbler, die hinter einem Downrigger geschleppt werden, haben sich als sehr erfolgreich herausgestellt und mit ihnen lassen sich Wolfsbarsche von über 7 kg fangen. Mit diesem Wobblertyp braucht das Downriggergewicht nicht so tief herabgelassen zu werden, sodaß das Risiko, es im Wrack durch einen Hänger zu verlieren, schrumpft. In den Sommermonaten werden die meisten Wolfsbarsche in der Morgen- oder Abenddämmerung gefangen.

In den USA wurde der Streifenbarsch hauptsächlich durch Besatzmaßnahmen im Süßwasser zu einer begehrten Beute der Schleppfischer. Dieser weit umherziehende Fisch wechselt auf der Suche nach ausreichend Nahrung, dem richtigen Licht und der passenden Wassertemperatur schnell seinen Standort. Gerne raubt er in starker Strömung und bei Dunkelheit, besonders aber zu Dämmerungszeiten. Vor allem im Frühling und Herbst kann man ihn dann manchmal bis in das Oberflächenwasser hinein gierig rauben sehen.

Ein Schleppfischer nähert sich diesen Fischen mit derselben Strategie wie beim Forellen- oder Lachsfischen, sogar dieselbe Ausrüstung kann verwendet werden. Dennoch sieht es ganz so aus, als würden Streifenbarsche ein wenig höhere Schleppgeschwindigkeiten als die in der gewöhnlichen Lachsfischerei praktizierten vorziehen.

Die Schlepptechniken für Wolfs- und Streifenbarsche entsprechen denen von Lachs und Forelle, sodaß auch dasselbe Gerät verwendet werden kann. Streifenbarsche scheinen jedoch gut auf Köder zu reagieren, die ein wenig schneller als bei gewöhnlicher Schleppfischerei auf Lachs gezogen werden.

Die Thune

Die 13 Thunfischarten gehören zur großen Familie der Makrelen. Diese gewöhnlich in Schwärmen oder Kleinrudeln lebenden Fische halten sich in wärmeren Meeresabschnitten auf. Im Gegensatz zu anderen makrelenartigen Fischen verfügen die Thunfische eine annähernd runde bis spindelförmige Körperform, über eine hochragende Rückenflosse und Brustflossen, die bis zur Mitte der ersten Rückenflosse reichen.

Wissenschaftliche Studien haben erbracht, daß Thune Warmblüter sind, deren Körper bis zu 10°C wärmer sein kann, als das den Fisch umgebende Wasser. Hierdurch scheinen sie dazu in der Lage zu sein, sich in nördlichen Breiten auch noch bei 4,5°C Wassertemperatur ernähren zu können, auch wenn sie zum Laichen tropische Gewässer mit 30°C aufsuchen. Als Warmblüter können sie aus ihrer Muskelmasse verhältnismäßig viel Energie holen, wodurch sich ihre außergewöhnliche Ausdauer, Kraft und Schnelligkeit erklärt.

Die Flucht eines Blauflossenthunes wurde bereits mit 65 km/h gemessen. So ist es auch nicht weiter überraschend, daß der schwedische Naturforscher Linneaus diesem Fisch den wissenschaftlichen Namen Thynnus thynnus verabreichte, der aus dem Griechischen abgeleitet wurde und so viel wie »Flucht« bedeutet. Blauflossenthune sind auch die größten Thune. Von Berufsfischern wurden Giganten von fast 700 kg gefangen, der Rutenrekord liegt bei 679 kg.

Andere beliebte Mitglieder der Thunfamilie sind der Gelbflossen- und der Großaugenthun. Vielerorts tauchen sie gemeinsam auf und ich persönlich habe alle drei Arten in den Gewässern um Gran Canaria angetroffen. Insgesamt betrachtet

sind die Thune aufgrund ihrer Schönheit, Geschwindigkeit und Kraft sehr geschätzte Sportfische. Einen solchen Fisch an geeignetem Gerät zu drillen, gehört zu den Höhepunkten des Angelsportes.

Der Blauflossenthun

Unglücklicherweise sieht die Zukunft der Blauflossenthunbestände alles andere als rosig aus. Diese ursprünglich sehr weit verbreitete Fischart, die sogar vor Skandinavien auftauchte, steht nun vor dem Aussterben. Der Grund hierfür liegt im übermäßigen Befischungsdruck durch Berufsfischer, deren skrupellose Kunden aus diesen Fischen in einigen Ländern ein fast unersetzliches Grundnahrungsmittel machten.

Es gibt mehrere Blauflossenthunarten, die nach dem Süd-, Nord-, West- und Ostatlantik benannt wurden. Ihre Laichgründe liegen im Golf von Mexiko, nordwestlich von Kuba, ebenso wie im Mittelmeer zwischen Italien und Spanien. Sie unternehmen Wanderungen quer durch die Ozeane und rauben dabei oft zusammen mit Walen und Delphinen. Als ausgewachsene Fische kennen sie nur noch zweierlei Feind: den Makohai und den Schwertwal.

Der nordatlantische Blauflossenthun ist mit Sicherheit der größte. Wer auch immer einen echten Riesen drillen möchte, der sollte Prince Edward Island oder Nova Scotia in Kanada einen Besuch abstatten. Auch in Neu England, New York und auf den Bahamas kann man sein Glück versuchen. Für Europäer liegen Ziele wie die kanarischen Inseln, Madeira oder die Azoren ebenso auf der Hand, wie das Mittelmeer.

(Links) Der Blauflossen-thun ist der größte Knochenfisch in skandinavischen Gewässern und gleichzeitig für viele ortsansässige Angler ein Traum. Früher waren diese Fische in nördlichen Breiten den Sommer und Herbst über sehr gängig, heute sind diese Bestände annähernd ausgerottet. Für ihren Drill ist schwerstes Big-Game-Gerät vonnöten.

(Rechts) Dieser Blauflossenthun wog 320 kg und sein Drill vor Puerto Rico auf Gran Canaria dauerte vier Stunden. Bei seiner ersten, großen Flucht riß er in Richtung Kontinentalsockel 600 m Schnur von der Rolle, die sofort heiß wurde und die höchsten Töne ihrer Karriere von sich gab.

Zum Fang von Blauflossenthunen sollten Sie traditionelles und robustes Stand-up-Gerät in den Schnurklassen von 80 bis 130 lbs verwenden. Die Rollenbremsen sollten auf etwa ein Drittel der Schnurtragkraft eingestellt werden. An Bord sollte sich selbstverständlich auch Zubehör wie ein gut geölter Kampfstuhl, Harnische, Flying Gaff und Tailer (Schwanzschlinge) befinden.

Die Köder können entweder über einen Downrigger oder direkt gefischt werden. Solange Naturköder verwendet werden, sollte das Boot eher langsam mit 3–6 Knoten schleppen. Von den Auslegern (Verteilerarmen oder Daisy Chains) aus

wird mindestens in 40–50 m Entfernung geschleppt. Für die Rute am Heck reicht eine Schleppentfernung von 20–25 m. Die Köder – Heringe, Köhler, Makrelen oder Tintenfische – sollten an der Oberfläche laufen. Mit dieser Dreiermontage, die mit zwei Makrelen und einem Tintenfisch beködert sein kann, soll dem Thunfisch der Eindruck vermittelt werden, ein Schwarm von Futterfischen würde dem Boot folgen. Durch das zusätzliche Schleppen von Reizködern wird dieser Eindruck noch verstärkt. Werden echte Fische als Reizköder verwendet, werden diese mit geschlossenem Maul am Vorfach befestigt.

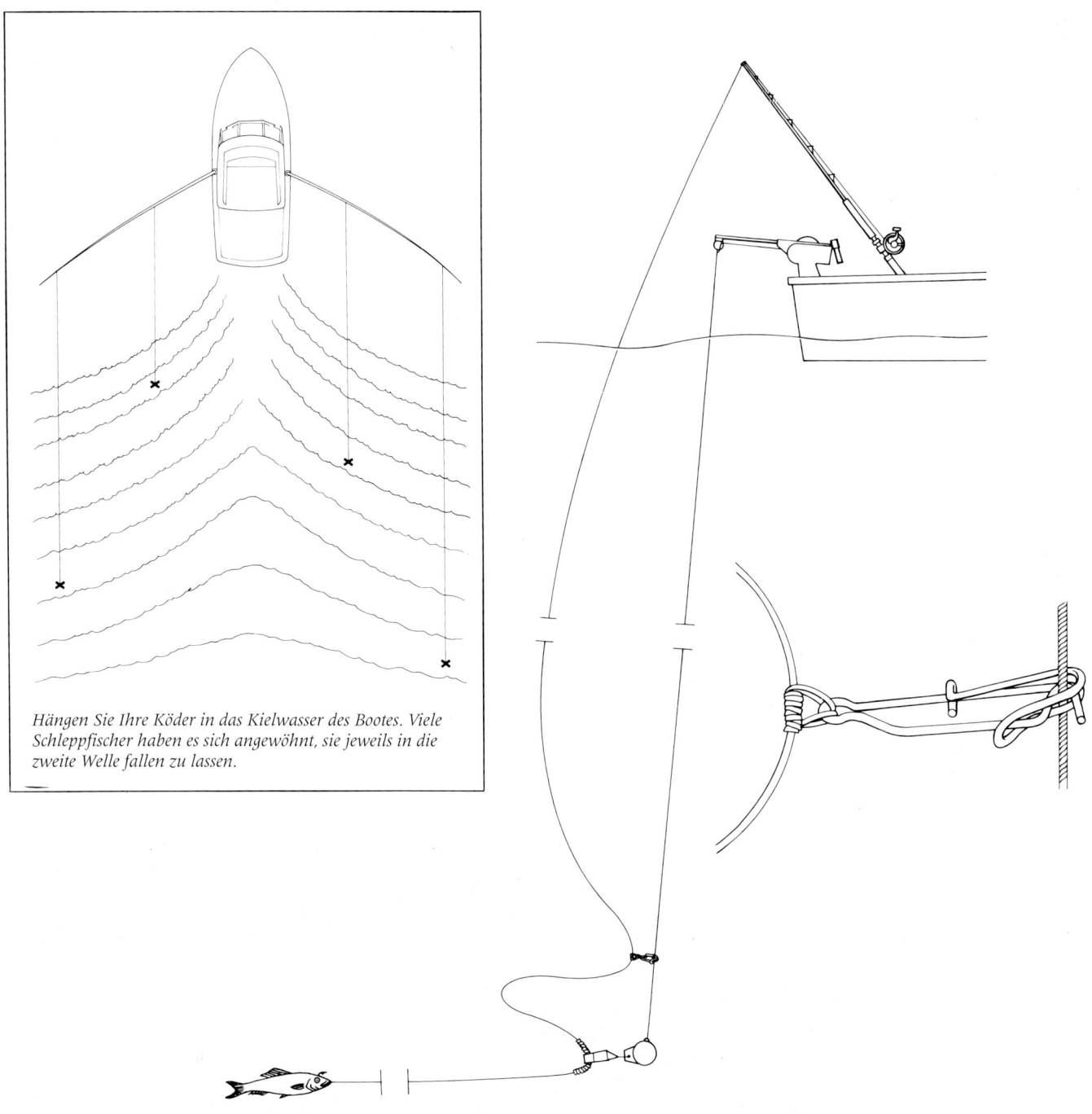

Hängen Sie Ihre Köder in das Kielwasser des Bootes. Viele Schleppfischer haben es sich angewöhnt, sie jeweils in die zweite Welle fallen zu lassen.

(Unten) Den Hauptteil seiner Nahrung findet ein Fisch in der Tiefe. Dort einen lebenden Köderfisch anzubieten ist jedoch weitaus schwieriger als an der Oberfläche. Downrigger haben hierzu neue Möglichkeiten gebracht. Um dem Raubfisch lockere Schnur und Zeit zum Schlucken des Köderfisches zu geben, wird der Köder an zwei Schnurklammern angeboten. Eine Makrele oder ein Kleinthun schwimmen etwa 50 m hinter der untersten Schnurklammer, die am Downriggergewicht befestigt ist. Eine gute Idee ist es, die Angelschnur an jener Stelle mit ein wenig Wachsfaden zu umwickeln, an welcher sie in die Schnurklammer geklemmt wird. So

ist sie ein wenig geschützt und gleichzeitig kennt man seine Schleppentfernung genau. Die Länge des Schnurbauches zwischen den beiden Schnurklammern kann unterschiedlich sein, beträgt jedoch gewöhnlich die Hälfte der Schleppentfernung. Die oberste Schnurklammer ist eine Heilbuttklammer, die mit einem Ende am Downriggerkabel befestigt ist und deren anderes Ende über ein 64er Gummiband mit der Angelschnur verbunden ist. Sie sollten die ganze Montage gefühlvoll herablassen und dann die Schnur zwischen oberster Schnurklammer und Rolle straffen.

Meine Verteilerarme sind 92 cm lang und sie werden direkt am Hauptvorfach, das 3,65 m lang ist und aus 400 lbs monofiler Angelschnur besteht, befestigt. Hieran hängen fünf Köder und der letzte unter ihnen ist mit einem 10/0 Mustad Thunhaken bewaffnet. Am Verteilerarm hängen vier Seitenvorfächer, die 1,2 bis 1,8 m lang sind und aus 125 lbs starkem, monofilem Nylon bestehen. An diesen hängen acht weitere Köder. Plastiktintenfische und spezielle Offshore-Kunstköder vertragen viel höhere Schleppgeschwindigkeiten als natürliche Köder. Darüberhinaus legen sie unmittelbar unter der Oberfläche eine Blasenspur. Es sollte mit 10 bis 20 Knoten geschleppt werden.

Greift ein Thun einen Oberflächenköder an, kann der Haken durch zusätzliches Gasgeben besser eingetrieben werden, Ihre Rute bietet den hierzu nötigen Widerstand. Dann müssen Sie die anderen Köder einholen und erst anschließend konzentrieren Sie sich auf das Manövrieren des Bootes und den Drill. Oft wird in diesen Momenten das wahre Gesicht des Anglers und der Besatzung deutlich sowie die eigentliche Verfassung des Fisches.

Big-Game an Downriggern

Heutzutage wird das Downriggerfischen auf Thune immer beliebter, was letztlich nicht weiter verwunderlich ist, da sich die Thune hauptsächlich in der Tiefe ernähren. In den letzten Jahren wurde vor der nordöstlichen Küste der Vereinigten Staaten eine ganze Reihe beeindruckender Blauflossenthune gefangen, meist in 15–30 m Tiefe.

Wurde erst einmal ein Thunfisch gehakt, muß an Bord schnell alles Störende aus dem Weg geräumt werden. Viele Big-Game-Fischer legen aus diesem Grund auf elektrisch angetriebene Downrigger Wert, die auf Drehsockel und spezielle Adapter montiert sind, welche in die Rutenhalter der Reling gesteckt werden können. Problemlos lassen sich die Downrigger hineinstecken und wieder herausziehen. Einige Angler ziehen kurze Downriggerarme vor, während andere längere bevorzugen, da ihrer Meinung nach die Köder besser verteilt werden.

Gummibänder sind gute und billige Schnurkliplösungen für das Salzwasser. Statt ihre Schnur zu doppeln, spleißen immer mehr von uns vor das Vorfach ein langes Stück stabile Nylonschnur an das Dacron der Rolle. Hierdurch wird die letzte Drillphase erleichtert und der Schnurwiderstand im Wasser verringert – wodurch das Schleppgewicht eher direkt »unter« dem Boot bleibt. Folgende Montage ist ebenfalls für viele andere Big-Game Fische geeignet.

Sollte der Fisch zum besseren Schlucken nach dem Biß zusätzliche Schnur brauchen – was bei Thunfischen nur selten der Fall ist –, dann bringen Sie zwei Schnurklammern übereinander auf dem Downriggerkabel an. Lassen Sie dann den Köder in die gewünschte Entfernung gleiten, die von der Ködergröße oder von der Tatsache abhängt, ob es sich um einen toten oder um einen lebenden Köderfisch handelt. Befestigen Sie dann die Schnur in der Schnurklammer und verstärken Sie diese gegebenenfalls mit einem zusätzlichen Gummiband Lassen Sie die Montage nun 50–100 cm unter die Oberfläche ab und füttern Sie soviel Schnur nach, wie es in Anbetracht der Schleppentfernung notwendig ist. Befestigen Sie nun die Hauptschnur erneut am Downriggerkabel, und

zwar mit einem Gummiband – das mehrmals um die Schnur gewickelt werden sollte, damit es nicht durchrutscht. Einige Skipper verwenden hierzu zwischen Gummiband und Kabel Heilbuttklammern.

Lassen Sie Ihre Montage nun vorsichtig in die gewünschte Tiefe herab. Besonders wichtig ist das, wenn man mit lebenden Köderfischen angelt. Straffen Sie nun die Schnur zwischen der Rutenspitze und der oberen Schnurklammer, sodaß an dieser Stelle kein Schnurbauch entsteht. Der Schnuralarm der Rolle sollte eingeschaltet und die Bremse weich eingestellt sein – keineswegs straffer als zum Anschlagen notwendig ist.

Nachdem der angreifende Fisch die Schnur aus der unteren Schnurklammer gerissen hat, fühlt er nahezu keinen Widerstand, da sich jetzt erst der Schnurbauch langsam strafft und es ist somit recht unwahrscheinlich, daß er den ergatterten Köder wieder ausspuckt. Erst nachdem sich der Schnurbauch gespannt hat, fühlt der Fisch den Widerstand der anderen Schnurklammer und der Vorwärtsfahrt des Bootes. Dieser Widerstand ist nun hoffentlich ausreichend genug, um den Haken tief genug einzutreiben, bevor das Gummiband reißt und die Rollenknarre die erste Runde einläutet.

In großer Tiefe ist der Wasserwiderstand beträchtlich, sodaß möglichst stromlinienförmige Köder und Beköderungsarten verwendet werden sollten. Thunfische haben einen recht abwechslungsreichen Speiseplan, aber sowohl in der Tiefe als auch an der Oberfläche haben sich schon längst Makrelen, Bluefische und Meeräschen als zuverlässige Köderfische bewiesen. Lebende Köderfische bleiben am längsten am Leben und schwimmen am besten, wenn sie nach »Panama«-Art beködert wurden. Die Haken sollten, selbstverständlich, so scharf wie möglich sein.

Kunstköder, die im Salzwasser gewöhnlich an Downriggern gefischt werden sind große Wobbler, Löffel, Weichplastikköder und Federjigs. Vergewissern Sie sich stets, ob die Haken auch der zu erwartenden Belastung standhalten können. Persönlich habe ich schon oft die Haken großer Magnum-Wobbler gegen rostfreie Einfach- oder Doppelhaken ausgetauscht.

Wer Kunstköder fischt, braucht den gerade beschriebenen »Drop-Back«-Effekt nicht und so wäre es völlig unnötig, zwei Schnurklammern zu montieren. In die verbleibende Schnurklammer sollten Sie jedoch die Schnur fest einklemmen. Dann straffen Sie die Hauptschnur so weit wie möglich und stellen die Rollenbremse auf Anschlagposition ein.

Der Gelbflossenthun

Ein Downrigger kann auch dazu verwendet werden, Thunköder in oder auf der Oberfläche anzubieten. Kunstköder sind gewöhnlich recht fängig, wenn es um den Fang von in Schwärmen lebenden Thunen geht, auch wenn es sich dabei um kleine Blauflossenthune handelt. Wo diese sich in großen Schwärmen aufhalten und rauben, werden sie von sich ins Wasser stürzenden Möwen und weißer Oberflächengischt verraten.

In derartigen Situationen zählen die Gelbflossenthune (Thunnus albacares) zu den beeindruckendsten Fischen, ganz egal, ob sie nur rauben oder bereits am Haken hängen. Viele von uns betrachten den Gelbflossenthun als für die Pfund für

Pfund stärkste Herausforderung, die es für einen Sportfischer geben kann, besonders dann, wenn die 100 kg-Marke überschritten wird. Hinzufügen muß man noch seine außergewöhnliche Schönheit und die Tatsache, daß er sich manchmal überhaupt nicht zu einem Biß verleiten läßt – gewöhnlich, weil er sich zu sehr auf eine bestimmte Nahrung konzentriert, die oft viel kleiner als der Fisch selbst sein kann, beispielsweise ganz junge Tintenfische. So kommt es, daß man sogar auf hoher See nicht um das Problem der genau passenden Köder herumkommt, sofern sich die Ruten krümmen sollen. Weiße Federjigs, kleine bis mittelgroße Kona-Heads, Knuckleheads und Psychobeads sind, ebenso wie Makrelen, Meeräschen und Hornhechte zuverlässige Köder.

Gelbflossenthune leben in warmen Ozeanabschnitten und erreichen annähernd 200 kg Körpergewicht. Der aktuelle Rutenrekord von 176,35 kg stammt aus Mexiko. Wie sein Name bereits sagt, hat dieser Fisch goldgelbe Flossen. Manchmal, jedoch bei weitem nicht immer, wird er auch anhand seiner langgezogenen Flossen identifiziert – der zweiten Rücken- und der Afterflosse – und anhand eines goldgelben oder irisblauen Streifens, der von Augen bis Schwanz entlang seiner Seiten verläuft. Sein Rücken ist blauschwarz und seine Flanken sind silbrig.

Am meisten Spaß macht der Drill von Gelbflossenthunen

Ganz egal wo man nun fischt, es ist immer sinnvoll zu wissen, welche Köder man wie ausbringt. Da Kunstköder innerhalb einer viel größeren Geschwindigkeitsspanne arbeiten als natürliche Köder, überwiegen sie an unseren Vorfächern, ganz egal, ob nun in wärmeren Meeren auf Gelbflossenthun oder vor Skandinavien auf große Köhler geschleppt wird. Ziel sollte es immer sein, eine größtmögliche Oberfläche von den Bootsseiten und vom Heck aus abzudecken, nach Möglichkeit 30 – 50 m aus dem Fahrwasser heraus. Am ehesten gelingt das mit Planer Boards und mit Outriggern. Löffel

und Federjigs sind gute Oberflächenköder. Das Kielwasser des Motors kann mit Birdies abgedeckt werden, die vor tieftauchenden Wobblern laufen, während die tieferliegenden Wasserschichten mit Downriggern und Paravanen erreicht werden. Wer schnell schleppen möchte, ist gut mit langen schlanken Wobblern bedient, die bis zu 7 Knoten Schleppgeschwindigkeit vertragen.

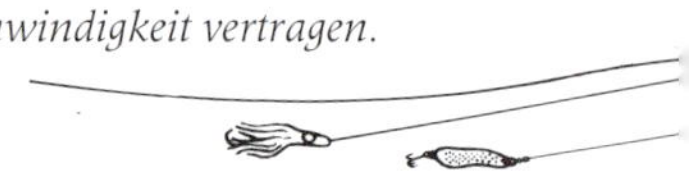

an Gerät der 30–50 lbs IGFA-Klassen, besonders dann, wenn der Fisch dazu gebracht wurde, einen Oberflächenköder zu nehmen. Gewöhnlich beginnt dann der Drill mit einer ersten langen Flucht an der Oberfläche, woraufhin der Fisch plötzlich tief abtaucht – fast unendlich kommt einem dieses Abtauchen vor, so sehr reißt der Fisch Schnur von der Rolle. Daraufhin

(Unten) Ein Gelbflossenthun ist besonders an leichtem oder an mittelschwerem Gerät ein herausfordernder Gegner. Nur wenige Fische flüchten und kämpfen wie dieses torpedoförmige und ungewöhnlich schöne Muskelpaket.

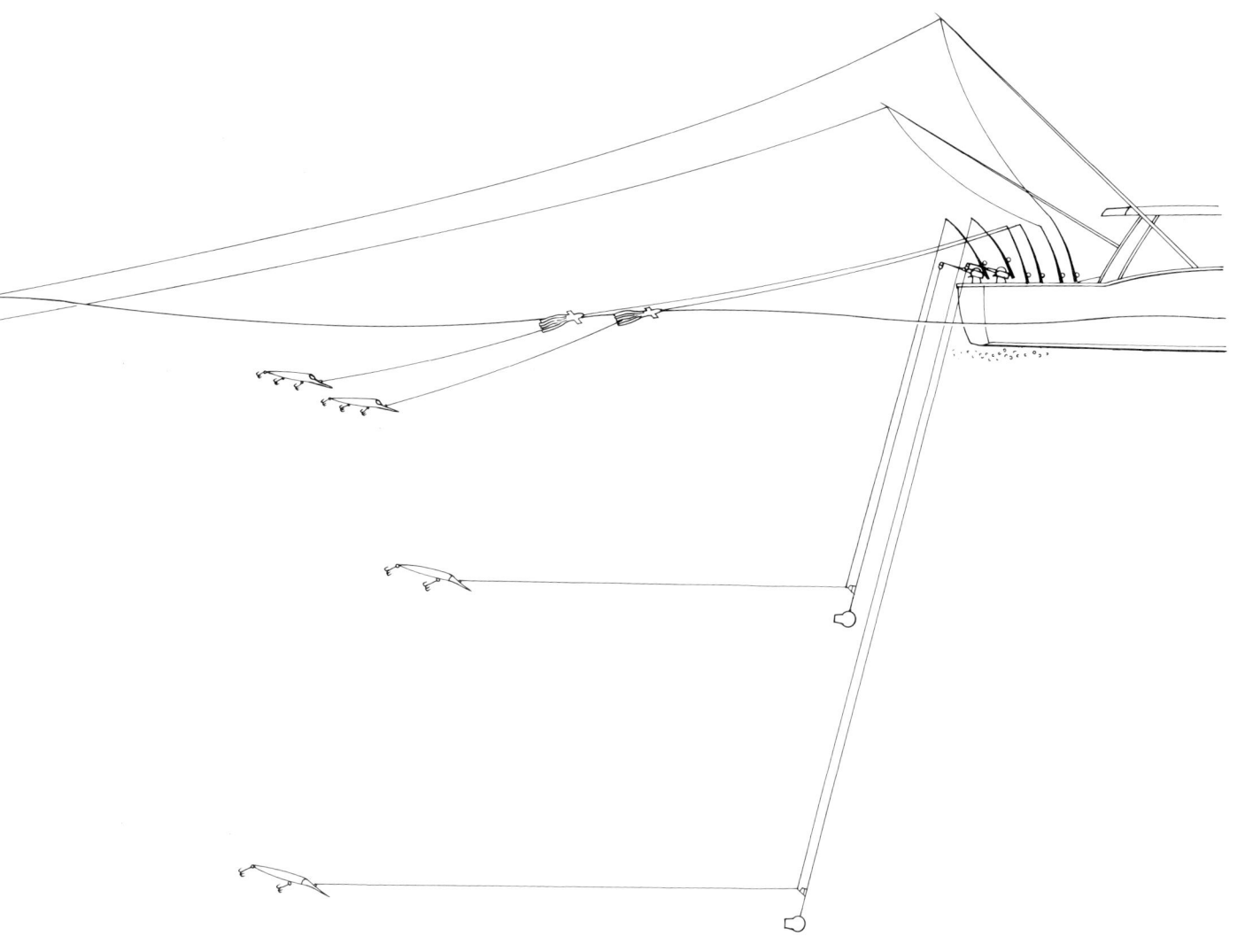

zieht er dort unten Kreise und zunächst läßt er sich nur wenig Schnur abgewinnen. Mit Geduld und starkem Pumpen unter konstantem Druck werden jedoch die Kreise immer enger, bis schließlich sein Kopf mehr zum Boot als zum Grund gerichtet ist.

Der Großaugenthun

Den Großaugenthun (Thunnus obesus) trifft man in allen tropischen und subtropischen Meeren außer dem Mittelmeer an. Stellenweise erinnert er an den Gelbflossenthun und lange wurde er als eine Unterart hiervon betrachtet und sogar manchmal als »kurzflossiger Gelbflossenthun« bezeichnet. Großaugenthune sind pelagisch lebende Wanderfische die – ganz im Gegensatz zu den Blau- und Gelbflossenthunen – tagsüber tiefes Wasser bevorzugen. Ihre Rücken sind dunkelblau und ihre Flanken silbrig. Vor Cabo Blanco in Peru wurden sie mit der Rute in Gewichten bis zu 197,31 kg gefangen. Hiermit ist sehr wahrscheinlich ihr Maximalgewicht fast erreicht. Was die Länge betrifft, so können sie, wie die Gelbflossenthune auch, um die 2 Meter messen.

Großaugenthune ernähren sich von kleinen Makrelen, Meeräschen, Sardinen, Tintenfischen, Muscheln und verschiedenen Tiefseearten. Von Booten aus werden sie beim tiefen Schleppen mit Naturködern, wie Tintenfischen, Makrelen und Meeräschen, gefangen. Auf Kunstköder reagieren sie in etwa wie die Gelbflossenthune. Meistens nehmen nur kleinere Fische derartige Köder in Oberflächennähe.

Als unglaublich zäher Kämpfer liefer der Großaugenthun einen starken Drill an langer Schnur in großer Tiefe. Diese Fische können sich schnell erholen, sogar nach langen Fluchten in kaltem Tiefenwasser. Sie müssen alles daran setzen, ihn permanent in Bewegung zu halten, bis er nach und nach ermüdet und sich nicht immer wieder in die Tiefe bohrt. Vor den kanarischen Inseln wird gerne auf diese Fische geangelt. Besonders im Frühling tauchen hier große Schwärme mit 50 – 75 kg schweren Individuen auf, die an 50 lbs.-Gerät für wirklich spannenden Sport sorgen können.

In der großen Familie der Makrelen findet der Schleppfischer zahlreiche herrliche Sportfische, sowohl in küstennahen Gewässern, als auch auf hoher See. Diese Fische lassen sich mit nahezu allen Angeltechniken überlisten und für ihren Fang kann fast die gesamte Angelgerätepalette verwendet werden.

Der Dorsch

Es gibt noch einige weitere Salzwasserarten, auf die es sich lohnt, in unterschiedlichen Tiefen zu fischen und die sich gerne in der Nähe von Makrelenschwärmen oder in starken Gezeitenströmungen aufhalten. Hierzu gehören der Köhler (Pollachius virens), der Pollack (Pollachius pollachius), der Seehecht (Merluccius merluccius) und der Dorsch (Gadus morrhua). Alle diese Fische sind Schwarm- oder Gruppenfische, die im Freiwasser Heringe, Sandaale usw. rauben. Die Dorsche sind unter ihnen die »bodenständigste« und gleichzeitig die am weitesten verbreitete Art. An Downriggergerät bieten alle diese Fischarten einen guten und schönen Drill. Es gibt zwischen dem gezielten Schleppen auf diese Arten und dem einfachen Hinterherziehen eines Kunstköders einen riesigen Unterschied. Am herrlichsten sind in meinen Augen die großen Köhler, die in vielerlei Beziehung wie ein Lachs kämpfen können. Am leichtesten sammelt man in Sakandinavien in den norwegischen »Saltstraumen« Erfahrung mit diesen Fischen. All diesen Arten wird ebenso wie Lachs und Forelle in offenen Gewässern nachgestellt. Wolfsbarsche (Dicentrarchus labrax) sind eine weitere Salzwasserart, die es einigen europäischen Schleppfischern angetan hat. Die größten Anhänger dieser Fischart scheinen die Holländer zu sein, die in ihren von Deichen abgetrennten Meeresarmen bereits gewaltige Exemplare an Downriggergerät gefangen haben.

Die Möglichkeiten, das Schleppfischen in skandinavischen
Gewässern weiterzuentwickeln,
sind riesig. Mit den konventionellen Methoden wurde noch nicht
einmal die Oberfläche der dort
vorhandenen Ressourcen ange-
kratzt. Zu den vielversprechend-
sten Gegenden gehören die
jungfräulichen Gewässer am
und über dem Polarkreis.

Mit gutausgerüsteten Trailerbooten versuchen immer mehr Schleppfischer in der Arktik ihr Glück. Dort erwartet
sie in kraftvollen Gezeitenströmungen und in tiefen, gut geschützten Fjorden ein unendliches Potential sehr
verschiedenartiger Fischerei.

Die Haie

Haie sind in den Weltmeeren stark präsent und einige von ihnen sind beliebte Schleppfische – hauptsächlich der Mako- und der Heringshai, auch wenn sich gelegentlich auch andere Arten an den Schleppködern vergreifen. Der bei vielen Sportfischern verhaßte Makohai ist weltweit in den tropischen und warmen Ozeanen verbreitet. Kein Schleppfisch genießt denselben Respekt wie der Mako; seine Muskelmasse macht ihn zu echtem Dynamit – das blau gefärbt ist. Dieser unheimlich vielseitige und aggressive Fisch kann im Drill bis zu zehn Meter über das Wasser springen.

Es gibt zwei Makoarten, eine, mit langen Flossen und eine mit kurzen. Beide können Gewichte von etwa 700 kg erreichen und sie gehören der Art Isurus oxyrhynchus an. Vor Hawaii wurde mit der Rute ein Makohai von 548 kg gefangen.

Der Mako ist ein schnellschwimmender, warmblütiger Einzelgänger, der fast alle beliebten Schleppfischarten frißt, die seinen Weg kreuzen. Im Magen eines 331 kg schweren Mako wurde u. a. ein fast intakter Schwertfisch von 54 kg gefunden. Makos werden beim Oberflächen- und beim Tiefenschleppen gefangen; sie vergreifen sich an Kunstködern ebenso wie an natürlichen, sofern sie mit 3–5 Knoten geschleppt werden. Ihr Beißverhalten ist sehr launisch, sie können sich begierig auf den Köder stürzen oder aber es ist zum Haken ein »Drop-Back«-Effekt notwendig. Wird mit Downriggern auf diese Fische gefischt, sollte der Widerstand der Schnurklammer recht hoch sein und die Entfernung zum Köder nur kurz – etwa 5 m.

Der Makohai gehört zu den wildesten Fischen, die sich an einem Schleppköder vergreifen können. Erstaunlicherweise hegen viele Sportfischer regelrechten Haß gegenüber diesem unvorhersehbaren und aggressiven Sprinter, der höher als jeder andere Sportfisch springen kann.

(Unten) Beim Big-Game-Drill mit den Giganten der Weltmeere braucht der Angler gewöhnlich jemanden, der ihm dabei hilft, den Kampfstuhl so zu drehen, daß die Rute stets dorthin weist, wo die Schnur in die Tiefe verschwindet.

Gewöhnlich sind einige zusätzliche Anhiebe notwendig, um den Haken ausreichend einzutreiben.

Der Heringshai ist ein naher Verwandter des Mako und er unterscheidet sich von ihm durch seine Zähne, seine Flossenstellung und durch seine dunklere, blaugraue Farbe. Er wird auch nicht so groß: das Spitzengewicht der bisher mit der Rute gefangenen Heringshaie stammt von der englischen Südwestküste und beträgt 210.92 kg. Diese Spezies (Lamna nasus) gibt es in den kalten und gemäßigten Abschnitten des Pazifik, des Nordatlantik und des Mittelmeeres. Auch vor der südwestlichen Küste Schwedens tauchen diese Fische regelmäßig im Spätsommer und Herbst auf, wo sie Heringe, Makrelen, Thune und Tintenfische in verschiedenen Tiefen rauben.

Vor der Küste seines heimischen Irlands hat Kevin Linnane mehrere Heringshaie beim Schleppen über 20–40 Meter tiefen, sanften Unterwasserhügeln überlistet. Seine Makrelen schleppte er etwa 3 m tief und in ca. 60 m Entfernung bei einer Geschwindigkeit von 2–4 Knoten. Kevin ist der Überzeugung, daß geschleppte Haie viel besser kämpfen, als herkömmlich gehakte, da der Haken viel weiter vorne im Maul greift. Er ist ebenfalls der Auffassung, daß tiefes Schleppen in der 15 m tiefen Sprungschicht eine effektive Methode überall dort ist, wo Heringshaie über großen Tiefen rauben, beispielsweise vor der skandinavischen Küste.

Eine erfolgreiche Haimontage am Ende einer 30–50 lbs IGFA Ausrüstung kann aus einem Doppelhakensystem mit Haken der Größen 8/0 und 9/0 bestehen, auf die eine Makrele von 25 bis 30 cm montiert wird. Ein Haken wird durch den Unterkiefer und dann durch den Oberkiefer gezogen, während der andere mit Gummibändern an der Schwanzwurzel befestigt wird. Zwischen den Haken und der Hauptschnur befindet sich ein rostfreies Stahlvorfach, das 3 bis 5 m lang ist und über eine Tragkraft von 300 lbs. verfügt. Das Ende der Hauptschnur wird über einen gelagerten Wirbel (200–300 lbs.) mit dem Stahlvorfach verbunden.

Der Schwertfisch

Dieser Einzelgänger, der entlang der Kontinentalsockel lungert, verwendet sein Schwert nicht nur zur Selbstverteidigung, sondern auch zum Beuteschlagen. Zu dieser Beute gehören Tintenfische und Makrelen. Die verlängerte Nase dieses Fisches ist flach wie ein Schwert, wogegen sie bei anderen ähnlich aussehenden Fischen eher rund ist und einem Speer ähnlich sieht.

Europäische Angler suchen Schwertfische in erster Linie im Mittelmeer, vor der portugiesischen Küste und um die kanarischen Inseln, um Madeira, um die Azoren und vor Venezuela. Jedes Jahr tauchen auch in skandinavischen Gewässern Schwertfische auf. Hier werden sie hauptsächlich vor der Westküste gemeldet, gelegentlich folgen die Schwertfische jedoch Herings- und Hornhechtschwärmen bis weit in die Ostsee. Nur selten wiegen diese Schwertfische über 100 kg, was, verglichen mit dem vor Chile gefangenen Rutenrekord von 536 kg, recht bescheiden ist. In den Vereinigten Staaten werden die meisten Schwertfische vor Florida gefangen.

Einen Schwertfisch zu landen ist für viele Sportfischer die größte denkbare Herausforderung. Diese scheuen und vorsichtigen Gesellen lassen sich in der Tat nur schwer zum Biß verleiten, aber wer tief und langsam schleppt hat dennoch gute Chancen. Am effektivsten ist es, bei Dunkelheit mit Tintenfischen als Köder zu schleppen, die mit Knicklichtern versehen wurden. Nur sehr wenige Schwertfische werden auf Kunstköder gefangen.

Andere mit Schwertern versehene Fische – wie der Sailfisch und die verschiedenen Marline – leben ebenfalls in sehr südlichen Breiten, wie etwa vor Australien, Neuseeland, Afrika, den Kanaren und den Azoren, Venezuela, Peru, Costa Rica, Mexiko, den USA und Hawaii, Kuba und anderen Karibikinseln. Derartige »Hot Spots« locken immer mehr von uns an, die sich auch einmal mit diesen Gladiatoren der Weltmeere messen wollen.

Was nun folgt sind kurze Fakten über einige Mitglieder dieser springfreudigen und kämpferischen Familie, die aus ökonomischer Sicht sehr wahrscheinlich die bedeutendste Gruppe unter den Schleppfischen darstellt. Was die Downriggertechniken betrifft, so kann auf all' das zurückgegriffen werden, was bereits für den Blauflossenthun gesagt wurde. Da die anderen Techniken und Kunstköder sich oft von Hafen zu Hafen unterscheiden, wäre es falsch, eine bestimmte Methode zu empfehlen: wem es diese Fische angetan haben, der ist am besten damit beraten, sich vorort zu erkundigen.

Der Sailfish

Der Sailfisch (Istiophorus platypterus) lebt in tropischen und subtropischen Meeren bei Temperaturen von 22°–30°C. Seinen Namen verdankt er seiner vorderen Rückenflosse, die doppelt so hoch wie sein Körper ist. Sailfische wachsen schnell ab und die größten Exemplare dieser Familie trifft man im Pazifik an, woher auch der Rekord stammt. Dieser vor Ecuador gefangene Fisch wog 100,24 kg. Der schwerste Sailfisch aus dem Atlantik wurde vor Angola gefangen und wog 56 kg.

Sailfische sind entweder Einzelgänger oder man trifft sie in kleinen Gruppen an. Sie leben pelagisch und rauben oft an Strömungsrändern. Hauptsächlich ernähren sie sich von Gar-

Die Schwertfische, die Gladiatoren in der Welt der Fische, sind eine sprungfreudige und kämpferische Familie. Ihre spektakulären Vorführungen können den Angler so schrill wie seine Rolle schreien lassen.

Schwertfische sind sehr schöne Kreaturen, deren Körperform ihre Geschwindigkeit und ihre Schwimmkünste verrät. In den Ozeanen ziehen sie weit umher, hauptsächlich in tropischen und subtropischen Gegenden. Kleine Schwertfische statten jedoch alljährlich Skandinavien einen Besuch ab.

nelen, Tintenfischen, Heringen, Thunen und fliegenden Fischen. Viele Methoden eignen sich zum Fang von Sailfischen, die gängigste ist jedoch, von einem Outrigger aus ein Fischfilet, einen ganzen Köderfisch, Plastikköder, Federjigs und Löffel zu schleppen. Beim Schleppen mit Meeräschen sollte die Schleppgeschwindigkeit bei etwa 5 Knoten liegen – oder schnell genug, damit der Köder ein wenig auf der Oberfläche springt. Die Schleppentfernung liegt gewöhnlich bei 20–40 Metern.

Wie auch andere mit einem Schwert versehene Fische tauchen die Sailfische gerne unmittelbar neben dem Köder oder dahinter auf, inspizieren ihn ein wenig, bevor sie sich zum Nehmen entschließen oder wieder in die Tiefe abdrehen. Für den Angler sind das natürlich unendlich spannende Sekunden. Hat ein Sailfish genommen, so sollte man ihn etwa zehn Sekunden abdrehen und schlucken lassen, bevor der Anhieb gesetzt wird.

Was geschieht nun – vorausgesetzt, der Fisch wurde richtig gehakt? Das Wasser hinter dem Heck explodiert und ein silbrig-violettes Monster katapultiert sich hoch in die Lüfte. Sein ganzer Körper schüttelt sich dabei und fällt dann spritzend und platschend wieder ins Wasser zurück. Gewöhnlich springt er dann augenblicklich wieder und so kann es ein Dutzend Mal geschehen, bis er schließlich an Kraft verliert und ein eher tra-

ditioneller Drill einsetzt. Die Rückenflosse eines Sailfisches ist im letzten Drillabschnitt oft von beeindruckender Schönheit. In gestrecktem Zustand ist sie einen Meter hoch, ihre Färbung schwankt zwischen violett und blau und deutlich sind vertikale Reihen mit kleinen schwarzen Flecken zu erkennen. Diese Farben verschwinden in dem Augenblick, wenn der Fisch an der Reling abgeschlagen wird und schnell wird sein Körper völlig schwarz.

Der schwarze Marlin

Die Spezies Makeira indica taucht in den tropischen Wassern des indischen und pazifischen Ozeanes auf, aber es wurden auch Fänge aus warmen Abschnitten des Atlantik gemeldet. Zu ihren bevorzugten Aufenthaltsbereichen zählen Riffe und tief abfallende Kanten, entlang derer viel nahrungsreiches Wasser emporgedrückt wird. Den schwarzen Marlinen sieht man ihre Kraft an; erkennen lassen sie sich u.a. an ihren steifen Brustflossen, die sich nicht an den Körper anlegen lassen. Ihre Rücken sind schieferblau, aber unter der Seitenlinie sind sie silbrig-weiß, weshalb sie in Hawaii auch als »silberne Marline« bezeichnet werden.

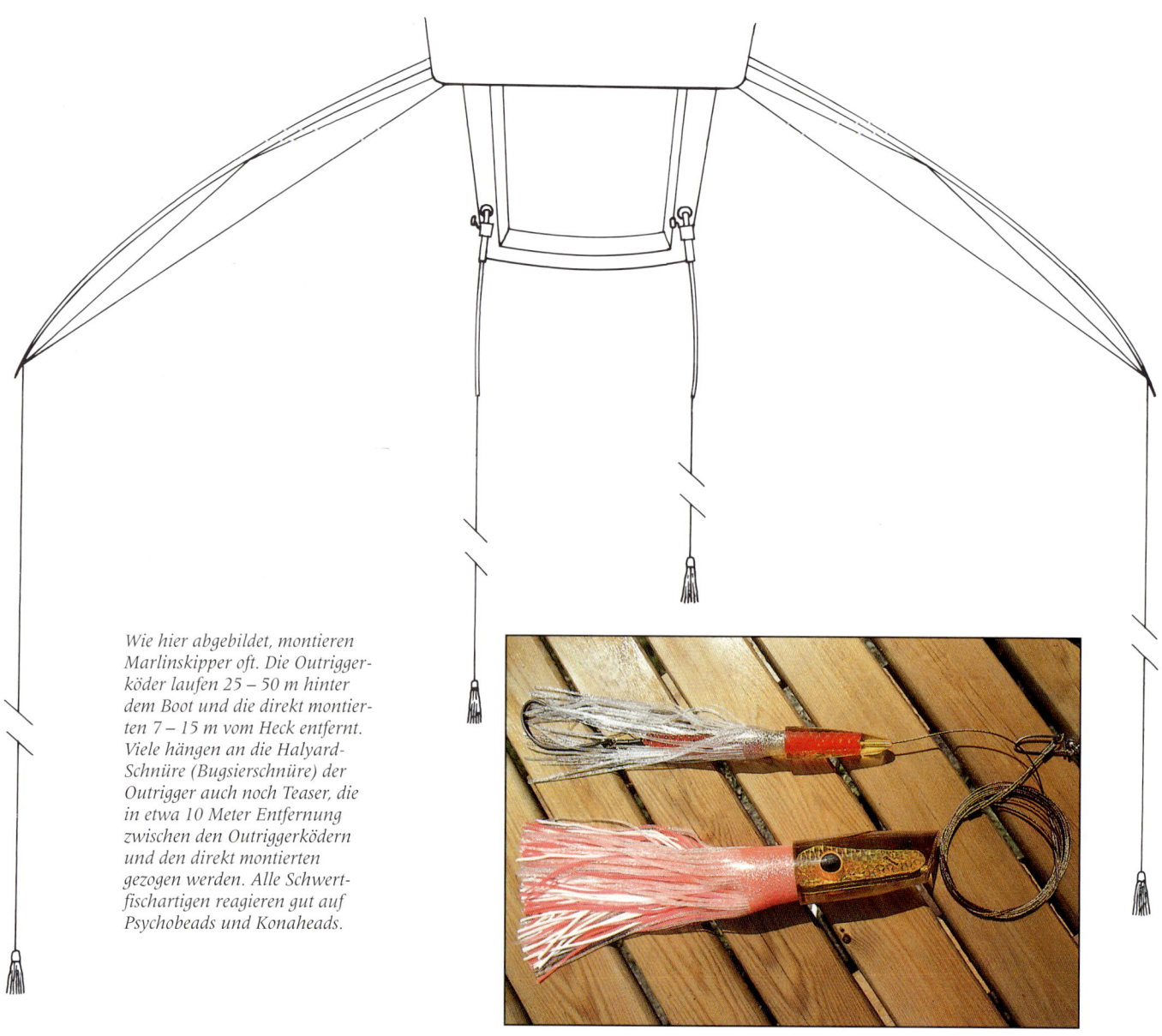

Wie hier abgebildet, montieren Marlinskipper oft. Die Outriggerköder laufen 25 – 50 m hinter dem Boot und die direkt montierten 7 – 15 m vom Heck entfernt. Viele hängen an die Halyard-Schnüre (Bugsierschnüre) der Outrigger auch noch Teaser, die in etwa 10 Meter Entfernung zwischen den Outriggerködern und den direkt montierten gezogen werden. Alle Schwertfischartigen reagieren gut auf Psychobeads und Konaheads.

Wirklich große Marline sind immer Weibchen und sie erreichen sehr wahrscheinlich das beeindruckende Gewicht von einer Tonne. Der Rutenrekord liegt derzeit bei 707 kg und wurde in Peru aufgestellt. Zweifelsohne werden mehr schwarze als blaue Marline mit der Rute gefangen, allerdings können auch letztere vierstellige Gewichte erreichen.

Schwarze Marline sind überaus beliebte Sportfische und machten viele Orte zu Big-Game-Eldorados – beispielsweise Cairns in Australien. Dort ist es überaus gängig, mit schwerstem Schleppgerät zu fischen. Schwarze Marline nehmen große Kunstköder ebenso gerne, wie große und ganze Köderfische – Bonitos, fliegende Fische, Makrelen und Tintenfische – die mit 3–6 Knoten geschleppt werden. Man darf jedoch nie vergessen, daß Marline immer erst ein wenig schlucken müssen, bevor der Anhieb gesetzt wird.

Der blaue Marlin

Gewöhnlich taucht die Spezies Makaira nigricans im Atlantik zwischen dem 45°, nördlicher und dem 35°, südlicher Breite, und im Pazifik zwischen dem 48°. nördlicher und 48°. südlicher Breite auf. Diese Fische kann man auch im indischen Ozean antreffen, hauptsächlich vor den Küsten von Sri Lanka, Mauritius und Afrika. Es gehen allerdings die Meinungen auseinander, ob die Bestände in den verschiedenen Meeren auch wirklich ein und dieselbe Art sind: ihr Seitenlienorgan sieht nicht identisch aus. Der blaue Marlin hat einen kobaltblauen Rücken, silbrigweiße Flanken und einen ebensolchen Bauch. Entlang seiner Flanken befinden sich hellblaue, senkrechte Streifen, die unmittelbar nach seinem Tod verschwinden. Er raubt gerne kleine Mitglieder der Makrelenfamilie, sowie in

Heutzutage ist es überaus gängig, Schwertfische nach dem Drill wieder freizulassen, wodurch anderen Sportfischern Gelegenheit für neue Abenteuer gegeben wird. Dieser herrliche schwarze Marlin wurde von dem Schweizer Dr.Hans Pfenninger vor Pinas Bay (Südpazifik, Panama) gefangen.

Tintenfischschwärmen. Gewöhnlich läßt er sich daher von ganzen Köderfischen, wie Bonitos, Meeräschen, Makrelen, Ballyhoo und Tintenfischen zum Biß verleiten. Entlang der Ostküste der USA wird hauptsächlich mit natürlichen Ködern gefischt, während in den weltberühmten Marlingewässern vor Hawaii die Kunstköder überwiegen.

Der gestreifte Marlin

Die Spezies Tetrapturus audax lebt pelagisch in den tropischen und wärmeren Abschnitten des indischen und pazifischen Ozeanes. Sie wird nicht so groß wie die beiden zuvor beschriebenen Marlinarten, gilt aber als die im Drill aktivste. Die gestreiften Marline wurden bereits als die Windhunde der Meere bezeichnet, da sie über und unter der Oberfläche beeindruckende Geschwindigkeiten erreichen. Sie erreichen 250 kg, der Rutenrekord liegt momentan bei 224 kg und er stammt aus Neuseeland. Diese Fische erkennt man in erster Linie an ihrer nach oben weisenden Rückenflosse, an ihrem stahlblauen Rücken und an den lavendelfarbenen, vertikalen Seitenstreifen.

Der weiße Marlin

Schließlich haben wir noch die Spezies Tetrapturus albidus, die im Atlantik zwischen dem 35.° und 45°. Breitengrad lebt,

ebenso wie im Golf von Mexiko, in der Karibik und im Mittelmeer. Ihre Färbung ist heller als die der zuvor erwähnten Arten und die Spitze ihrer Rückenflosse ist abgerundet. Auch diese Fische verfügen über herrliche blaue Streifen an ihren Seiten.

Weiße Marline sind bei Schleppfischern mit leichtem Gerät sehr beliebt. In küstennahen Gewässern nehmen sie fast jede Art von Köder. Der Rutenrekord stammt aus Brasilien und liegt bei 82,5 kg.

Eine grenzenlose Domäne

Die hier vorgestellten Fischarten stellen nur einen Bruchteil dessen dar, was Wissenschaftlern als »Pisces« bekannt ist. Dennoch befinden sich hierunter die an der Angelrute und bei Tisch am meisten geschätzten Arten. Einige von ihnen haben zweifellos weltweit die Bewegung der Sportfischerei in Gang gesetzt. Und mit Sicherheit wurde durch die enorme Entwicklung der Schleppfischerei in den letzten Jahren eine zweite Bewegung in Gang gesetzt. Es lohnt sich immer wieder, daran zu denken, daß nicht nur jede Fischart, sondern auch jeder individuelle Fisch einzigartig ist. Man sollte daher vorsichtig sein, ihre verschiedenen Angriffstechniken und Kampfinstinkte allzu sehr zu verallgemeinern. Überlisten Sie sie mit ihren eigenen Tricks und entdecken Sie, daß die Welt der Fische voller kleiner Giganten steckt!

Umrechnungstafeln

Von Anglern wird manchmal eine Terminologie verwendet, die Fachfremde oft die Augenbrauen hochziehen läßt, in der Praxis jedoch sinnvoll ist, um bestimmte Sachen zu vereinfachen bzw. international verständlich zu machen. Maßangaben erfolgen oft in unterschiedlichen Sprachen, wie es insbesondere beim Schleppfischen und der hierzu erforderlichen Ausrüstung auffällt.

Die folgenden Tafeln werden sicherlich Mengen- und Maßangaben für Anfänger und Experten verständlicher machen. Sie sind dazu gedacht, sich auf vielerlei Bereiche auszudehnen und zu Lande und zu Wasser weltweit gültig zu sein. Hierunter befinden sich SI Umrechnungstafeln (Système International d'Unités), die verschiedenen internationalen Maßeinheiten und auch »Schnellumrechnungstafeln«, für die schnelle Berechnung von Gewichten, Längen, Zeiten, Temperaturen usw.

Umrechnungsfaktoren:

Zoll (in)	× 25,4	=	mm
Zoll	× 2,54	=	cm
Fuß (ft)	× 30,48	=	cm
Fuß	× 0,3048	=	m
Yard (yd)	× 1,09	=	m
Meile (mi)	× 0,621	=	km
Millimeter (mm)	× 0,03937	=	in
Zentimeter (cm)	× 0,3937	=	in
Zentimeter (cm)	× 0,0328	=	ft
Meter (m)	× 39,37	=	in
Meter (m)	× 3,28	=	ft
Faden (f)	× 6	=	ft
Unzen (oz)	× 28,349	=	g
Unzen (oz)	× 0,02835	=	kg
Pfund (lb)	× 453,59	=	g
Pfund	× 0,45359	=	kg
Gramm (g)	× 0,0353	=	oz
Gramm (g)	× 0,002	=	lb
Kilogramm (kg)	× 35,2736	=	oz
Kilogramm (kg)	× 2,2046	=	lb

Grad: Celsius in Fahrenheit: $°C × 1,8 + 32 = °F$
Fahrenheit in Celsius: $(°F-32) × 0,556 = °C$

Umrechnung von Längen:

1 cm = 10 mm = 0,01 m = 0,394 in
1 m = 1000 mm = 100 cm = 39,37 in = 3,28 ft = 1,09 yd
1 km = 1000 m = 0,621 mi = 0,54 nautisk mil (nm)
1 in = 0,083 ft = 25,4 mm = 2,54 cm
1ft = 12 in = 0,333 yd = 30,48 cm = 0,305 m
1 yd = 36 in = 3 ft = 91,44 cm = 0,914 m
1 Faden = 6 ft = 182,88 cm = 1,829 m
1 Engl.Meile = 5280 ft = 1760 yd = 0,869 nm = 1609 m = 1,609 km
1 Seemeile = 6076,115 ft = 1,151 mi = 1852 m = 1,852 km

Umrechnung von Gewichten:

1 kg = 1000 g = 2,2 lb = 35,3 oz
1 g = 0,001 kg = 1000 mg = 15,432 gr (grain) = 0,035 oz
1 mg = 0,015 gr
1 lb = 16 oz = 0,454 kg
1 oz = 0,063 lb = 437,5 gr = 28,35 g = 0,028 kg

Umrechnung von Geschwindigkeiten:

1 cm/s = 0,01 m /s = 0,394 in/s = 0,033 ft/s
1 m/s = 100 cm/s = 3,6 km/h = 3,28 ft/s = 2,24 mi/h = 1,94 kn (knop)
1 km/h = 0,278 m/s = 0,911 ft/s = 0,621 mi/h = 0,54 kn
1 in/s = 0,083 ft/s = 2,54 cm/s
1ft/s = 0,682 mi/h = 0,592 kn = 0,30,48 cm/s = 0,305 m/s = 1,1 km/h
1 Engl. Meile/h = 1467 ft/s = 0,869 kn = 0,447 m/s = 1,609 km/h
1 Knoten = 1 nm/h = 1,151 mi/h = 1,688 ft/s = 1,852 km/h = 51,44 cm/s = 0,514 m/s

Umrechnung von Flächen:

1 m² = 1 000 000 mm² = 1550,003 in² = 1,196 yd²
1 ar = 100 m² = 0,025 acre
1 ha = 10 000 m² = 2,471 acre
1 km² = 100 ha = 247,105 acre = 0,386 mi²
1 ft² = 144 in² = 929,03 cm² = 0,093 m²
1 mi² = 640 acre = 259 ha

Umrechnung von Volumen:

UK fl oz = 28,413 cm²
1 Engl. Gallone (gal) = 4,546 l
1 US fl oz = 29,573 cm³
1 US gallon (gal) = 128 fl oz = 4 qt = 231 in³ = 3,785 l
1 cm³ = 1 ml = 0,061 in³ = 0,034 US fl oz
1 l = 1000 cm³ = 0,001 m³ = 61,024 in³ = 33,814 US fl oz = 0,264 gal
1 quart (qt) = 32 US fl oz = 0,946 l (mal for flytende varer)
1 quart (qt) = 1,101 l (mal for torre varer)

Schnellumrechnungstafeln

Diese Tafeln ermöglichen beispielsweise die augenblickliche Berechnung von folgenden Maßen:
– wieviel Kilogramm oder Pfund ein gefangener Fisch wiegt
– wieviele Fuß oder Meter Schnur ausgebracht wurden
– was ein Kunstköder in Gramm oder in Unzen wiegt
– die Luft- oder Wassertemperatur in Grad Celsius
  oder Fahrenheit
– die Windgeschwindigkeit in Meter/Sekunde oder
  in Knoten   (Seemeilen/Stunde)
– die Bootsgeschwindigkeit in Meilen/Stunde oder in Knoten
   Sie brauchen lediglich Ihren Finger auf die Ihnen bekannte Zahl in der Mitte der entsprechenden Tafel zu setzen und dann entweder rechts oder links die gewünschte Angabe abzulesen. Nehmen wir beispielsweise die sechste Reihe in der ersten Tafel: wiegt ein Fisch 6 lbs, dann zeigt uns die linke Spalte, daß das 2,72 kg sind; wiegt er aber 6 kg, dann zeigt uns die rechte Spalte, daß das 13,23 lbs. sind.

Umrechnungstafel
von Kilogramm (kg) und Pfund (lb):

kg	bekannter Wert	lb
0,454	1	2,20
0,907	2	4,40
1,36	3	6,61
1,81	4	8,82
2,27	5	11,02
2,72	6	13,23
3,18	7	15,43
3,63	8	17,64
4,08	9	19,84
4,54	10	22,04
5,0	11	24,30
5,4	12	26,50
5,9	13	28,70
6,4	14	30,90
6,8	15	33,10
9,1	20	44,10
11,3	25	55,10
13,6	30	66,10
15,9	35	77,20
18,1	40	88,20
20,4	45	99,20
22,7	50	110,20
24,9	55	121,30
29,5	60	132,30
31,8	70	154,30
34,0	75	165,30
45,4	100	220,50
113,4	250	551,20
226,8	500	1102,30
340,2	750	1653,50
453,6	1000	2204,60

Umrechnungstafel von Gramm (gr) und Unzen (oz):

Gramm		bekannter Wert	Unze
0,45	1/64	(0,016)	0,001
1,79	1/16	(0,063)	0,002
3,54	1/8	(0,125)	0,004
7,09	1/4	(0,250)	0,009
10,60		3/8 (0,375)	0,013
14,17		1/2 (0,500)	0,018
17,72		5/8 (0,625)	0,02
21,30		3/4 (0,750)	0,026
24,80		7/8 (0,875)	0,031
28,35		1	0,035
56,70		2	0,070
85,00		3	0,110
113,4		4	0,140
141,7		5	0,180
170,1		6	0,210
198,4		7	0,250
226,8		8	0,280
255,1		9	0,320
283,5		10	0,350
1417,5		50	1,800
2835,0		100	3,500
5670,0		200	7,100
8504,9		300	10,600
11339,8		400	14,100
14174,8		500	17,600

Umrechnungstafel für Meter (m) und Fuß (ft):

Meter	bekannter Wert	Fuß
0,08	1/4 (0,25)	0,82
0,10	1/3 (0,33)	1,09
0,15	1/2 (0,50)	1,64
0,20	2/3 (0,67)	2,20
0,23	3/4 (0,75)	2,46
0,305	1	3,28
0,61	2	6,56
0,91	3	9,84
1,22	4	13,12
1,52	5	16,40
1,82	6	19,6
2,13	7	22,97
2,43	8	26,25
2,74	9	29,53
3,05	10	32,81
9,14	30	98,42
15,24	50	164,04
30,5	100	328,10
45,7	150	492,10
61,0	200	656,00
76,2	250	820,20
91,4	300	984,30

Umrechnungstafel
von Zentimeter (cm) und Inches (in):

cm	bekannter Wert	inches
0,33	1/8 (0,13)	0,05
0,64	1/4 (0,25)	0,10
0,84	1/3 (0,33)	0,13
1,27	1/2 (0,50)	0,20
1,70	2/3 (0,67)	0,26
1,90	3/4 (0,75)	0,30
2,54	1	0,39
5,10	2	0,80
7,60	3	1,20
10,2	4	1,60
12,7	5	1,97
15,2	6	2,40
17,8	7	2,80
20,3	8	3,20
22,9	9	3,50
25,4	10	3,94
38,1	15	5,90
50,8	20	7,87
63,5	25	9,80
76,2	30	11,80
91,4	36	14,17

Umrechnungstafel
von Kilometern und Seemeilen pro Stunde:

km/h	bekannter Wert	Nm/h
0,926	1/2 (0,50)	0,27
1,852	1	0,54
3,7	2	1,1
5,6	3	1,6
7,4	4	2,2
9,3	5	2,7
11,1	6	3,2
13,0	7	3,8
14,8	8	4,3
16,7	9	4,9
18,5	10	5,4
20,4	11	5,9
22,2	12	6,5
24,1	13	7,0
26,0	14	7,6
27,8	15	8,1
37,0	20	10,8
46,3	25	13,5
55,6	30	16,2
74,1	40	21,6
92,6	50	27,0

Umrechnungstafel
von Seemeilen (nm) und englischen Meilen (mi):

Seemeile	bekannter Wert	Meile
0,217	1/4 (0,25)	0,288
0,286	1/3 (0,33)	0,380
0,434	1/2 (0,50)	0,575
0,582	2/3 (0,67)	0,771
0,651	3/4 (0,75)	0,863
0,868	1	1,150
1,7	2	2,3
2,6	3	3,5
3,5	4	4,6
4,3	5	5,8
5,2	6	6,9
6,1	7	8,1
7,0	8	9,2
7,8	9	10,4
8,7	10	11,5
13,0	15	17,3
17,4	20	23,0
21,7	25	28,8

Umrechnungstafel
von Grad Celsius (°C) und Grad Fahrenheit (°F):

°C	bekannter Wert	Fahrenheit
-17,8	0	32,0
-17,2	1	33,8
-16,7	2	35,6
-16,1	3	37,4
-15,6	4	39,2
-15,0	5	41,0
-14,5	6	42,8
-13,9	7	44,6
-13,3	8	46,4
-12,8	9	48,2
-12,2	10	50,0
-11,7	11	51,8
-11,1	12	53,6
-10,6	13	55,4
-10,0	14	57,2
-9,5	15	59,0
-8,9	16	60,8
-8,3	17	62,6
-7,8	18	64,4
-7,2	19	66,2
-6,7	20	68,0
-6,1	21	69,8
-5,6	22	71,6
-5,0	23	73,4
-4,4	24	75,2
-3,9	25	77,0
-3,3	26	78,8
-2,8	27	80,6
-2,2	28	82,4
-1,7	29	84,2
-1,1	30	86,0
-0,6	31	87,8
±0,0	32	89,6
4,4	40	104,0
7,2	45	113,0
10,0	50	122,0
12,8	55	131,0
15,6	60	140,0
18,3	65	149,0
21,1	70	158,0
23,9	75	167,0
26,7	80	176,0
29,4	85	185,0
32,2	90	194,0
35,0	95	203,0
37,8	100	212,0

Die Windstärke

Wie stark und wie schnell bläst der Wind? Diese Werte unterscheiden sich nicht nur von Land zu Land, sondern auch zwischen Land und Wasser. Hier folgen einige international anerkannte Maßeinheiten.

Beaufortzahl	Meter/Sekunde	Knoten	Windstärke
0	0,0-0,2	0-1	Windstille
1	ca. 1	2-3	Leiser Zug
2	2-3	4-6	Leichte Brise
3	4-5	7-10	Schwache Brise
4	6-7	11-16	Mäßige Brise
5	8-10	17-20	Frische Brise
6	11-13	21-27	Starker Wind
7	14-17	28-33	Steifer Wind
8	18-20	34-40	Stürmischer Wind
9	21-24	41-47	Sturm
10	25-28	48-55	Schwerer Sturm
11	29-32	56-63	Orkanartiger Sturm
12-17	33-61	64-119	Orkan

Die Schnurstärke

Wieviel beträgt der Durchmesser einer 2 lbs starken monofilen Nylonschnur oder der einer mit 15 kg angegebenen Schnur? Diese Umrechnungstafel folgt den IGFA-Schnurklassen in Pfund und Kilogramm, und die ungefähren Ergebnisse werden in Inches und Millimeter angegeben.

lbs	kg	mm	Inches
2	1	0,12	0,005
4	2	0,15	0,006
8	4	0,23	0,009
12	6	0,29	0,011
16	8	0,33	0,013
20	10	0,37	0,015
30	15	0,46	0,018
50	24	0,61	0,024
80	37	0,74	0,029
130	60	1,04	0,041

Die Temperaturbereiche

Jede Fischart ist innerhalb einer bestimmten Temperaturspanne am aktivsten. Wo diese Temperaturen vorherrschen sucht sie am aktivsten nach Nahrung und wächst auch am besten ab. Die Fangaussichten eines Schleppfischers steigen natürlich in dem Maße, in dem die vorhandenen Wassertemperaturen den Idealtemperaturen der gewünschten Fischart entsprechen. Vergessen Sie jedoch nicht, daß auch andere Faktoren, wie etwa die Laichzeit oder die Menge an vorhandenem Futter auch außerhalb dieser Temperaturbereiche für herrliche Fänge sorgen können.

Salzwasserarten:

Gängige und lateinische Namen	Grenzen	Optimum
Amberjack, *Seriola dumerili*	16-27	17-19
Barrakuda, *Sphyraena barracuda*	18-32	24-29
Streifenbarsch, *Morone saxatilis*		
Bluefisch, *Pomatomus saltatrix*	10-29	18-21
Cobia, *Rachycentron canadum*	12-27	19-22
Dorschartige:		
Köhler, *Pollachius virens*	1-16	6-10
Dorsch, *Gadus morhua*	1-15	6-10
Seehecht, *Merluccius merluccius*	16-17	8-12
Pollack, *Pollachius pollachius*	4-18	10-16
Königsmakrele, *Coryphaena hippurus*	21-30	23-25
Atlantischer Heilbutt, *Hippoglossus hippoglossus*	3-12	6-9
Makrelenartige:		
Albacore, *Thunnus alalunga*	15-27	16-18
Atlantikbonito, *Sada sarda*	14-29	16-19
Kleinthun, *Euthynnus alleteratus*	16-27	20-23
Makrele, *Scomber scombrus*	7-21	18-20
Spanische Makrele, *Scomberomorus macalatus*	19-31	22-27
Thune:		
Großaugenthun, *Thunnus obesus*	13-24	15-18
Blauflossenthun, *Thunnus thynnus*	10-29	16-19
Skipjackthun, *Euthynnus perlamis*	15-27	18-21
Gelbflossenthun, *Thunnus albacures*	15-27	23-25
Marlin:		
Schwarzer Marlin, *Makaira indica*	20-30	24-26
Blauer Marlin, *Makaira nigricans*	21-31	24-27
Gestreifter Marlin, *Tetrapturus audax*	16-27	20-22
Weißer Marlin, *Tetrapturus albidus*	16-29	19-24
Königinnenfisch, *Chorinemus lysan*	22-31	24-27
Sailfisch, *Istiophorus platypterus*	21-31	24-27
Wolfsbarsch, *Dicentrarchus labrax*	15-25	18-21
Haie:		
Fuchshai, *Alopias vulpinus*	16-24	18-22
Makohai, *Isurus oxyrynchus*	15-25	17-21
Heringshai, *Lamna nasus*	5-16	8-13
Schwertfisch, *Xiphias gladius*	10-25	18-20
Trevally, *Caranx sexfasciatus*	21-31	24-27
Wahoo, *Acanthocybium solanderi*	21-30	22-27

Unglücklicherweise können diese Temperaturbereiche nicht mit weltweiter Gültigkeit erstellt werden. Je nach Örtlichkeit kann es zu Abweichungen kommen. Die optimale Temperatur kann bei einer gegebenen Spezies auch davon abhängig sein, ob das Wasser süß, brackig oder salzig ist. Zu guter Letzt sei noch erwähnt, daß das Schleppfischen für viele Fischarten in Betracht kommt und daß meine internationale Temperaturskala nur einen Bruchteil der Arten erfaßt, die sich weltweit für geschleppte Köder interessieren.

Süß- und Brackwasserarten:

Gängige und lateinische Namen	Grenzen	Optimum
Schwarzbarsch, *Morone saxatilis & chrysops*	16-26	19-22
Saiblinge:		
Arktischer Saibling, *Salvelinus alpinus*	5-13	7-10
Bachsaibling, *Salvelinus fontinalis*	5-12	7-10
nordamerikanischer Seesaibling, *Salvelinus namaycush*	5-12	7-10
Musky, *Esox nasquinongy*	12-24	15-19
Barsch, *Perca fluviatilis*	15-23	18-20
Hecht, *Esox lucius*	10-22	13-16
Lachs:		
Atlantiklachs, *Salmo salar*	7-17	9-12
Königslach, *Oncorhynchus tschawytscha*	7-17	11-13
Coho, *Oncorhynchus kisutch*	7-15	10-13
Huchen, *Hucho taimen*	7-13	8-10
Rotlachs, *Oncorhynchus nerka*	10-15	11-13
Steelheadforelle, *Oncorhynchus mykiss*		
Forelle:		
Bachforelle, *Salmo trutta fario*		
Meerforelle, *Salmo trutta trutta*		
Walleye, *Stizostedion vitreum*	13-23	17-20
Zander, *Stizostedion lucioperca*	15-24	19-22

Futterfische:

	Grenzen	
Alewife, *Alosa pseudoharengus*	9-22	
Anchovis, *Anchoa mitchilli*	27-33	
Balao, *Hemiramphus balao*	21-27	
Tintenfisch, *Cephalopodae*	4-32	
Hering, *Clupidae*	10-31	
Meeräsche, *Mugilidae*	9-31	
Sandaal, *Ammodytidae*	7-18	
Stint, *Osmerus eperlanus*	4-13	
Stichling, *Gasterosteus aculeatus*	5-18	
Kleinrenke, *Coregonus albula*	7-13	

Index